国際政治史

主権国家体系のあゆみ

AN INTRODUCTION TO
INTERNATIONAL HISTORY

著・小川浩之
板橋拓己
青野利彦

有斐閣ストゥディア

目　次

第3部 冷　戦

CHAPTER 9 冷戦体制の変容 164

デタントと揺らぐ同盟関係

CHAPTER 10 冷戦終結への道 184

「新冷戦」からドイツ再統一へ

第4部　主権国家体系を超えて

図表一覧

＊　本文中の図表は，各図表の下に出典を明記したもの以外は，すべて筆者が作成したものである。

＊　執筆に際し，直接引用したり参考にした文献を，各章末に一覧にして掲げた。本文中では，著作者の姓と刊行年のみを，（　）に入れて記した。また，一覧では，文庫本については初版刊行年を，翻訳書については原著刊行年を（　）に入れて記した。

例　（岡 2009）

岡義武 2009『国際政治史』岩波現代文庫（初版は 1955 年）。

（ニコルソン 1968）

ニコルソン，ハロルド／斉藤眞・深谷満雄訳 1968『外交』東京大学出版会（原著 1939 年）。

著者紹介（執筆順）

小川　浩之（おがわ　ひろゆき）　［序，11～15 章担当］

1972 年，三重県に生まれる。

1996 年，京都大学法学部卒業。1998 年，京都大学大学院法学研究科修士課程修了。2000 年，ロンドン・スクール・オブ・エコノミクス（LSE）大学院国際関係史研究科修士課程修了（MA）。2003 年，京都大学大学院法学研究科博士後期課程研究指導認定退学。博士（法学）。

現在，東京大学大学院総合文化研究科地域文化研究専攻准教授。

専門は，現代イギリス政治外交史。

主な著作に，『イギリス帝国からヨーロッパ統合へ――戦後イギリス対外政策の転換と EEC 加盟申請』（名古屋大学出版会，2008 年），『英連邦――王冠への忠誠と自由な連合』（中公叢書，2012 年），『歴史のなかの国際秩序観――「アメリカの社会科学」を超えて』（葛谷彩・西村邦行と共編）（晃洋書房，2017 年），ほか。

板橋　拓己（いたばし　たくみ）　［1～5 章担当］

1978 年，栃木県に生まれる。

2001 年，北海道大学法学部卒業。2004 年，北海道大学大学院法学研究科修士課程修了。2008 年，北海道大学大学院法学研究科博士後期課程修了。博士（法学）。

現在，成蹊大学法学部教授。

専門は，国際政治史，ヨーロッパ政治史。

主な著作に，『中欧の模索――ドイツ・ナショナリズムの一系譜』（創文社，2010 年），『アデナウアー――現代ドイツを創った政治家』（中公新書，2014 年），『黒いヨーロッパ――ドイツにおけるキリスト教保守派の「西洋（アーベントラント）」主義，1925~1965 年』（吉田書店，2016 年），ほか。

青野　利彦（あおの　としひこ）　［6～10 章担当］

1973 年，広島県に生まれる。

1996 年，一橋大学社会学部卒業。1998 年，一橋大学大学院法学研究科修士課程修了。2007 年，カリフォルニア大学サンタ・バーバラ校歴史学研究科博士課程修了，Ph. D.（歴史学）。

現在，一橋大学大学院法学研究科准教授。

専門は，アメリカ政治外交史，冷戦史。

主な著作に，『「危機の年」の冷戦と同盟――ベルリン，キューバ，デタント 1961～63年』（有斐閣，2012 年），『冷戦史を問いなおす――「冷戦」と「非冷戦」の境界』（益田実・池田亮・齋藤嘉臣と共編）（ミネルヴァ書房，2015 年），「力の凋落と変容する国際秩序への対応――一九六三～七五年」君塚直隆・細谷雄一・永野隆行編『イギリスとアメリカ――世界秩序を築いた四百年』（勁草書房，2016 年），ほか。

CHAPTER

序章

なぜ国際政治史を学ぶのか

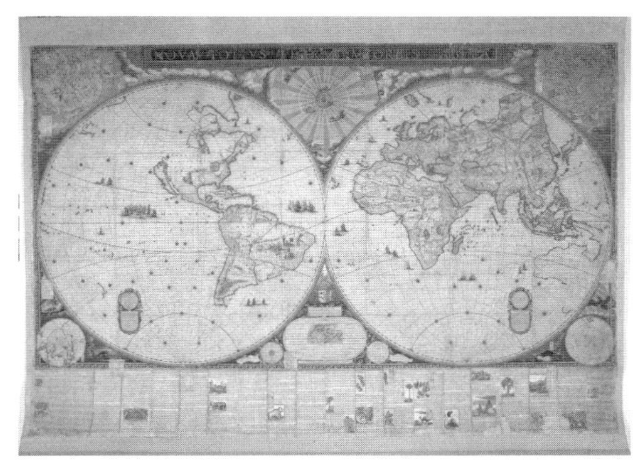

➊「**地球古図 全図**」（ヨアン・ブラウ，1648 年）（東京国立博物館所蔵。写真提供：TNM Image Archives）。**グローバリゼーションの「夜明け」とされる 17 世紀に，オランダで製作された世界地図。**

INTRODUCTION

本章ではまず，国際政治史とは何かということについて，高校で学ぶ世界史や近年歴史学で注目を集めているグローバル・ヒストリーとの相違点に着目しつつ，説明する。そして，本書を通読していくにあたって理解しておくべき重要な概念や制度について，それらの歴史的な形成・変容過程をたどるとともに簡潔に説明していく。その際，本書での国際政治史の分析の射程から外れる中世ヨーロッパや近世におけるヨーロッパ外の世界の政治的な特徴についても概観する。さらに，本書の構成の概要を提示するとともに，本書の始点と終点がどの時期に置かれるかについても明らかにする。

国際政治史とは何か

国際政治史は，高校で学ぶ世界史とは異なる。高校の世界史を単に詳しくしたものでもない。高校の世界史は，先史時代から始まり，世界各地の古代文明を経て，（人類史の99％以上を占める先史時代を除いても）数千年に及ぶ人類の歴史を，政治，経済，文化など多様な側面から理解しようとする。他方，本書では，国際政治史は，より限られた時代の，より限られた事象を扱う。それは，現代の世界がどのようにできあがってきたのかについて，現代世界の政治的な特徴である「主権国家からなる国際体系」の形成と地理的拡大，そしてその部分的な変容に着目し，歴史的な観点から深く理解することをめざすものである。

国際政治史はまた，近年注目を集めるグローバル・ヒストリーとも，一定の問題関心を共有しつつも，やはり異なるものである。たとえば，日本でグローバル・ヒストリー研究を牽引してきたイギリス帝国史研究者の秋田茂は，ベトナムを中心とする東南アジア史研究者の桃木至朗とともに編んだ共編著の序章で，「グローバルヒストリーとは，地球的規模での世界の諸地域や各人間集団の相互連関を通じて，新たな世界史を構築しようとする試み」であると記した（秋田・桃木 2013：9）。そうした際，グローバル・ヒストリーは，従来の一国史的な枠組みを超える「比較」と「関係性」の視座を重視するとされる。それに対して，国際政治史も，複数の主権国家で構成される国際体系の歴史を分析の対象とする点で，必然的に一国史を乗り越えるものであり，また，主権国家間の関係のあり方を明らかにすることをめざす点で，グローバル・ヒストリーと一定の共通点をもつ。他方，グローバル・ヒストリー研究が，「グローバリゼーションの歴史的起源とその展開過程を探究する」（秋田 2003：300）という問題関心から，国境を越える経済的な関係や帝国のネットワークなどに焦点を当てることが多いのに対して，国際政治史は，主権国家間の政治的な関係を主要な分析の対象とする点で，独自の存在意義をもつと考えられる。

国家体系と国際社会

すでに述べたように，本書では，国際政治史を，「主権国家からなる国際体系」の歴史的変遷について探究する学問と位置づける。「主権国家からなる国際体系」は，複数の国家（主権国家）で構成される体系（システム）という意味で，しばしば**国家体系**（ドイツ語のStaatensystemに由来し，英語では，一般的にstates-systemまたはsystem of statesと記される）と表現される。複数の国家が併存することを強調する観点から，「諸国家システム」「諸国家体系」と訳されることもある（近藤 2016：7；大原 2017：52）。それはまた，「主権国家体系」「近代国家体系」「近代主権国家体系」などとも呼ばれる。

主権（sovereignty）は，法学や政治学だけでなく，国際政治史を学ぶうえでも最重要の概念の一つである。主権については，次のように定義するのが一般的であろう。①対内的には自ら以上の権威を認めない「最高性」があり，②対外的には外国の支配や干渉を受けない「独立性」（それゆえに相互に平等であるという意味で「平等性」）があり，③その他に単一にして不可分であるなどの性質をもつ。国家がこれらの条件を満たすとき，主権国家（sovereign state）と呼ぶことができるとされる（ただし，たとえば，大国が中小国の対外的主権を無視して干渉することは歴史上たびたび起こっており，以上のような主権の定義は現実をそのまま反映したものではない。その意味で，主権国家体系は，あくまで理念型として理解すべきである。とはいえ，大国であっても，他国の主権をあからさまに無視すれば往々にして強い非難を免れないのであり，主権という制度は全くの「偽善」にすぎないというわけではない）。

国家体系や主権国家体系と関連する概念に，**国際社会**（international society）がある。オーストラリアで生まれ，イギリスで国際政治学者として活躍したブルは，『アナーキカル・ソサイエティ』と題する主著（邦訳のタイトルは『国際社会論』）で，国際社会の概念を提示した。それは，主権国家の上位に位置する世界政府が存在しないアナーキー（無政府）な状態においても，国家間の関係には一定の社会性が存在するという考えである。そして，ブルは，アナーキーな国際社会において，いかにして秩序が維持されるのかということを主要な関心とし，国際秩序を維持する5つの制度の存在を指摘する。それらは，①勢力均衡，②国際法，③外交，④戦争，⑤大国である（ブル 2000）。「主権国家からなる国際体系」の歴史的変遷について考察する本書でも，ブルが指摘した5つの制度の形成や変容が，重要なテーマとして繰り返し登場する。

他方，アメリカを代表する国際政治学者の一人であるコヘインは，「主権は，国際社会のために作られた制度である。それは，その他の制度と同じく，環境条件に対応して変化を経験している」と指摘する（Keohane 2002: 11）。後述するグローバリゼーションは，現代世界において，そうした主権の変化をもたらしている大きな要因の一つである。また，第二次世界大戦後に進んだ欧州統合の試みでは，国家主権が部分的に国家の上位に位置するヨーロッパ・レベルの超国家機関に委譲されており，主権を，特定の国家・国民が排他的に行使するという意味で「不可分」のものとみなす近代法学・政治学の理解に修正を迫ってきた。欧州統合とは，後述するように近代主権国家体系の発祥の地であるヨーロッパにおいて，主権国家体系を部分的に乗り越えることをめざす試みなのである。本書では，こうした欧州統合に代表されるような，国家主権のあり方を変化させている現代の重要な動きについても，積極的に取り上げる。

国際社会の形成

現代世界では普遍的な存在のようにみえる主権国家は，16〜17 世紀のヨーロッパに起源をもち，それゆえに歴史的にみると比較的新しい存在である。現在では否定的にとらえられることが多い多民族を包摂する帝国のほうが，むしろはるかに古くからの歴史をもち，かつ世界各地に存在した点でも，より「普遍的」な存在であった。

主権国家体系が形成される前の中世ヨーロッパは，キリスト教的，封建的社会であり，統治団体が重層的に併存していた。①ローマ教皇を頂点とするキリスト教世界（キリスト教共同体）という国家の上位に位置する宗教的な普遍的権威と，②各国内の封建社会（領主権力や自治都市が存在）によって，国家の凝集性は弱かったのである。中世から近世にかけてのヨーロッパには，現在のドイツ北部に位置する都市リューベックを盟主とするハンザ同盟のような，巨大な都市連合体も存在した。修道院長や司教などの高位聖職者は，国王から封土を受ける「聖界諸侯」でもあった。また，中世のヨーロッパでは，神聖ローマ帝国が，国家の上位に位置する世俗的な普遍的権威として存在していた。イギリスの国際政治学者ワイトによれば，中世ヨーロッパとは，「独特に複雑な二元的または双頭の宗主的な国家体系」であった（Wight 1977: 29）。

その後，16〜17 世紀の宗教改革や三十年戦争に代表される宗教戦争，三十年戦争を終結させるためのウェストファリア条約，そして勢力均衡原則が作用しえた条件が揃った 18 世紀（高坂 1978：29-42）を経て，ヨーロッパで複数の主権国家が並び立つ近代主権国家体系が形成され，発展していく（**→1 章**）。国際政治学者の中西寛は，古代ギリシャの都市国家にまで遡（さかのぼ）りながら，近代における「政治」と国家について次のように論じる。

> 言うまでもなく，近代の政治（politics）の語源は，古代ギリシャの都市国家ポリス（polis）にある。近代において政治とは何よりも，混乱した中世社会に対して統一のモデルとしてのポリスの精神を復興することだった。近代の初期において政治を説いた著作家たちは，名目化しつつある中世秩序の教皇や皇帝の普遍的権威を否定し，古代都市国家の影を追いながら，強い凝集性をもつ共同体としての政体（body politic）を構築し，そこに安定した秩序がもたらされることを期待していたのである。
>
> ……マキャベリは，帝政ローマから中世に至る普遍的な秩序への希求こそが，現実には統治の力をもたない権威同士の果てしない争いを生み，社会を混乱させる原因となったと考えた。そこで彼は古代の都市国家の理想をよみがえらせようとしたのである。古代都市国家ポリスに連なる近代の「政治」は何よりも，普遍的な秩序を否定するところに出発点があった（中西 2003：34-35）。

そして，主権国家体系は，ヨーロッパ国家体系（European states-system）と呼ばれるように，当初はヨーロッパに限定されており，その外側には別の政治的秩序が存在していた（詳しくは後述する）。しかし，主権国家体系は，のちに世界大に広がることとなる。そのため，本書では，19 世紀後半までの記述は，基本的にヨーロッパに絞っている。

国民国家体系

主権国家と並んで，国際政治史について考える際に重要となるのが，**国民国家**（nation-state）である。国民国家とは，国民（nation）と国家（state）が結合したものであるが，主権国家は最初から国民と結び付いてはおらず，それゆえに国民国家だったわけではない。歴史的には，主権国家が先行し，その後に国民が形成されることで，国民国家が誕生したのである。主著の『想像の共同体』でナショナリズム研究に大きな影響を及ぼした政治学者，東南アジア地域研究者のアンダーソンの定義によれば，「国民とはイメージとして心に描かれた想像の政治共同体（イマジンド・ポリティカル・コミュニティ）である――そしてそれは，本来的に限定され，かつ主権的なもの〔最高の意思決定主体〕として想像される」（アンダーソン 2007：24）。ある人が，「国民」の全員を直接知っているということは通常ありえない。つまり，「国民」とは，見ず知らずの人々との紐帯（ちゅうたい）を「想像する」ことによって成り立つ抽象的な政治共同体なのである。

国民国家が歴史的に形成される大きな契機となったのは，18世紀末に起こったフランス革命である（→2章）。とくに，フランス革命を経て導入された徴兵制を通して，革命の理念を守り，諸外国の干渉から「祖国」を防衛することを使命とする「国民軍（armée nationale）」が組織され，それが**ナショナリズム**と国民国家が形成される重要な基盤となった（nationalismは「民族主義」「国民主義」などと訳されることも多いが，本書では，原則として「ナショナリズム」で統一する）。そして，こうしたフランスの国内的な発展に加えて，それが他のヨーロッパ諸国にも波及することで，フランス革命に端を発する「国民化」の動きが進んだのである（なお，フランス革命以前からイギリスでは国民形成が進んでいたという議論〈コリー 2000〉も有力だが，他国への波及という点ではフランス革命の重要性がより大きいと考えられる）。また，主に19世紀以降，ヨーロッパ諸国を中心に進んだ産業化による人々の社会的動員，教育やマスメディアの発達を通した文化的同化の影響も重要である。そうした際には，近代以降，「伝統」が人工的に創り出されてきたことが，集団の帰属意識の確立に決定的な役割を果たしたことも指摘されている（ホブズボウム＝レンジャー 1992）。

19世紀半ばから後半にかけて，イタリア統一（1861年）やドイツ統一（1871年）によって，ヨーロッパでの国民国家の形成はさらに進んだ。こうして，およそ19世紀後半までに，ヨーロッパ（とくに西ヨーロッパ）で，複数の国民国家によって構成される国民国家体系（nation-state system）が誕生したのである。

国際社会の拡大

ヨーロッパで主権国家体系が形成された頃，ヨーロッパ以外の世界の多くの地域は，①15世紀末以降の大航海時代を経た南北アメリカ大陸やカリブ海の島々の多く，アフリカやアジアの一部の沿岸地方のようにヨーロッパ諸国の植民地にされるか，②ヨーロッパの国家体系とは異なる独自の地域秩序を形成していた。②については，たとえば，東アジアから東南アジアの一部にかけて，明・清時代の中華帝国を中心とした，華夷（かい）思想に基づく緩やかな階層的秩序である朝貢（ちょうこう）・冊封（さくほう）体系が存在し，「独立性」「平等性」をもった国家が並立する主権国家体系とは異なる地域秩序が築かれていた。中国史研究者の岡本隆司が指摘するように,「われわれが考える横並びの「外交」なるものは,そこに存在する余地はない」のであった(岡本 2016:122)。また,イスラーム世界では,中東から北アフリカ,バルカン半島から黒海沿岸にかけて広大な版図をもつオスマン帝国,サファヴィー朝ペルシャ,インド亜大陸のムガル帝国といった帝国的秩序とイスラーム教徒共同体(ウンマ)という包括的観念が併存し,やはり複数の主権国家が並び立つ国家体系とは異なる秩序が存在していた。

カナダ出身の中国史研究者ブルックは,17世紀をグローバリゼーションの「夜明け」とし,東西間の交易と相互の文化変容が本格化した時代と位置づける。「もはや,世界はあるところで何かが起こっても,他の場所で進行中のことにそれがまったく影響を及ぼさないというように,互いに無関係でいるわけにはいかなくなっていた」(ブルック 2014:289)。しかし,そうした中でもユーラシア大陸の各地には,依然として異なる政治的秩序が存在していたのである(ただし,主権国家体系と同じく,朝貢・冊封体系やウンマという概念も,必ずしも現実をそのまま反映したものではなく,あくまで理念型としてとらえるべきである)。さらに,オスマン帝国や中華帝国は,中規模や小規模の国家に分裂し,相互に敵対し合う状態が続いたヨーロッパ諸国よりも強大な存在でさえあった。

しかし,その後,ヨーロッパ諸国が,産業革命と軍事技術の飛躍的な向上によって国力を大幅に増大させ,世界のほとんどの地域を植民地化することによって,ヨーロッパ外の地域秩序は破壊されたり,大きく弱体化したりした。たとえば,インドでは,ムガル帝国が急速に衰退する中で,イギリス東インド会社が段階的に勢力を拡大していき,さらに19世紀半ばのインド大反乱を経て,イギリス政府の直轄支配が確立されることになる。中国は,イギリス領の香港やポルトガル領のマカオを除き,特定の国の植民地とはならなかったが,沿岸部の都市を中心にヨーロッパの列強によって多くの租界や租借地が築かれ,また経済的な権益を握られるなど,「半植民地化」といわれる状態に陥った。

ところがその後,19~20世紀(とくに第二次世界大戦後)にみられた世界的な脱植民地化を経て,それまでの欧米諸国の植民地や保護領が主権国家として独立したため,主権国家体系が世界的に広がった。それらの新独立国は,ナショナリズムに基づき国民国家の形成をめざしたため,国民国家体系もまた地理的に拡大した(ただし,国民国家の形成には成功していない国も少なくない)。アメリカは例外的な存在で,18世紀後半という早い時期にイギリスの植民地から独立し，その後，段階的に大陸を横断して領土を拡張した。さらにアメリカは，19 世紀末には米西戦争の結果，フィリピン，プエルトリコ，グアムを領有するなど，規模は限定的だが，独自の植民地も獲得した。米西戦争中にはハワイの併合も決議し，戦争後にはスペインから独立したキューバを保護国とした。

日本，タイ，アフガニスタン，エチオピアなど植民地化を免れた一部の国々も，ヨーロッパ型の主権国家・国民国家をめざすことで「防衛的な近代化」（ウェスタッド 2010：83）を進めた。近代日本が，富国強兵を進めるとともに，ヨーロッパに倣(なら)って憲法を制定し，議会を開設し，不平等条約の改正を追求したのは，その典型例といえよう。日本はそれにとどまらず，日清戦争によって台湾と澎湖(ほうこ)諸島を獲得して以降，アジアで独自の帝国を築いたが，第二次世界大戦での敗戦によって日本の帝国もまた解体された。そうした結果，どの主権国家にも属さない土地は，南極大陸を除いて実質的に存在しない状態が現れたのである。そして，世界中の人類は，基本的には特定の国籍を付与された（とはいえ，領有権が確定していない土地や複数の国家が領有権を主張する土地は存在し，二重国籍をもつ人やミャンマーで深刻な迫害を受ける少数派イスラーム教徒の「ロヒンギャ」のように国籍を与えられていない人もいるなど，例外も少なくない）。こうした変化が，「国際社会の拡大」と呼ばれる現象である（Bull and Watson 1984）。

ただし，「国際社会の拡大」は，ヨーロッパで誕生した国際社会が単に世界的に拡大したものではない。たとえば，ヨーロッパ諸国間の外交では当然とみなされていた秘密条約は，20 世紀初頭に国際社会に本格的に登場したアメリカのウィルソン大統領によって厳しく批判され，その後は外交においても公開性がより重視されるようになっていく。こうした国際社会の拡大にともない，19 世紀後半以降に関する本書の記述は，ヨーロッパを超えて，グローバルなものとなっていく。

グローバリゼーションとポピュリズム

現代世界では，経済，文化，環境問題などの人類の活動とその影響が国境を越えて地球規模で一体化していく現象である**グローバリゼーション**の急速な進展がみられる。まず，1970 年代末以降のイギリスのサッチャー，アメリカのレーガン両政権が牽引した新自由主義（経済に関する国家の役割を縮小し，市場に委ねることをめざす思想）の台頭が，グローバリゼーションの大きな契機となった。そして，1970 年代末に導入され，80 年代に本格化した中国での改革開放政策や 1990 年前後に生じたソ連と東欧諸国での社会主義体制の崩壊，1991 年以降のインドでの経済自由化などを経て，それらの国々が市場原理に基づく国際経済に参入し，まさにグローバルな規模で経済競争が繰り広げられるようになった。世界各地で企業経営はますます多国籍化し，各国での規制緩和，貿易や投資の自由化に加えて，インターネットをはじめとする情報通信技術の飛躍的な発達がグローバリゼーションを後押しした。

グローバリゼーションの進展は，国境を越える物，資本，人，情報などに対する国家の管理能力を低下させることで，国家主権の相対化を引き起こす重要な要因となった。また，グローバリゼーション（中国語では「全球化」）は，中国，インドなどの新興国の台頭にみられるように，一方では人々の間で豊かさを生む原動力となった。しかし他方で，グローバリゼーションの進展にともない，国家間と各国内の双方で競争が激化し，貧富の格差が拡大した。

まず，グローバリゼーションの下で，多くの先進国や新興国が経済成長を享受(きょうじゅ)したのに対して，アフリカ諸国を中心とする「後発開発途上国（LDC）」と呼ばれる重い貧困を抱えた国々との間で分極化が進んだ。また，とくに先進国の国内では，グローバリゼーションの恩恵を受ける一部の富裕層とそれによって生活や雇用が脅かされる多数の労働者層の間で貧富の格差が広がった。グローバリゼーションにともない，先進国の製造業を中心とする産業が新興国などに流出し，または先進国内にとどまった場合も賃金が伸び悩み，雇用が不安定化するといった問題が生じた。そして，そうした状況を放置または助長した支配階層(エスタブリッシュメント)への強い異議申し立てが，**ポピュリズム**というかたちで顕在化したのである。新自由主義を強力に推進し，従来は移民や難民に対しても開放的な政策をとってきたイギリスとアメリカで，2016 年 6 月の国民投票での欧州連合（EU）離脱派の勝利と同年 11 月の大統領選挙でのトランプの勝利というかたちでポピュリズムが最も明確に現れたのは，決して偶然ではない。

本書の構成

本書は，4 部で構成されており，それぞれ第 1 部が第 1～3 章，第 2 部が第 4～6 章，第 3 部が第 7～10 章，第 4 部が第 11～15 章からなっている。以下で，それぞれの部ごとの大まかな見取り図を示しておきたい。

まず，第1部（主権国家体系の誕生と展開）では，近代国家と近代主権国家体系の成立から説き起こし，勢力均衡をはじめとする国家間体系のルールを歴史的に検討したうえで，ナショナリズムの勃興（ぼっこう）と帝国主義の時代の国際政治を明らかにする。第1部は，16世紀から19世紀までの長い時代を扱うため，個別の歴史的事実を詳しくみるのではなく，国際政治史における概念や制度の形成と変化を重視した記述となる。

第2部（2度の世界大戦）は，第一次世界大戦から戦間期を経て，第二次世界大戦までの時期を扱い，20世紀前半の国際政治史を解明する。第1部と比べて，扱う時代が約30年間と短くなるため，具体的な歴史的事実についてもある程度詳しく論じることが可能となる。他方，第3部と第4部も同様だが，年代順の叙述に終始することは避け，グローバルなパワー・バランスに影響を与えるような出来事を中心に，国際政治史の大きな枠組みの変化を明らかにするように努める。第2部では，具体的には，二度の世界大戦を軸に，国際連盟，ヴェルサイユ体制，ワシントン体制，1930年代の危機などが扱われる。

第3部（冷戦）では，1940年代後半から1980年代末までの国際政治史を強く規定した冷戦の展開を扱う。代表的な冷戦研究者のウェスタッドによれば，冷戦とは，「自由の帝国」たるアメリカと「公正の帝国」たるソ連が，それぞれ普遍主義的なイデオロギーを掲げて，グローバルな規模で対立し，対外的介入を繰り返した現象である（ウェスタッド 2010）。ただし，冷戦の展開は，米ソの認識と行動のみから説明することはできない。そのため，本書では，米ソの同盟国や，第二次世界大戦後の脱植民地化の流れの中で誕生した第三世界の諸国の動きにも目を配る。第3部では，冷戦の開始から，ヨーロッパにおける冷戦の「安定化」，キューバ・ミサイル危機に代表される冷戦の危機の時代，さらにデタント（緊張緩和）と新冷戦の時代を経て，1980年代末の冷戦の終わりまでをグローバルな視点から説明していく。

第4部（主権国家体系を超えて）では，冷戦後の国際政治史について多角的な視点から明らかにする。第3部で扱う冷戦期には，米ソを中心とする二極構造が国際政治のあり方をシステムとして強く規定したのに対して，第4部で扱う冷戦後の時代には，1990年代のアメリカの一極構造を経て，中国に代表される新興国の台頭などによって，より多元的な構造が現れてきた。そのため，第3部の記述が冷戦を軸としたまとまりをもつのに対して，第4部は，各国・地域に関する章や節を並べた構成となっている（とはいえ，各国・地域間の関係についても，それぞれの章や節の中で積極的に取り上げる）。第4部では，具体的には，湾岸戦争とソ連解体，EUの拡大と深化，冷戦後の地域紛争・民族紛争，新興国の台頭をそれぞれ検討したうえで，あらためてアメリカを軸に据えつつ，21世紀初頭の国際政治の構造について考察する。

本書の始点と終点

序章の最後に，本書の始点と終点について確認しておきたい。本書の始点は，近世ヨーロッパで主権国家と「主権国家からなる国際体系」が誕生する重要な契機となった宗教改革に置かれる。近代主権国家体系は，これまでしばしば「ウェストファリア体制（Westphalia system）」と呼ばれてきた。三十年戦争を終結させるために開催されたウェストファリア講和会議の結果，1648年に調印されたウェストファリア条約が，主権国家体系の起源となったという見方を強く反映した表現である。しかし，旧西ドイツ出身の歴史学者・国際政治学者であるテシィケの著書の原著のタイトル――『1648年の神話（*The Myth of 1648*）』――に端的に示されるように，近年の研究では，主権国家体系がウェストファリア条約を転機として誕生したという見方は退けられており（テシィケ 2008），主権国家体系の形成を，16世紀前半の宗教改革以後の漸進的な変化の中でとらえるべきと考えるためである（**→1章**）。

それに対して，本書の終点は，2017年1月20日にアメリカの第44代大統領であるオバマが2期8年間の任期を終え，トランプが第45代大統領に就任した時点に置かれる。オバマ政権からトランプ政権への交代の時点を本書の終点とすることには，2つの理由がある。第1に，中国やインドの追い上げを受けているとはいえ，アメリカは依然として世界最大の軍事力と経済力をもつ超大国であり，その政権交代は国際政治にとって大きな節目となるからである。第2に，トランプ政権下でのアメリカの外交政策および国際政治の動きについては，現在進行中のことで不確定要素が大きく，本書の出版時点で十分な評価を行うことが困難なためである。ただし，2017年1月20日以降，本書出版時点までの国際政治の最新の動きについても，本書の議論にとって必要と考えられるものについては，可能な範囲で盛り込んでいる。

引用・参考文献 Reference ●

秋田茂 2003『イギリス帝国とアジア国際秩序——ヘゲモニー国家から帝国的な構造的権力へ』名古屋大学出版会。

秋田茂・桃木至朗 2013「グローバルヒストリーと帝国」秋田茂・桃木至朗編『グローバルヒストリーと帝国』大阪大学出版会。

アンダーソン，ベネディクト／白石隆・白石さや訳 2007『定本 想像の共同体——ナショナリズムの起源と流行』書籍工房早山（原著 2006 年）。

ウェスタッド，O. A.／佐々木雄太監訳，小川浩之・益田実・三須拓也・三宅康之・山本健訳 2010『グローバル冷戦史——第三世界への介入と現代世界の形成』名古屋大学出版会（原著 2007 年）。

大原俊一郎 2017「国際政治史研究におけるドイツ歴史学派の方法論——18 世紀ヨーロッパ諸国家体系の成熟過程を中心に」『国際政治』189 号。

岡本隆司 2016『中国の論理——歴史から解き明かす』中公新書。

君塚直隆 2010『近代ヨーロッパ国際政治史』有斐閣コンパクト。

高坂正堯 1978『古典外交の成熟と崩壊』中央公論社。

コリー，リンダ／川北稔監訳 2000『イギリス国民の誕生』名古屋大学出版会（原著 1992 年）。

近藤和彦 2016「礫岩のような近世ヨーロッパの秩序問題」古谷大輔・近藤和彦編『礫岩のようなヨーロッパ』山川出版社。

テシィケ，ベンノ／君塚直隆訳 2008『近代国家体系の形成——ウェストファリアの神話』桜井書店（原著 2003 年）。

中西寛 2003『国際政治とは何か——地球社会における人間と秩序』中公新書。

ニコルソン，H.／斎藤眞・深谷満雄訳 1968『外交』東京大学出版会（原著 1963 年）。

ブル，ヘドリー／臼杵英一訳 2000『国際社会論——アナーキカル・ソサイエティ』岩波書店（原著 1995 年）。

ブルック，ティモシー／本野英一訳 2014『フェルメールの帽子——作品から読み解くグローバル化の夜明け』岩波書店（原著 2008 年）。

ホブズボウム，エリック＝テレンス・レンジャー編／前川啓治・梶原景昭ほか訳 1992『創られた伝統』紀伊國屋書店（原著 1983 年）。

水島治郎 2016『ポピュリズムとは何か——民主主義の敵か，改革の希望か』中公新書。

ミュラー，ヤン＝ヴェルナー／板橋拓己訳 2017『ポピュリズムとは何か』岩波書店（原著 2016 年）。

Bull, Hedley and Adam Watson, eds. 1984, *The Expansion of International Society*, Clarendon Press.

Keohane, Robert O. 2002, *Power and Governance in a Partially Globalized World*, Routledge.

Wight, Martin 1977, *Systems of States*, Leicester University Press.

第1部

主権国家体系の誕生と展開

PART 1

CHAPTER

第1章

近代主権国家体系の生成

主体としての主権国家とゲームのルール

⬆ミュンスターにおけるウェストファリア条約の宣誓式（ヘラルト・テル・ボルフ画。提供：Bridgeman Images／時事通信フォト）。

INTRODUCTION

序章でみたように，国際政治史は「主権国家からなる国際体系」の歴史的変遷を探究する学問である。そこで本章では，「主権国家からなる国際体系」あるいは「主権国家体系」の生成を考察する。まず，主権国家体系が近代の産物であること，そしてそれは「統一政府不在の社会」という特徴をもつことを確認したのち，歴史的に近代国家の形成をたどっていく。舞台は16世紀から18世紀にかけてのヨーロッパである。とりわけ，戦争と近代国家の形成との関係に焦点を当てる。また，戦争，外交，勢力均衡など，主権国家体系を成り立たせている制度やルールについても考察する。

1 近代主権国家体系

主権国家体系の特徴

序章でみたように，国際政治史とは「**主権国家からなる国際体系**」の歴史的変遷を探究する学問である。そこで本章では，「主権国家からなる国際体系」，すなわち「**主権国家体系**」の生成について考察しよう。

まず**主権国家**とは，ごく簡単にいえば，国境によって他とは区分された独自の「領域（領土）」を有し，その領域内に「人民（国民）」を抱え，さらに「主権」を保持する存在である。こうした主権国家が相互に織り成す関係性の束が「主権国家体系」である。

この主権国家体系を考える際に，重要な点が2つある。第1は（主権国家が地球上を埋め尽くしている現代では忘れられがちだが），主権国家という単位・枠組みは，自然ないし当然のものではなく，特定の時代に特定の場所で生まれた，歴史的かつ人工的な構築物だということである。以下でみるように，主権国家が登場したのはおおよそ17世紀であり，人類史からみれば比較的最近のことである。また，その舞台は当初はヨーロッパ世界に限られていた。その後，ヨーロッパの主権国家群が，世界各地を帝国主義によって一つに結び付けていく一方で（**→3章**），主権国家という統治の雛型（ひながた）も（意図せずして）「輸出」することになった。ヨーロッパの従属下にあった諸地域も，ナショナリズム（**→2章**）を動因として，自らの主権国家（国民国家）を求めたのである。その結果として，世界は主権国家で埋め尽くされるようになった。こうした歴史的経緯をとらえて，国際政治学者のナイは「近代主権国家」を「ヨーロッパが輸出したもので最も成功したもの」と呼んでいる（ナイ＝ウェルチ 2017：104）。それゆえ，本書の第Ⅰ部では，あくまでヨーロッパ世界に関する記述が中心となる。

第2に，主権国家体系のもとで主権国家同士が織りなす政治，すなわち国際政治（international politics／politics among nations）においては，国内政治のような「統一政府（government）」が存在しないという点が重要である。とはいえ，それはただちに主権国家間関係が無秩序であることを意味しない。国際政治学者のブルが論じるように，国際社会は，主権国家が，国際法，外交，勢力均衡，戦争といった一連の制度やルールを通じて織り成す社会である（→**序章**）。つまり，主権国家体系の基礎には，「社会」と呼べるような，主権国家間の価値の共有が存在する。こうした点を指摘したブルは，主権国家体系を，単なる無秩序ではなく，「**統一政府不在の社会**（anarchical society）」と呼んだ（ブル 2000）。

なお，「主権国家体系（system）」と「国際社会（society）」を厳密に区別する国際政治学者も多いが，本書では両者の区別に拘泥（こうでい）しない。本書が着目するのは，体系としての主権国家間関係がもつ社会性の成り立ちであり，主権国家体系を社会として成り立たせている制度やルールの歴史的性格である。

さて，主権国家体系は，国際政治学において，長らく「ウェストファリア体制」という（誤解を生む）呼称を与えられてきた。「ウェストファリア体制」論は，三十年戦争（→**本章** ③）の講和条約である 1648 年のウェストファリア条約によって，対内的には絶対，対外的には独立をメルクマールとする「主権」をもった国家群が，水平的な国際体系を作り出したとするものである。しかし近年の研究は，こうした「ウェストファリア体制」論を「神話」として退ける傾向にある（たとえば，明石 2009；テシィケ 2008）。

ここで「ウェストファリア体制」という呼称をめぐる議論について立ち入る紙幅はないが，2 点だけ確認しておきたい。第 1 に，以下でみるように，主権国家体系は，1648 年のウェストファリア条約によって突如として生まれたわけではない。むしろ，16 世紀から 18 世紀にいたる比較的長い歴史的経緯の中で生成されたものである。また第 2 に，「主権」は，必ずしも絶対でも独立性を有したものでもなかった。むしろ，国際政治史をみるにあたっては，主権は，「国際社会の主要な構成員の地位を示す原理」（篠田 2014：79）として理解したほうがよいだろう。つまり，各国家が互いに国際社会を構成する対等かつ独立した主体と認め合ったとき，主権国家は成立する。国際社会における主権とは，そのような関係的で間主観的な概念である。

以下では，初期近代（本書では 16 世紀から 18 世紀ごろまで，具体的には宗教改革からフランス革命あたりまでを指す。「近世」ともいう）における主権国家体系の生成を検討していくが，あらかじめ断っておくと，まず主権国家が生まれ，その主権国家が無秩序状態から社会性を獲得していく，といった発展の順をたどったわけではないことである。言い換えれば，主権国家の生成は「国際社会」ないし「国際体系」の生成と並行して進んだのである。以下の本章の構成は，叙述の便宜のためにすぎず，各節の出来事が継起的に生じたことに注意してほしい。

近代国家の生成

19 世紀末から 20 世紀初頭にかけて活躍した社会学者のヴェーバーは，講演『職業としての政治』（1919 年）の中で，近代国家（主権国家）を次のように定義している。「国家とは，ある一定の領域の内部で――この「領域」という点が特徴なのだが――正当な物理的暴力行使の独占を（実効的に）要求する人間共同体である」（ヴェーバー 1980：9）。こうした近代国家の形成には，きわめて長い時間を要した。私たちが主権国家の由来を知るためには，初期近代に立ち戻らねばならない。

まず何よりも**宗教改革**が，主権国家の誕生には必要であった。宗教改革が国際政治史にもつ意味は，普遍的権威からの国家権力の解放である。中世の（西）ヨーロッパ世界は，キリスト教に基づく，聖俗の 2 つの普遍的権威（教皇権と帝権）を中心とする秩序であった。そこでは何よりもキリスト教，そしてカトリック教会の頂点である教皇が，「正しさ」の源泉であった。たとえば教皇は，「破門」という手段によって，たとえ王であっても，その権威を剝奪（はくだつ）することが可能だったのである。

そうした中，1517 年，神聖ローマ帝国のザクセン選帝侯領にあったヴィッテンベルク大学の神学教授にして修道僧**ルター**が，「95 か条の提題」を発表した（深井 2017）。これは，ローマのサン・ピエトロ大聖堂の改修資金を得るために贖宥状（しょくゆうじょう）を売りさばいていたドミニコ会士を批判するものであり，ローマ教皇庁の腐敗を告発するものであった。それに対して 1520 年にヴァチカン（当時の教皇はメディチ家出身のレオ 10 世）は，破門を盾にルターに自説の撤回を迫るが，ルターはその「破門脅迫の大教勅」も無視する（一説では焼いてしまったという）。同時にルターは，いわゆる「三大改革文書」をはじめとする著作を矢継ぎ早に世に問い，それらは活版印刷という新しいメディアによって広まった。これらの著作の中でルターは，聖職身分を認めない「万人司祭主義」と，聖書にのみ信仰の基準を置く「聖書主義」の立場をとった。すなわち，個人は司祭・教会を介さずに神とつながることが可能であると説き，既存の教会権力

CHART 図 1.1 宗教改革時代のヨーロッパの宗教分布

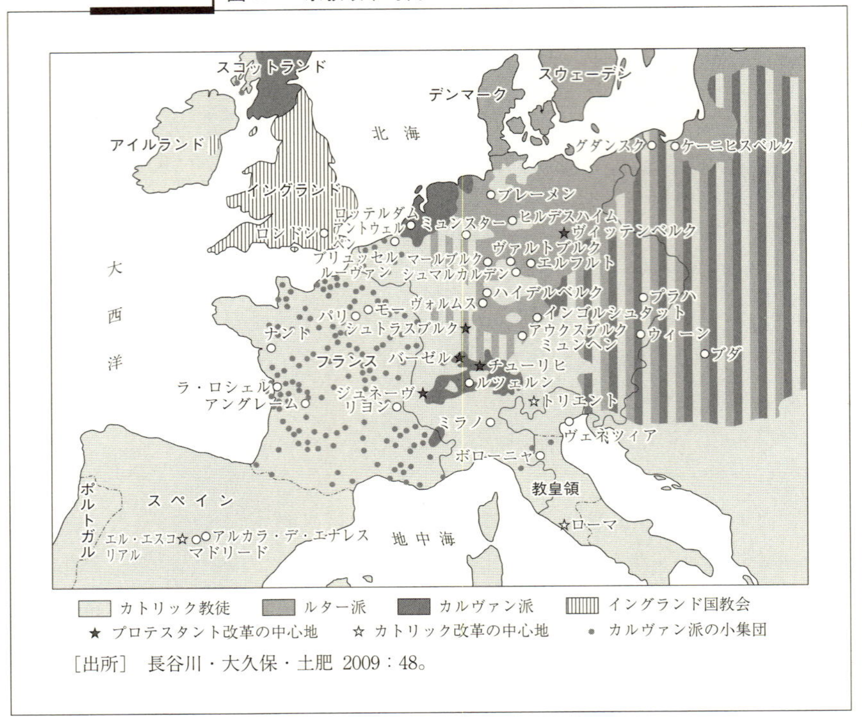

［出所］ 長谷川・大久保・土肥 2009：48。

を否定したのである。また，それまでラテン語を解するエリート層に限定されていた聖書を万人に普及させるため，ルターは聖書のドイツ語訳を進めた（俗語聖書の普及）。

これを機に，ローマ教皇庁に対して「抗議する人々（プロテスタント）」が登場した。もはや単一で普遍的な「キリスト教共同体」は消滅した。そして，プロテスタント弾圧政策を進めようとしたカール5世の神聖ローマ帝国を中心とするカトリック側と，それに対抗するルター派諸侯を中心としたシュマルカルデン同盟（1531年結成）との間に戦争も起こった（シュマルカルデン戦争，1546〜47年）。そうした厳しい宗派間対立を背景にして結ばれたのが，1555年のアウクスブルクの宗教和議である（深井 2017：80-81）。ここで定められたのは，領主の信仰する宗派がその領土の宗派となることだった（これはのちに「一人の領主，一つの宗教〈Cuius regio, eius religio〉」という表現で定式化された）。カトリックの普遍性の喪失が，法的にも確認されたのである。

そしてこの間，「領邦教会制」と呼ばれるものも成立していく。これは諸侯（領邦君主）の政治権力が及ぶ範囲と，宗教的な範囲を一致させようとするものだった。たとえばザクセン選帝侯領では，牧師の任命から教会・学校の監督，印刷物の検閲など広範な権限を有する宗務局が設置され，選帝侯領の全住民を包摂するルター派領邦教会が設立された。これは，教会が世俗の権力に取り込まれたことを意味する（高澤 1997：23-24）。つまり宗教改革は，結果的には個人の解放というよりも，世俗の（国家）権力の解放をもたらしたのである。

宗教改革と並行して進んだのが，国内における国王ないし領邦君主の地位と至上権の確立である。中世国家は，身分制に立脚した主君と家臣の双務的契約関係から成る多元的な秩序であった。あくまで国王は封建的秩序の中の頂点にすぎず，その権力は相対的なものだった。しかし近世に入り，次第に国王は唯一の独立した至上権力を獲得していき，対外的な代表という性格を備えるとともに，対内的には暴力の独占を進めていく。国家の領域内では私戦（フェーデ）や自力救済などの国家以外による暴力の行使が禁じられ（いわゆる「刀狩り」），それに代えて臣民の法的保護が進められた。また，中央国家の二大権力機構，すなわち**官僚制**と**常備軍**が徐々に整備されていく（ただし，近世における官僚制は，いまだ家産的性格の強いものだった）。

こうして宗教改革や国家権力機構の整備によって，国家の近代化が進められた。その際，それぞれの国家は，上位の権力が不在の状態で，諸国家が並び立つ中で自己を存続させるという課題（今でいう「国家安全保障」の問題）の前に立たされるようになった。

この課題の解決手段の一つは，**国際法**（条約や慣習）であろう。しかし，繰り返しになるが，近代の国際社会は，国内社会とは違い，その社会の構成員を強制的に拘束するような上位の権威・権力を欠いている。かつてはカトリック教会が，君主間あるいは領主間の紛争の調停者として振る舞うことができた。しかし，教皇の普遍的な権威の否定を出発点として創られた国際社会では，もはや主権国家以上の「正しさ」の判定者は不在である。したがって主権国家は，自らの安全や国益の実現を，法や慣習に全面的に依存することはできない。

こうして近代以降，実際的な規範として作用したのは，何よりも各国の**勢力**

均衡政策（→**本章4**）であった（高橋 2008：160）。各国は勢力均衡の原則の下，同盟網を形成し，相互に対立関係に立ち，軍備を増強し，戦争の準備を行った。そして戦争を通して，軍，税制，官僚機構が整備され，統治技術が洗練されていくのである。

 戦争と近代国家

無差別戦争観の登場

こうした近代主権国家体系にあっては，諸国家は，「国益」を実現する究極的な手段としての戦争を相互に許容した。ここには，主権国家の生成に伴う戦争観の転換がある。すなわち，「**無差別戦争観**」の登場である。無差別戦争観とは，戦争相手を倫理的・道徳的に差別せず，自己と同等の存在事由をもつ相手として扱う戦争観を指す。

この考えの新しさは，やはり中世のキリスト教世界と比較すると，わかりやすい。そもそもキリスト教は原理的には非暴力の宗教だが（「右の頬を打たれたら左の頬も差し出せ」），実際の従軍と信仰とのジレンマの中で，旧くはアウグスティヌス，中世盛期にはトマス・アクィナスらが「正戦論」を紡ぎ上げていった。その詳しい内容には立ち入らないが，正戦論という考え方には，戦争には正しいものと不正なものがあるという前提がある。そして中世のキリスト教世界では，究極的には教皇が，戦争の正／不正を判定する最高権威として君臨していた。

しかし前述のように，宗教改革を契機にキリスト教世界の統一性は崩れた。それに従い，戦争の正／不正を決する上位の判定者はもはやいなくなり，互いに同等の立場にある主権国家が並び立つことになった。

こうして，国益をめぐる戦争が勃発（ぼっぱつ）したとき，国際社会は，その戦争の原因や責任，戦争開始の理由の正邪・善悪を究極的には問わなくなった。その代わり，戦争におけるルール，すなわち戦時国際法の遵守を交戦国および非交戦国に求めるようになっていく（佐々木 2011：8；シュミット 2007）。主権国家体系の生成に伴い，「開戦法規（jus ad bellum）」ではなく，「戦時法規（jus in bello）」

が重視されるようになったのである（なお，中世のキリスト教世界にも，「神の平和」や「神の休戦」と呼ばれる，聖職者の虐待や安息日の交戦を禁じた，一種の「戦時法規」は存在した。しかし，それらはきわめて限定的で，住民の殺害や強奪などは禁じられていなかった）。

「戦争が近代国家を作る」

16世紀から18世紀にかけてのヨーロッパ世界は，大きな戦争が頻発している。ざっと挙げても，イタリア戦争，三十年戦争，スペイン継承戦争，オーストリア継承戦争，七年戦争などがある。こうした状況を，近世史家ブルクハルトは，「平和なき近世」と呼んだ（ブルクハルト 2002・2006）。近代主権国家体系は，まずもって戦争の体系として存在したのであり，さらに頻発する戦争の中で，近代主権国家は，そのかたちを整えていった。

そのプロセスを概観するために，ブリュアらによる**「財政＝軍事国家**（fiscal-military state）」論を参照したい（ブリュア 2003）。「財政＝軍事国家」とは，「戦争遂行を主要な任務とし，そのためにカネ・ヒト・モノの動員に専心する国家」のことである（中村 2014）。国家は，戦争を遂行するために，機能的な租税システムと，国家が効率的に資金を集め，またそれを返していける国債償還システムも整えておく必要があった。

「財政＝軍事国家」論は，なぜ名誉革命（1688-89年）以降のイギリスが，「第2次英仏百年戦争」の時代ともいえる「長い18世紀」（1688-1815年，後述）において，強大なフランスに勝利できたのかという「謎」を解き明かそうとしたものである。そこでブリュアは，イギリスの戦費調達の問題を重視した。まず，一連の対仏戦争を通じて，イギリス陸海軍の規模は拡大し，イギリスの軍事費も急激に上昇した。その膨大な軍事費は，国債の発行によって調達された。そこで，国債の引受銀行として，1694年にイングランド銀行（中央銀行）が設立される。さらに，イギリス議会が短期借入金を長期債に転換し，その利払いのために特定の税収を充当したことが，イギリス国債への公的信用を保証した。こうして成立した信用体系は，他のヨーロッパ諸国よりも効率的だった徴税機構，とくに消費税部門に支えられており，その結果イギリスは，大陸諸国を上回る重税国家となった（これに対し，たとえばフランスにおける国立銀行の設立は1800年だった）。こうしてイギリスは，いち早く「財政＝軍事国家」へと脱皮し，

「長い18世紀」における一連の戦争を切り抜けることができたとされたのである。

このように，「戦争が近代国家を作り，また近代国家が戦争を行う（“War made states, and vice versa”）」（Tilly 1992：Ch. 3）というサイクルが16世紀から18世紀の「平和なき近世」の時代に成立していたのである。とはいえ，すぐ後で述べるように，こうしたプロセスの中の近代国際政治をアナーキーな「戦争状態」としてのみ理解することは適切ではない。むしろ，戦争を手段として組み込みながらも，国際政治を秩序化する試みがなされたのが，この時代の特徴であろう（高橋 2008：161）。ともあれ，こうした近代国家体系の生成の大きな契機としてやはり見逃せないのが，次に述べる三十年戦争である。

3 三十年戦争と国家理性

三十年戦争の経緯

三十年戦争（1618-48年）は，主に中央ヨーロッパを舞台に，広範な時期にわたって，さまざまなアクターがさまざまな目的をもって争った複合的な戦争の総称である。とはいえ，発端と通底的な原因は，宗派対立であった。

当時の神聖ローマ帝国は300以上の領邦に分かれ，宗派的にも分裂していた。そして，プロテスタントのプファルツ選帝侯を中心とする「同盟（ウニオン）」（1608年）と，カトリックのバイエルン公マクシミリアンを中心とする「連合（リーガ）」（1609年）がそれぞれ結成されていた。そうした中，1618年5月23日，熱烈なカトリック信徒であったボヘミア王フェルディナントによるプロテスタント弾圧に不満をもったボヘミア王国（フス以来，宗教改革の伝統があり，プロテスタントが多かった）のプロテスタント貴族たちが，プラハの城に乗り込み，皇帝代官を窓から投げ落としたのである。これに対し，1619年に皇帝となったフェルディナント（2世）は，リーガとスペインの支持を得て平定を試みたが，その処置をめぐって，ヨーロッパ全体を巻き込んだ戦争へと発展していく。

当初はスペインを後ろ盾とした皇帝・カトリック側が1620年のビーラ・ホラの戦いでボヘミア軍に圧勝したが，25年にデンマーク（国王はクリスティアン4世）がプロテスタント諸侯と結んで介入したことから，さらに戦線は拡大していく。皇帝側はヴァレンシュタイン（後述）の活躍により，さらに勝利を収めるが，バイエルンの離反や，プロテスタント側のスウェーデン（国王はグスタフ2世アドルフ）の介入を招く。それに対しても皇帝軍が勝利するにいたって，ついにカトリック国であるフランスがプロテスタント側に立って参戦するまでになる。

20年以上の戦争を経て，1644年から講和が模索され，ようやく1648年10月のウェストファリア条約（ドイツ語でヴェストファーレン条約。フランスと結ばれたミュンスター条約とスウェーデンと結ばれたオスナブリュック条約から成る）で終結を迎えた。

三十年戦争と近代国家

この三十年戦争のころ，国家はいまだ近代的なものになりきっておらず，主権者の国内基盤もきわめて脆弱（ぜいじゃく）であった。たとえばこの期間のフランスでは，ユグノー（16世紀半ばからフランスに広まったカルヴァン派プロテスタント）の度重なる反乱，農民反乱，貴族の反乱（たとえばフロンドの乱）にいたるまで，反乱が多発していた。同時代のイギリスに目を向けると，周知のように議会と国王の対立からピューリタン革命が起きている。つまり，三十年戦争の時代は，国際戦争の時代であると同時に国内反乱の時代でもあった。そして，「内戦」と「対外戦争」の区別自体がそもそも不分明であった。三十年戦争の時代には，大規模反乱と国家間戦争が混然一体となっていたのである（高橋 2008：162-163）。この意味で，近代主権国家体系もいまだ生成途上だったといえよう。

そうした中，為政者によって国内秩序の整序が図られていく。たとえばスペイン王国侍従長オリバーレスは，「戦争の本質は4つの項目にまとめられる。人員，金，秩序，そして服従である」と述べた。つまり，戦争に勝利するためには「秩序と服従」も必要であることを認識していたのである。こうして，非能率的な行政機構，反抗的な貴族，地方の特権を楯に相次ぐ反乱を「改革」していくことが為政者の目標となる。1635年にはフランス語の統一と美化を目的としたアカデミー・フランセーズが設立されるが，これも同様の動きとして理解できる。さらに，至高の王権のもとに秩序と規範を重んじる，新しい政治文化の創出も追求された。たとえば1627年にフランスで，決闘を行った罪で

2人の貴族が処刑された。もともと決闘は貴族が自らの手で「名誉」を回復する慣行であり，16世紀末から王権はこれを禁じていたが，実際に禁令が適用されて処刑にいたった事例は，これが初めてであった。つまり，中世的な秩序に代わる「新しい国家の秩序」の創出が追求され始めたのである（高澤 1997：72-76）。

こうして17世紀を通して近代国家が強化され，国家の「内」と「外」の区分が明確になっていき，これを前提とした国家間のパワー・ゲームが展開されていくのである。

「国家理性」

また，三十年戦争が，単なる宗教戦争にとどまらなかったことを指摘しておきたい。三十年戦争にはさまざまなアクターが関与したが，その参戦や支援の動機および要因は，当初は宗派的なものが大きかった。しかし，戦争の後半あたりから，力の真空状態を利用して自らの支配・影響領域を拡大しようとする膨張主義的な動機や，一方の覇権を防ぐために「介入」するという勢力均衡的な動機が強くなっていった（高橋 2008：166-168）。

象徴的なのが，カトリック国であるブルボン朝フランスが，リシュリュー枢機卿のもと，公然とプロテスタント勢力と手を組み，1635年にカトリックのスペイン，そして38年に皇帝に宣戦布告したことである（「あらわな戦争」と呼ばれる）。ここに，個々人の道徳を超えた国家の論理，すなわち「**国家理性**（raison d'Etat）」の赤裸々な表現がみてとれる。

なお，「国家理性」に関する記念碑的作品を著したマイネッケによれば，「国家理性」は，すでにマキアヴェッリの著作にみられる（マイネッケ 1976）。マキアヴェッリは，キリスト教精神の規範や倫理から解き放たれ，自己の目的にのみ服する，人間の省察と実践の領域として政治をとらえた。そして，ボテロが，マキアヴェッリが用いなかった「国家理性」という概念を導入した。

「国家理性」の誕生は，国家が，キリスト教的倫理から解放され，自らの理性・論理に従って動くことを意味する。そして，ここに国際政治の余地が生まれるのである。

4 軍事革命・外交・勢力均衡

軍事革命

三十年戦争は，軍事的にも過渡期の時代に当たっていた（高橋 2008：168-171）。というのも，ヨーロッパ世界は，16世紀から17世紀半ばにかけて，いわゆる「**軍事革命**」を経験したからである。軍事革命とは，「16世紀以降のヨーロッパで起こった軍事技術上の革新とそれに対応した戦術・戦略の変化，兵力の膨張，その政治的・社会的影響を総体的に説明する概念」である（中村 2014：6）。以下では，軍事革命の例をいくつか紹介しよう。

第1に，火薬および火器の出現と普及が挙げられる。騎兵の槍や歩兵の矛に代わって，火縄銃およびマスケット銃，そして大砲が兵器の主力となっていった。これは，中世的な貴族＝騎士を中心とした戦争の終焉を意味する。そして，火器で武装した歩兵が戦力の主軸となり，彼らをいかに効果的に布陣するかが，戦況を左右するようになった。その意味で画期的だったのが，三十年戦争中にスウェーデン国王グスタフ2世アドルフが「ブライテンフェルトの戦い」で採用した戦法である。これは，横に長く隊伍を組んだ銃撃手が一斉射撃を繰り出すというものであり，皇帝軍を壊滅させることに成功した。この火器の威力を高める戦法は，すぐさま各国に広まった（高澤 1997：62-63）。また，この時代には，海上においても軍艦に装備される舷側砲が発展した。

第2は，大砲の登場に由来する築城法の変化，すなわち堀と稜堡の採用である。稜堡とは，大砲による攻撃の死角をなくすために，堡塁全体が星形に造られたもの（あるいはその角の部分）を指す（函館の五稜郭をイメージしてほしい）。こうした要塞の強固化によって，戦闘は長期にわたり，軍の規模の拡大を引き起こした。

それゆえ第3に，軍の規模の拡大に伴い，大規模組織の統制を可能とする「理論」やマニュアルが生まれてくる（たとえば兵器の進歩に関していえば，マスケット銃の操作は一般の兵には難しく，そこから教練やマニュアルが必要とされる）。こうして，統率された実効的な軍を管理・運営する組織体系が登場する。つまり，職業軍人の組織化と，軍隊の官僚制化である。これは，個人の勇猛を美徳とする騎士の時代の終焉を意味していた。

とはいえ，近世には国家が未成熟であったため，当時のヨーロッパ諸国の多くは兵力膨張に対応できる国家機構が整わず，私的な傭兵隊長に軍事業務を委託した。経済利益のために戦う傭兵隊長は一世を風靡（ふうび）するも，その危険性もあらわにした。代表例としては，三十年戦争で活躍した傭兵隊長ヴァレンシュタインが挙げられる。皇帝側についたヴァレンシュタインは総司令の地位にまで上りつめたが，あまりに強大となって皇帝の統制を離れるようになり，結果として暗殺されることになった（高澤 1997：64）。

こうして，常備軍の時代が徐々に到来しつつあった。「職業軍人」と，職業軍人を長とする司令および任務体系・規律を備えた軍組織が登場するのである。なお，徴兵制の萌芽（ほうが）も，すでに三十年戦争期にみられた。この戦争でスウェーデンは人口に比して動員された兵が多かったが，これは，従来の傭兵に加えて，徴兵制に負っていたからである。

外　交

また，近代国家が「国家理性」を備え，独自の論理で動くようになると，外交が重要になってくる。近代的な外交制度が次第に整えられていくのも，16～18世紀ごろのヨーロッパであった。

ここで近代的な外交制度というのは，常駐の外交使節と，それを司る機関としての「外務国務卿（外務大臣）」およびその事務所（外務省）のことを指す。こうした仕組みは，もともと15世紀以降のイタリア都市国家間で発達したものであり，最初の常駐外交使節は1446年にミラノがフィレンツェに送ったそれといわれる。また，外交制度の発展には国際法学者も与った。たとえば，ゲンティリス（ジェンティーリ）は『使節論（*De lagationibus*）』（1584年）で外交使節の不可侵原則を打ち立て，グロティウスも使節に関する「治外法権」概念を導入した（ブル 2000：40）。外交儀礼や席次などは，1644年から足掛け5年にわたって150の国，領邦，都市が集まったウェストファリア会議で定められた。ウェストファリア会議は，三十年戦争というヨーロッパ全域に広がった戦争を，当事者が一堂に会して，「国際会議」における合意によって終結させた。その中で，外交儀礼も育（はぐく）まれたのである（君塚 2010：80-81）。

こうして18世紀初頭までにはロシアを含むヨーロッパ各国で外交制度が整えられた。中でもフランスは，1685年の時点で他国よりも多い20カ所に常駐外交使節を派遣した。なお，派遣された使節が本国と連絡をとる相手が「外務国務卿」であり，フランスでは1624年に「外務省」，1626年に「外務国務卿」（外務大臣）が設置された。このように，外交制度の先進国はフランスであり，外務省の中に文書，広報，財務，暗号解析，通訳などを担当する部局が18世紀半ばに設置されていく。それに対してイギリスでは，1782年にやっと「外務担当国務大臣」のポストが創設された。ともあれ，こうした外交制度の整備とそのヨーロッパ地域（オスマン帝国も含む）におけるネットワークの拡大は，ヨーロッパに「持続的な交渉」という「舞台」を形成したのである（高橋 2008：172-173)。なお，こうしたフランスの先進性から，外交言語も18世紀にはラテン語からフランス語に交替していくことになる（ウェストファリア会議の時点では，まだ主にラテン語とドイツ語が用いられていた)。

この時代のヨーロッパの外交は「宮廷外交」と呼ばれるように，外交の権限は君主が掌握していた。したがって，外交使節の任用にあたっては，宮廷でふさわしい振る舞いができる者が選ばれ，それゆえ一般には貴族，それも容姿端麗な貴族が好まれた（また，たとえばドイツ諸国向けの外交使節としては，酒乱の癖なく大量に飲酒できる者が望ましいといわれた)。ヨーロッパ諸国間で常駐外交使節が交わされるようになったころ，外交使節の任務は，駐在国の内情を仔細に観察すること，とくに常備軍の状態を探ることであった。しかも当初は，機密を探るために文書を盗み出したり，廷臣を買収することも可とされた。逆に駐在国の宮廷の側も，外交使節を誘惑または買収して派遣国の情報を入手しようとした。たとえば，この時代のスペイン政府はしばしば修道僧を外交使節に任用したが，それは女性に惑（まど）わされることが少なかったからといわれている（岡 2009：13-15)。

それゆえ，外交使節が交渉の中で相手側を騙（だま）すことも当然視されていた。17世紀のイギリスの外交官ウォトンは，「大使とは，自国の利益のために外交で嘘を言う目的で送られた誠実な人間を指す」と記している。また，外交を全般的に考察した最初の書物といわれる，オランダの外交官ウィックフォルト（ヴィクフォール）による『大使とその職能』（1681年）では，「大使がその任地の宮廷の大臣を買収して腐敗させることは許される」と述べられていた（岡 2009：

15-16)。

こうした中，フランスのルイ14世（太陽王）に外交官として仕え，その経験をもとに外交交渉術を説き，近代的な外交論を展開したのが，**カリエール**の『外交談判法』（1716年）である（細谷 2007：17-22，61-63）。カリエールの議論の特色，あるいはそれまでの外交論との違いは，外交官の資質として「誠実さ」と「真実への愛」を強調したことである。カリエールは，「賢い交渉者は騙しの名人でなければならないという，広く普及した意見は基本的に誤り」であると述べ，嘘は「今日の成功をもたらすかもしれないが，疑惑の雰囲気を作り出すことによって明日のより大きな成功を不可能にする」から，結局は「誠実さこそが，いついかなるときでも最良の策である」と主張した。また，交渉の継続性を重視したカリエールは，外交は，そのために訓練された職業的外交官によって担われるべきことを示唆したのである。

勢力均衡

こうして軍と外交という国際政治の道具が整備されていき，主権国家体系のルールも確立していく。その最も重要なものが「勢力均衡（balance of power)」である。

もともと「勢力均衡」という言葉にはさまざまな意味が含まれていたが（岸野 2015：203-222），さしあたりブルの定義を採用すれば，「いずれの一国も優越的地位を占めておらず，他国に対して自らが正しいとみなすことを独断的に命令できない状況」を指す（ブル 2000：127）。これが国際社会の一種の制度として認められるようになった背景には，ルイ14世のフランスが覇権を追求する中で，他の諸国がいかにして対抗するかという問題意識があった。

ルイ14世の時代から，ヨーロッパは「戦争の世紀」としての「長い18世紀」を経験する（君塚 2010：87-202）。つまり，ルイ14世が周辺諸国に侵攻した九年戦争（プファルツ伯継承戦争）（1688-97年），スペイン継承戦争（1701-14年）に始まり，プロイセン国王フリードリヒ2世（大王）とハプスブルクのマリア・テレジアの衝突によるオーストリア継承戦争（1740-48年）および七年戦争（1756-63年）を経て，フランス革命戦争（1792-99年），ナポレオン戦争（1800-15年）までの断続的な戦争をヨーロッパは経験するのである。

こうした中，「正しい勢力均衡」が「平和」を維持すると宣言したのが，

1713年にスペイン継承戦争の講和条約として締結されたユトレヒト条約である。この条約の条文には，「正しい勢力均衡によってキリスト教世界の平和と安寧を確保し安定させるために」という一節がある。こうした規範としての勢力均衡論を打ち出したのが，国際法学者ヴァッテルである。彼は，『諸国民の法』（1758年）の中で，ヨーロッパ各国は「共通の利益によって結び付けられた，互いに独立してはいるが全てが混淆した一種の共和国になっている」と述べたうえで，勢力均衡とは「いかなる強国も支配できず，また他国に対して法を強制できない」配置であると論じた（前述のブルの定義もヴァッテルの定義に準じている）（高橋 2008：183-185）。

しかし，この時代の勢力均衡は，決して「平和」を獲得することにはつながらなかった。むしろ，「勢力均衡」状態を維持するために，ある国の覇権に対抗するための戦争が繰り返されたのである（また，大国間の「均衡」をとるために，たとえばポーランドがロシア，プロイセン，オーストリアによって分割された）。そして「戦争の世紀」としての「長い18世紀」の締めくくりとして，ヨーロッパはフランス革命およびナポレオン戦争を経験する。この大戦争を経たのち，ヨーロッパは「ウィーン体制」という暫（しば）しの平和を享受することになる。これはなぜなのか。次章では，それを検討していこう。

引用・参考文献　Reference

明石欽司 2009『ウェストファリア条約――その実像と神話』慶應義塾大学出版会。
ヴェーバー，マックス／脇圭平訳 1980『職業としての政治』岩波文庫。
岡義武 2009『国際政治史』岩波現代文庫（初版は1955年）。
カリエール／坂野正高訳 1978『外交談判法』岩波文庫。
岸野浩一 2015「勢力均衡」押村高編『政治概念の歴史的展開 第七巻』晃洋書房。
君塚直隆 2010『近代ヨーロッパ国際政治史』有斐閣コンパクト。
佐々木雄太 2011『国際政治史――世界戦争の時代から21世紀へ』名古屋大学出版会。
篠田英朗 2014「国際社会の立憲的性格の再検討――「ウェストファリア神話」批判の意味」『国際法外交雑誌』113巻3号：374-396頁。
シュミット，カール／新田邦夫訳 2007『大地のノモス――ヨーロッパ公法という国際法における』慈学社出版（原著初版は1950年）。
高澤紀恵 1997『主権国家体制の成立』（世界史リブレット29）山川出版社。
高橋進 2008『国際政治史の理論』岩波現代文庫。
テシィケ，ベンノ／君塚直隆訳 2008『近代国家体系の形成――ウェストファリアの神話』桜井書店（原著2003年）。

ナイ・ジュニア，ジョセフ・S.＝デイヴィッド・A.ウェルチ／田中明彦・村田晃嗣訳 2017『国際紛争――理論と歴史〔原書第10版〕』有斐閣。
中村武司 2014「近世ヨーロッパにおける軍事革命と財政軍事国家」『世界史のしおり』2014年度1学期号，帝国書院：6-7頁。
ニコルソン，ハロルド／斎藤眞・深谷満雄訳 1968『外交』東京大学出版会（UP選書）（原著1939年）。
パーカー，ジェフリ／大久保桂子訳 1995『長篠合戦の世界史――ヨーロッパ軍事革命の衝撃 1500～1800年』同文館出版（原著1988年）。
長谷川輝夫・大久保桂子・土肥恒之 2009『ヨーロッパ近世の開花』（世界の歴史17）中公文庫（初版は1997年）。
深井智朗 2017『プロテスタンティズム――宗教改革から現代政治まで』中公新書。
ブリュア，ジョン／大久保桂子訳 2003『財政＝軍事国家の衝撃――戦争・カネ・イギリス国家 1688-1783』名古屋大学出版会（原著1989年）。
ブル，ヘドリー／臼杵英一訳 2000『国際社会論――アナーキカル・ソサイエティ』岩波書店（原著1977・95年）。
ブルクハルト，ヨハネス／鈴木直志訳 2002・2006「平和なき近世――ヨーロッパの恒常的戦争状態に関する試論〔上・下〕」『桐蔭法学』8巻2号：197-255頁・13巻1号：91-146頁。
ブルクハルト，ヨハネス／鈴木直志訳 2009「近世ヨーロッパにおける戦争と平和」『桐蔭法学』15巻2号：1-22頁。
細谷雄一 2007『外交――多文明時代の対話と交渉』有斐閣 Insight。
マイネッケ，フリードリッヒ／菊盛英夫・生松敬三訳 1976『近代史における国家理性の理念〔第2版〕』，みすず書房（抄訳版として，岸田達也訳『近代史における国家理性の理念』全2巻，中公クラシックス，2016年）（原著1924年）。
山影進編 2012『主権国家体系の生成――「国際社会」認識の再検証』ミネルヴァ書房。
McKay, Derek, and H.M. Scott 1983, *The Rise of the Great Powers, 1648-1815*, Longman.
Scott, H.M. 2006, *The Birth of a Great Power System, 1740-1815*, Pearson/Longman.
Tilly, Charles 1992, *Coercion, Capital, and European States, AD990-1992*, Blackwell.

CHAPTER

第2章

勢力均衡とナショナリズム

ウィーン体制からビスマルク体制まで

ウィーン会議の様子。左から7人目で直立しているのがメッテルニヒ，中央に座っているのがカースルレイ（1814年9月〜1815年6月，ウィーン。ジャン=バティスト・イザベイ画。提供：UIG／時事通信フォト）。

INTRODUCTION

「戦争の世紀」だった「長い18世紀」の締めくくりとして，ヨーロッパはナポレオンという従来の勢力均衡を徹底的に破壊する存在を経験した。そして，ナポレオン戦争ののちに，ヨーロッパ世界は「ウィーン体制」という，しばしの「平和」を享受する。本章では，勢力均衡のあり方の変化に着目しながら，ウィーン体制の成立と，その崩壊過程，そして新たに均衡を立て直したビスマルク体制の成立を扱う。

1 フランス革命とナポレオンの衝撃

「勢力均衡」の変容

18 世紀末から 19 世紀にかけて，勢力均衡（balance of power）のあり方は変容を遂げた。まず，「均衡（balance）」を回復あるいは維持するための「勢力（power）」が重視されるようになり，こうしたパワーを保有する国が勢力均衡のアクターとされた。それは，とりもなおさず「大国による勢力均衡」の時代の幕開けであった（高橋 2008：188）。

その象徴が，本章前半で扱うウィーン体制である。そして，ウィーン体制では，単なる勢力の均衡だけでなく，それを保障する仕組みや制度の構築がめざされたことが重要である。たとえば大著『ヨーロッパ政治の変容』（1994 年）を著したシュレーダーは，この時代の国際政治構造が「勢力均衡（Balance of Power）」から「政治的均衡（Political Equilibrium）」へと転換したと表現している。彼は，単なるバランス・オブ・パワーと，大国の結束と規範・法の共有に基づく「政治的均衡」を区別し，18 世紀末から 19 世紀にかけて「均衡」のあり方が前者から後者へと変容し，それが 19 世紀の（相対的な）平和と安定を生んだと論じたのである（Schroeder 1994, 2004；桃井 2007）。

つまり，「長い 18 世紀」においては，勢力均衡を維持するための手段として，ある一国の覇権を防ぐための戦争（反覇権戦争），あるいは大国間の利害調整の手段としての軍事力の行使が当然視されていたが，それがウィーン体制では，外交や（非軍事的）制度によって自覚的に置き換えられていったのである。

こうした変容のきっかけとなったのが，フランス革命と，それに続くナポレオン戦争であった。

フランス革命の衝撃

1789 年に始まるフランス大革命は，国際政治史的にも巨大な出来事であった。フランスでは「旧体制（アンシャン・レジーム）」が根底から覆され，周辺国の君主たちは革命に恐怖した。1791 年には，神聖ローマ帝国の皇帝レオポルト 2 世（フランス王

CHART 資料 2.1 ラ・マルセイエーズ

［1番］ 行こう，祖国の子どもたちよ，栄光の日が来たのだ！
われらに向かって，暴君の血塗られた軍旗が掲げられた
血塗られた軍旗が掲げられた
聞こえるか，残忍な敵兵たちが野原でうごめいているのを
奴らはわれらのもとに来て，われらの子と妻の喉をかききるのだ！
（ルフラン）
武器をとれ，市民たちよ
隊列を組め
進もう！ 進もう！
汚れた血が，われらの畑の畝を満たすまで！

妃マリー・アントワネットの兄）とプロイセン王フリードリヒ・ヴィルヘルム2世がピルニッツで会談し，フランスにおける秩序と王制の復興こそが「ヨーロッパにおけるすべての君主の共同利益」であると宣言する（「ピルニッツ宣言」)。そして1792年4月，反革命派を支援するオーストリアとプロイセンに対してフランスが宣戦布告し，革命をめぐる国際戦争が勃発（ぼっぱつ）した。

当初は敗北を重ねたフランス国民軍であったが，1792年9月20日にヴァルミーの戦いで勝利を収める（同月にフランスは共和制に移行している)。そしてフランス国民軍は国境を越えてラインラントに侵攻するが，そこで彼らがとった態度も革命的だった。すなわち，占領地において封建課税・特権身分の廃止と主権在民を宣言したのである。同年12月15日の「フランス国民より占領地の人民へ」と題するアピールにはこうある。「兄弟にして友人たちよ〔……〕われわれは諸君の上に君臨していた専制君主を追い払った。諸君よ，自由な人間の姿に立ち返れ」。国際政治において相手国の世論へ計画的に働きかけることはのちに常套（じょうとう）手段となるが，その先例は，このときのフランス軍によって作られたとされる（岡 2009：38）。

また，フランス革命の主導的理念の一つである「人民主権」は，潜在的には普遍主義的なものであったけれども，革命の防衛が諸外国の介入によってフランスの防衛に転化するにいたって，ナショナリズムの時代の幕開けを告げるものにもなった。革命時に作られ（1792年にストラスブールの士官ルージェ・ド・リールが作詞作曲），のち（1879年）にフランス国歌となる「ラ・マルセイエーズ」の歌詞は，そうしたナショナリズムを端的に表すものである（→**資料 2.1**）。

CHART 表 2.1 対仏大同盟（第1〜7次）

	年	参加国	終了事由
第1次	1792-93	オーストリア，プロイセン，イギリス，スペイン，サルデーニャなど。	プロイセン，スペインとのバーゼル和議（95年）およびオーストリアとのカンポ・フォルミオ条約（97年）で解消。
第2次	1799	イギリス，ロシア，オスマン帝国，オーストリアなど。	オーストリアとのリュネヴィル条約（1801年），イギリスとのアミアン和約（02年）で解消。
第3次	1805	イギリス，オーストリア，ロシアなど。	プレスブルクの和約（05年）で解消。
第4次	1806	ロシア，プロイセン，イギリス，スウェーデンなど。	ティルジット条約（07年）で解消。
第5次	1809	イギリス，オーストリア。	ヴァグラムの戦い後のシェーンブルン和議（09年）で解消。
第6次	1813	イギリス，ロシア，プロイセン，オーストリア，スウェーデンなど。	14年にナポレオンの退位を獲得。
第7次	1815	同上	ナポレオン戦争の終結。

［出所］ 筆者作成。

ナポレオンの帝国

続いて1799年に権力を掌握（しょうあく）したナポレオンは，革命による動乱を国内的には所有権の安定などを通じて収束させる一方，国際的にはヨーロッパの覇権をめぐる戦争へと乗り出した。その際にナポレオンは，フランス革命の理念を征服によって「輸出」していく。たとえばナショナリズムや民主主義といった考え方，国民国家といった統治枠組み，あるいは民法典などの市民社会のルールなどを，ナポレオンは征服地に（意図せざる場合も含めて）広めていくのである。

ナポレオンの覇権的な拡張に対して，再び，そして幾度も対仏同盟が組まれることになるが（→表2.1），同盟内の思惑もさまざまで足並みが揃わず，そのつどナポレオンは，オーストリア，プロイセン，そしてロシアを破っていった。

1810年頃には，ヨーロッパ大陸はナポレオンの帝国に飲み込まれつつあった（→図2.1）。何より，ナポレオンが中央ヨーロッパの政治構造に与えた影響は大きい。このころ神聖ローマ帝国では，300以上の領邦国家が分立し，ひしめき合っていた。しかしこれを征服者ナポレオンが整理・統合することになる。

CHART 図 2.1 ナポレオンの帝国（1810-12 年ごろ）

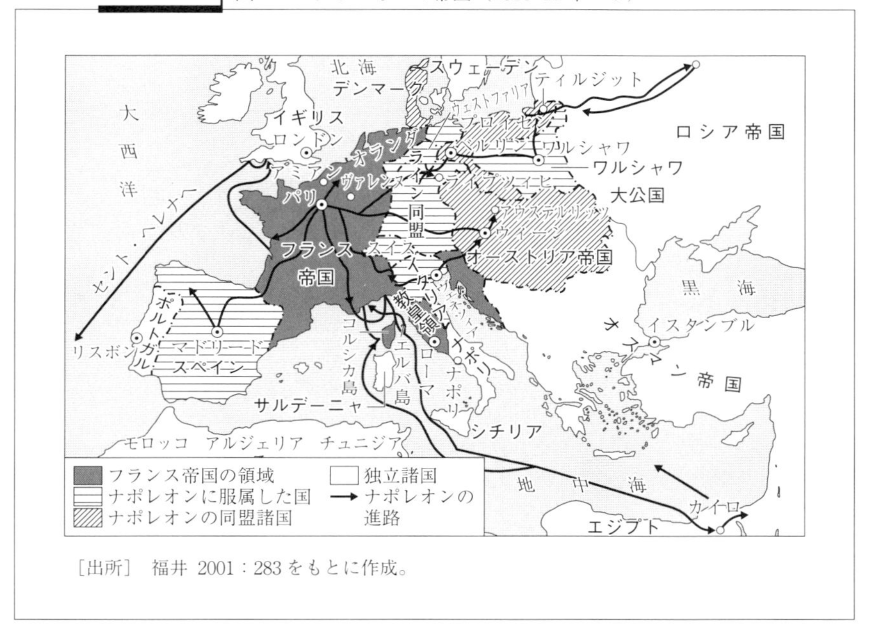

［出所］ 福井 2001：283 をもとに作成。

オーストリアがアウステルリッツで3度目の大敗を喫した翌年の1806年7月，バイエルンをはじめとする西南ドイツの16領邦は，ナポレオンを後見人として「ライン同盟」を結成し，神聖ローマ帝国からの離脱を宣言した。これを受けて皇帝フランツ2世は退位を決意し，1806年8月6日に神聖ローマ帝国は約900年にわたる歴史の幕を閉じた。その後もナポレオンは，1807年にプロイセンを圧倒して領土の半分を傀儡（かいらい）化し，1809年にはヴァグラムの会戦で四たびオーストリアを打破し，一瞬とはいえヨーロッパに大帝国を築いたのである。このナポレオンの覇権は，それまでのヨーロッパにおける勢力均衡のあり方の崩壊を意味していた。

他方，ナポレオンが敷いた支配によって，ドイツ諸国には反フランス的なナショナリズムも台頭した。哲学者フィヒテは，まだフランス軍が駐留する冬のベルリン・アカデミーで，連続講演『ドイツ国民に告ぐ』（1807-08年）を通して，ドイツ人の道徳的奮起を説いた。このフィヒテの講演は，以降もしばらくは政治的分裂を続ける「ドイツ人」にとって一つの結束のシンボルとなった。

さて，1812年のモスクワ遠征に失敗し，ナポレオンの没落が始まる。イギリス，ロシア，プロイセン，オーストリア，スウェーデンなどは，第6次対仏同盟を締結して反撃に転じ，1813年10月のライプツィヒの戦いに勝利し，14年3月にはパリを占領した。ナポレオンは退位し，同年5月にエルバ島に流された。

こうした対フランス革命戦争および対ナポレオン戦争を通して，ヨーロッパ諸国は，全体としての集団利益を考慮しない限り，自分たちの国益も守ることはできないのだと実感することになった。

1813年2月にロシアとプロイセンの間で締結されたカリッシュ条約（対仏参戦と引き換えにプロイセンが1805年時点の国土を回復することを規定）以来，同盟諸国は，戦争と並行して，戦後の国際秩序について協議を重ねた。その最初の成果が，イギリス外相**カースルレイ**が中心になってまとめあげた，1814年3月のショーモン条約である。フランスの都市ショーモンで結ばれたこの画期的な条約で，イギリス，オーストリア，プロイセン，ロシアの四大国は，対ナポレオン戦争の勝利が得られるまでだけでなく，勝利後も同盟を維持することに合意した。条約には次のような文章がある。「本条約は，ヨーロッパにおける勢力均衡を維持する目的をもつものであり，諸国の独立と平穏を確保し，長年にわたり世界を荒廃させてきた侵略を防止するため，締約国はその有効期限を署名の日から20年間とすることに合意した」。

これにより同盟は，ウィーン会議（→**本章2**）開催中にエルバ島を脱出してパリに戻ったナポレオンを，1815年のワーテルローの戦いで打破するまで結束を維持し（第7次対仏同盟），平和と安全のために均衡と協調の原則に基づいた国際秩序を作り出すという試みの基盤となったのである。

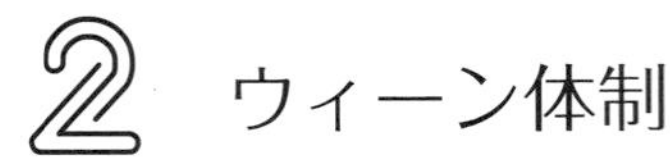

2 ウィーン体制

ウィーン体制の基本原則

ショーモン条約成立から2カ月後の1814年5月に，第1次パリ講和条約が結ばれた。その後に開かれたのが，ミュージカル映画『会議は踊る』でも有名な，**ウィーン会議**（1814年9月～15年6月）である。この会議は，国際政治史上，最も重要な会議の一つである。それまで戦後に行われる会議とは，概して戦争を終わらせて戦利品を分配するための会議であったのに対し，ウィーン会議の出席者たちは，将来の大戦争を予防し，持続可能な平和を創出する国際秩序の構築をめざしたのである。それゆえウィーン会議は，大規模な戦争が起こった後に，いかにして平和な国際秩序を構築するかという問題に対して，一つのモデルを提供するものであり，国際秩序を考えるうえで，現在にいたるまで頻繁に参照されてきた（細谷 2012：11-13）。

このウィーン会議の基本原則は，「（大国による）**勢力均衡**」と「**正統主義**」の２点にまとめることができる。ウィーン会議を先導したのは，議長国オーストリアをはじめ，イギリス，プロイセン，ロシアであった。中でも立役者はオーストリア外相の**メッテルニヒ**と英外相カースルレイである。とくにメッテルニヒは，自国オーストリアが多くの民族を抱えた国家であることから，フランス革命が広めたナショナリズムを恐れ，「民族／国民（nation）」単位の国民国家をことごとく封じ込める路線を選択した。その表現が，「正統主義」にほかならない。正統主義とは，端的にいえば，革命以前の「正統な」統治者の復位と「旧体制」の復活をめざす理念である。しかし，ここで注意したいのは，この正統主義が，単なるフランス革命以前の世界への復古を意味したわけではなく，「勢力均衡」の観点と折り合いをつけたものになっていることである。

たとえばそれは，中央ヨーロッパにおけるドイツ諸国への扱いにみてとれる。ウィーン会議は，ナポレオンによって整理・統合された前述のドイツ諸国の構成・枠組みを基本的には引き継ぎ，神聖ローマ帝国はもはや復活させられなかった。代わりに中央ヨーロッパに創り出されたのが，**ドイツ連邦**である（すでにその創出はショーモン条約に定められていた）。これは，オーストリアとプロイセンという二大国を中心に，35の君主国と４自由都市が，主権を保持したまま相互の安全保障を図る主権国家の連合である（なお，ドイツ連邦は「ドイツ同盟」と訳されることもあるように，決して今日のような「連邦」と呼べるものではなく，元首も中央行政機構もなく，オーストリアを議長とした同盟国間の会議しかなかった）。このようにウィーン会議の正統主義は，決して単なる復古でも反動でもなかった。

つまり，メッテルニヒらは，正統主義を，あくまで勢力均衡の観点から考えたのである。そのうえでウィーン体制が打ち立てたのは，「大国による勢力均衡」であった。それまでの場当たり的な勢力均衡とは異なり，均衡を回復あるいは維持するためのパワーが重視され，そうしたパワーを保有する国が，相互に均衡を維持し合うプレイヤーとされたのである。ここには，ナポレオンのような強大な勢力が出現した場合，各国はそれを止めることができなかったという直近の経験への反省が活かされている。また，のちにも述べるが，ウィーン会議では，勢力の均衡それ自体のみならず，それを保障する制度の構築が重視されたことが重要である。ここにも，ナポレオンに対して十分に足並みを揃えることができなかった各国の反省が活かされたといえる。

このウィーン会議が構築した「ウィーン体制」という国際秩序がいつまで続いたかには諸説ある。それは，ウィーン体制のどの要素に注目するかで評価が変わってくるからである。たとえば，大国間の戦争を防止する仕組みとしてウィーン体制をみた場合，クリミア戦争（1853-56年）の勃発が一つの断絶点といえよう。あるいは正統主義に着目するならば，革命によってフランスに再び共和制が打ち立てられるとともに，メッテルニヒが国を追われた1848年が節目となるだろう。

ウィーン体制の「平和」

ともあれ，ウィーン体制によってヨーロッパ世界は，16〜18世紀の「平和なき」時代を脱し，しばしの「平和」な時代を経験することになる。そこには長かったナポレオン戦争からくる厭戦（えんせん）感情も作用していたが，何よりウィーン体制が一定の間，うまく機能したといえる。その成功の背景として，以下の点が挙げられる。

まず，ウィーン会議およびその後の外交が，メッテルニヒらきわめて熟達した政治家によって担われたことは大きい。ウィーン会議は「会議は踊る，されど進まず」と揶揄（やゆ）されたけれども，そこには意図的な側面もあった。つまり，外交的な「妥協」を得るまでの「遊び」の精神が，ウィーン会議では重んじられたのである（高坂 1978）。

また，何よりこの時代にはまだ，ナショナリズムや世論，あるいは利益団体などの圧力をさほど気にすることなく，外交を進めることができたという環境要因も大きい。それを背景に，ウィーン会議では，敗者への復讐という誘惑から，勝者は相対的に自由であった。その証左は，敗戦国であるフランスも会議

CHART　図 2.2　ウィーン会議後のヨーロッパ

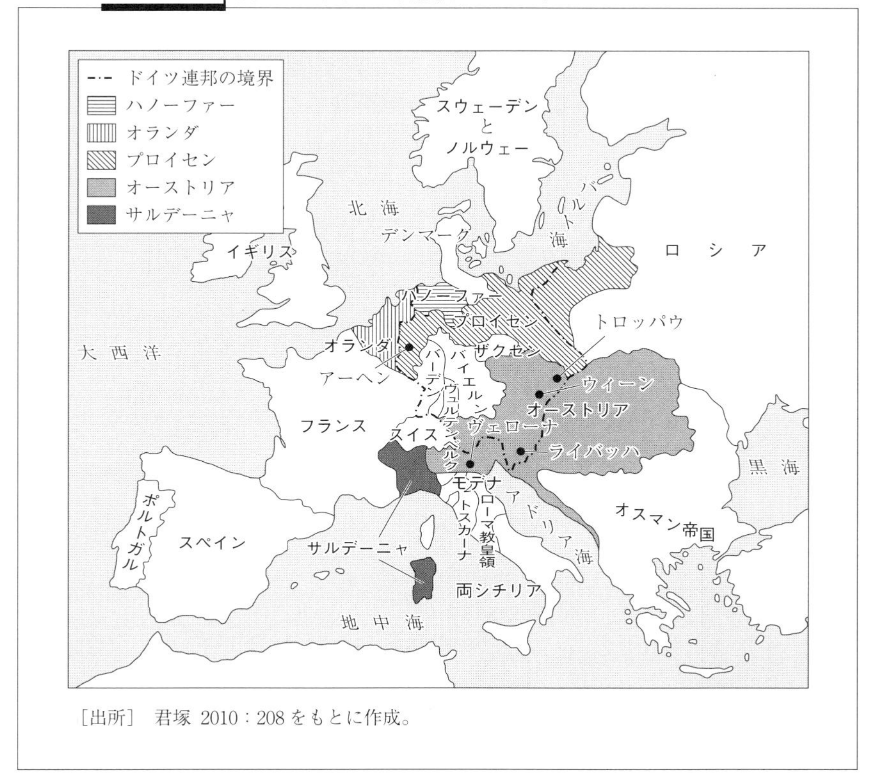

［出所］　君塚 2010：208 をもとに作成。

に招かれ，その代表タレーランがむしろ会議の主役の一人として活躍したことにも見て取れよう。これは，敗者がほぼ全くといっていいほど会議に参加できなかった，第一次世界大戦後のパリ講和会議とは対照的である（**→5 章**）。

さらにウィーン会議では，各国間にイデオロギーの相違は存在したにせよ，それは戦争を導くほどの違いではなかった。このときヨーロッパ諸国は，「ヨーロッパ意識」とでも呼べるような，共通の価値観に支えられていたのである。

なお，1815 年 6 月 9 日にウィーン会議最終議定書が調印されたのち，前述のようにナポレオンが再度敗北し，同年 11 月に第 2 次パリ講和条約が締結された。同条約はフランスに対してより厳しい制裁を科すことになったが，それでも 1790 年時のフランスの国境線は維持された。

また，これと並行して，2 つの同盟が誕生した。第 1 は，**四国同盟**であり，1815 年 11 月にイギリス，ロシア，オーストリア，プロイセンによって締結された。第2は，**神聖同盟**であり，1815年9月にロシア皇帝アレクサンドル1世，オーストリア皇帝フランツ1世，プロイセン王フリードリヒ・ヴィルヘルム3世によって締結された。後者は，キリスト教精神に基づいた王政的秩序の維持が目的の復古的な同盟で，多くの君主国も参加した。

このように構築されたウィーン体制は，しばしば第一次世界大戦後や第二次世界大戦後の国際秩序の構築とも対比される。さまざまな比較が可能だが，ここでは，第一次世界大戦後の国際秩序構想の基本思想が「民族自決」や「集団安全保障」，第二次世界大戦後のそれが「人権」の擁護などであったことに鑑みると，ウィーン会議の「正統主義」は伝統的支配権の再確認であり，基本的にはベクトルが保守的であったことを指摘しておこう。

「会議体制」と「会議外交」

さて，「ウィーン体制」が持続可能なものとなるには，ウィーン会議やパリ講和条約だけでなく，その後の大国間の政治的な協調が重要であった。そして19世紀には，多国間の「会議」を媒介として，国際平和を構築しようという外交が展開された。それ以前の外交が基本的に2国間のものであり，国際会議もほとんど講和に関するものであったのに対し，この時代の「会議」外交は，（戦時や戦後処理ではなく）平時においても国際会議によって，ヨーロッパにかかわる事項を，ヨーロッパ各国による国際会議で処理しようとする点で新しかった。この制度化された会議外交こそが，いかにそれが大国中心であったにせよ，「ヨーロッパ協調」とも呼ばれる，19世紀のヨーロッパの統一性・共時性を下支えする重要な要素の一つであった。

このウィーン会議後の多国間会議は，「**会議体制**（Congress System）」と「**会議外交**（Conference Diplomacy）」に大きく区別することができる（君塚 2010：232-233；君塚 2006；ヒンズリー 2015：324-327）。

前者の「会議（コングレス）」とは，ウィーン体制を支える五大国のすべてが参加し，一定の期間内においてヨーロッパ全体の安全保障問題を総括的に協議する場のことである。メッテルニヒが主導権を握り，各国の皇帝・国王・宰相・外相などから成る「首脳会談」的な性格をもった。その原型は，先に述べた1815年11月の四国同盟にある。この同盟条約の第6条は，「世界の幸福をめざして現在4カ国の君主を緊密に結び付けている絆をさらに強固にするために」，4カ国の会議を「定期的に開催」し，それによって「それぞれの時代における各国の安寧と繁栄，そしてヨーロッパの平和の維持」をめざすことが記されている(Bridge and Bullen 2005：34)。そして四国同盟は，1818年のエクス・ラ・シャペル会議でフランスを加えて五国同盟となった。この会議体制は，「平和」の名のもとに，実際には革命や蜂起を鎮圧する装置として作用するが，1822年のヴェローナ会議まで機能した。

他方，「会議外交」のほうは，英外相パーマストンが主導し，五大国すべての参加を必要とせず，局地的な特定の紛争に関して協議をする場として機能したものである。また，主催国の外相が議長役に就き，主催国に駐在する各国外交官（大使・公使）が構成員となった。そのアド・ホックな方式から，「会議（コンファレンス）」は「会議（コングレス）体制」よりも柔軟であった。

なお，こうした19世紀のヨーロッパ国際政治の中で，イギリスが果たした「バランサー」の役割にも言及しておきたい。たとえば，いまや古典となった『外交』を著したキッシンジャーは次のように記している。「イギリスは，その国家理性がヨーロッパの中で領土を拡大することを求めない，唯一のヨーロッパの国であった。ヨーロッパの均衡を保つことが国の利益となると認識して，一つの力によりヨーロッパが支配されるのを防ぐということ以外には，ヨーロッパ大陸上に自分自身のために何も求めなかった唯一の国であった。この目的追求のため，イギリスは，大陸を一国で支配しようとする国に反対する国々のいかなる連合にも協力した」（キッシンジャー 1996：81；細谷 2012：101から再引用)。この文章自体は名誉革命時にウィリアム3世が創り出したイギリスの新しい外交伝統を描いたものだが，その伝統が19世紀にも引き継がれているのである（細谷 2012：100-102)。

3 ナショナリズムの勃興とウィーン体制の崩壊

ナショナリズムの時代の幕開け

さて，前節で第一次世界大戦後や第二次世界大戦後と比べたウィーン体制の保守性，あるいは積極的なビジョンの欠如を指摘した。それは，この体制の立役者であるメッテルニヒのパーソナリティにも表れている。国際政治学者の坂本義和が指摘するように，メッテルニヒは蜘蛛（くも）に愛着をもっており，次のように記していた。「余は，あたかも余の友である蜘蛛と同じく，自分の張りめぐらした巣網の只中にいるように感ずる。余は蜘蛛を好む。〔……〕余の張りめぐらした蜘蛛の巣，それは見る目にも快く，精巧に編まれ，軽い衝撃には十分耐えうる。しかし強風の打撃には耐え得ないかもしれない」（坂本 2004：304）。

このようにウィーン体制は，メッテルニヒが編み出した蜘蛛の巣のようでもあり，きわめて静態的なものであった。そして，彼自身が自覚していたように，「強風の打撃」には弱かった。その「強風」こそが，**ナショナリズム**（民族主義，または国民主義）である。

ナショナリズムとは，それに関する古典的研究を著したゲルナーの定義によると，「政治的な単位と民族的な単位とが一致しなければならないと主張する一つの政治的原理」である（ゲルナー 2000：1）。あるいは，19 世紀については，岡義武の定義がわかりやすいだろう。岡は，「民族主義（principle of nationality; nationalism）」を，「民族がその文化的個性の自由な発展をとげるためには他民族の政治的支配から解放されなければならないという主張」（岡 2009：64）と定義している。

こうしたナショナリズムに火をつけたのがフランス革命とナポレオンであったことはすでにみた。そしてウィーン体制成立後も，各地で民族蜂起が起こった。そうした中でも，国際的な大事件となったのが，1848 年革命である。

1848 年革命

1848 年 2 月に起きたパリ民衆の蜂起は瞬く間にヨーロッパ中に広がり，3 月にはウィーンやベルリンをはじめ，中央ヨーロッパに革命が飛び火した。1848 年革命は，まさに「ヨーロッパ的な事件」であり，自由主義・ナショナリズムの旗の下にウィーン体制を打倒しようとした革命運動である（遠藤・板橋 2014：36-37）。ウィーンの三月革命によって，メッテルニヒはオーストリア宰相の座を追われ，イギリスへと亡命した。フランスでも共和制が敷かれ，まさにウィーン体制の柱の一つである「正統主義」が崩壊した。

なお，この革命時のナショナリズムは，ヨーロッパ理念（前章のヴァッテルの議論にもみられたような，ヨーロッパを一体のものとみなす考え）と矛盾（むじゅん）せず，むしろ調和的な側面をもっていたことに注意したい。たとえば，イタリア統一運動に献身し，1848年革命においても役者の一人を演じたマッツィーニは，君主連合に牛耳（ぎゅうじ）られたヨーロッパに反対し，被抑圧民族の連帯による人民のヨーロッパの建設を説き，ヨーロッパ諸民族がそれぞれ独立した民主的共和制を実現し，人間性（umanità）の達成という共通の目的に向かって連帯することを理想とした。彼の思想にみられるのは，フランス革命の産物である共和主義的ナショナリズムと，ヨーロッパ統一理念との調和である。

こうしたヨーロッパ理念とナショナリズムおよび自由主義との幸福な調和は，19世紀後半以降のナショナリズムの排外主義化，古典的自由主義の機能不全，帝国主義の興隆によって，崩れていくことになる。

クリミア戦争

さて，かくして1848年革命によってウィーン体制の「正統主義」が崩壊したのだが，次に起きたのは，ウィーン体制の目的の一つ，（大国間の）「平和」の崩壊である。それは，クリミア戦争によってもたらされた。

かつてヨーロッパを脅かしたオスマン帝国はいまや弱体化し，北のロシアと西のオーストリアがオスマン帝国支配下のバルカン半島やその周辺で勢力圏争いを繰り広げていた（「東方問題」と呼ばれる）。1853年秋，ロシアのニコライ1世は，オーストリアの理解を得られると誤解したまま，キリスト教徒保護の名目でオスマン帝国と交戦に入った。このロシアとオスマン帝国の間に生じた紛争は，翌54年3月までにはイギリスとフランスがオスマン帝国に味方して参戦するという状況に発展した。これが1856年まで続くクリミア戦争であり，ナポレオン戦争終結後初めての五大国内での大規模な戦争となった（55年にはサルデーニャもオスマン帝国側で参戦し，自らが主導するイタリア統一に向けて有利な国際環境を作ろうとした）。この戦争による死者は78万5000人にものぼった。さらに国際関係的にも，プロイセンもオーストリアもロシアに味方しなかったため，この三国の絆にひびが入る出来事となった。

イタリアとドイツの統一

最終的にウィーン体制にとどめを刺したのは，ドイツの統一である。これは，ウィーン体制時のアクターないし主役の交替を意味するとともに，それまでドイツ連邦というかたちで数多の国家に分かれ，一種の緩衝地帯となっていたヨーロッパの中心部に，ドイツ帝国という強大な国家が成立したことを意味する（なお，その少し前にイタリアも，オーストリアとの統一戦争〈1859年〉を経て，サルデーニャを中心に統一が進められた）。

ドイツ帝国は，プロイセンが主導した3つの戦争（1864年のデンマーク戦争，66年の普墺戦争，70-71年の独仏戦争）の中から生まれた。主役は，**ビスマルク**という政治家である（飯田 2015）。1862年9月に駐フランス公使からプロイセン首相に転身したビスマルクが，議会を無視して強引に軍制改革を推し進め，「富国強兵」を実現して，ドイツをめぐるオーストリアとの覇権争いに決着をつけたのである。

普墺戦争では，ビスマルクが巧妙な外交政策でフランスの介入を防ぐことに成功し，着々と近代化されていたプロイセン軍が，実戦経験と兵員数で勝るオーストリアを下した。この戦争では，産業革命の賜物である鉄道と電信を十分に活用した，プロイセン軍の迅速な兵員輸送と作戦・指揮系統の効率化がものをいった。普墺戦争の結果，オーストリア主導のドイツ連邦は解体され，北ドイツ連邦が成立した。これにより，ながらく「ドイツ」の盟主であったオーストリア（ハプスブルク君主国）は，「ドイツ」の圏外へと弾き出されることになった。こののち，多くの民族を抱え，国内の革命運動やナショナリズムに苦悩していたハプスブルク君主国は，マジャール人（ハンガリー人）の自律を認める国制改革を行い，1867年にオーストリア＝ハンガリー二重君主国として再出発する（ハンガリー王冠領を定め，皇帝がハンガリー王を兼ねつつ，その地の統治はハンガリー政府が担うことになった）。

こうしてオーストリアを排除したビスマルクは，次にフランスとの戦争に向かう。ビスマルクは，フランス大使との交渉経過を記した電報をわざと改竄（かいざん）して普仏両国の世論を煽（あお）り立て（エムス電報事件），フランスの宣戦布告を引き出した。すでに戦争準備を整えていたプロイセン軍は，バイエルンら南ドイツ諸国も戦線に引き入れ，事実上「ドイツ軍」としてフランスを撃退し，1871年1月28日にはパリを陥落させた。そしてパリ陥落10日前の1月18日，占領中のヴェルサイユ宮殿「鏡の間」において，ドイツ皇帝の即位宣言式を行った。つまり，敵国のシンボルといえる場所で，ドイツ帝国が成立したのである。独仏は5月に講和し，フランスはアルザス＝ロレーヌ（ドイツ語でエルザス＝ロート

CHART 図 2.3 ドイツ帝国成立後のヨーロッパ（1871 年）

［出所］ 南塚・秋田・高澤 2016：137 をもとに作成。

リンゲン）地方をドイツに割譲した。

1871 年以後の世界

ドイツ帝国成立後のヨーロッパには，ウィーン会議後のような緊張緩和や厭戦の雰囲気はなかった。イタリアとドイツの統一は，ウィーン会議時に存在した中央ヨーロッパにおける緩衝地帯を消滅させた。すなわち，いまや大国同士が広く国境を接して向き合うようになったのである（→図 2.3）。また，独仏戦争の顚末（てんまつ）は，フランスの政治社会に「復讐主義」と呼ばれるものを残した。とくに，アルザス＝ロレーヌの奪還はフランスの悲願となった。

関連して，この時代あたりから，諸国民・諸民族間の「適者生存」「優勝劣敗」を想定する**社会ダーウィニズム**や，拡張主義的なナショナリズムといった考えが広まった。たとえば，クリミア戦争敗北後のロシアでは，ロシア指導下のスラブ諸民族の統一こそがロシアの使命であるとする（ロシア帝国版の）「汎スラブ主義」が生まれた。またドイツでも，ドイツ帝国の東方に広がるドイツ系民族の統合を図った「全ドイツ主義」という考えが登場した。さらにイタリアでは，オーストリア支配下にある南ティロルやトリエステなどの「未回収のイタリア」の併合を求める失地回復主義も強かった。このような膨張主義的・排他的なイデオロギーが普及し，さらにそれを近代化されたジャーナリズムが鼓吹（こすい）するようになった。

加えて1873年に大不況が始まり，自由貿易主義の時代が終わりを告げた。ヨーロッパ各国は関税紛争と植民地争奪戦へと走るようになった。その背後には，いまや組織化された工業や農業の圧力団体があり，それが外交に影響力をもつようになったのである。

こうして，**第3章**でもふれるように，1870年代あたりから，各国の外交政策に対して，大衆や圧力団体が影響力を及ぼすようになるのである。

4 ビスマルク体制

ビスマルク体制の構造

ウィーン体制が完全に崩壊した1870年以降のヨーロッパ国際政治は，新生ドイツ帝国の宰相ビスマルクの巧みな外交戦術によって，一時の平和が保たれるという時代であった。これを「ビスマルク体制」と呼ぶ。

このビスマルク体制は，バルカン半島をめぐるロシアとオーストリアの角逐（前述の「東方問題」），ユーラシア大陸をめぐる（地中海への出口を求める）ロシアと（地中海からインド洋を抜ける「帝国の道〈エンパイア・ルート〉」を維持したい）イギリスとの対立を，ビスマルクが結んだ同盟・密約網によって制御することで成り立っていた。

ビスマルクは，まず統一戦争に勝利した後，ドイツ帝国は「満たされた国」だとアピールし，オーストリア＝ハンガリーと和解するとともに，それにロシアも含めた**三帝協定**（1873年）を結んだ。さらに，1882年にはドイツ，オーストリア，イタリアの**三国同盟**を成立させた。これは，北アフリカの利権をめぐってフランスと対立していたイタリア（**→3章**）がドイツの支援を求め，それに対してビスマルクが，「失地回復」をめぐる対立があったイタリアとオース

CHART 図 2.4 ビスマルク体制

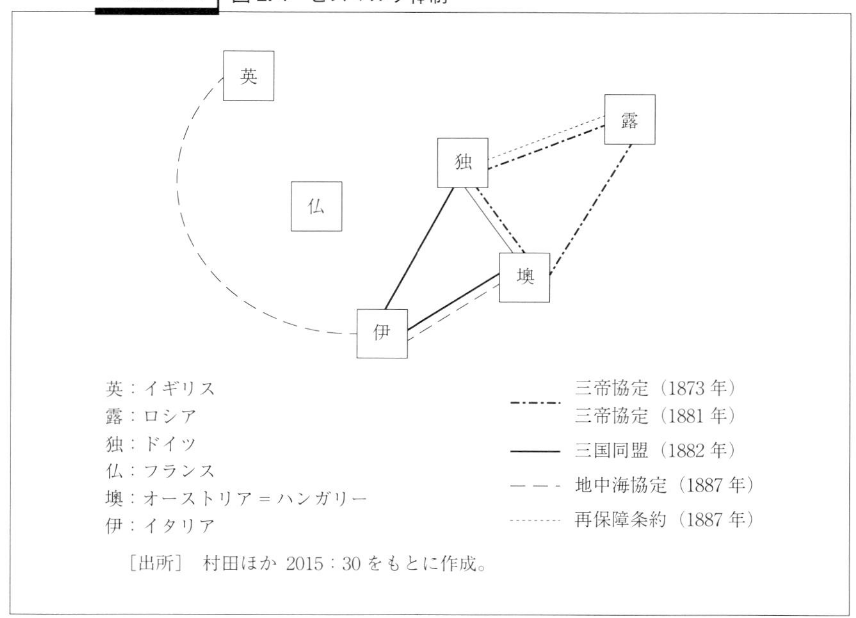

［出所］ 村田ほか 2015：30 をもとに作成。

トリアとの和解を条件に，この要請に応じたことで成立した。さらに「光栄ある孤立」として，どの大国とも同盟を結んでいなかったイギリスともビスマルクは接触を保ち，たとえばエジプトにおけるイギリスの利権を支持したりした（→**3 章**）。

このようにしてビスマルクは，ドイツにとってのロシアの脅威を減じ，露仏同盟の可能性を消すとともに，バルカン半島をめぐるオーストリアとロシアの紛争や，オーストリアとイタリアの紛争を封じた。そして，そうした同盟網の中でフランスを巧みに孤立させたのである（→図 2.4）。

こうして，いまやベルリンが国際政治の中心地となった。たとえば，1878 年にオスマン帝国との戦争（露土戦争）に勝利したロシアがバルカンに勢力を拡大し，イギリスやオーストリアと一触即発となったとき，ビスマルクは「誠実な仲介人」として，ベルリンで国際会議を開いて仲裁に努めた。また，次章で扱う，中央アフリカにおける列強の縄張り争いを調停した国際会議も，ベルリンで行われたのである。

ただし，こうしたビスマルク体制は，きわめて複雑な同盟・密約の網で成り立っており，それが弱点でもあった。ドイツ帝国皇帝ヴィルヘルム１世はビスマルクを「5つのガラス玉を操る曲芸師」と評したが，そうした曲芸師ビスマルクによってのみ成り立つシステムだったともいえる。

19世紀ヨーロッパの主権国家体系の特徴

さて，本章の最後に，クレイグとジョージにならいつつ，ウィーン体制以降のヨーロッパの主権国家体系（クレイグらは「古典外交システム」と呼んでいる）の特徴とそれを支えたものをまとめてみよう（ローレン＝クレイグ＝ジョージ 2009：52-59）。

第１に，主要なアクターは，あくまでヨーロッパの大国であった。具体的には，イギリス，フランス，プロイセン（のちドイツ），オーストリア，ロシアの５カ国（ペンタルキー）である（ないし，統一後のイタリアも含めた６カ国）。この時代は，彼らがルールを作り，それを他国に押し付けるという構造であった。のちに大国として登場するアメリカ合衆国と日本は，まだ舞台の袖に控えている状態であった。すなわち，1823年のモンロー教書以来，アメリカは，基本的にヨーロッパ政治に不介入の姿勢を保っていたし，南北戦争（1861-65年）の傷も深かった。また，19世紀の日本も，ヨーロッパがつくりあげた国際政治のルールを必死に受容し，近代国家を形成しようとするさなかにあった。

第２に，ウィーン会議後の主権国家体系を支えていた構造は，大国による勢力均衡であった。すでに述べたように，この勢力均衡は，大国間の結束によって維持された。言い換えれば，一国の突出が自己抑制されていたのである。繰り返しになるが，これにはフランス革命とナポレオンの経験が大きかった。

なお，この大国間の均衡を維持するために用いられた「代償原則（領土補償）」についても，ここでふれておこう。代償原則とは，ある大国が新たに領土や人口や資源を獲得（しようと）する場合，他の大国もまた，ヨーロッパの小国，あるいは海外の植民地の犠牲において，おおよそ同等と思われる適切な代償を受け取るべきとするものである（これを巧みに操ったのがビスマルクである。詳しくは３章）。

第３に，アクター間の目標の共有である。この場合の目標とは，平和と安定を維持して自国の生存を保障することである。ここから，諸大国はお互いの生存を認め合う必要があった。つまり，各大国は，自国本位の目的を追求する欲求と，国際体系を維持しなければならないという要請の間でバランスをとる必要があった。したがって軍事力は，限定的な目的に用いられる限り許容されたが，他の大国の存続を脅かすような戦争，したがって体系全体を脅かすような戦争は防がねばならなかったのである。

第4に，主権国家体系を維持するための一定の制度やルールの存在である。本章で述べた「会議（Congress／Conference）」という形式での多国間協議がその代表例だろう。また，職業外交官の制度もこの時代に整備された。その際彼らが，国境を越えて似たような思考をもつ，「ヨーロッパの外交ファミリー」とでもいうべき同質的な集団を形成していたことは重要であった。実際，この時代には祖国以外の国家に雇用される者も多かったのである。

第5に，各種技術の状況である。たとえば，19世紀初頭の運輸・通信技術では，情報は馬より速くなることは不可能であった。このとき，外交情報（外交指示，在外公館の返信など）は，パリからウィーンまで数日，ローマからサンクト・ペテルブルクまで数週間，ベルリンから東京までは数カ月かかった。この情報伝達速度（の遅さ）は，もちろん制約でもあったが，利点もあった。すなわち，考える時間，省察する時間がたっぷりあったのである。こうした条件は，19世紀後半には大きく変わっていく。蒸気機関によって，陸には鉄道，海には蒸気船がもたらされ，電気が電信の利用を可能にした。これらは，情報量を急激に増大させるとともに，重大な決定を迅速に行う必要性を促し，結果的に外交政策決定者には重圧となっていく。

関連して，軍事技術も過渡期であった。19世紀の過程で軍事技術は，鉛球弾を発射する滑腔式マスケット（銃身内にライフリングがない，先込め式の歩兵銃）からライフル銃（ジャイロ効果を利用して弾道を安定させるために銃身内に螺旋（らせん）状の溝＝ライフリングを切り，砲弾に回転を与える）へ，単純なキャノン砲から長射程の大砲へ，徒歩で進軍する兵士から鉄道で移動する軍団へ，木造帆船から重装備のタービン・エンジンの軍艦へと移行していった。これらの変化は重要であり，すでに19世紀後半の諸戦争で威力をみせていたものの，いずれも20世紀の兵器ほどの効果はもたなかった。こうした軍事・兵器技術のある程度の制約により，いまだ外交の失敗（＝戦争の勃発）も，破局的なものとはならなかったのである。

引用・参考文献　Reference

飯田洋介 2015『ビスマルク――ドイツ帝国を築いた政治外交術』中公新書。

遠藤乾・板橋拓己 2014「ヨーロッパ統合の前史」遠藤乾編『ヨーロッパ統合史〔増補版〕』名古屋大学出版会。

大内宏一 2013『ビスマルク――ドイツ帝国の建国者』山川出版社（世界史リブレット人）。

岡義武 2009『国際政治史』岩波現代文庫（初出 1955 年）。

キッシンジャー，ヘンリー・A.／岡崎久彦監訳 1996『外交』上，日本経済新聞社（原著 1994 年）。

キッシンジャー，ヘンリー・A.／伊藤幸雄訳 2009『回復された世界平和』原書房（原著 1957 年）。

君塚直隆 2006『パクス・ブリタニカのイギリス外交――パーマストンと会議外交の時代』有斐閣。

君塚直隆 2010『近代ヨーロッパ国際政治史』有斐閣コンパクト。

ゲルナー，アーネスト／加藤節監訳 2000『民族とナショナリズム』岩波書店（原著 1983 年）。

高坂正堯 1978『古典外交の成熟と崩壊』中央公論社（中公クラシックス，2012 年）。

坂本義和 2004「ウィーン体制の精神構造――メッテルニヒ」『国際政治と保守思想』（坂本義和集 1）岩波書店（初出は 1961 年）。

高橋進 2008『国際政治史の理論』岩波現代文庫。

ヒンズリー，ハリー／佐藤恭三訳 2015『権力と平和の模索――国際関係史の理論と現実』勁草書房（原著 1963 年）。

福井憲彦編 2001『フランス史』（新版 世界各国史 12）山川出版社。

細谷雄一 2012『国際秩序―― 18 世紀ヨーロッパから 21 世紀アジアへ』中公新書。

南塚信吾・秋田茂・高澤紀恵責任編集 2016『新しく学ぶ西洋の歴史――アジアから考える』ミネルヴァ書房。

村田晃嗣・君塚直隆・石川卓・栗栖薫子・秋山信将 2015『国際政治学をつかむ〔新版〕』有斐閣。

桃井治郎 2007「ウィーン体制とは何か？――ポール・W・シュローダーの議論を中心に」『貿易風：中部大学国際関係学部論集』第 2 号：146-154 頁。

ローレン，ポール・ゴードン＝ゴードン・A. クレイグ＝アレキサンダー・L. ジョージ／木村修三・滝田賢治・五味俊樹・高杉忠明・村田晃嗣訳 2009『軍事力と現代外交――現代における外交的課題〔原著第 4 版〕』有斐閣（原著 2007 年）。

Bridge, F.R., and Roger Bullen 2005, *The Great Powers and the European States System 1814-1914*, 2nd ed., Pearson Longman (1st ed. 1980).

Schroeder, Paul W. 1994, *The Transformation of European Politics, 1763-1848*, Oxford University Press.

Schroeder, Paul W. 2004, *Systems, Stability, and Statecraft: Essays on the International History of Modern Europe*, edited and with an Introduction by David Wetzel, Robert Jervis, and Jack S. Levy, Palgrave Macmillan.

CHAPTER

第3章

帝国主義の時代

アフリカ分割とビスマルク体制の崩壊

⬆南アフリカ戦争（1899-1902年）（1899年11月30日，南アフリカ。写真提供：dpa／時事通信フォト）。

INTRODUCTION

19世紀の末から第一次世界大戦勃発（1914年）までの時代は，しばしば「帝国主義の時代」と呼ばれる。ヨーロッパ諸国をはじめとする工業先進国および軍事強国が，植民地や従属国の拡大と支配強化に邁進したからである。このことは，ヒト・モノ・情報の往来を活発化させ，世界の一体化を推し進める一面をもっていた。と同時に，帝国主義時代の世界分割は，列強間の協調を促進する側面と，分断を先鋭化させる側面を併せもっていた。本章では，帝国主義の政治的・社会的・イデオロギー的な側面に着目しつつ，この時代の国際政治をみていく。

1 帝国主義とアフリカ分割

帝国主義の時代

19世紀の末から第一次世界大戦勃発（1914年）までの時代は，しばしば「帝国主義の時代」と呼ばれる。ヨーロッパ諸国をはじめとする工業先進国および軍事強国が，植民地や従属国の拡大と支配強化に邁進し，世界を分割していったからである。イギリスやフランスに続き，新興国としてドイツ，イタリア，アメリカ，日本もその列に加わっていく。1914年の時点で列強8カ国（イギリス，フランス，ベルギー，ドイツ，イタリア，ロシア，日本，アメリカ）は，地球の総面積の半分以上を占め，世界人口のほぼ3分の1が住む土地を植民地として支配することになった。このことは，ヒト・モノ・情報の往来を活発化させ（たとえば鉄道網の建設，大陸を結ぶ蒸気船，大量の移民など），世界の一体化を推し進める一面をもっていた。と同時に，帝国主義時代の世界分割は，列強間の協調を促進する側面と，分断を先鋭化させる側面を併せもっていた。

かつてホブスンやレーニンが論じたように，19世紀後半に帝国主義が台頭した要因は，資本主義経済の急速な発展を抜きにして語ることはできない。とはいえ，帝国主義の態様を明らかにするには，経済のみならず，政治的・社会的・イデオロギー的な要因にも目を向ける必要がある。本章では，帝国主義の時代を多面的にみていこう。

「公式帝国」と「非公式帝国」

イギリスの歴史家ギャラハーとロビンソンは，「自由貿易帝国主義」（1953年）という有名な論文で，「帝国主義とは，拡大する経済が新しい地域を統合する過程で必要となる政治的な機能である」と定義したうえで，「**公式帝国**（formal empire）」と「**非公式帝国**（informal empire）」という，2つの異なる統合の形態を提示した（ギャラハー＝ロビンソン 1983）。前者は植民地化および直接統治を指す一方で，後者は主として経済進出として現れる影響力の拡大を意味する。彼らはこの「公式帝国」と「非公式帝国」という区分によって，19世紀のイギリスの覇権を説明した。すなわち，ヴィクトリア時代（ヴィクトリア女王の治世である1837年から1901年をおおよそ指す）のイギリス帝国は，「可能な限り非公式のコントロールによる貿易で，もし必要ならば統治による貿易で」というかたちで，この2つの対外膨張のタイプを時と場所によって使い分けたことに特色があったというのである。具体的には，ヴィクトリア時代前期には「非公式帝国」としてイギリスは自らの覇権を達成できたが，ヴィクトリア時代後期になると「公式帝国」を築いていったとしたのである。その要因には，帝国主義諸国間の関係と，植民地の「現場」の状況があった（高橋 2008：203-217）。

この「公式帝国」化への動きを最も鮮明に示すのがアフリカであり，以下ではいわゆる「アフリカ分割」を題材に，帝国主義のあり方をみてみたい（本節と次節の叙述全体につき，高橋 2008：第5章を参照）。

アフリカ分割

アフリカを舞台にした帝国主義の本格化は，1880年代初頭に始まる。この時期に，フランスがチュニジアに，イギリスはエジプトに軍事介入した。そして，これらをきっかけに，英仏両国を主役とした「**アフリカ分割**」が展開されていく（ただし，フランスはすでに1830年にアルジェリアを植民地化しており，「公式帝国」化を進めていた)。1880年にはアフリカのごく限られた地域だけがヨーロッパ諸国の直接支配下に置かれていただけであったのに対し，1914年にはエチオピアとリベリアを例外としてアフリカの全土が列強の支配下に入ったのである（木畑 2014：13-14)。

まず北アフリカのチュニジアでは，フランス，イギリス，イタリアが「非公式帝国」を形成しつつあった。チュニジアは，オスマン帝国からの独立を達成すべく近代化政策を推進していたが，フランス，イギリス，イタリアなどから膨大な政府借款を抱え込んで1869年に財政危機に陥り，3カ国に財政権限を握られた。このチュニジアをめぐる3カ国関係において，自国の権益を強く主張したのはフランスである。フランスの主張にイタリアは反発したが，それに対してフランスは，1881年4月にチュニジア出兵を挙行する。これは当初はチュニジアにおけるフランスの優越性を誇示するための行動であったが，6月にチュニジアで反乱が生じ，その平定のためにフランスは当地への軍事的関与を続けざるをえなくなった。そして1883年6月，フランスはチュニジアを保護領化する。フランスによるチュニジアの「公式帝国」への転換は，国際的なライバルの排除というフランス側の意思と，チュニジア側の抵抗がもたらしたものであった（高橋 2008：217-219）。

より巨大な規模で現地の抵抗に遭遇したのが，エジプトにおけるイギリスである。ムハンマド・アリー統治下で近代化政策を進めていたエジプトは，やはり英仏からの巨大な借款を抱え，1876年に支払い停止に追い込まれた。英仏はエジプトに財政管理体制を敷いたが，これに対し1881年に「エジプト人のエジプト」を求めるアラービー大佐を指導者とする革命運動が勃発（ぼっぱつ）した。イギリスは，1882年8月の本格的派兵（4万人）による革命運動の鎮圧で応じた。イギリスが単独で出兵したのは，1869年のスエズ運河開通以来，この地域が帝国の中核であるインドへの「エンパイア・ルート」の要衝となったからである。そしてイギリスは，エジプトでの革命に乗じてスーダンで発生した「マフディー運動」（イスラームの救世主（マフディー）を自称したムハンマド・アフマドを中心とする反英・反エジプト運動）をも平定する必要に迫られ，内陸部にまで支配圏を拡大せざるをえなくなった（高橋 2008：219-221）。

西アフリカでは，セネガルに拠点を築いたフランスが，内陸部へと勢力圏を拡大していった。その一方で，象牙海岸，黄金海岸，奴隷海岸など沿岸部では，多くの河川に沿って，英仏が交互に拠点を築くかたちとなった。英仏の動きに触発され，ベルギーとドイツもアフリカ分割に介入した。こうした列強間の植民地分割を調整したのが，ドイツ帝国宰相ビスマルクの呼びかけで開催された1884-85年の**ベルリン会議**である（**→2章**）。この会議には五大国をはじめ，アメリカやスペイン，ポルトガルなど14カ国の代表が集い，アフリカ分割に関する「実効ある領有」を定めた議定書が採択された。これは，ある地域の領有を他国に対して最初に宣言した国には，領有の正当性が確保されるという「原則」を定めるものであった。また，ここでベルギーのレオポルド2世は，「コンゴ自由国」の領有を認められている。

東アフリカにおいては，1884年にドイツの資本家ペータースが現地の住民と保護領協定を調印し，それをビスマルクが承認することによって，1885年にドイツ領東アフリカが成立する。1886年にはイギリスとドイツが分割協定を結び，バンガ（現在のケニア南端）からヴィクトリア湖東岸に向かって，キリ

CHART 図 3.1 アフリカ分割

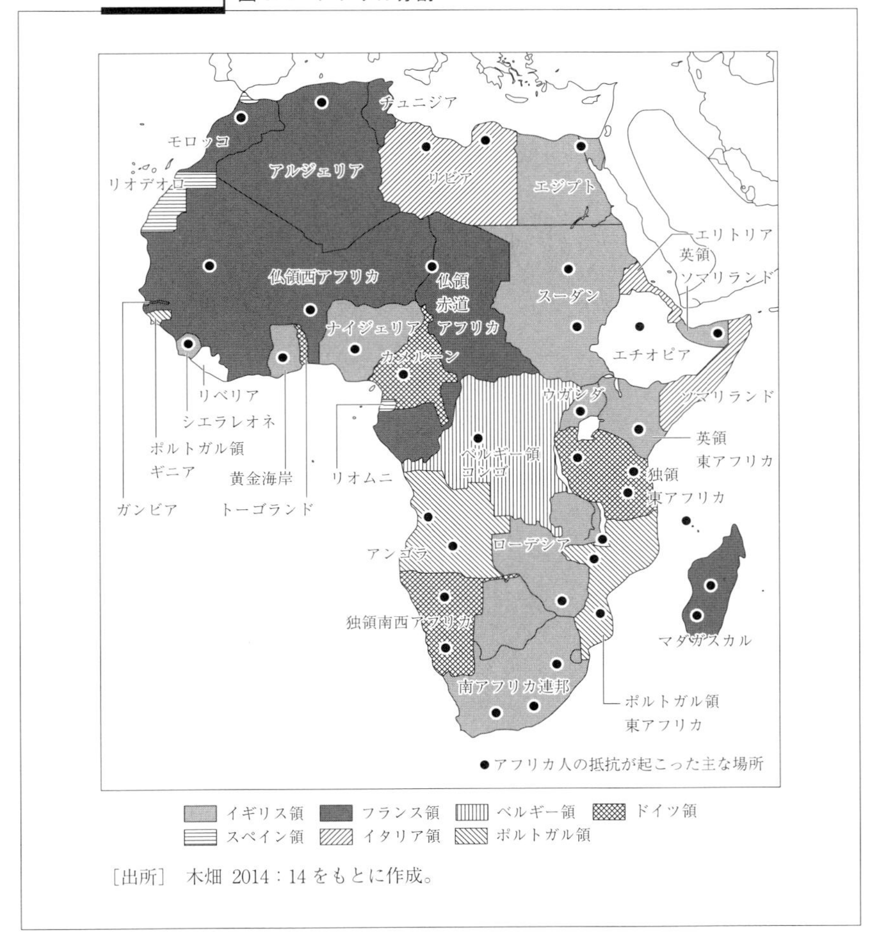

［出所］ 木畑 2014：14 をもとに作成。

マンジャロ山を避けるように北西に引かれた線の北をイギリス領東アフリカとした（いずれも「東アフリカ会社」が特許状に基づいて経営するものであり，「公式帝国」とはいえなかった）。その後，1880 年代末から独英関係の調整が必要となり，90 年 7 月にヘリゴランド＝ザンジバル協定が結ばれた。これは，ウガンダとザンジバルのイギリス支配を認める代わりに，ドイツが北海のヘリゴランド（ヘルゴラント）島を譲り受けるとするものであった（高橋 2008：223-224）。

さて，英領東アフリカから紅海にいたる地域に野心をみせたのが，イタリアである。しかしエチオピアは，イタリアによる保護領化の要求を拒否した。そしてエチオピアは，1894 年から侵攻を開始したイタリアに抗し，96 年 3 月のアドワの戦いで圧勝を収め，同年 10 月に和平条約を結んで独立を維持した。

こうした動きを背景に再び勢いづいたスーダンのマフディー運動に対し，1896 年 3 月にイギリスはスーダン侵攻を再開した。このときサヘル地域から東進し，ファショダ（スーダン南東部）を占領したフランス軍と，イギリス軍が対峙する事態となった。これが，いわゆる**ファショダ危機**（98 年 9 月）である。この軍事衝突の危機は外交交渉によって回避され，フランス軍は 11 月に撤退，以後スーダンはイギリスと（イギリスの事実上の保護国となった）エジプトの共同統治下に入るという結果となった（ファショダ危機の「教訓」については後述）。

なお，以上のアフリカ分割の過程における帝国主義国の暴力性は凄まじいものであった。上述のイギリスのスーダン侵攻に関していうと，1898 年にマフディー軍がオムドゥルマンの戦いで敗北するのだが，この戦いは，イギリス・エジプト連合軍の死者が 48 人であったのに対し，マフディー側の死者は 1 万 1000 人を上回るという非対称的なものだった。また，ドイツ帝国は，南西アフリカ（現在のナミビア）を領有する際，ヘレロ人とナマ人に対し，女性や子供も含む大虐殺を働き，人口 8 万人だったヘレロ人の約 8 割，人口 2 万人だったナマ人の約 5 割を死に至らしめた。このときドイツ側が設置した強制収容所での収容者の死亡率が 3〜5 割にのぼったように，このヘレロ・ナマの大虐殺は，第二次世界大戦におけるユダヤ人大虐殺が生み出した概念である「ジェノサイド」の先駆けであると，現在では位置づけられている（木畑 2014：33-37）。

2 帝国主義イデオロギーと南アフリカ戦争

「文明化の使命」

1880 年代のアフリカ分割については，英仏などの列強が，現地の抵抗などによって，意図せぬかたちで支配圏を拡大していったという側面があった。とはいえ 1890 年代の半ばともなると，列強は植民地獲得により積極的な姿勢を示すようになり，各国間の競争が過熱し，それぞれの国の面子が賭けられるようになった。上述のファショダ危機はそうした性格を有していた。

その背景には，この間における帝国主義への大衆の支持の高まり，そして「**ジンゴイズム**」と呼ばれる愛国主義の台頭があった。1890年代のヨーロッパ諸国では，帝国主義のイデオロギーが，知識人から大衆にまで広まっていくのである。たとえば，すでに1883年，ケンブリッジ大学の歴史学教授シーリーが『英国膨張史論（*The Expansion of England*）』（邦訳は1918年）を著し，イギリスによる植民地帝国の拡大は，イギリス文明の優越性の表れであり，歴史の必然であると説いた（高橋 2008：225-227）。

こうして，帝国主義諸国は植民地に「文明」をもたらしているのだという「文明化の使命」といった議論が19世紀末に溢れるようになった。インドに滞在経験がある小説家・詩人のキップリング（1907年にノーベル文学賞受賞）は，「白人の責務（The White Man's Burden）」（1899年）という詩で，植民地経営を「白人が担うべき責務」であるとし，「野蛮」に対する「文明」の支配は「天命」であるとした（佐々木 2011：35-36）。

そうした「文明化」論の浸透を示す恰好の事例は，ベルギー王室の私領であった「コンゴ自由国」をめぐるスキャンダル（1906年）である。当地でベルギー植民者は現地の住民に天然ゴムの採取を命じたが，命令に従わなかった住民は射殺し，射殺の証拠として死者の手首を提出するよう黒人住民から成る公安軍の隊員に命じていた（木畑 2014：38）。こうしたベルギーによるコンゴ住民の過酷な待遇は，イギリスを中心に，ヨーロッパ諸国から非難された。しかし，ここで注意すべきは，非難されたのは植民地統治それ自体ではなく，「文明」に相応しくない統治のあり方だったことである。結局，コンゴは1908年にベルギー王室私領からベルギー国家による統治に移管されることになったが，皮肉なことにこれによってコンゴの植民地統治はむしろ強化された。

帝国主義イデオロギーの浸透

また，この時期に見逃せないのが，大衆への帝国主義イデオロギーの浸透である。たとえば，この時代には「未開」の土地を舞台とした冒険小説・探検小説をはじめとする，帝国主義文学が流行した。また，新たに登場した大衆紙（タブロイド）が，帝国主義熱を煽(あお)っていた。1900年に創刊された『デイリー・エクスプレス』は「われわれの方針は愛国にあり，イギリス帝国にある」と最初の社説に記したし，03年に創刊された『デイリー・ミラー』は創刊の辞で自らを「帝国の理念の体現者であり，その代弁者である」と述べていた（高橋 2008：227-229）。さらに，当時のイギリスの主要都市では，大衆の娯楽施設として「ミュージック・ホール」が栄えたが（労働者たちが酒を飲みながら歌や曲芸や手品などに興じる），この空間で最も人気を集めたのは，ジンゴ・ソングと呼ばれた盲目的な愛国主義の歌であった（佐々木 2011：35；井野瀬 1990）。

こうした中，自由主義者の中からも，帝国主義を肯定する者たちが出てくる。いわゆる「自由帝国主義者」である。彼らは，経済成長を持続させるためには新たな原料供給地と市場が必要だとして帝国主義的拡張を支持した。と同時に，国内の労働者層を統合するためにも，帝国主義は必要とされたのである。こうした論者として，たとえばドイツにはナウマンやヴェーバーらがいた。ドイツであれイギリスであれ，この国内では改革派の「自由帝国主義者」と，国内では保守的な帝国主義者たちは，相互に対立しつつも，帝国主義の推進という点では一致をみせていたのである（高橋 2008：229-231）。

南アフリカ戦争

そして，「非西欧という周辺での抵抗と西欧という中枢での熱狂とが正面から衝突した事件」が，南アフリカ戦争（ブール戦争）（1899-1902 年）であった（高橋 2008：231）。南部アフリカは，温暖な気候と，金・ダイヤモンドなどの鉱物資源の存在から，早くから白人に植民地化されていた。そして 19 世紀末には，内陸部で発見された金鉱をめぐって，オランダからの先住白人植民者であるブール人（オランダ語で農民という意味。この呼称には蔑視（べっし）が含まれていたため，19 世紀末にはアフリカーナーという呼称が広まる）の植民地（1852 年に樹立されたトランスヴァール共和国と 54 年に樹立されたオレンジ自由国）と，19 世紀初頭に植民地を形成したイギリス人のケープ植民地との間に摩擦が生じていた。ケープ植民地側の先頭に立っていたのが，ダイヤモンド採掘で巨万の富を築き，1889 年には「イギリス南アフリカ会社」の特許状を得て中央アフリカへの進出をめざしたローズである。1890 年代にはいくつかの衝突や政治情勢の変転を経て，紛争の構図がイギリス対アフリカーナーに収斂（しゅうれん）されていった。こうして 1899 年 10 月に勃発したのが，南アフリカ戦争である。

この戦争では，南アフリカにおけるイギリス支配がアフリカーナーによって脅かされているという「現場」の危機感と，本国での帝国主義熱が連動し，イ

CHART 図3.2 20世紀初頭の列強および植民地・勢力圏

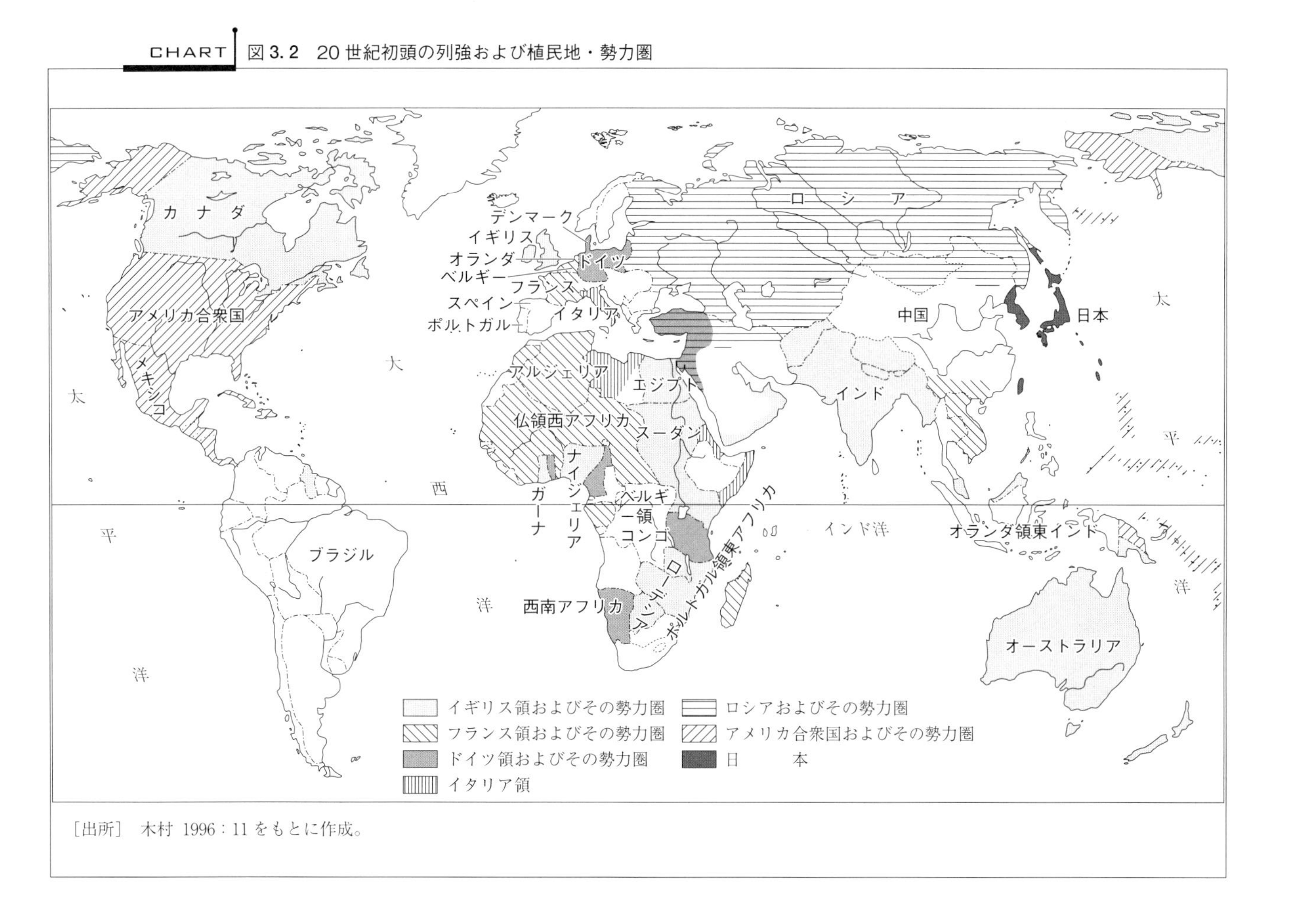

［出所］ 木村 1996：11 をもとに作成。

ギリス国内にジンゴイズムが巻き起こった（高橋 2008：235）。戦争の大勢は早期に決したものの，アフリカーナー側がゲリラ戦を展開したことにより，戦争は泥沼化した。そして，イギリス軍はゲリラの家族を収容所に移送し，村落を焼き払うなどの蛮行を重ねた。イギリス軍が監督した収容所は 8000，抑留者は 10 万人を超えたという。かかる戦争の泥沼化は，イギリスの地位の低下をもたらし，たとえば従来の「光栄ある孤立」を放棄し，帝国の負担を軽減するような同盟国の模索へと導いた（1902 年の日英同盟）。とはいえ，結局イギリスはこの戦争によりローデシアを含む南部アフリカに覇権を確立したのである。

こうして列強によるアフリカ分割は，世紀転換期の南アフリカ戦争によって頂点を迎えた。さらに，帝国主義の拡張は，グローバルな規模で進行した。南アフリカ戦争とほぼ同時期の 1898 年には，米西戦争の結果，アメリカ合衆国もフィリピン，グアム，プエルトリコを領有し，植民地保有国の一員となるにいたった。さらに日本も，日清戦争（1894-95 年）に勝利して台湾の植民地統治に乗り出し，日露戦争（1904-05 年）の結果として南樺太を領有，1910 年には朝鮮を併合し，やはり帝国主義国の一員となった。もはや本書では立ち入らないが，この後も中東や東南アジアではヨーロッパ諸国による，さらに東アジアでは欧・米・日による植民地獲得競争が展開され続けるのである。

3 ビスマルク体制の崩壊から 2 極構造へ

ビスマルク後のドイツ

さて，本節では時計の針を少し戻し，1890 年以降のビスマルク体制の崩壊をみていこう。前章でみたように，ビスマルク体制とは，ドイツ帝国がオーストリア＝ハンガリー二重君主国およびイタリアと同盟を結ぶと同時に，ロシアとも協調し，さらにイギリスとも不即不離の関係を保つことによって，フランスが他国と組んで現状打破を試みることを防ぐというものであった。すなわち，ドイツを中心とした同盟網によってフランスを孤立させ，現状維持を図ったものである。

しかし，1888 年に即位した若きドイツ皇帝ヴィルヘルム 2 世と老宰相ビスマルクが衝突を繰り返し，90 年 3 月にビスマルクは辞任してしまう。これにより，ビスマルクが築き上げた複雑な同盟構造は崩れ，ヨーロッパ国際政治は新たな段階に入っていく。

変化はすぐに訪れた。ビスマルクの辞任から 3 カ月後に期限が切れる予定だったドイツとロシアの再保障条約を，ビスマルク辞任後の新政権が更新しなかったのである。これを機に，それまで孤立状態にあったフランスがさっそく動き，1891 年からロシアと交渉を始め，94 年 1 月に露仏同盟が成立した。これは，いずれかの国が，独墺伊から攻撃を受けた場合，相互に軍事的支援を行うというものであった。

ヴィルヘルム 2 世のドイツ帝国は，保守的な性格をもつビスマルク体制を捨て，より積極的な「**世界政策**（ヴェルトポリティーク）」を掲げた。海においては，海軍の増強をめざし，イギリスの覇権に挑戦した（1906年から本格的にイギリスとの建艦競争に入る）。また陸路からも，オーストリア＝ハンガリーとの同盟を拠点にして，バルカン半島から中東にかけて勢力圏を築こうとする。具体的には，コンスタンティノープルからバグダードにいたる鉄道敷設計画を進めたのである。当然，ドイツの中東進出はイギリスの権益を脅かすものであり，英独の摩擦は高まった。

こうしたドイツ帝国の「世界政策」は，単に指導者の交代のためだけでなく，ビスマルク時代から培われた国力への自信に支えられたものでもあった。この時期のドイツの国力の増大は目覚ましい。ドイツの重工業は 1890 年代にはイギリスを追い抜いたし，重工業部門のみならず，科学的発見や技術革新を先導して，電機工業（エンジンや電信機器など）や化学工業（薬品や合成染料など）をはじめとする新しい工業部門を開発していった（たとえば 1900 年にはドイツは世界の合成染料市場の 9 割を占めた）。20 世紀に入るとドイツの国民総生産（GNP）成長率はイギリスの 2 倍となった。1860 年代にはイギリスが世界の工業生産の 4 分の 1 を占めていたが，世界大戦直前の 1913 年には 10% に落ち込み，ドイツが 15% を占めるようになっていた。1897 年には『メイド・イン・ジャーマニー』という本がイギリスで出版され，「ドイツの脅威」が論じられるようになった（ただし，90 年代半ば以降の好況期においては，ドイツだけでなく，ロシアやオーストリアやイタリアでも工業発展がみられ，イギリスも海運業や国際金融部門では依然として優越した地位を保っていた）（木村・近藤 2006：137-138）。

三国同盟と三国協商

こうしたドイツ帝国の興隆に脅威を感じたイギリス，フランス，ロシアは相互に接近を始めた。すでに示唆(しさ)したように，世界規模で植民地獲得競争を繰り広げていたイギリスは，次第に「光栄ある孤立」を放棄していく。まず，1902年に，すでに脅威となっていた新興国日本と同盟関係に入ることにより，極東における自国の権益を保障した（日英同盟)。また，1904年にはアフリカと東南アジアをめぐって長く対立してきたフランスとの協商も成立させた（英仏協商)。さらに1907年には，日本との戦争（04年）に敗れてバルチック艦隊を失ったロシアと協商を結び，長年繰り広げられてきた中央アジアをめぐる「グレートゲーム」に終止符を打ち，インド周辺に対するロシアの脅威を解消した（英露協商)。

こうした動きに対し，自らが「包囲」されつつあると感じたドイツ帝国は，オーストリア＝ハンガリーとの関係を強化した。こうして，ヨーロッパには2つのブロックが形成されていく。すなわち，**三国同盟**（独・墺・伊）と**三国協商**（英・仏・露）である。この状況は，「均衡」といえなくもないが，19世紀の勢力均衡との違いは，かつてはイギリスが担っていた「バランサー」が不在で，柔軟性を欠いていたことである。ただし，この2つのブロックが，各々それほど強固なものでなかったことにも注意が必要である。英仏協商と英露協商は，軍事的な連携というよりは，植民地や勢力圏をめぐる対立の解消を狙ったものであった（それゆえ「同盟」という表現は避けられた)。他方で，三国同盟側でも，イタリアは決して信頼に足るパートナーとはいえなかった（→図3.2)。つまり，このヨーロッパ国際政治の二極化が，一直線に第一次世界大戦に進むというわけではないのである（ただし，英仏協商は1906年以降，軍事的性格を伴うようになり，次第に反独的な意味合いを高めていった)。

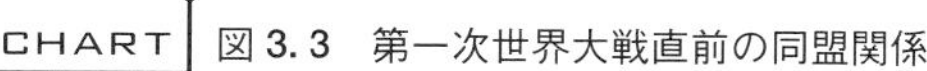
CHART 図 3.3 第一次世界大戦直前の同盟関係

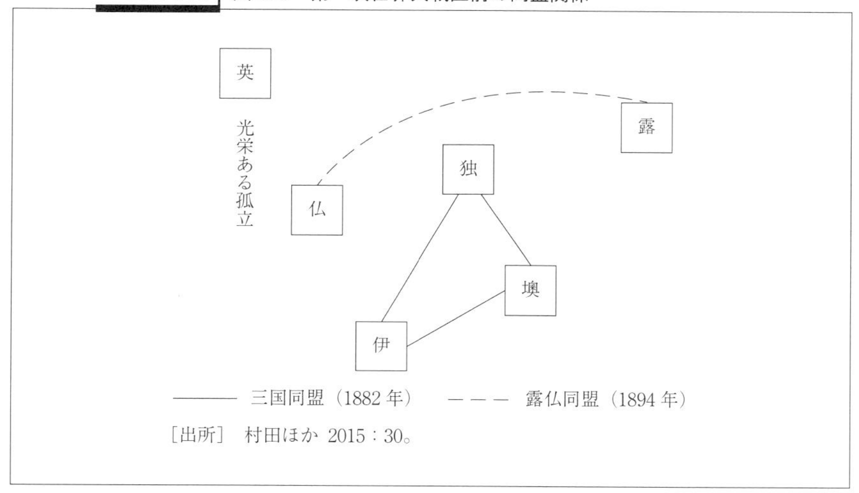

［出所］ 村田ほか 2015：30。

4 世紀転換期における戦争と平和

軍拡と戦争準備

繰り返しになるが，同盟関係の二極化が必ずしも戦争の可能性を高めるとはいえない。両陣営の軍事力が均衡し，相互の行動が抑止され，平和的な状態が維持される可能性もあるからである。しかし，この時代には各列強が積極的に軍備拡張を図り，仮想敵国に対する戦争準備を進めたため，結果的に戦争の可能性を高めていくことになる。とくに，世紀転換期のヨーロッパでは，軍備のための軍備，政治から乖離（かいり）した戦争計画が独り歩きしていく（以下，入江 2000：15-20）。

それゆえ，軍部や計画立案者の考えが重要な意味を持ち始める。この時期には，科学技術の発達を反映した近代戦が想定されるようになった。すでにドイツ統一をめぐる一連の戦争の中で，鉄道の効果は示されていた。輸送車の使用によって，歩兵も武器もかつてないスピードで前線に送ることが可能となった。

こうした技術発達を背景に，ドイツでは陸軍参謀総長シュリーフェンが立案した戦争計画，いわゆる「シュリーフェン・プラン」が登場した（1905年から12年にかけてまとめられた）。これは，ロシアとフランスの2国が同時に敵になるという前提で，ロシアの動員の遅れを予想して，軍主力をまずフランスに向け，その際に中立国ベルギーを通過して電撃的にフランスに侵入し降伏させ，次いでロシア軍を破るというものである。こうした軍人たちの計画は，次第に政治家による外交を無視する役割を果たすようになっていく（シュリーフェン・プランの政治的・戦略的観点からみた拙劣さについては，大木 2017：17-41）。

また，木造の帆船に代わり，重装備のタービン・エンジンの軍艦が登場し（日本語の「弩級」の語源として知られる英海軍のドレッドノート型戦艦が就役したのは1906年である），駆逐艦や潜水艦のような新しいタイプの船の開発・建造も進んだことで，海戦戦略もますます複雑化した。

こうした中繰り広げられたのが，軍拡競争である。この時代には，勢力均衡の概念が軍事力の重視に結び付き，他国の軍備拡張と歩調を合わせて，自らも軍備の充実を図るべきだとする考えが一般化した。こうして，軍拡こそが戦争を防ぐという思考も広まった。たとえばイギリスでは，英海軍（ロイヤル・ネイビー）の絶対的優位の維持こそ，戦争を防ぐ有効な手段だと想定されていた。他方ドイツでは，独海軍の速やかな建艦こそ，イギリスによる予防戦争の危険を減少させるという考えが通用していた。こうした相互の思考が，英独の「建艦競争」を支えたのである。

このように19世紀末から20世紀初頭にかけて，ヨーロッパの大国が戦争を前提とした軍備を充実させ，軍事同盟を結び，各種の作戦計画を立案していたことは，現実に戦争の可能性を高めるものであった。第一次世界大戦直前には，ヨーロッパはいつの間にか臨戦体制に入っていたのである（入江 2000：20）。

社会における戦争観・平和観

なぜ戦争計画や軍拡が独り歩きするようになったのかを知るうえでは，社会の「戦争観」が重要な鍵を与えてくれる。当時の列強は軍部独裁政権だったわけではなく，軍の拡大や軍事支出の増大が容認された背景には，それだけの政治的・社会的土壌がある。したがって，政治機構や社会構造の全体が，直接または間接に軍備や戦争計画を支えていた，あるいは少なくとも経済的・思想的支持を与えていたといえるのである。歴史家の入江昭は，当時は軍当局のみならず，政府，政党や一般大衆までも，戦争を肯定あるいは必要悪として黙認する風潮にあったことに注意を促し，社会における戦争観・平和観を探る必要性を説いている（以下の叙述につき，入江 2000：21-44 を参照）。

まず何よりも重要なのは，大衆ナショナリズムの浸透である。この頃には一般の国民も，国の名誉や威信などを気にかけ，国権の増大を是とし，対外強硬論を支えるようになった。中でも，独仏戦争以後，とくに 1880 年代以降に生まれた若い世代（戦争を知らない世代である）の学生や知識人の間には，「戦争」それ自体に価値を見出し，賛美するようなロマン主義的な傾向がみられた（この時代は，思想史的にはニーチェ，フロイト，フッサールらが登場し，合理主義や実証主義に一斉攻撃が加えられた頃である）。

他方で，楽観的な平和論も知識人の間にみられた。たとえばエンジェルは，『大いなる幻想（*The Great Illusion*）』（1909 年）という著作の中で，戦争はきわめて費用のかかる非経済的なものであり，海外市場の獲得や投資の増大こそ，国益を増進する平和的な手段なのだと論じた。ここには，経済活動の合理性への信奉と，それがもたらす平和への確信がある（のちに E. H. カーは，『危機の二十年』でこうした議論を「ユートピアニズム」として厳しく批判する）。

さらに近年の研究では，当時の「平和ムード」を強調するものも多い（以下，木村・近藤 2006：139-141）。その表れが，2 回にわたってオランダのハーグで開かれた**万国平和会議**である。ロシア皇帝ニコライ 2 世の呼びかけで，1899 年に第 1 回の万国平和会議が開催され，日本や清も含む 26 カ国が参加した。1907 年の第 2 回平和会議には，南米諸国も含めた当時の世界の独立国家のほとんどに当たる 44 カ国が参加した。これらの会議は，軍縮には成果を挙げられなかったものの，ダムダム弾（傷口を広げるような構造になっている）などの残虐兵器の禁止や，多くの戦時国際法の整理および採択が成し遂げられた（なお，1904 年の日露戦争は，ハーグで採択された陸戦条約が最初に適用された戦争となったが，日本は「文明国」の一員として振る舞うべく，戦争捕虜の扱いなどについて国際法の遵守に配慮し，自らの国際的地位を高めようとした）。

また，1914 年の第一次世界大戦勃発を知っている私たちからみると危機の累積にしかみえないものも，当時のヨーロッパ人たちには戦争が賢明に回避される過程にみえていたという点は興味深い。たとえば前述のファショダ危機がそうだが，1905 年と 11 年の二度にわたって生じたモロッコ危機もそれに当たる。いずれも，フランスのモロッコ支配に対して挑戦を仕掛けたドイツ帝国が，結局は国際的に孤立して失敗したものである。これは，あとからみれば独仏の確執の高まりを示すものだが，当時の雰囲気は「結局戦争にならずに済んだ」「交渉や話し合いで解決できた」というものであった。いまだ人類の進歩が素朴に信じられていたのである。

以上で述べてきた社会における「ロマン主義的戦争賛美」の流行と，「平和ムード」の蔓延は，決して矛盾するものではなく，並行して存在していたのである。そして，それこそ後知恵ではあるけれども，この両者の共存こそが危険だったのだ。1914年に人類は「世界大戦」というものを経験するのである。

引用・参考文献　Reference

井野瀬久美惠 1990『大英帝国はミュージック・ホールから』朝日選書。
入江昭 2000『二十世紀の戦争と平和〔増補版〕』東京大学出版会（UP選書）。
大木毅 2017『灰緑色の戦史――ドイツ国防軍の興亡』作品社。
木谷勤 1997『帝国主義と世界の一体化』（世界史リブレット40）山川出版社。
木畑洋一 2014『二〇世紀の歴史』岩波新書。
木村靖二 1996『二つの世界大戦』（世界史リブレット47）山川出版社。
木村靖二・近藤和彦 2006『新訂 地域文化研究Ⅰ 近現代ヨーロッパ史』放送大学教育振興会。
ギャラハー，ジョン＝ロナルド・ロビンソン 1983「自由貿易帝国主義」（原著初出は1953年）ジョージ・ネーデル＝ペリー・カーティス編／川上肇・住田圭司・柴田敬二・橋本礼一郎訳『帝国主義と植民地主義』御茶の水書房。
佐々木雄太 2011『国際政治史――世界戦争の時代から21世紀へ』名古屋大学出版会。
ジョル，ジェームズ／池田清訳 1997『第一次世界大戦の起原〔改訂新版〕』みすず書房（原著1992年）。
ジロー，ルネ／渡邊啓貴・柳田陽子・濱口學・篠永宣孝訳 1998『国際関係史 1871〜1914年――ヨーロッパ外交，民族と帝国主義』未來社（原著1995年）。
高橋進 2008「帝国主義」『国際政治史の理論』岩波現代文庫，199-243頁（初出は1992年）。
平野千果子 2002『フランス植民地主義の歴史――奴隷制の廃止から植民地帝国の崩壊まで』人文書院。
ポーター，アンドリュー／福井憲彦訳 2006『帝国主義』（ヨーロッパ史入門）岩波書店（原著1994年）。
村田晃嗣・君塚直隆・石川卓・栗栖薫子・秋山信将 2015『国際政治学をつかむ〔新版〕』有斐閣。

第2部
2度の世界大戦

CHAPTER

第4章

第一次世界大戦の衝撃

総力戦と近代国家の変容

⬆サラィェヴォ事件。フランツ・フェルディナント大公を暗殺した直後に，逮捕されるプリンツィプ（右）（1914年6月28日，サラィェヴォ。写真提供：AFP＝時事）。

INTRODUCTION

よく指摘されるように第一次世界大戦は，戦争が始まった時点では，それが４年も続き，世界を巻き込む「世界大戦」「総力戦」になるとは，ほとんどの人が予想していなかった。開戦時には，当事者の誰もが短期の局地戦をイメージしていたのである。では，いかにしてこの戦争が「総力戦」および「世界大戦」となったのか，そしてそれが近代国家をいかに変容させたのかをみていこう。

1 サライェヴォの銃声

「ヨーロッパの火薬庫」バルカン

前章で述べた三国同盟と三国協商を構成する諸国間の利害対立はグローバルな規模に及び，戦争の発端となりうる火種はあちこちに点在していた。そして，実際の発火点となったのは，「ヨーロッパの火薬庫」と呼ばれていたバルカン半島であった。

バルカン半島の特徴は，スラブ系を中心としつつ，アラブ系やドイツ系も含む諸民族が混在した複雑な民族構成をとっていたところにある。長い間オスマン帝国領だったが，19 世紀以降のオスマン帝国の弱体化によって各民族の独立運動が活発に展開し，さらにそれに列強の利害が結び付いていた。そして 1877-78 年の露土戦争でロシアが勝利した結果，オスマン帝国からセルビア，モンテネグロ，ルーマニアが独立し，ブルガリアも自治が認められた。これらの国々は（ルーマニアを除き）スラブ系のため，同じスラブ系のロシアがバルカン半島に影響力をもつようになった。以後バルカン半島をめぐって，ロシア帝国とオーストリア＝ハンガリー二重君主国が，当該地域の分離主義運動を煽（あお）りながら，それぞれ自らの勢力圏の拡大を試みるようになった。

1908 年には，オスマン帝国で青年トルコ党の革命が起きる。露土戦争をきっかけに憲政を停止していたアブデュルハミト 2 世の専制政治に対して，世俗教育によって西欧思想を受容した新しいエリート層を中心に立憲制復活の運動が育つ中，サロニカでエンヴェル（・パシャ）ら青年将校が反乱を起こしたのである。この混乱に乗じて，大国がバルカン半島に介入し，オーストリアは，セルビア人，クロアチア人，ムスリムが多く居住するボスニア＝ヘルツェゴヴィナを併合した（ボスニア＝ヘルツェゴヴィナは，15 世紀末から約 400 年間にわたり一つの州としてオスマン帝国の統治下にあったが，1878 年のベルリン条約により，行政権がオーストリアに移されていた）。当然この併合にはスラブ系の人々が反発した。そして，二度のバルカン戦争（1912 年，13 年）を通じて領土を拡大させ，民族意識を高めていたセルビア王国と，オーストリアとの確執が先鋭化した。そうした中，「サライェヴォの銃声」が響いたのである。

大戦の勃発

1914年6月28日，サライェヴォでオーストリア＝ハンガリー二重君主国の皇位継承者フランツ・フェルディナント大公とその妻ゾフィーが，19歳のボスニア生まれのセルビア人民族主義者プリンツィプに殺害された。この日は，夫妻の結婚記念日でもあった。フランツ・フェルディナント大公は，対セルビア強硬派ではなく，むしろスラブ民族に宥和的な人物であったが，それゆえに標的となった。逮捕されたプリンツィプは，大公が「将来の君主として，一定の改革〔帝国内のスラブ民族に自治権を与えること〕を達成することによって，我々〔セルビア人〕の統一を妨げ」る存在だったため，暗殺を敢行したのである（飯倉 2016：5-8）。

この暗殺の直後に世界大戦が勃発（ぼっぱつ）したわけではない。ただ，この「サライェヴォの銃声」からおよそ1カ月の間の各国の為政者たちの利害，野望，憶測，誤認などが積み重なって，世界大戦へと発展していく。

大公暗殺により，オーストリア政府内では，対セルビア強硬論が力を得た。多民族帝国であるオーストリア＝ハンガリー二重君主国にとって，セルビア人の分離独立運動は，帝国の基盤を揺るがしかねない脅威であった。そこでオーストリア政府は，この事件を利用してセルビアを叩こうと試みる。懸念はセルビアの背後にいるロシアだったが，ドイツ帝国の支援さえあれば（1908年のボスニア併合時と同様），ロシアの介入を防ぐことができると考えていた。それゆえオーストリアは，ドイツ帝国に支援を求めた。

これに対し，ドイツ皇帝ヴィルヘルム2世およびドイツ帝国宰相ベートマン＝ホルヴェークは，オーストリアが望む「白紙委任」（無条件の支持）を与えた。このドイツ帝国側の「白紙委任」こそが，戦争を「世界大戦」にまで拡大させた主たる原因とする研究者も多い。ただし近年の研究によれば，この時点ではドイツの指導者たちも，ロシアの介入はないと踏んでおり，戦争をオーストリアとセルビア間以上のものにする意図はなかったという（クラーク 2017：624-627）。ただ，いかにドイツがロシアとの戦争を望んでいなかったとはいえ，オーストリアに安易に「白紙委任」を与えた責任は大きいだろう。こうしてドイツの後ろ盾に気を強くしたオーストリアは，サライェヴォ事件の背後で糸を引いていたのはセルビア王国だと非難し，7 月 23 日，セルビアに無理難題な最後通牒を突き付ける（実際，「白紙委任」を与えたはずのドイツ帝国の指導部すら，その最後通牒の強硬さに驚いている）。

最後通牒を受け取ったセルビアの側にも誤認があった。当初セルビア政府は，オーストリアと戦争をしても勝ち目がないため，通牒の全面受諾すら考えていた。しかし，7 月 24 日，今度はロシア政府がセルビアに「白紙委任」を与えてしまう。すなわち，セルビアは「ロシアの支援を非公式に当てにしてよい」というメッセージを送ってしまうのである。それゆえセルビアも気を強くし，オーストリアの最後通牒に対して留保つきの回答を送ることになった（クラーク 2017：685-701）。

もとより全面受諾のみを求めていたオーストリアは，セルビアの回答を認めず，7 月 28 日にセルビアに宣戦を布告し，軍事行動を開始した。このように，発端は一見したところ 19 世紀以来のバルカンをめぐる争い（「東方問題」）の継続，あるいは 1912 年以来のバルカン戦争の継続であった。しかし，今回は瞬く間に「世界戦争」へと発展していった。

重大な一歩は，7 月 30 日のロシアの総動員令だった。外交交渉の行き違いからオーストリアおよびドイツ帝国への不信に駆られたロシアは，最初に総動員令をかけた（戦後にロシア側はオーストリア＝ハンガリーのほうが先に総動員をかけたと捏造（ねつぞう）したが，実際のオーストリアの総動員令は翌日の 31 日である。このあたりの細かい経緯については，クラーク 2017 の第 12 章で活写されている）。このロシアの総動員を受け，ドイツ政府は 31 日に「戦争切迫状態」を布告するとともに，ロシアに戦争準備を止めるよう最後通牒を発した。ロシアはこれに回答せず，8 月 1 日にドイツはロシアに宣戦布告した。こうしたドイツの動きに対し，同日にフランスは総動員令を発した。また，当初は態度を決めかねていたイギリスも，8 月 2 日の閣議でフランス支援を決めるとともに，ベルギーの中立が侵犯された場合の参戦を決定した。こうして，五大国すべてが戦争に突入することが決まった。8 月 1 日以降の流れは**表 4.1** の通りである。

かくして一つの銃弾から，各国は世界大戦へと突入していったのである。

CHART 表 4.1 1914 年 8 月の主要国の動き

月 日	事 項
8月1日	ドイツ，ロシアに宣戦布告。ドイツ，フランスで総動員令。イタリア，中立宣言。
2日	ドイツ軍，ルクセンブルクに侵攻。ドイツ＝オスマン帝国間で同盟条約締結。
3日	ドイツ，フランスに宣戦布告。イギリス軍動員令。イギリスがドイツに最後通牒。ルーマニアが中立を宣言。
4日	ドイツ軍，ベルギーに侵攻。イギリスがドイツに宣戦布告。
6日	オーストリア，ロシアに宣戦布告。セルビア，ドイツに宣戦布告。
9日	イギリス派遣軍，フランスに上陸を開始。
11日	フランス，オーストリアに宣戦布告。オーストリア軍，セルビアに侵攻。
12日	イギリス，オーストリアに宣戦布告。モンテネグロ，ドイツに宣戦布告。
	……
23日	日本，ドイツに宣戦布告。オーストリア，日本に宣戦布告。

2 ナショナリズムの高揚と短期決戦思想

ナショナリズムの高揚

第一次世界大戦の勃発（ぼっぱつ）は，各国のナショナリズムを掻（か）き立てた。注目すべきは，各国の社会主義者の動向である（西川 1989）。1889 年，のちに「第 2 インターナショナル」と呼ばれる，各国の社会主義・労働者政党の国際連帯組織が結成されていた。そして，この第 2 インターナショナルは，1914 年 7 月に各国の社会主義政党に反戦デモの組織を呼びかけた。しかしそれは有効に機能せず，第 2 インターナショナルは第一次世界大戦後には事実上解体している（この間の 7 月 31 日，平和を呼びかけていたフランスの社会主義者ジョレスが暗殺されている）。

代わりに各国には，国民の団結を鼓吹（こすい）するような言説が溢れた。ドイツ皇帝ヴィルヘルム 2 世は「ドイツにもはや党派なし，ドイツ人あるのみ」と演説し，フランス大統領ポアンカレも「もはや党派など存在しない」と似たような調子で語っている。こうして，ドイツでは「城内平和（ブルクフリーデン）」，フランスでは「神聖連合（ユニオン・サクレ）」と呼ばれるような，党派的争いを棚上げにして戦争に臨む状況が現出した。特筆すべきは，各国の社会主義政党の模範とされていたドイツ社会民主党が，8月4日に帝国議会で戦時公債発行に賛同したことである。この賛同にはいくつかの理由があるが，何よりもこの戦争が「アジア的」で「野蛮」なロシアに対する「防衛戦争」だという論拠で正当化された。

また，世界大戦が勃発すると，伝統的な民族的・人種的偏見が掘り起こされ，ステレオタイプ化された敵国・民族・人種イメージが振りまかれた（木村 2014：57)。参戦国の大都市では，敵国人の経営する商店やレストランが襲われたり，外国語を話す人々がスパイ扱いされて暴行を受けたりする事件が続発した。さらに「敵性外国語」の追放も行われた。たとえば，ロシアでは「サンクト・ペテルブルク」（ドイツ語に由来）が「ペトログラード」に改名された。また，当時イギリス王室はサックス＝コーバーグ＝ゴータ（ザクセン＝コーブルク＝ゴータ）家であったが，ドイツ系の名前を避け，ゆかりある城下町の名をとってウィンザー家に改称された。

短期決戦思想

ここで重視したいのは，戦争に踏み切った列強の指導者や軍人は「世界大戦」を始めるつもりはなかったということである。彼らの念頭にあったのは「短期決戦」であった。

第一次世界大戦以前のヨーロッパ列強同士の戦争は，半世紀ほど前の独仏戦争にまで遡（さかのぼ）る。その独仏戦争は勃発から休戦まで約半年であった。大戦直前のバルカン戦争は，第1次も第2次も2カ月程度で決着がついていた。参戦国の多くの指導者・軍部が念頭に置き，準備を進めていたのは，基本的にはこうした1年未満の戦争，19世紀型の戦争であった。つまり，互いに動員可能な兵力を召集し，軍主力同士が戦場で激突して決着をつけるというものである。

たとえば，ドイツ陸軍のシュリーフェン・プラン（→**3章④**）は，せいぜい半年の戦争を想定していた。このプランを修正し実行した，陸軍参謀総長のモルトケ（ドイツ統一戦争を指導したプロイセン陸軍参謀総長の甥で，「小モルトケ」と呼ばれる）は，「戦争は早ければ早いほど，ドイツに有利である」（木村 1996：13）と，すでに1912年に語っていたという。

CHART 図4.1 1914年のヨーロッパ

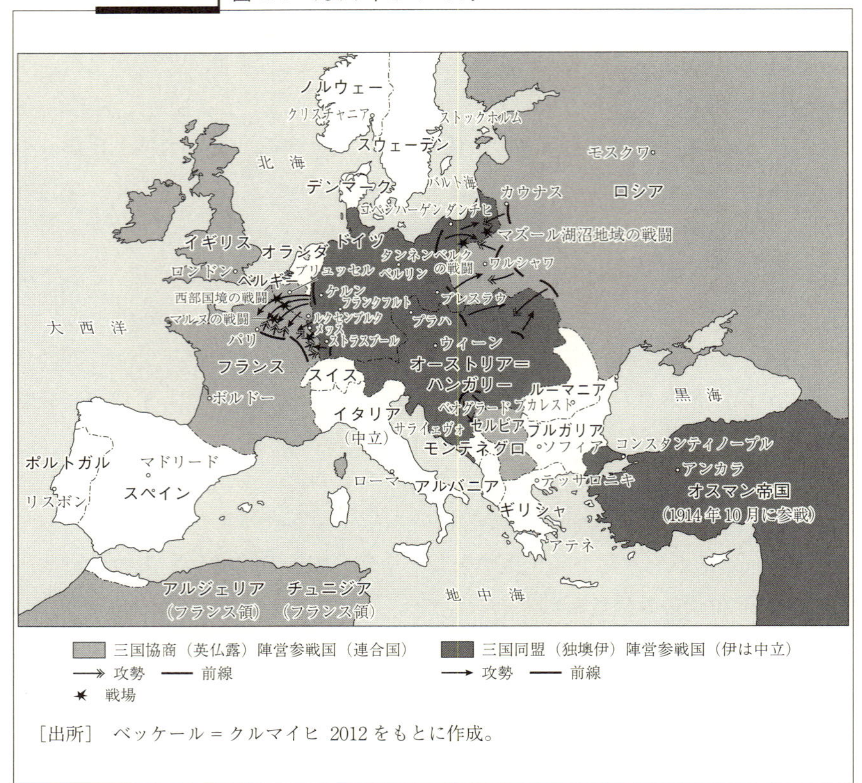

［出所］ ベッケール＝クルマイヒ 2012をもとに作成。

また政治指導者では，たとえばドイツ宰相ベートマン＝ホルヴェークが，戦争は「3カ月か，せいぜい4カ月」と予測していた。出征する兵士たちの合言葉は「落ち葉の散るころには」あるいは「クリスマスまでには」帰還することができるというものであった。こうした戦争観があったからこそ，政治・軍事指導者も戦争に踏み切ったのである。また，兵士たちの中には，愛国心に駆られたというよりは，戦争を平凡な日常生活から脱出する機会，あるいは「冒険」の機会とみて，楽観的に参加した者もいた（木村・近藤 2006：152）。

しかし，こうした牧歌的でロマンティックな戦争観は幻想であった。機関銃と速射砲は，戦場を大量殺戮（さつりく）の場に変えた。本書では個別の戦闘には立ち入らないが，すでに開戦から1914年末までの5カ月間で，西部戦線だけでフランス軍は約85万人，ドイツ軍は約68万人を失った。人々は，機関銃，毒ガス，航空機，そして大戦後半期には戦車が，戦争に全く新たな戦法をもたらしたことに気づいていなかった。それゆえ，戦場では最新の技術と旧い戦法のミスマッチがしばしば起こった。

あるドイツの機関銃手の手記には，機関銃の威力に自ら驚く様子が綴(つづ)られている。「夜になって突撃してくるフランス兵を100メートルまで引寄せてから，われわれは機関銃で応射した。すさまじい効果だった。彼らはまるで草が刈り取られるようになぎたおされた。夜が明けるにつれ，目の前に恐ろしい光景があらわれた。機関銃の100メートル先に，200人から300人の敵の死傷者が横たわっていたのだ。われわれは初めて機関銃の威力を目にした」（木村・柴・長沼 2009：54）。

早くも1914年末には，参戦国の多くが，開戦時に動員した精鋭部隊の多くを失ってしまう。また，独仏両軍とも備蓄していた砲弾を開戦2カ月以内に使い尽くしてしまった（いわゆる「砲弾危機」。イギリスも15年初めには砲弾を使い尽くす）。ドイツと英仏が対峙する西部戦線では陣地戦・塹壕(ざんごう)戦の膠着(こうちゃく)状態が続き，他方でドイツとオーストリアがロシアと闘う東部戦線では広大な地域をめぐる機動戦が展開され，決着の見通しは全くつかなくなった。

こうした中，戦争は，19世紀型のそれとは性格を異にする，**「総力戦」**（国家の物的・人的資源一切を戦争遂行のために動員する戦争）の段階へと突入していくのである（なお，「総力戦」という言葉の精確な意味については，木村 2014：144-146）。

「総力戦」の影響

総力戦体制の構築

いずれの国も短期決戦構想が破綻(はたん)した場合に対応できるような計画を用意していなかったため，「総力戦」体制は，必要に応じて，そのつど場当たり的に構築されることになった（以下，本節については木村・近藤 2006：153-164を参照）。

まず着手されたのは，大量の兵士の確保，兵器や軍需物資の緊急増産である。後述のように，イギリスは自治領諸国や帝国からの兵員を含めて750万人，フランスもほぼ同数を動員した。また，ロシアやドイツは1000万人を超える動員を行った。1916年には，それまで参戦国の中で唯一徴兵制をもたず，開戦後も志願兵でまかなってきたイギリスも，ついに徴兵制導入に踏み切った（小関 2010）。

一方，大量の兵器・軍需品生産の要請は，既存の設備による増産では応えられず，施設の拡大や新規工場の建設などを要した（木村・近藤 2006：154）。しかし，企業は見通しのない新規投資のリスクを冒すことに消極的であり，また大戦後半期には各国とも労働力不足に苦しんだ（もちろん，兵士の中心が，本来ならば働き手の中心であった男性だったからである）。

結局，これらの問題の解決には，国家権力の強大な介入が必要とされた。こうして，国家による社会および経済への介入が進み，国家統制体制が敷かれていく。ただし，統制の度合いは各国でさまざまだった。たとえばイギリスやフランスは，自国の植民地から軍需品・労働力を調達できたので，統制の程度は緩やかであった。他方，ドイツやオーストリアは，連合国による経済封鎖で海外との連絡を絶たれ，重要な原材料の輸入が困難となり，かなり早い時期から広範で強力な国家統制を実施していた（木村・近藤 2006：154）。

とくにドイツ帝国の戦時統制体制は，徹底的なものとなった。鉱物資源にはじまり，皮革や衣料などにも国家の管理・統制が及んだ。また，大量生産のため，少数の大工場に原料・労働力を集中させた（結果として大企業優先となり，中小企業は閉鎖・倒産に追い込まれた）。さらに，それまで国家の介入とはあまり縁がなかった農村部にも，軍馬の調達，生産物の供出強制，穀物など特定作物の作付け指示などによって，国家統制の手が及んだ。1916年末には，ドイツでは兵役に就かない男性の軍需産業での労働義務が定められた（木村・近藤 2006：154-155）。なお，こうしたドイツの戦時体制は，レーニンによってロシア革命後の社会主義体制のモデルの一つとみなされ，また永田鉄山（ながたてつざん）ら大日本帝国陸軍統制派の「高度国防国家」論にも影響を与えることとなる。

さらに，国民生活にとって重大だったのは，食糧不足である。対策として食糧配給制が敷かれたが，当然「闇市」も発生し，国家への信頼が揺るがされていった。さらに配給食糧は，質量ともに大戦後期には大きく低下し，栄養失調が広がるとともに，都市での食糧暴動や抗議ストライキが多発した。このように食糧配給制度は，国家が銃後の国民の生死をも握っていることを国民に実感させ，国家の政策や指導者への関心を高めた（木村・近藤 2006：155)。

近代国家から現代国家へ

こうした総力戦を背景に，「夜警国家」とも呼ばれた19世紀型の国家が退場し，現代国家が登場することになる。この点は国際政治史にとっても重要な意味をもつので，以下，3つの側面からみていこう。

第1は，大戦がもたらした（意図せざる）民主化の作用である。戦争が総力戦となり，国民の動員が必要となると，国民の意向に配慮せずに，上から一方的な命令を下していくようなやり方は通用しなくなった。たとえば，戦時経済の運営には，労働組合や社会主義政党の協力も必要とされる。そして，戦争のこの側面では，軍人ではなく，政治家の力量が重要となってくる。

これを示すのが，英仏の政治動向である。イギリスでは1916年末にロイド=ジョージ，フランスでは17年末にクレマンソーという，いずれもどちらかといえば左派に属する政治家が，世論を背景に首相に就任し，それぞれ個性的で強力なリーダーシップを発揮して，平和を求める声を抑え，戦時体制の再編を断行した。

逆に，国民の声に耳を傾けない，あるいは応えることに失敗した国家は，大戦の重圧を乗り切れない。1917年3月に起きたロシア二月革命はその典型例である（→**本章④**)。ロシア革命をみたオーストリア=ハンガリーの指導部は，停止していた議会を1917年5月に再召集した。

なお，国民の側は，自らに課された「義務」に対する反対給付，すなわち「権利」を求めるようになった（木村・近藤 2006：159)。要求された権利内容はさまざまであったが，各国に共通していたのは，参政権，あるいは民主化である。例として，**女性参政権**が挙げられる。大戦前に女性に参政権を認めていたヨーロッパの国は，ノルウェーなどごくわずかであった。しかし，世界大戦中，女性たちは戦時体制の重要な担い手となった。軍需産業を支えるとともに，兵士への慰問活動，傷病兵の看護，炊き出しへの協力，戦時公債募集活動などに尽力したのである。それゆえ，戦後にはドイツ，オーストリア，オランダなどで女性参政権がほとんど抵抗なく導入されることとなった（イギリスでは，まず1918年に30歳以上の女性の参政権が認められ，28年に男女平等となる21歳以上の参政権が認められた)。

第2は，わずかなものではあるけれども，福祉国家の基礎が整えられたことである（木村・近藤 2006：160）。大戦によって，家計の担い手たる家長が兵士として戦死したとき，残された家族の生活をどう保障するか，あるいは傷痍軍人として帰還して以前のように働けなくなった場合に，将来の生活をどう支えるかは，一大問題となった。兵士たちは国家の命令によって軍務に就いた以上，兵士やその家族が被る不利益や被害の補償は国家の当然の義務であるという考えが広まった。また国家としても，兵士や労働者としての国民の生活の質を向上させる必要が出てきた。こうした事情を背景に，大戦は，従来の慈善などとは異なった，国民の権利に基づく福祉制度（社会保障，医療，青少年・家族政策）が整備されるきっかけともなったのである。

第3は，閉鎖的な国民国家への転換である（木村・近藤 2006：161-163）。大戦中に喧伝された「敵」のイメージは，軍事的・政治的なレベルにとどまらず，文化的なものにまで波及した。国内の結束を要請する世界大戦の中で，「国民」（および「敵国民」）が同質的な集団としてイメージされる傾向が強まったのである。結果として，国内における言語的・宗教的・外見的なマイノリティに対して，かつてないほど厳しい視線が向けられるようになってしまった。

また，国境を越えた人の移動に関しても，大戦中の「一時的」な移動の管理が，戦後にも継続され「恒久化」することとなった。経済学者ポランニーが「**甲殻類型国家**」と呼んだ，国民を特定し，国民と国民ではない者とを峻別する国家が，第一次世界大戦を機に完成したのである（トーピー 2008：193-195）。

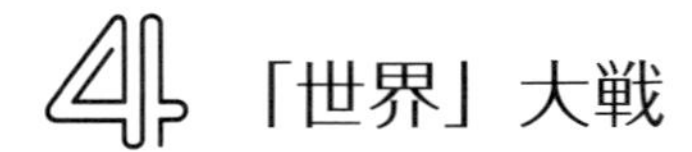

4 「世界」大戦

無益な消耗戦と兵士の価値観の転換

第一次世界大戦は，物量戦と消耗戦であった。その象徴は，ヴェルダンの戦い（1916年2-12月）とソンムの戦い（16年7-11月）である。そこでは，大量の軍備が投入され，大量の死傷者を生み，残されたのは荒地だけだった。

こうした中，兵士たちは，戦前の権威や価値基準の崩壊を経験し，将軍たちや支配エリートへの幻滅を味わった。たとえば1917年春のフランス軍では，大規模な命令不服従事件が起きている。彼らは，無益な突撃作戦の中止と，休暇などの待遇改善を求めたのである。そこには，戦争を担う自分たちにふさわしい待遇を要求するという，新しい意識の登場がみられる。こうした意識の転換が，戦争末期の兵士たちの反乱，そして革命を生む土壌となっていくのである。

アメリカの参戦，ロシア革命，大英帝国の戦争

1917年2月，ドイツの第3次最高軍司令部（ヴェルダンの戦いでの失敗によりモルトケの後任ファルケンハインが更迭され，ヒンデンブルクとルーデンドルフの二頭体制となった）は，無制限潜水艦戦を発動した。アメリカはこれに抗議してドイツと断交し，4月に宣戦を布告した。こうして，アメリカから400万人以上の兵士が大戦に参加することになった。

他方ロシアでは，食料難や帝政の腐敗への抗議から民衆運動が高まり，**二月革命**が起きて帝政の崩壊にいたった。二月革命後の臨時政府は戦争継続方針をとったが，兵士の離脱や指揮系統の乱れなどで，ロシア軍はもはや同盟軍に対抗できる状況になかった。そして，停戦を唱える**レーニン**を指導者とするボリシェヴィキが武装蜂起して権力を握り（**十月革命**），ソヴィエト新政権が同盟国側と交渉を進め，12月にブレスト＝リトフスクで休戦協定が成立した。その後，1918年3月にソヴィエト政権と同盟国との間で**ブレスト＝リトフスク講和条約**が締結された。これによりロシアは約320 km^2 の地域を失うとともに，償金の支払いを強いられた。ともあれ，これでロシアは大戦を離脱したのである。

第一次世界大戦を「世界」大戦たらしめたのは，イギリスによるところも大きい。イギリスは，自らの連邦・植民地から300万人を動員した（小川 2012：45-63）。オーストラリア兵，カナダ兵が活躍をみせたが，一番大きな犠牲を払ったのはインド人であった。インドからは110万人が兵士，40万人が労働者として，ヨーロッパやメソポタミアの戦線に送り込まれた。実に，イギリス軍兵士10人のうち1.3人はインド兵だったといわれている。

その際イギリスは，帝国自治領との連携を強化するために1917年に帝国戦時会議を開いた。また，インドに対しては戦後の自治拡大をほのめかし，戦争協力を引き出そうとした。1917年8月，イギリスのインド担当相モンタギュ

ーが，インドに関して自治を拡大すると声明したのである（モンタギュー宣言）。これは戦後に1919年のインド統治法へと引き継がれたが，地方分権は名目的で，インドの民族運動を憤慨させる結果となった。こののちインドの反英ナショナリズムは激しさを増し，ガンディーの非暴力・不服従の抵抗運動へとつながっていくこととなる。

また，イギリスはアラブ人やユダヤ人の協力を得るため，相矛盾する約束を取り付けていった。第1は，エジプト駐在イギリス高等弁務官マクマホンとメッカのシャリーフ（太守）であったフサインとの間の往復書簡（1915・16年）である（**フサイン=マクマホン書簡**）。これは，マクマホンがフサインにアラブ人の独立国家の建設を認めたものである。これによりアラブ人はオスマン帝国に対する蜂起に踏み切った。その一方でイギリスは，明らかにマクマホンの約束と矛盾する**バルフォア宣言**（1917年11月）も出していた。これは，ユダヤ人の**シオニズム**運動（ユダヤ人の国家を聖地パレスチナに建設しようとする運動。シオンはイェルサレムの雅名）に向けたイギリス外相バルフォアのメモだが，そこにはイギリスが，パレスチナにおけるユダヤ人の「民族的郷土（national home）」建設を支持することが記されていた。さらに，それ以前にイギリスは，**サイクス・ピコ協定**（1916年5月）によって，オスマン帝国領であった中東の領土分割をフランスおよびロシアと定めていた（いわゆる「三枚舌」外交）。

加えて，イギリス（およびフランス）は，中国からも労働者を動員した。これは，1915年に日本から「21カ条要求」を突き付けられた中国が，戦後に向けて国際的な発言権を得るために申し出て，最初にフランス，そしてイギリスが動員を開始したものである。中国人労働者は戦闘要員ではなかったが，前線近くの危険地域で働かされ，放火や毒ガスで殺される者も多かったという（木畑 2014：82-83）。

ともあれ，第一次世界大戦は，帝国や植民地の人々の思惑も錯綜（さくそう）する中，その名の通り「世界」大戦と化していった。そして，英仏独ベルギーの植民地であったアフリカでは，戦闘はきわめて激しいものとなった。

「新外交」の登場と戦争の終結

さて，ロシア革命後のボリシェヴィキ政権は，それまで帝政ロシアが結んできた秘密条約を暴露し，無賠償・無併合・民族自決の原則を主張する講和を提

CHART 表 4.2 第一次世界大戦の死者数

国　名	死者数（万人）
ドイツ	180
ロシア	170
フランス	140
オーストリア＝ハンガリー	120
イギリス	90

［注］ 第一次世界大戦の死者数はソースによって幅があり，確定することは不可能である。上記は主要国の軍関係者の死亡者数であり，飯倉 2016：231-232 に拠る。

案した。こうした動きに対し，アメリカの**ウィルソン**大統領は，ソヴィエト政権による内政・外交の新しい理念を受け止め，同時に革命の拡大を阻止するために，1918 年初頭に **14 カ条**の講和原則を公表した。それには，秘密外交の廃止，公海の自由，自由貿易，軍縮，植民地要求の公正な解決，占領地の解放，オーストリア＝ハンガリーやオスマン帝国内の諸民族の「自治的発展」，ポーランドの独立回復，「諸国の連合体」の形成などが記されていた。この 14 カ条は，単なる列強の権力政治の論理を超える論理を提示する重要なものであった（→**5 章**）。

1918 年，ロシア＝ソヴィエト政権に対して「力による講和」（前述の苛烈（かれつ）なブレスト＝リトフスク講和条約）を得たドイツは，西部戦線での決戦に臨んだが，最終的に攻めきることはできなかった。そして 1918 年 9 月 29 日にブルガリアが連合国に降伏，10 月 30 日にオスマン帝国は休戦条約を結んだ。この間，多民族帝国であるオーストリア＝ハンガリーもボロボロの状態であった。1918 年 10 月になると君主国内の諸民族が相次いで離脱ないし独立を宣言し，ハプスブルク君主国は解体していった。結局，11 月 3 日にオーストリアも連合国との休戦協定に調印した。

一方，ルーデンドルフらドイツ軍部は勝利の展望がないことを認め，政府に即時休戦と新政府の組織を要求する。これを受け，ドイツでは 1918 年 10 月に社会民主党を含む議会多数派による新政府が成立し（＝議院内閣制の成立），休戦を申し出た。しかし同時に，ドイツでは 11 月に兵士と労働者の革命が広がり，帝政が崩壊した。混乱の中，11月11日にドイツも休戦協定に調印し，事実上降伏して大戦は終わった。

第一次世界大戦は，膨大な死者を出した。戦死者の概数は**表4.2**の通りである。

たしかに，物的・人的な被害の点では，こののちの第二次世界大戦のほうがはるかに大きい（第一次世界大戦の死者の特徴は，そのほとんどが兵士だったことであり，民間人の死者は全体の5％だった。これは，民間人の死者が半分以上を数えた第二次世界大戦とは対照的である）。しかし，歴史家ジョルも指摘するように，「100年の平和」ののちの第一次世界大戦が，ヨーロッパ人の精神に与えた影響は大きかった（ジョル 1997）。近代文明の担い手であったヨーロッパが主戦場となり，約1500万人の死者を出すことになったのである。このことは，ヨーロッパの優位性を疑わしいものとした。また，大戦によって，ロシア，オーストリア＝ハンガリー，オスマン，ドイツの4つの帝国が崩壊し，その跡地で，「民族自決」という原則に従い，国境線が引き直され，新興諸国が出現することになる。さらに，大戦はアメリカおよび日本が国際舞台の前面に出る画期となるとともに，大戦中に勃発したロシア革命によって，ソ連という，冷戦終焉（しゅうえん）までの国際政治の一大アクターが登場する契機ともなった。まさに第一次世界大戦は，旧き時代の終焉であるともに，20世紀の国際政治史の進路を決定づける出来事だったのだ。

では，この惨事ののち，いかなる国際秩序が構築されたのか。次章ではそれを検討しよう。

引用・参考文献 Reference

飯倉章 2016『第一次世界大戦史――諷刺画とともに見る指導者たち』中公新書。

池田嘉郎編 2014『第一次世界大戦と帝国の遺産』山川出版社。

小川浩之 2012『英連邦――王冠への忠誠と自由な連合』中公叢書。

木畑洋一 2014『二〇世紀の歴史』岩波新書。

木村靖二 1996『二つの世界大戦』（世界史リブレット 47）山川出版社。

木村靖二 2014『第一次世界大戦』ちくま新書。

木村靖二・近藤和彦 2006『新訂 地域文化研究Ⅰ 近現代ヨーロッパ史』放送大学教育振興会。

木村靖二・柴宜弘・長沼秀世 2009『世界大戦と現代文化の開幕』（世界の歴史 26）中公

文庫。
クラーク，クリストファー／小原淳訳 2017『夢遊病者たち——第一次世界大戦はいかにして始まったか』1・2，みすず書房（原著 2012 年）。
軍事史学会編 2015『第一次世界大戦とその影響』錦正社。
小関隆 2010『徴兵制と良心的兵役拒否——イギリスの第一次世界大戦経験』（レクチャー第一次世界大戦を考える）人文書院。
ジョル，ジェームズ／池田清訳 1997『第一次世界大戦の起原〔改訂新版〕』みすず書房（原著 1992 年）。
トーピー，ジョン／藤川隆男監訳 2008『パスポートの発明——監視・シティズンシップ・国家』法政大学出版局（原著 2000 年）。
西川正雄 1989『第一次世界大戦と社会主義者たち』山川出版社。
ハワード，マイケル／馬場優訳 2014『第一次世界大戦』法政大学出版局（原著 2002 年）。
ベッケール，ジャン-ジャック＝ゲルト・クルマイヒ／剣持久木・西山暁義訳 2012『仏独共同通史 第一次世界大戦』上・下，岩波書店（原著 2008 年）。
ベルクハーン，フォルカー／鍋谷郁太郎訳 2014『第一次世界大戦 1914-1918』，東海大学出版部（原著 2009 年）。
メイア，A. J. ／斉藤孝・木畑洋一訳 1983『ウィルソン対レーニン——新外交の政治的起源 1917-1918 年』全 2 巻，岩波現代選書（原著 1959 年）。
山室信一・岡田暁生・小関隆・藤原辰史編 2014『現代の起点 第一次世界大戦』全 4 巻，岩波書店。

CHAPTER

第5章

第一次世界大戦後の国際秩序

ヴェルサイユ体制

↑トリアノン宮のホテルの食堂に集まった連合軍とドイツの代表。この日，ヴェルサイユ条約の草案がドイツ側に提示され，反対意見があれば文書で知らせるよう通知された（1919年5月7日，ヴェルサイユ。写真提供：dpa／時事通信フォト）。

INTRODUCTION

1918年11月11日，フランスのコンピエーニュ郊外の森に設営された客車の中で，ドイツと連合国との間で休戦協定が結ばれ，第一次世界大戦の戦火はひとまず止んだ。大戦の結果，ドイツ，オーストリア＝ハンガリー，ロシア，オスマンの４つの帝国が崩壊し，中央ヨーロッパから中東にかけての政治的な地図は激変した。勝者たるイギリスやフランスも，領土は拡張させたものの，国力は減退した。代わりに台頭したのが，アメリカと日本である。本章では，パリ講和会議で基礎づけられたヴェルサイユ体制を出発点に，第一次世界大戦後の国際秩序の特徴をみていこう。

1 ヴェルサイユ体制の成立と「民族自決」の論理

パリ講和会議のビジョンと現実

1919年1月，パリで講和会議が開幕した。これは第一次世界大戦の講和条約の内容を検討するとともに，戦後の新しい国際秩序原則の確立と，それに基づく国際体制の創設を課題とするものであった。

すでに大戦の後期から，今次の大戦が将来に戦争を起こさせないための最後の戦争であること，そして戦後にはそのための新しい国際体制を構築する必要があることが意識されていた。しかし，結局そのためのビジョンを示すことができたのは，ヨーロッパ諸国ではなく，何よりもアメリカであった。アメリカのウィルソン大統領は，1918年1月に14カ条によって，すでにロシア革命で提起されていた民族自決などの講和原則を部分的に取り入れつつ，19世紀的な権力政治を批判した（**→4章**④）。とりわけウィルソンは，勢力均衡という考え方を非難している。彼は次のように述べる。「バランス・オブ・パワーは，今や永遠に信頼できなくなった壮大なゲームである。それは今次世界大戦以前に支配的であった古く邪悪な秩序である」（ナイ＝ウェルチ 2017：146）。つまりウィルソンは，勢力均衡を権力政治と解釈し，非道徳的で邪悪なもの，民主主義と民族自決に反するもの，戦争の原因となったものとして糾弾したのである。代わりに彼が提示したのが「勢力均衡ではなく勢力の協調（not a balance of power, but a community of power）」（1917年1月22日の上院演説）であり，集団安全保障の原理であった（「14カ条」の第14条。**→本章**②）。

とはいえ講和会議自体は，ヨーロッパ列強がそれぞれの利害を主張し，結局は列強の帝国主義的な取引の場と化した（佐々木 2011：60）。連合国側は27カ国が代表を派遣していたが，米・英・仏・日・伊の五大国が「全般的利害をもつ交戦国」としてすべての会議に出席する一方（日本側全権は西園寺公望（さいおんじきんもち）），その他の22カ国は「特殊な利害をもつ交戦国」として自国に関係する会議のみに出席した。また，計6回開かれた講和会議の総会（初回は1919年1月18日）は手続き上の問題を扱うにすぎず，重要な事項は五大国から各2名の代表によって構成される「最高会議」によって決定された。さらに，その最高会議も，西欧中心のものに狭まっていった。というのも，最高会議は，3月下旬以降に機密保持という理由で米・英・仏・伊の4巨頭会議と化し，また4月下旬には領土問題，とりわけフィウメの処理を不服としてイタリア首相オルランドが帰国してしまい，3巨頭会議となったからである（斉藤 2015：23-24，29-30）。さらに，すでに1918年11月のアメリカ下院議員選挙における民主党の敗北からウィルソンの指導力は低下しており，結果的に講和会議はイギリス首相ロイド=ジョージとフランス首相クレマンソーが主導権を握ることとなったのである。

講和会議はこうして大国主義的に進められ，国境の最終的確定も，最後の総会で関係国に知らされることになった。ビジョンはともかく，会議の運営方式は，いまだウィーン体制から大きく抜け出るものではなかったといえよう。しかも，ウィーン会議と異なっていたのは，敗者であるドイツに対する処遇であった。

ヴェルサイユ条約

そこで，講和会議の結果として1919年6月28日（サライェヴォ事件の記念日）にヴェルサイユ宮殿の鏡の間で調印された，440条から成る対独講和条約，通称**ヴェルサイユ条約**の中身を確認しよう。

この条約により，ドイツは，すべての海外植民地の「一切の権利および権原」を放棄させられた。アフリカの植民地はイギリス，フランス，ベルギー，南アフリカに，太平洋上の植民地は日本，およびイギリス，オーストラリア，ニュージーランドに，それぞれ国際連盟の「委任統治」領（後述）として割譲させられた（日本は，中国の山東でドイツが有していた利権を継承するとともに，赤道以北の旧ドイツ領南洋諸島の委任統治を認められた）。また，ドイツのヨーロッパ本土の領域も，面積にして約13%，人口にして約10%が，フランス，ベルギー，デンマーク，ポーランドへと割譲された。ドイツは4万km^2の領土と700万の人口を喪失したのである。さらに軍備も制限された。徴兵制は廃止され，陸軍兵力は10万人，軍艦保有量は10万トンに制限され，空軍保持の禁止，潜水艦保有の禁止も課せられた（この実行を監視するため，連合国は国際監視委員会を設置した）。加えて，独仏の国境地帯であるライン左岸は非武装化され，オーストリアとの「合邦（アンシュルス）」も禁止された（→図5.1）。最も重要なの

CHART 図 5.1 ヴェルサイユ条約とドイツ

［出所］ ナイ＝ウェルチ 2017：152 をもとに作成。

は，「戦争責任」はドイツにあるとされ，賠償責任を負わされたことだろう。1921 年 4 月に確定された賠償総額は，1320 億金マルク（＝約 320 億ドル）という多大なものとなった。

さて，このヴェルサイユ条約については，しばしばそのドイツに対する過酷さ，不当さが強調されてきた。とはいえ，ヴェルサイユ条約それ自体は，いわれるほど厳しいものではない。たとえば，ドイツの経済構造は温存され，依然としてドイツは人口・経済の面でヨーロッパの大国にとどまることができた。

また軍備制限規定についても，世界の軍備縮小の先駆けとして位置づけられていた。問題は，他国がドイツに続いて軍縮を実行しなかったことにある（斉藤 2015：36）。さらに，しばしば「天文学的数字」と呼ばれた賠償額も，問題は額というよりは，ドイツに支払いを可能にするような環境を与えなかったことにある（実際，賠償額確定以前にドイツは多額の賠償金を支払う用意を表明していた）。つまり，ヴェルサイユ条約の問題性は，内容それ自体よりも，それをめぐるその後の各国の対応にあったともいえるのである（木村・近藤 2006：166）。

ドイツ側のヴェルサイユ条約に対する反発も，条約の個々の内容に由来するというよりは，その全体的な形式がドイツの名誉を傷つけたことによるといえよう。第1に，連合国が講和条約策定にあたってドイツに一切の交渉を認めなかったことは問題であった。ドイツがなしえたのは，講和条約原案に対する文書による陳述のみだったのである。第2の問題は，前述のように，ヴェルサイユ条約がドイツに一方的な開戦責任を帰したことである。こうして，ドイツにとってヴェルサイユ条約は，「命令／書き取られたもの（Diktat）」となった。そもそも戦時中のプロパガンダのせいで，ドイツ国民には敗戦意識が著しく薄く，戦争は「背後からの一突き」（ドイツは前線では勝利していたにもかかわらず，社会主義者やユダヤ人らが国内で裏切ったというもの）によって敗れたというデマが横行していた。それゆえ，ヴェルサイユ条約の不当性への感覚はいっそう強まった。この「背後からの一突き」伝説や反ヴェルサイユ言説は，右翼やナチ党の格好の宣伝材料となっていく。

ともあれ，第2の点は，国際政治史全体にとっても，きわめて重要な意味をもつ。ヴェルサイユ条約の第231条，いわゆる戦争責任条項は，大戦を「ドイツ国及びその同盟国の攻撃に因りて強いられたる戦争」とし，戦争責任を専ら（もっぱら）「ドイツとその同盟国」に帰するものだった。これは，それまでの無差別戦争観（**→1章②**）から差別的戦争観への転換を意味し，国際政治において「開戦法規（jus ad bellum）」が再び重視されるようになったことを示すものである（ただし，これはかつての「正戦論」の単純な復活ではない。**本章②**の「集団安全保障」の項で述べるように，新しい正戦論は，原因の正邪というよりも，ある武力行使が侵略的なものであるかどうかが判定の基準となった）。

なお，対独講和条約のヴェルサイユ条約のほか，オーストリアに対するサン＝ジェルマン条約（1919年9月），ブルガリアに対するヌイイー条約（同年11月），ハンガリーに対するトリアノン条約（20年6月），オスマン帝国に対するセーヴル条約（同年8月）という講和条約がそれぞれ結ばれた。こうして成立した戦後ヨーロッパ国際秩序は，最も重要だった対独講和条約の通称から，ヴェルサイユ体制と呼ばれることとなる。

ヨーロッパにおける「民族自決」原理の導入とマイノリティ問題

ウィーン会議で確認された国際社会の原則が勢力均衡とするなら，パリ講和会議で認められた重要な国際社会の原則の一つが，「民族自決」である。前述のように，世界大戦の結果，ロシア，オーストリア＝ハンガリー，オスマンの三大多民族帝国と，多くのポーランド人を抱えていたドイツ帝国が崩壊した。その領域から多くの新しい「国民国家」が成立したが，これらの国家は民族自決権をその正当性の根拠にして誕生したのである（木村・近藤 2006：167-169）。

「民族自決権」は，もともと多民族帝国内の被抑圧民族の側から提起された主張であり，当初は帝国内での自治権拡大という意味で使われていた。しかし，やがて民族自決権は国家としての独立を正当化するものとして理解されるようになった。こうした民族自決権理解に基づいて，「一民族一国家」（一つの民族は自分たちの一つの国家をもつべし）といった単純化された定式が流布するようになる。

しかし，現実の中東欧や南欧地域では，各民族がマーブルケーキや入れ子細工のように混住しており，各国民国家が少数民族（マイノリティ）を含まないように国境線を引くことなど不可能であった（むろん西欧であろうが他の地域であろうがnationに沿って地理的な境界線を引くことなど不可能なのだが，中東欧や南欧ではその程度が甚だしかった）（→図5.2）。結果，「ヴェルサイユは6000万人の人々に自分たちの国家を与えたが，2500万人をマイノリティにした」のである（マゾワー 2015a：65）。こうして，中東欧に新たに成立した「国民国家」は，実際には多民族帝国のミニチュア版のような様相を呈することとなった。

そして，もともとは解放の論理であったはずの民族自決権は，ひとたびある民族が国家としての独立を果たした後には，その国家はその民族だけの同質的な構成をとらねばならない（「純粋な国民」というものを作り出さねばならない）という論理に容易に転化する。たとえば，イギリス外務省の臨時職員としてパリ講和会議に出席していたE. H. カーも，マイノリティに対して，自分の国民国

CHART 図 5.2 第一次世界大戦後のヨーロッパの国境線と少数民族

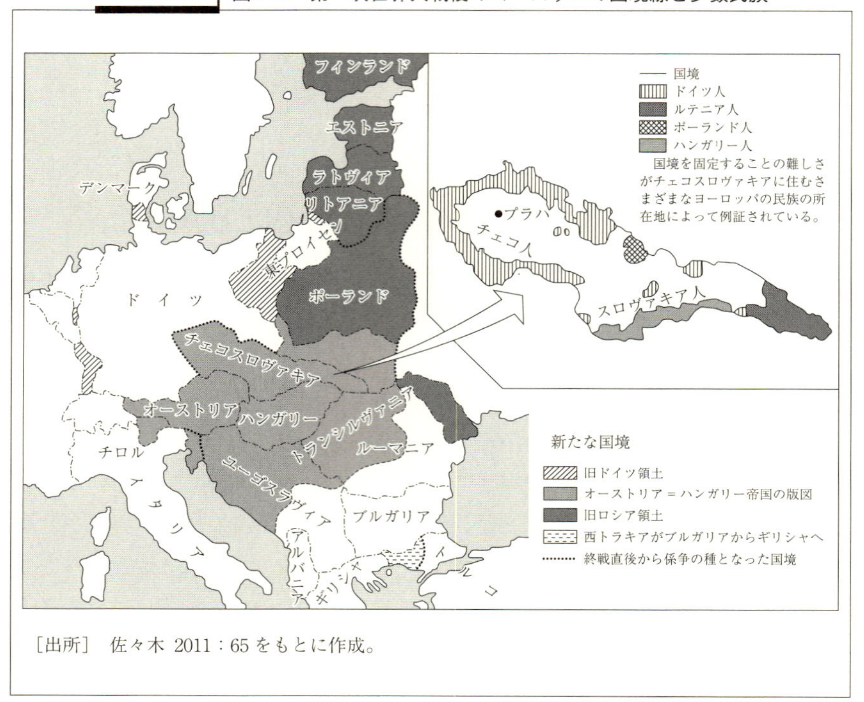

［出所］ 佐々木 2011：65 をもとに作成。

家への移住を促すよう提案していた（山中 2017：99）。こうしたカーのような提案の「強制版」としての事例が，ギリシャ・トルコ戦争（1919-22 年）後に行われた，1923 年のトルコとギリシャの間の大規模な住民交換の試みである（1923 年のトルコ共和国の成立については，**本章 3** を参照）。一方ではトルコのアナトリア地方から約 120 万のギリシャ系住民が，他方ではギリシャのマケドニア地方から約 40 万のトルコ系住民が，それぞれ住み慣れた土地を放逐（ほうちく）され，「母国」に強制的に移住させられた（ギリシャはすでに 1919 年にブルガリアと，28 年にはユーゴスラヴィアと同様の住民交換協定を結んでいる）。このとき宗教が弁別の指標とされたため，ギリシャ語を全く話せない正教徒の「ギリシャ人」がギリシャに追い立てられる一方，イスラムに改宗したギリシャ人は「トルコ人」としてトルコに移住を強いられた。「家や財産は放棄され，友人もあとに残された」のである（マゾワー 2015a：89）。また，ここまで大規模なものではないが，バルカンや中東欧諸国でも，少数派民族の移住を強制した例が多くみられる。

こうした民族の同質性を確保するための強制移住は，ナチ・ドイツの手により，第二次世界大戦時に未曽有の規模で実施されてしまうこととなる。

また，マイノリティ問題は，国外にいる自民族を統合するという名目で領土拡張を主張する国家の野心を正当化するものともなっていく。たとえば独立したポーランドは，ウクライナまでの領土拡張を主張して，1920年4月に革命ロシアに侵攻した（ポーランド＝ソヴィエト戦争）。ヴェルサイユ体制で認められた「民族自決」原理は，ヴェルサイユ体制を修正しようという動き（「修正主義〈revisionism〉」と呼ばれた）の論拠を提供する面ももっていたのである。

「民族自決」の恣意性

そして，「民族自決」の恣意性も厳しく糾弾された。ヨーロッパにおける例として，ドイツとオーストリアの「合邦（アンシュルス）」の禁止が挙げられる。ハプスブルク君主国解体後，ドイツ人が多数を占めるオーストリアは，ドイツとの合邦を求めたが，それはサン＝ジェルマン条約（連合国とオーストリアの講和条約）によって禁じられた。これは，「自決」をドイツ人には認めないことを意味していた。こうしたヴェルサイユ体制における「民族自決」の恣意性は，「大ドイツ帝国」を求めるヒトラー（彼はオーストリアのブラウナウ出身である）の主張に一定の正当性を付与してしまうことになる。

また，「民族自決」は，植民地であったアジア・アフリカの人々には適用されなかった。前述のように，第一次世界大戦で英仏は330万人以上のアジア・アフリカ人を戦争に協力させるため，異国へと移送した（→4章④）。こうした戦争体験は，さまざまな感情をアジアおよびアフリカの人々に喚起した。たとえば，相互殺戮（さつりく）を繰り広げる白人支配者たちは，彼らにとって驚きであった。1914年，南アフリカ軍に加わったイギリス人の手記にはこうある。戦争は「2つの事実――戦闘で白人の弾丸も黒人の弾丸も同じ働きをすること，白人の死者も黒人の死者も何も違わないこと――をアフリカ人兵士の心に強く焼き付けた」。また，1921年に出版された『白人支配に対する有色人種の上げ潮』という本は次のように述べている。「有色人種は突然，白人たちがたがいに相手を不倶戴天（ふぐたいてん）の敵として激しく非難するのをみた。……有色人種はこれらすべての意義を確め，たがいの目をのぞき込み，そこに夢にもしなかった希望の光を発見した。白人の世界はちりじりに分裂しつつあった。そして，白人の力にたいする恐怖も白人の文明にたいする畏敬もともにぼろきれのように」なった（以上，木谷 1997：82から引用）。

このように，戦争に動員されつつ，白人世界の優越性に疑問を感じ始めた植民地の人々は，戦後世界における自分たちの「民族自決」や「自治」を期待した。しかし，ヴェルサイユ体制は彼らの期待を裏切ることとなる。連合国は，中東欧の諸民族の「自決」要求を敗戦国の犠牲の上で満たしただけで，アジア・アフリカの諸民族の要求は無視しようとしたのである。これに対し，1919年3月から5月にかけて，朝鮮，中国，インド，エジプトなどで軒並み大規模な民衆の抗議行動が生じた。たとえばソウルでは「三・一運動」，北京では「五・四運動」，またエジプトではサード・ザグルールを中心とした独立運動が起きたが，これらは形成されつつあるヴェルサイユ体制への強烈な異議申し立てでもあった。

その後，英仏はそれぞれの植民地の民族独立運動を弾圧と譲歩を交えた対応で抑え込み（インドの事例については**4章**④を参照），さらに中東やアフリカでオスマン帝国やドイツの旧支配地域を「**委任統治**（mandate）」という論理で新たに支配することに成功した。委任統治とは，ドイツやオスマン帝国の統治から離れた植民地およびこれに準ずる領土に対し，統治を担当する受任国が，国際連盟（**→本章**②）の一定の監督に服しながら自国の領域として統治するというものである（委任統治地域は，住民の政治的・経済的発展の程度や地理的理由によって，ABCの3つの方式に分けられた）。委任統治は，従来の植民地統治とは異なるという論理がとられたが，実際は植民地の併合という性格を有している。事実イギリスは，オスマン帝国およびドイツの旧植民地を自国や英連邦諸国に委任統治領として配分することによって，「エンパイア・ルート」の保障を強化し，むしろ勢力圏を拡大・強化していた。

とはいえ，「委任統治」の登場は，そういった概念がわざわざ案出され，露骨な植民地併合という形式がもはやとれなくなったことを意味するという点においては，国際政治上の重要な画期であるといえる（委任統治制度は，のちに国際連合の「信託統治」制度という考え方に継承されていく）。

国際連盟と集団安全保障

国際連盟の意義

以上のような不安定要因を含む第一次世界大戦後の国際秩序＝ヴェルサイユ体制を保障する役割を担うべきは，新設の**国際連盟**（League of Nations）であった（篠原 2010；木畑 1997：23-44）。

国際連盟は，のちのファシズム諸国の台頭や侵略を阻止できなかったことから，長らくその無力さが強調されてきた。しかし，その歴史的意義は過小評価すべきではない。まず，国際連盟では参加各国は原則的に対等とされたが，このことの意義はあらためて強調されてよい。国際社会が対等の主権国家によって構成されているという考えが制度的に確認されたのは，やはり画期的である。また，人道的な労働条件の確保（ヴェルサイユ条約第13篇は連盟と密接に関連する機関として国際労働機関〈ILO〉の設立を定めた），原住民の保護，婦人や児童の人身売買禁止，アヘンなど有害薬物や武器および弾薬の取引の監視，疾病の予防および撲滅など，人道的・社会経済的な問題について国際協力を取り決めたこと（連盟規約第23条）も重要である。連盟の活動は，現代のグローバル・ガヴァナンスの先駆的な試みであったといえよう。

国際連盟の成り立ち

歴史家マゾワーが『国際協調の先駆者たち』で跡づけたように，国際連盟のような国際機関については，さまざまな政治家・思想家たちが長い期間をかけて構想してきた（マゾワー 2015b）。それが具体化したのはパリ講和会議である。英米の共同起草による連盟規約草案がたたき台として検討され，1919年4月の第5回総会で採択された。そして国際連盟規約は，ヴェルサイユ条約をはじめとする各講和条約の第一部として調印された。この議論の過程で重要なのは，当初は連盟の中核たる理事会の構成国が大国のみに限られていたのに対し，ブラジルや中国などの要求によって，中小国にも非常任理事国の席が与えられたことである。結果として，理事会の構成は，常任理事国4カ国（英・仏・伊・

日）と非常任理事国4カ国となった。

また興味深いのは，日本代表団が人種差別撤廃規定を設けようとしたことである。代表団の随員として講和会議に参加した近衛文麿（このえふみまろ）は，すでに渡欧前に「英米本位の平和主義を排す」という論文を発表し，国際体制の現状打破を唱えて反響を呼んでいた。しかし，ヨーロッパ諸国や，とりわけオーストラリアの強い反対に会い，結局この案は不採択となる。理由はもちろん西欧列強が自らの帝国主義を擁護しようとしたためである。また，「白豪主義」を採用するオーストラリアは，原住民（アボリジナル）を抑圧し，有色人種や移民を排除していた。とはいえ，日本自体も，すでに帝国として実際には台湾や朝鮮の人々を差別的待遇下においており，日本の主張が矛盾（むじゅん）を抱えていたことも指摘しておかねばなるまい。

集団安全保障制度

国際連盟は，「**集団安全保障**（collective security）」という，新しい国際政治の原理を導入した。集団安全保障とは，関係国すべてが，相互に武力攻撃をしないことを約すと同時に，ある国家がその約束に反した場合は，他の国家が共同してこれに対処する方式のことである。国際連盟規約の条文から流れを確認しよう。まず第10条で加盟国はすべての加盟国を侵略国から守ると約されるとともに，第11条ではいかなる戦争または戦争の脅威も，加盟国のいずれかに直接の影響があるか否かを問わず，連盟全体の利害関係事項であるとされる。最も重要な第16条では，戦争に訴えた国家は「他の総ての連盟国に対し戦争行為を為したるものと看做」され，連盟加盟国すべてが通商上および金融上の関係断絶などの経済制裁を課すことが定められている。ここにおいて，侵略は不法な攻撃戦争と規定され，そうした試みに対しては全加盟国が共同して抑止，あるいは抑止が破綻（はたん）した場合は処罰することが定められたのである。

よく知られているように，この国際連盟の集団安全保障制度はさまざまな問題を抱えていた。たとえば，すべての加盟国の同意が必要であったため，逆にいえば加盟国はそれぞれ拒否権をもつこととなった。また，違約国への制裁として軍事的なものは想定されず，非軍事的制裁も不徹底なものであった。次章でみるように，こうした連盟の集団安全保障はとても機能したとは言い難い。とはいえ，それでもこの原則が明文として導入されたことは画期的だったといえよう。

しかし，これは集団安全保障の問題にとどまらないが，国際連盟の活動に最初から影を落としたのは，重要国の不在であった。何よりも，他ならぬ連盟の提唱者アメリカが，上院がヴェルサイユ条約批准を否決したため，連盟に加盟しなかったことは大きかった（それゆえ，結局アメリカは1921年8月に個別にドイツとベルリン講和条約を調印している）。また，敗戦国のドイツも最初から連盟に招かれなかった。こうして基盤が弱いまま出発した国際連盟は，イギリスとフランスが主導する，ヴェルサイユ体制を維持するための機関とみなされても仕方がなかった。加えて問題であったのは，第一次世界大戦後に国際政治の重要なアクターとして登場したソ連を，連盟が最初から無視していたことである。

国際政治のイデオロギー化

ソ連の登場

第一次世界大戦後の国際環境にとって重要な存在が革命ロシア，のちのソ連である。1917年11月のロシア革命は，国際関係に「革命対反革命」の要素を持ち込んだ。たとえばイギリスは，ロシア革命が起きると，西部戦線のみの終結を模索したり（ドイツを東方に集中させようとした），戦争末期にも共産主義に対する砦としてドイツを弱体化させないように試みた。ドイツとの休戦が成ると，イギリス政府はロシアの反革命勢力への援助を決定する。この後，英・仏・米・日などによる大規模な対ソ干渉戦争（1918-22年）が遂行された。パリ講和会議も，この干渉戦争のさなかに行われたのである。しかし，ソヴィエト政権はもちこたえ，1922年末にロシア，ウクライナなど4つの共和国からなるソヴィエト社会主義共和国連邦（ソ連）が誕生した（のちに15の共和国から構成される）。

ロシアにおける革命を成功させたとはいえ，レーニンらボリシェヴィキ（のちソ連共産党）の指導者たちは，ロシア一国だけで社会主義革命が成功するとは考えていなかった。先進資本主義国の革命こそが枢要であり，ソ連の社会主義の成否もそれにかかっているというのが，当時の正統的なマルクス主義であった。とはいえ，ヨーロッパ大陸では彼らが望んだ革命は成功しなかった。そして，レーニン死後の後継者争い（主としてスターリン対トロツキー）を経て，1927年以降，「一国社会主義」を主張するスターリンの指導体制が固まり始め，5カ年計画が導入されていく。

ヨーロッパ諸国では，現実のソ連が見極め難い中，一方では共産主義世界革命の脅威を説く人々，もう一方にはソ連の中にめざすべき未来をみた人々がいた。ともあれ，ソ連の存在が，ヨーロッパ諸国の内政や外交に与えた影響は巨大なものであった。各国内部に成立した共産党の存在は既成政党の脅威となったし，1919年に結成された国際共産主義運動＝第3インターナショナル（コミンテルン）が各国の革命運動の世界的な連帯をめざし，植民地の解放も訴えたことは，帝国主義列強の脅威となった（実際にはコミンテルンは，何よりもソ連の利害に左右される存在であったが）。

このようにソ連の存在は，国際政治の対立軸に〈革命対反革命〉および〈共産主義対資本主義〉というイデオロギー的・社会的な次元を加えたのである。実のところ，前述の「民族自決」が中央ヨーロッパで承認され，諸小国が成立した背景には，革命の影響を阻止する「緩衝地帯」「防疫線（コルドン・サニテール）」を作り出そうという連合国側の意図もあった。他方，トルコのムスタファ・ケマル率いるアンカラ政府は，ソヴィエト政権と友好な関係を結ぶことによって英仏に対抗し，セーヴル条約における不利な規定を改訂して，1923年7月にローザンヌで講和条約を締結し直すことに成功した。そして同年10月にアンカラ政府は共和制を宣言し，ケマルが初代大統領となった（なお，セーヴル条約ではクルド人の独立が盛り込まれていたが，ローザンヌ条約ではそれが削除され，クルド人居住地域はトルコ共和国および英仏の委任統治領であるイラク，シリアに分断されることとなった）。このようにソ連を後ろ盾にするという民族主義指導者の戦術は，第一次世界大戦後の国際政治の特徴の一つとなっていく（斉藤 2015：42）。

ファシズムの登場

ウィルソンは「民主主義を擁護するための戦争」を唱えて参戦したものの，第一次世界大戦は民主主義の勝利というわけではなかった。両大戦間期は，上述のソ連の台頭もあり，先進国の政治体制の選択肢として，①議会制民主主義ないし自由民主主義，②社会主義ないし共産主義，③ファシズムの三者が

CHART 表 5.1 ヨーロッパにおける非自由民主主義体制の成立（1920-33年）

年	事　項
1920	ハンガリー，ホルティの権威主義的摂政体制
22	イタリア，ムッソリーニのファシスト政権成立
23	スペイン，プリモ・デ・リヴェラ将軍のクーデタ，軍事政権成立
26	ポーランド，軍部のピウスツキのクーデタ
26	ポルトガル，クーデタにより軍事政権成立 （33年にはサラザールによる権威主義体制成立）
26	リトアニア，クーデタにより軍事政権成立
29	ユーゴスラヴィア，国王独裁体制へ
33	ドイツ，ヒトラー政権成立
33	オーストリア，議会の停止，ドルフスの権威主義体制成立

［出所］ 木村・近藤 2006：173 をもとに筆者作成。

提起された時代であった（マゾワー 2015a）。さらに，軍部，教会，大土地所有者などの伝統的権威に依拠した権威主義体制の存在も無視できない。国内政治的には戦間期はこれらの政治体制のビジョンが競合した時代であり，また民主主義に関してもさまざまな制度が模索された時代であった。

ヨーロッパに関しては，共産主義をめざす革命や運動が，大戦末期から1920年代前半まで，ドイツ，オーストリア，イタリア，ハンガリーなどで展開されたが，いずれも挫折した。他方，ドイツ（ヴァイマル共和国）や中東欧の新興諸国ではイギリスやフランスをモデルにした議会制民主主義が（各国それぞれ自己流ではあったが）導入された。しかし，中東欧・南欧諸国では，かなり早い時期から議会制民主主義の機能不全がみられ，権威主義体制へと転じていった。**表 5.1** は，第一次世界大戦後に成立した権威主義体制，ファシズム体制の一例である（木村・近藤 2006：172-174）。

議会制民主主義が崩壊した要因は，共産党から極右までの多党乱立や経済的不安定など，さまざまなものが挙げられるが，注意しておきたいのは，多くの国が世界恐慌以前に権威主義体制に移行していることである（マゾワー 2015a：21-22）。そして世界恐慌を経てもなお，中東欧・南欧で議会制民主主義を曲がりなりにも維持できたといえるのは，チェコスロヴァキアだけであった。

中でも特筆すべきは，イタリアにおける**ファシズム**とドイツにおける**ナチズム**の登場である。これら2つの勢力は，政権を掌握（しょうあく）したのち，国際政治における現状打破勢力となっていく。イタリア・ファシズムとナチズムには無視できない差異もあるが，いずれも大衆運動のダイナミズムに支えられつつ，政敵の排除には暴力もためらわない点で，単なる権威主義体制や軍事独裁政権とは異なる，新しい性格をもつものであった（山口 2006）。

4 相対的安定期

賠償問題

このようにヴェルサイユ体制は，①列強間の帝国主義的対立，②革命と反革命の対立，③帝国主義と反帝国主義勢力の対立，という3つの対立軸を内包しつつも，1924年以降は一応の安定を迎える（佐々木 2011：68）。1924年から世界恐慌にいたるまでの時期を「相対的安定期」と呼ぶが，これはドイツにかかわる2つの問題が暫定的に解決されたことによって得られた。

第1に，賠償問題が，深刻な危機を経たのち，暫定的に解決された。1923年1月，フランスとベルギーは，ドイツの賠償支払い不履行を名目に，ルール工業地帯を占領するという挙に出た。これに対しドイツ国民は命令不服従，自発的賠償支払い停止など，「消極的抵抗」で応じた。しかし，「消極的抵抗」のコストは急激なインフレを招き，ドイツ経済は破綻に瀕（ひん）し，社会的不安が一挙に高まった。

危機の中1923年8月に成立した**シュトレーゼマン**内閣は，「消極的抵抗」の停止を呼びかけ，連合国に対してドイツの経済状態と賠償支払い能力の調査を要求した。これを受け，翌年1月にアメリカの銀行家ドーズを委員長とする専門家委員会が設置され，24年8月に採択された「**ドーズ案**」によって，賠償問題は，先送りではあるが一時的に解決された。また，1923年11月の通貨改革によってインフレは鎮静化した。さらにこの間，ザクセンとチューリンゲンで成立していた共産党を含む左翼政権が解散させられ，バイエルンでのヒトラー一揆といった右翼の体制転覆の試みも挫折した。

ドーズ案は，相対的安定期における国際的な金融サイクルを形成した。すなわち，ドイツはアメリカからの借款によって経済復興を進め，英仏に賠償金を支払い，それを元手に英仏がアメリカに戦債を支払うというサイクルである。このサイクルの根本を支えたのはドイツへの資本流入だが，これはウォール街におけるドイツ向け借款の人気に依存していた。1929年の世界恐慌によって，この仕組みが一挙に崩れることとなる（佐々木 2011：68-70）。

ドイツをめぐる安全保障問題

第2は，ドイツをめぐる安全保障問題が，1925年の**ロカルノ条約**で一応の決着をみたことである。ロカルノ条約（1925年10月16日にスイスのロカルノで仮調印，同年12月1日にロンドンで正式調印）は，オースティン・チェンバレン，ブリアン，シュトレーゼマンという英・仏・独の外相が主導し，この3カ国にイタリア，ベルギー，チェコスロヴァキア，ポーランドも加えた7カ国によって締結された，ヨーロッパ規模の安全保障条約であり，地域的集団安全保障の試みである。

ロカルノ条約は3つの部分から成る。第1は，ドイツ＝フランス，ドイツ＝ベルギー間の国境不可侵をドイツ，フランス，ベルギーが約し，イギリスとイタリアが保障に加わったラインラント条約（狭義のロカルノ条約）である。第2は，フランス，ポーランド，ベルギー，チェコスロヴァキアが，それぞれドイツと結んだ4つの仲裁裁判条約である。そして第3は，チェコスロヴァキア，ポーランドがそれぞれフランスとの間に結んだ相互援助条約である。また，ロカルノ条約はドイツの国際連盟加入を発効の条件としていた（加盟実現は1926年9月）。そしてこれらの条約は，ドイツにヴェルサイユ条約を再確認させることによって，ヨーロッパ国際関係の一応の安定を導いたのである（佐々木 2011：70）。

1928年には，アメリカとフランスのイニシアティブによって，国際紛争を解決するために戦争に訴えることを非とし，国家の政策の手段としての戦争の放棄を宣言した**不戦条約（ケロッグ＝ブリアン条約）**が，米仏に加えて，英独を含むロカルノ締約国，日本，英自治領を加えた15カ国間で調印され，戦争違法化が確認された（1938年までに60カ国以上が参加）。

しかし，1929年10月3日，ドイツ政治だけでなくヨーロッパ国際政治の相対的安定期の支柱であったシュトレーゼマンが死去する。これは，続く国際政治の運命を暗示していた。同月にウォール街の株価が暴落，世界恐慌が始まることになる。世界恐慌以後の国際政治は次章で述べることとして，本章の最後では，東アジアにおける国際体制をみておこう。

ワシントン体制

第一次世界大戦後の東アジアでは列強間の勢力関係が変化した。日本は，第一次世界大戦中の1915年に中国に「21カ条要求」を突き付け，中国大陸進出を拡大させた（奈良岡 2015）。また，先述のように，ヴェルサイユ条約によって赤道以北の旧ドイツ領南洋諸島を委任統治領として獲得した。

こうした日本の台頭を背景に，この地域で積極的な外交を展開し，優越的な地位を占めるようになったのはアメリカである。1921年11月，戦後に生じた中国を中心とする東アジア情勢の変化に対応するため，米大統領ハーディングの主導によって，**ワシントン会議**が開催された。参加国は，米英日仏伊の五大国に加え，中華民国（北京政府），オランダ，ベルギー，ポルトガルの計9カ国である。アメリカのねらいは，日本の中国進出の阻止，英米の海軍力の均等，日英同盟廃棄であった。これに沿って，ワシントン会議では以下の3つの重要な条約が締結された（斉藤 2015：97-108；佐々木 2011：72-74）。

第1は，**太平洋に関する4カ国条約**（1921年12月調印）であり，これは米英日仏が太平洋における平和と領土の現状維持を約したものである。この条約により，1902年以来，日本の外交政策の基盤の一つであった日英同盟の失効が決まった（失効は1923年）。

第2は，米英日仏伊の五大国による**海軍軍備制限条約**（1922年2月調印）である。これは，戦艦・航空母艦保有比率を米5：英5：日3：仏1.67：伊1.67と定めた。この取り決めは，イギリスがもはや突出した海軍国の地位を維持できず，アメリカの力への依存が始まったことを意味した。また，日本にとっては，フランス以上の海軍国の地位を認められたことを意味する。

第3に，**中国に関する9カ国条約**（1922年2月調印）が締結された。これは，中国の「主権，独立ならびにその領土的および行政的保全」の尊重や，中国権益に対する「門戸開放および機会均等の主義」を約したものである。アメリカにとっては自身の「門戸開放主義」を認めさせた点で成功であり，中国東北部に対する「特殊権益」を主張して大陸進出をめざしていた日本にとっては打撃であった。

これらワシントン会議で形成されたアジア・太平洋の国際秩序のことを，**ワシントン体制**と呼ぶ。前述のソウルの「三・一運動」，北京の「五・四運動」など，アジアにおいても大衆運動・民族運動の新しい波が生じていたが，それを抑え込みつつ，帝国主義列強間の調整を果たしたのが，ワシントン体制だったのである（斉藤 2015：10）。

引用・参考文献 Reference

カー，E. H. ／原彬久訳 2011『危機の二十年――理想と現実』岩波文庫（原著 1946 年）。

木谷勤 1997『帝国主義と世界の一体化』（世界史リブレット 40）山川出版社。

木畑洋一 1997『国際体制の展開』（世界史リブレット 54）山川出版社。

木畑洋一 2014『二〇世紀の歴史』岩波新書。

木村靖二・近藤和彦 2006『新訂 地域文化研究Ⅰ 近現代ヨーロッパ史』放送大学教育振興会。

斉藤孝 2015『戦間期国際政治史』岩波現代文庫（初出は 1978 年）。

佐々木雄太 2011『国際政治史――世界戦争の時代から 21 世紀へ』名古屋大学出版会。

篠原初枝 2010『国際連盟――世界平和への夢と挫折』中公新書。

高橋進 1983『ドイツ賠償問題の史的展開――国際紛争および連繫政治の視角から』岩波書店。

ナイ・ジュニア，ジョセフ・S. ＝デイヴィッド・A. ウェルチ／田中明彦・村田晃嗣訳 2017『国際紛争――理論と歴史〔原書第 10 版〕』有斐閣（原著 2017 年）。

奈良岡聰智 2015『対華二十一ヵ条要求とは何だったのか――第一次世界大戦と日中対立の原点』名古屋大学出版会。

マゾワー，マーク／中田瑞穂・網谷龍介訳 2015a『暗黒の大陸――ヨーロッパの 20 世紀』未來社（原著 1998 年）。

マゾワー，マーク／依田卓巳訳 2015b『国際協調の先駆者たち――理想と現実の 200 年』NTT 出版（原著 2012 年）。

山口定 2006『ファシズム』岩波現代文庫（初出は 1979 年）。

山中仁美 2017『戦争と戦争のはざまで――E・H・カーと世界大戦』ナカニシヤ出版。

Steiner, Zara 2005, *The Lights that Failed: European International History, 1919–1933*, Oxford University Press.

CHAPTER

第6章

国際秩序の崩壊

1930年代の危機と第二次世界大戦

⬆日独伊三国同盟調印祝賀会。中央で起立して，挨拶をするのは松岡洋右（1940年10月，写真提供：毎日新聞社／時事通信フォト）。

INTRODUCTION

1920年代にいったん安定したかにみえた国際関係は，1929年の大恐慌によって大きく動揺した。これ以降，「持たざる国」であったドイツ，イタリア，日本は，「持てる国」であったイギリス，フランス，アメリカを中心に形成された第一次世界大戦後の国際体制への挑戦を強めていった。ドイツ・イタリアによるヴェルサイユ体制修正の試みと，日本による中国大陸への侵略は，ヨーロッパとアジアにそれぞれ緊張と対立をもたらした。そして，この2つの地域の国際情勢は次第に連動を強め，第二次世界大戦への道が敷かれたのである。

1 枢軸国の台頭と国際秩序への挑戦

大恐慌と国際政治・経済秩序の変化

1929年10月末のニューヨーク株式市場における株価暴落から始まった**大恐慌**は，アメリカ経済を悪化させ，さらにその影響はヨーロッパをはじめ全世界に広がった。前章でみたように，ヨーロッパ経済の復興はドーズ案に基づいたアメリカからの資本流入に依存していた。しかし恐慌でアメリカの投資家がヨーロッパから資金を引き上げた影響を受け，ヨーロッパ諸国，とくにドイツは，不況，失業率の上昇，生産の低下，銀行や金融機関の破綻（はたん）といった深刻な経済的困難に直面した。

現在であれば，このような世界的な経済問題には，先進国を中心に各国の政府や中央銀行が共同で対処するであろう。同じように1930年代にも国際経済会議が何度か開かれたが，その成果は芳（かんば）しいものではなかった。各国は自国経済を守るため，他国の産業や経済への悪影響を省みることなく個別対応をとりがちであったからである。自国の産業を守るため，多くの国が外国からの輸入に対して高い関税をかける保護主義的な政策をとっていった。そして1932年には，自由貿易主義を提唱してきたイギリスも保護貿易政策を採用した。イギリスが1931年の9月に金本位制からも離脱し，ポンドの価値が低下すると，他国もこれに追随して「競争的通貨切り下げ」と呼ばれる状況が生じた。こうして国際通貨・貿易体制は大きく揺らいだのである。

こうしたなかイギリスとフランスは，自国の植民地や関係の深い旧植民地（イギリスの場合オーストラリアやカナダ）との間では関税を下げ，域外に対しては高関税をかける政策をとった。**第3章**でみたように，19世紀の早い段階で産業革命に成功したイギリスやそれに続いたフランスは，世界大の植民地獲得競争に早くから参加し，すでに広大な帝国を形成していた（→図6.1）。英仏両国は，帝国内での貿易を拡大することで大恐慌に対応しようとしたのである。英仏の経済的・政治的安定や，世界大国としての地位がその広大な帝国に依拠しているという考えは，当時，両国内のみならず世界でも広く信じられていた。

CHART 図 6.1 1930 年代の英仏植民地帝国の広がり

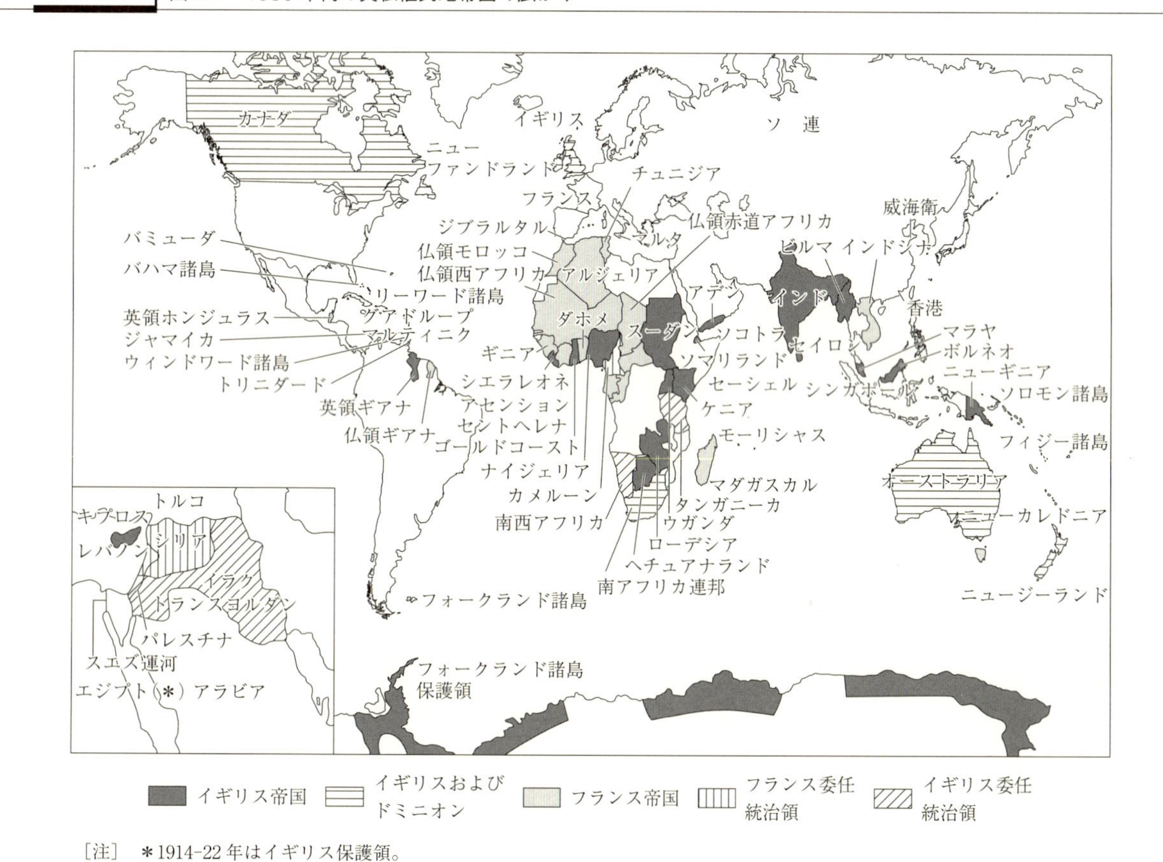

［注］ ＊1914-22 年はイギリス保護領。
［出所］ Overy 2008：xxix をもとに作成。

しかし両国は，中東や北アフリカ，インドシナ半島など広い範囲で独立運動や暴動に直面し，鎮圧のために武力を行使するなど，帝国維持のために大きなコストを支払うことも余儀なくされていた。「帝国貿易の利益は，多くの問題によって相殺されていた」のである（Overy 2008：35）。

これに対してドイツ，イタリア，日本は，遅れて植民地獲得競争に参加した国であった。独伊は19世紀中ごろに統一を達成した後に，日本は明治維新の後に，それぞれ産業を発展させて，この競争に参加した。それゆえ1930年代までに所有できた植民地も少なかった。この意味で英仏が「**持てる国**（the haves）」であった一方，独伊日は「**持たざる国**（the have nots）」であったといえる。そして前者が自国に優位な国際秩序の現状維持を望んだのに対して，後者は不利な現状を打破したいという志向を強めた。「持てる国」が帝国主義的な行動によって，その地位を獲得してきたことを根拠に，「持たざる国」は武力による領土拡張を正当化しがちであった。また，経済的に深刻な状況に陥った後には，国家と国民の生存が対外的膨張に依存しているという主張も，国民からの支持を得やすくなった。大恐慌は「持たざる国」に対し，「持てる国」に優位な既存の国際体制を打破して自国に優位なかたちに世界を再分割する動機と口実を与えたといえる（Overy 2008：31-41）。事実，この後みていくように，ドイツ，イタリア，日本の3国はそれぞれに既存の国際秩序の修正をめざして行動し，また相互に接近して**枢軸国**と呼ばれるようになっていくのである。

満洲事変と国際連盟

日露戦争によって日本は，満洲と呼ばれた中国の東北地域において租借地や南満洲鉄道（満鉄），またその周辺地域の権益を獲得した。その後1920年代の中国では反帝国主義やナショナリズムが高まり，日本や列強の中国権益を取り返すことが主張されたが，日本は権益を維持するつもりであった。1929年の世界恐慌は日本でも金融危機や不況を引き起こし，政治や社会に大きな影響を与えた。そして世界経済のブロック化が進む中，満洲地域を獲得して国内の経済危機に対応すべきという主張が支持を得ていった（川島・服部2007：138）。

このような中，中国東北地域を担当する関東軍が引き起こしたのが，**満洲事変**である。関東軍の参謀であった石原莞爾（いしはらかんじ）や板垣征四郎（いたがきせいしろう）らは，資源の豊富な満洲地域を獲得してソ連やアメリカとの戦争に備えるための戦略拠点にする構想を抱き，そのための謀略を企てた。1931年9月18日に関東軍は，奉天郊外の柳条湖付近で満鉄の線路を爆破し，これを中国による攻撃として「自衛」の名の下に軍事行動を開始した。この関東軍の独断に対して，若槻礼次郎を首相とする日本政府は「事件不拡大」の方針を決めた。しかし，関東軍はこれを無視して行動を拡大し，関東軍の作り上げた既成事実を東京の政府が追認することが繰り返された。最終的に関東軍は満洲の全土を軍事的な支配下に置き，1932年3月には清朝最後の皇帝であった溥儀を擁立して傀儡国家である満洲国を建国した。そして関東軍は，満洲国の建国は中国人の「民族自決」を求める動きによるものと説明した（加藤 2007：16-18）。

これに対して中国側は満洲問題の「国際的解決」を追求した。国際連盟規約や九カ国条約（→**5章**）といった国際社会の「公理」に違反する日本の行動に対して国際社会が制裁を科することや，英米のような中国に権益をもつ列強が自国の利害を守るため，中国を支援することを期待したのである。しかし大国の反応は消極的なものであった。中国に大きな権益をもつイギリスは，日本と同様，中国の反帝国主義運動に危惧を抱いていた。アメリカのスティムソン国務長官は1932年1月，不戦条約などに違反する日本の行動を承認しないという姿勢を表明したが（スティムソン・ドクトリン），フーヴァー大統領の反対もあって経済制裁を発動しなかった。また，ソ連は満洲事変を日本による対ソ戦争の準備とみていたが，対日戦の準備に必要な時間を稼ぐため，日本に対しては妥協的な姿勢をとった（川島・服部 2007：142-143）。

中国の提訴を受けて国際連盟は，イギリスのリットンを団長とする調査団の派遣を決定した。1932年10月に提出されたリットン報告書は，関東軍の行動は正当な自衛行為ではなく，満洲国建国も中国人の独立要求によるものではなかったと結論づけた。しかしその一方で同報告書は，満洲における日本の特殊利益を認め，中国の主権下で自治政府を作り，日本を含む列強がこれを共同管理することを提案した。この勧告は日本の利益に配慮したものであったが，日本側にこれを受け入れる余地はなかった。そして1933年2月に連盟総会が同報告書を賛成42票（反対は日本の1票）で採択すると，日本は連盟からの脱退を通告した。こうして満洲事変は国際連盟の弱点を明らかにすることになった。集団安全保障体制が機能するには大国間の協調が必要であった。しかし日本のような大国が自らルールを破ったため，連盟は有効な措置をとれなかったのである（篠原 2010：218-219）。

満洲事変後，日本は既存の国際秩序に挑戦する姿勢をさらに明確にしていった。陸海軍や外務省の内部には，第一次世界大戦後の国際秩序の変革を唱える，革新勢力と呼ばれる人々が出現し，とくに海軍では艦隊派と呼ばれる人々がワシントン体制の打破を主張した。補助艦の制限について交渉が行われた1930年のロンドン軍縮会議の際，日本は対米7割の補助艦総トン数を主張していたが，これは実現しなかった。この結果に不満を強めた艦隊派は，1935年の第2次ロンドン軍縮会議において英米との均等を求めるよう主張した。しかし，これが実現されえない状況が明らかになると，1934年12月に日本政府はワシントン海軍軍縮条約の廃棄を通告した。その結果1936年末で同条約は失効し，1937年以降は日米間で再び激しい建艦競争が始まった（細谷 1993：87-88）。

ヒトラーの台頭とヴェルサイユ体制への挑戦

大恐慌はドイツの国内政治に大きな影響を与えた。ドイツは大きな経済的困難に直面したが，ヴァイマル共和国政府は効果的な対策を打ち出すことができなかった。こうした状況が**ヒトラー**の率いる国民社会主義ドイツ労働者党（ナチス）と共産党という，共和制の打破を唱え「極端な経済的解決を公約する過激な政党の進展を助長」することになった。しかし大衆の支持を得て1933年に政権を獲得したのはナチスだった。ナチスは，労働者に対して公共事業などを通じた雇用確保と経済的安定を約束し，その一方で，共産党の躍進と革命の発生を恐れる中産階級に対しては反共主義をアピールした。またヴェルサイユ条約修正やドイツの軍事的地位の回復を訴えることで，講和に不満を感じる人々の支持を得た。ヒトラーにはこうした政策を売り込み，人々を熱狂させる煽動（せんどう）家としての才能があった（ジョル 1976：117，125-135）。

外交においてヒトラーが追求した目的は，1920年代に彼が記した『わが闘争』という著作にみることができる。この中でヒトラーは，ドイツ民族が属する「アーリア人種」を最高の人種と位置づけ，ドイツ民族保存のために必要な「生存圏」確立の必要性を唱えた。これはドイツの国土を東方へ拡大し，「劣等民族」たるスラブ人の犠牲において達成されるべきものであった。より具体的にはウクライナの穀物や石炭，ルーマニアやコーカサスの石油の獲得がめざされた。さらにヒトラーは，ヴェルサイユ条約によって禁止されたドイツ軍事力の回復やラインラントの再武装，ドイツ東部国境の修正，オーストリア合併などを主張していた（ヒットラー 1973；ヒトラー 2004）。

1933年1月に首相の座に就いたヒトラーは独裁体制を固めながら，上記の対外目標を追求し始めた。10月にドイツは国際連盟脱退を通告した。また秘密裏に再軍備も進められ，1935年3月にはドイツの空軍保有と徴兵制の採用が発表された。こうした動きに危機感を抱いたフランスはロカルノ条約締約国である英・伊に働きかけ，4月にはイタリアのストレーザで国際会議が開催された。ここで3国はドイツを強く非難する決議を採択し，対独共同戦線（ストレーザ戦線）が成立したかのようにみえた。しかし，まもなくヒトラーはイギリスに海軍軍縮交渉を提案し，6月には英独間で海軍協定が成立した。海軍国イギリスは，徴兵制によって再建されるドイツの陸軍力よりもその海軍力の制限に，より関心があったのである。こうしたイギリスの行動にフランスは不審を抱き，ロカルノ条約もその弱点を露呈することになった。

国際連盟とロカルノ条約の矛盾――イタリアのエチオピア侵攻

第一次世界大戦後のイタリアはドイツと似た状況に置かれていた。当初，三国同盟の一員であったイタリアは，1915年のロンドン秘密条約で領土拡張を約束されて協商側に参戦した。しかしパリ会議ではその要求は認められず，イタリアもヴェルサイユ体制には不満を抱くことになった。また大戦後のイタリアでは大きな経済的混乱が生じて労働運動が活発化した。そのため革命を恐れた地主勢力と中産階級は，暴力的な手段を用いた反共主義・反社会主義運動を展開するムッソリーニのファシスト党を支援した。1922年10月に首相に就任したムッソリーニは，かつて地中海地域でイタリアが権勢をふるった「ローマ帝国の復興」を外交目標に掲げ，35年10月にはエチオピアへの侵攻を開始した。こうした帝国主義的な政策によって彼は，大恐慌で生じた国内の経済的不満から関心をそらし，自身に対する政治的な支持を維持しようとしたのである。

侵略を受けたエチオピアは国際連盟に提訴したが，連盟がとった行動はイタリア非難決議と経済制裁のみであった。しかも後者は重要資源である石油を対象とはせず，制裁措置としては効果に乏しかった。こうした事態はロカルノ条約と国際連盟が相互に補強し合ったのではなく，むしろ互いにその効力を弱めあったことを示している。普遍的な安全保障機構としての国際連盟が機能するためには，連盟規約に従ってイタリアに対する制裁措置が発動されなければならなかった。しかし他方で，ドイツの脅威に対処するために，英仏は，ロカルノ条約参加国であるイタリアとの関係維持を望んでもいた。そのためイタリアに対する両国の態度は，制裁と妥協を同時に追求するという中途半端なものとなった。結局イタリアのエチオピア侵攻は成功し，国際連盟に対する世界の期待は弱まった。さらに，この後イタリアとドイツは接近し，ドイツに対する英仏伊3国の連携も弱体化した（ジョル 1976：163-166）。

第二次世界大戦への道

ヨーロッパ戦争の勃発

1936年3月にヒトラーはラインラントの非武装地帯に進駐した。これはヴェルサイユ条約のさらなる修正を意味した。ドイツの再軍備は開始されたばかりであったので，英仏が戦争を賭して対応すればドイツは対抗できなかっただろう。しかし第一次世界大戦を経験した英仏両国では平和を志向する世論が強く，政府は軍事的な対抗手段をとることができなかった。またイギリスはヴェルサイユ講和に対するドイツの不満は正当なものであると考えたため，これを容認した。ラインラント再武装化に成功したヒトラーは，その後軍備増強を加速させ，他方，非武装地帯の消滅によってフランスの軍事的な立場は弱まった。

1936年7月には**スペイン内戦**が始まった。その発端は自由主義者と社会主義者が担う共和制政府（共和派）に対してフランコ将軍率いる軍部が起こした反乱であった。反共主義を唱えるフランコに対しては独伊両国が，それに対抗する共和派に対してはソ連が，それぞれ援助を行ったため，内戦は国際的な性格をもった。ソ連の指導者スターリンは，1934年までにはナチス・ドイツを最大の脅威とみなすようになり，西欧諸国との連携を模索し始めていた。1934年9月にソ連は国際連盟に加入し，35年5月にはフランスと相互援助条約を締結した。スペイン共和派への支援はこうしたソ連の新しい戦略の一環であった。他方，英仏はスペイン内戦に関しては中立の姿勢をとった。イギリスの保守党を中心とした挙国一致政府はソ連の共産主義に強い懸念を抱いていた。加えて，ここでも英仏は，国内の反戦主義のために強い態度をとることができなかったのである（ジョル 1976：157）。

スペイン内戦は，その後のヨーロッパ国際政治の展開にも大きな影響を与えた。独伊とソ連の介入によって，この戦いはファシズム，共産主義，自由主義的民主主義といったイデオロギー（政治理念）の国際的対立を象徴する出来事となった。また介入を通じて独伊はさらに接近し，1936年11月までにムッソリーニは両国関係を「ローマ＝ベルリン枢軸」と表現するようになる。他方，フランコ政権と独伊によって三方を包囲されるかたちとなったフランスは，さらにその立場を弱め，対独政策に関してイギリスに追従することを余儀なくされた。そのイギリスでは，第一次世界大戦後，ヴェルサイユ条約に対するドイツの不満は正当なものであり，交渉によって同条約を修正し，その不満を解消することでヨーロッパの平和と安定を維持すべきであるという考えが根強かった。国内には厭戦（えんせん）的な雰囲気が強く，強硬な政策をとるために必要な軍備も不十分であった。そのため1937年5月に就任したネヴィル・チェンバレン首相（**5章**に登場したオースティン・チェンバレンの異母弟に当たる）はドイツとの交渉に本腰を入れ，いわゆる**宥和政策**を開始した。

1938年3月にヒトラーはオーストリア併合に踏み切り，さらにチェコスロヴァキアへと目を向けた。同国では約300万人のドイツ系住民がドイツとの国境地域であるズデーテン地方に居住していた。ここでは大恐慌以降ナチスが台頭し，ドイツへの統合を求める運動も盛んになった。ヒトラーはこの運動を利用して，民族自決の原理に基づいてチェコスロヴァキア介入を正当化したのである。危機の外交的解決をめざすチェンバレンは，9月半ばにヒトラーと二度会談した。しかしヒトラーはズデーテン地方の即時占領を主張し，戦争の可能性が高まった。このときチェンバレンの要請に応じて英独を仲介したのはムッソリーニであった。イタリアはドイツの立場を支持していたが，英仏と戦争する準備はできていなかった。ヒトラーもまた，戦争の準備が整っていないという軍部の抵抗に直面して，ムッソリーニの仲介に応じることを決定した。

9月29日，ミュンヘンで会談したヒトラー，ムッソリーニ，チェンバレン，ダラディエ仏首相は，ドイツによるズデーテン地方の段階的占領を認め，新しいチェコスロヴァキア国境を国際的に保証することに合意した。四大国はその代償を小国チェコスロヴァキアに押し付けることで戦争を回避したのである。

会談を終えて帰国したチェンバレンとダラディエが国民の熱狂的な歓迎を受けたことは，戦争を忌避する当時の雰囲気を示していた。しかしヒトラーの行動は止まらず，1939年3月にドイツはチェコスロヴァキア全土を占領した。これをきっかけにイギリス世論も政府に宥和政策の転換を求めるようになっていった。3月31日にチェンバレンは，ヒトラーの次の標的だと考えられたポーランドの安全をイギリス政府が軍事的に保証すると声明した。

英仏間では，すでに1938年から対独戦争に向けての軍事協議が開始されていたが，両国はさらにソ連との交渉も開始した。ソ連と対独共同戦線を形成することでドイツのポーランド攻撃を抑止し，また独ソ接近を防止しようとしたのである。

しかし，英仏とソ連の交渉はうまくいかなかった。すでにみたようにドイツに脅威を感じたソ連は，1934年ごろから西欧諸国との提携を模索してきたが，英仏はソ連の働きかけにあまり関心を示してこなかった。またミュンヘン会談にソ連が招かれなかったことも，英仏に対するソ連の不信を強めていた。そのためスターリンは，英仏との交渉と並行してドイツとも交渉を行っていた。その背後にあったのは，アジアにおける日本の脅威であった。日ソ両国は，1938年7，8月に満洲国とソ連の国境付近（張鼓峰事件）で，翌39年5月にはモンゴルと満洲国の国境付近において（ノモンハン事件）大規模な武力衝突を起こしていた。そのためソ連は日独の挟み撃ちを恐れてもいた。またスターリンは，将来ドイツと戦う可能性を捨てることもできず，戦争準備に必要な時間を稼ぎたいとも考えていた。他方ドイツはポーランド侵攻に際して英仏の対独参戦を抑止したいと考えていた。そこでヒトラーは，5月にイタリアと同盟条約を結び，さらにソ連との関係改善を模索していたのである。

1939年の夏までにスターリンは英仏との交渉に見切りを付けた。8月23日，独ソ両国は不可侵条約に締結し，ポーランドを含む東欧諸国の分割に関する秘密協定もあわせて結ばれた。9月1日にドイツがポーランドを侵攻すると，その2日後，英仏はドイツに対して宣戦を布告した。9月17日にはソ連もポーランドに兵を進め，その東半分を占領下に置いた。ヨーロッパの戦争はこうして始まった。そしてヨーロッパの国際関係はアジアのそれと次第に連動しながら，世界全体を戦争へと巻き込んでいくのである。

日中戦争の勃発と悪化する日米関係

満洲事変後の国民政府は，1933 年 5 月に中国軍と関東軍の間で塘沽（タンクー）停戦協定を締結するなど日本に対して妥協的な態度をとっていた。前述したように，英米やソ連が国民政府の求めに応じて日本に厳しい態度をとることはなかった。さらに国民政府は，日本のみならず中国共産党とも戦闘を続けていた。それゆえ国民政府は，日本との休戦によって時間を稼ぎ，まず国内の政治状況を安定させたうえで，満洲をめぐる日本との対立を解消しようとしたのである。しかし日本の侵略行動はさらに強まり，関東軍など，中国に駐留する日本軍部は 1935 年半ばから華北分離工作を開始した。満洲国の安全を確保するため，同国と接する華北地域に傀儡的な自治政府を設置して，それを国民政府の支配から切り離そうとしたのである。こうした日本軍の動きは中国国内の反日運動を高揚させ，蔣介石（しょうかいせき）の国民政府も次第に日本に対する態度を変え始めた。

また華北分離工作は中ソ関係を改善させた。日独の脅威に同時に直面していたソ連は，中国共産党による国民政府打倒を支持するというそれまでの政策を転換し，国民党と共産党による抗日統一戦線の形成を促そうとしていた。蔣介石もまた，日本を打倒するためにソ連や中国共産党との連携を模索し始めた。国民政府と共産党の間で内戦が続く一方，抗日統一戦線形成をめぐる秘密交渉が行われるようになったのは，そのためである。こうした中，1936 年 12 月 12 日，東北地方を実質的に支配していた張学良（ちょうがくりょう）が，西安を訪れた蔣介石を監禁し，内戦の停止と抗日統一戦線の形成を要求する事件が発生した。この西安事件は，ソ連の指示を受けて共産党の周恩来（しゅうおんらい）が仲介し，蔣介石が張学良の要求を原則的に受け入れたことで解決された。そしてこの事件をきっかけに，抗日統一戦線の形成は大きく前進することになった（川島・服部 2007：144-155）。

1937 年 7 月 7 日，北京郊外の盧溝橋で日中軍の小規模な戦闘が発生した（盧溝橋事件）。日本が中国に派兵し，中国側もこれに徹底的に対抗する意思を固めていたため，8 月までに日中は全面戦争に突入した。1938 年 11 月に近衛文麿首相は，日本の目的は日本・満洲・中国の緊密な提携による「東亜新秩序」の建設だという声明を発表し，さらには有田八郎（ありたはちろう）外相も新秩序を打ち立てるためには九カ国条約（→**5 章**）も尊重しないという立場を示した。

日中戦争が泥沼化していく中，アメリカの F. D. ローズヴェルト政権は日本に対する態度を硬化させていった。ドイツの台頭によってヨーロッパ戦争への懸念が高まった1935年，アメリカでは議会の主導で中立法が制定された。これは交戦国に対して兵器・弾薬の輸出を禁止するものであった。アメリカ国内では第一次世界大戦の経験から，ヨーロッパの戦争に再度巻き込まれずに中立を維持すべきであるという考えが強くもたれていた。これはアメリカの「孤立主義」の伝統を反映したものでもあった。日中戦争に関してもアメリカは，当初は仲介を試みたが，1939年ころからは経済制裁を手段に対日圧力を強めていった。日本経済は，鉄鋼生産に必要な屑鉄や航空機用ガソリンについてアメリカに大きく依存しており，それゆえアメリカの経済制裁は日本に深刻な影響を与えることになった（細谷 1993：100-102）。

世界大戦へ

一方，ヨーロッパでは1940年の春から夏にかけてドイツが大勝利を収めた。4月にデンマークとノルウェーに侵攻したドイツ軍は瞬く間に東西ヨーロッパを席巻し，6月にはフランスを敗北に追い込んだ（→図6.2）。さらにドイツの勝利を受けてイタリアも英仏に対して参戦した。すでに1936年1月に日本はドイツと防共協定を結んでおり，これにはイタリアも参加していた。こうした中，ドイツの勝利を受けて日本では，独伊と軍事同盟を締結するという考えが有力になった。三国同盟を締結し，さらに対ソ関係も改善して日本の立場を強化する。そのうえで，ドイツに敗北して弱体化した西欧諸国の東南アジア植民地を奪い，石油資源などを確保するというのである。またアメリカが日本に経済制裁を課したことも，こうした日本の動きを後押しした。そして1940年9月，日本は北部仏印（フランス領インドシナ）進駐を開始し，日独伊三国軍事同盟も締結された（有賀 2010：363；細谷 1993：102）。

アメリカにとって，こうした状況は大きな脅威であった。もしドイツがヨーロッパ大陸を支配すれば，その人的資源や工業力，生産技術を手に入れることができるだけでなく，ヨーロッパを輸出市場とするラテンアメリカにも間接的に影響力を行使することができる。さらにイギリスが屈服すれば，ドイツは，大英帝国のもつ中東や，ドイツに敗北したフランスの北アフリカ植民地の資源を利用して，強大な軍事力をもつことが可能になる。また，日本が満洲や東南アジアを支配すれば，アジアでも同じことが起こりうるのである。こうして枢

図6.2 ヨーロッパにおける第二次世界大戦の攻撃

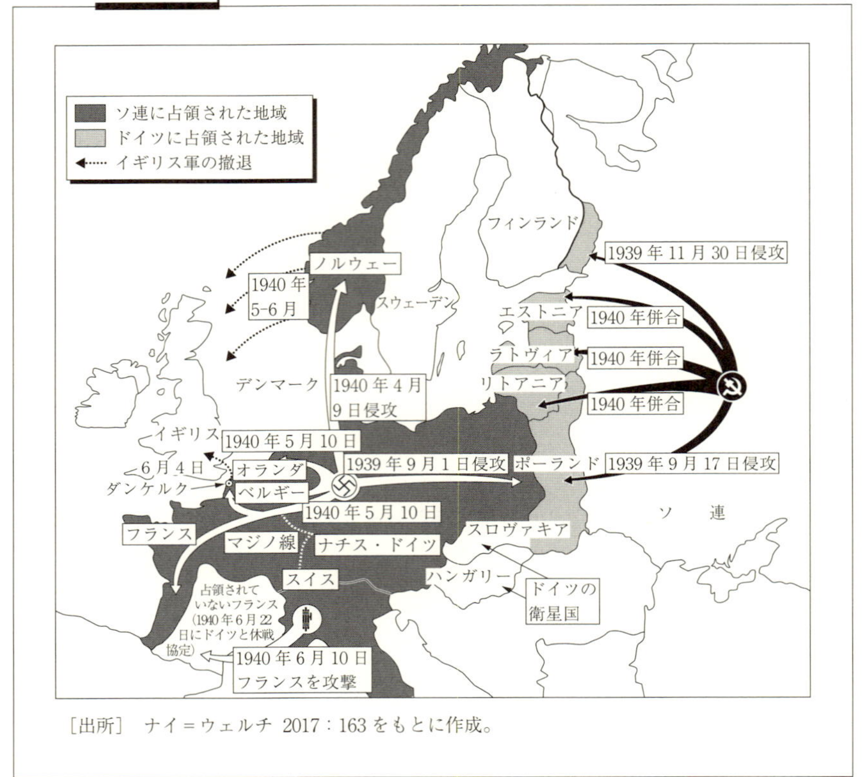

［出所］ ナイ＝ウェルチ 2017：163をもとに作成。

軸国に包囲されれば，アメリカは，国内の政治や経済を国家統制の下に置く戦時国家にならざるをえず，その自由主義的民主主義や自由な経済活動は損なわれてしまう。このような意味で枢軸国の勝利は，アメリカの生活様式に対する脅威だと考えられたのである（Leffler 1994：30-31）。

こうした認識からアメリカは，次第にヨーロッパ情勢への関与を深めていった。1935年以降，中立法は数度にわたって改正された。そして1940年12月にF. D. ローズヴェルトは，アメリカが「民主主義の大兵器庫」にならなければならないと述べ，翌年1月の年頭教書演説では，独裁者が作り出そうとしている「暴力の秩序」に対して，言論・表現の自由，信仰の自由，（経済的な）欠乏からの自由，（侵略の）恐怖からの自由という「4つの自由」に基づいた世界の実現をめざすという考えを表明した。その2カ月後には他国への兵器や物資の提供を可能にする「武器貸与法」も成立し，イギリスや中国への支援も拡大されていった（有賀 2010：362，365）。

ヨーロッパでは1941年6月22日，ドイツが不可侵条約を破って対ソ戦を開始した。1940年6月にフランスに勝利した後，ドイツはイギリス本土上陸作戦の準備として爆撃を続けていた。しかしイギリスは屈服しなかった。そのためヒトラーはまずソ連を打倒しようとしたのである。1940年5月に就任したチャーチル首相は反共主義者であったが，ヒトラーを打倒するためにソ連援助の方針を表明し，1941年7月には英ソ間で相互援助条約が締結された。またF. D. ローズヴェルト大統領も，独ソ戦の開始後まもなくソ連に援助の意思を伝え，11月には武器貸与法に基づく援助が開始された。

独ソ戦への対応をめぐって，日本政府内では三国同盟に基づいて対ソ参戦すべきという立場と，資源確保のために南部仏印に進駐すべきという立場の間で論争が戦われた。最終的には後者が選択され，7月後半に日本軍は南部仏印への進駐が開始された。これに対して米英両国は自国内の日本資産を凍結し，8月1日にアメリカは石油の全面禁輸措置をとった。これを受けて日本の軍部では，石油の禁輸によって完全に不利になる前に対米開戦すべきであるという議論が強まったが，その一方で戦争回避のための交渉努力も行われていた。10月半ばに成立した東条英機内閣は，11月に最後の交渉を行い，これが妥結しなければ12月初めに開戦するという方針をとった。

11月の日米交渉において日本側は甲・乙という2つの解決案を提示し，より妥協的な乙案の線での合意をめざしていたが，アメリカ側は戦争準備の時間を稼ぐため乙案への修正案を提示した。これは日本が南部仏印から撤兵すれば，アメリカは民需用の石油供給を再開するという期限3カ月の暫定協定であった。しかし蔣介石はこの案に強く反対し，イギリスもこれに同調する姿勢を示した。そのため11月26日にハル米国務長官は，中国および仏印からの日本軍の全面撤退などを求める文書を日本側に手交した。この「ハル・ノート」を最後通牒と受け止めた日本政府は，12月1日の御前会議で対米開戦を決定し，その一週間後にハワイの真珠湾の米海軍基地を攻撃して米英との戦争に踏み切った。

日中間の武力衝突を契機として始まったアジアの戦争は，米英も交えた**アジア・太平洋戦争**へと拡大した。日本の真珠湾攻撃を受けて，12月11日にドイツがアメリカに宣戦布告すると，イタリアもこれに続いた。こうしてヨーロッパの戦争とアジアの戦争は結び付き，第二次世界大戦となった。大戦はこの後1945年夏まで続き，世界全体に甚大な被害をもたらすのである。

3 第二次世界大戦とその影響

戦時外交の展開

真珠湾攻撃に成功した日本は，その後しばらくの間は快進撃を続け，米英およびオランダの東南アジア植民地を広い範囲にわたって，その支配下に置いた。ドイツも対ソ戦の初期には大きな成功を収め，1941年末までにはヨーロッパの大部分がドイツの占領下に入った。しかし，日独の勢いは長続きしなかった。1942年6月のミッドウェー海戦での勝利をきっかけに，アメリカは攻勢に転じた（→図6.3）。ソ連も次第に反撃を開始し，1942年末のスターリングラードの攻防では大きな勝利を収めた。また1943年7月に実施された米英軍のシチリア島上陸作戦をきっかけにムッソリーニは失脚し，イタリア新政府と米英はその2カ月後に休戦協定を締結した。

こうして勝利の見通しがある程度みえてくるようになった1943年以降，連合国を主導する米英ソは，戦後の国際秩序に関する議論を開始した。すでに1941年8月，F. D. ローズヴェルトとチャーチルは共同で「大西洋憲章」を発表していた。それは，領土不拡大，民族自決の尊重，自由貿易の実現，全般的な安全保障のための恒久的な制度が確立されるまでのドイツ非武装化など，大戦後に構築されるべき国際秩序の基本原則を示すものであった。1942年1月には米，英，ソ，中華民国，英連邦諸国，そしてドイツ占領下に置かれた諸国の亡命政権の指導者たちが「連合国共同宣言」を発し，大西洋憲章の諸原則を受け入れ，枢軸諸国と単独では講和しないことを約束していた。

大西洋憲章で示された原則は，戦後国際秩序の枠組みとなる国際組織の基礎となった。1944年7月にはアメリカのニューハンプシャー州ブレトンウッズで，戦後の国際経済秩序に関する連合国通貨金融会議が開催された。戦間期に通貨の切り下げやブロック経済化によって国際経済秩序が崩壊した反省から，自由で開放的な経済体制の形成・維持が国際平和の基礎となると考えられたのであ

CHART 図 6.3 アジア・太平洋戦争の展開

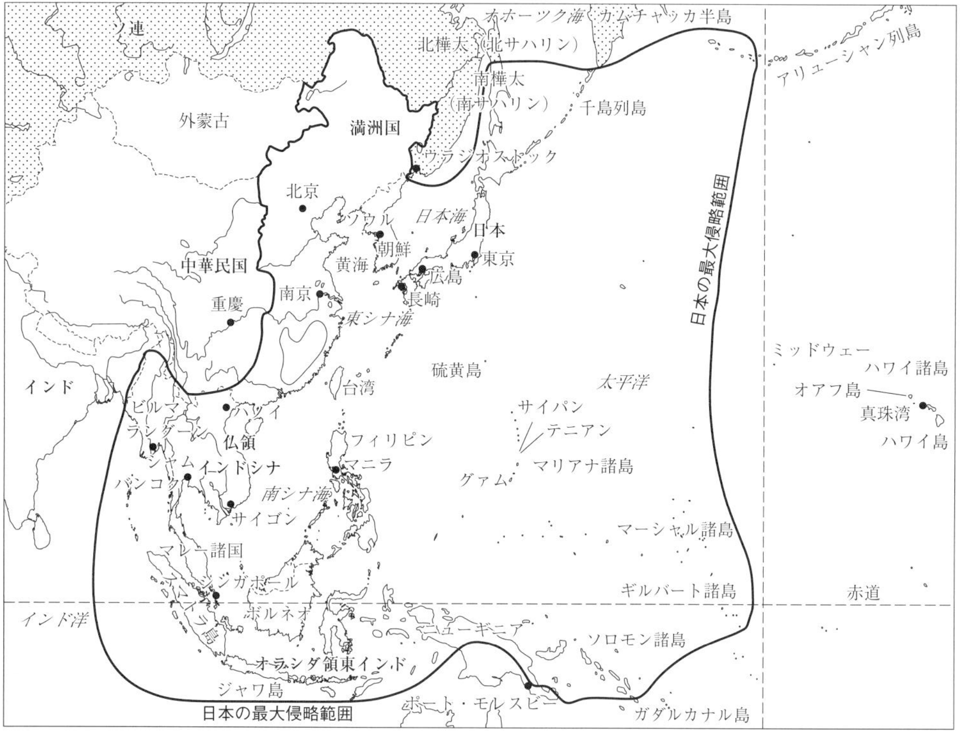

［出所］ Rich 2003：255 をもとに作成。

る。そして，この目的のために２つの国際経済組織が設立された。一つは，国際収支が悪化し，為替平価の維持が困難になった国に対して資金を貸し出し，その維持を助ける国際通貨基金（IMF）である。もう一つは，国際復興開発銀行（IBRD：世界銀行とも呼ばれる）であり，戦後の経済復興と経済開発のために各国政府に対して貸し付けを行う機関であった。さらに，アメリカは自国の保有する金を一定の割合で他国のもつドルと交換することを約束し，それによって戦後国際経済秩序の基軸通貨となるドルの価値を保証した。すなわち，ブレトンウッズ体制と呼ばれた戦後国際経済体制は，アメリカの経済力によって支えられるものとなったのである（田所 2001）。

国際連合の成立

平和と安全保障に関する国際組織の創設についても，アメリカは積極的であった。アメリカの不参加が大きな弱点となった国際連盟への反省から，第二次世界大戦が始まると，米国内ではさまざまな民間団体が戦後国際組織への自国の参加を唱えた。かつては国際連盟への参加に反対していた議会も，1943 年 9 月には戦後国際組織の創設と支持を決議した。翌月には政府内で国際組織を最も強く支持していたハル国務長官がモスクワを訪れ，英ソ両国の外相，中華民国大使と国際組織設立に関するモスクワ宣言を発表した（篠原 2010：257-260）。

その後 1944 年 8 月から 10 月にかけてワシントン郊外のダンバートン・オークスに，米英ソ中 4 カ国の代表が集まり，国際平和のための新しい国際組織である**国際連合（国連）**の設立が議論された。ここでは総会，安全保障理事会（安保理）やその他の理事会，事務局，国際司法裁判所からなる国連組織の大枠が合意された。その後 1945 年 4 月に始まったサンフランシスコ会議における議論を経て，6 月に国際連合憲章（国連憲章）が採択された。

国連憲章はその第 1 条において，「国際の平和及び安全を維持すること」が国連の目的であることを謳い（うた），安全保障理事会に「平和に対する脅威，平和の破壊又は侵略行為の存在を決定し」，平和の維持や回復のために必要な措置について勧告・決定を行う権限を与えている（第 39 条）。こうした措置には，経済制裁などの非軍事的措置（第 41 条）だけでなく，軍事的措置（第 42 条）も含まれていた。国連がこのような強力な集団安全保障体制となることを前提に，国連憲章は，各国家による「武力による威嚇又は武力の行使」を明確に禁じたのである（第2条4項）（中西・石田・田所 2013：178；佐々木 2011：126）。

ただし，武力行使禁止の原則には例外もあった。それは，国連加盟国が武力攻撃を受けたとき，安保理が必要な措置をとるまでの間，自国防衛のために各国が個別，または他国と共同で行う武力行使である。つまり国連憲章は，個別的自衛権，集団的自衛権の行使を諸国家の固有の権利として認めたのであるが（第51条），冷戦と呼ばれる東西対立が開始された第二次世界大戦後の世界においては，たとえば1949年に締結された北大西洋条約（NATO条約）など，多くの同盟条約がこの規定を念頭に締結されることになる。

国連憲章ではまた，人種や性，言語，宗教を問わず，すべての人々の人権と基本的自由の尊重を促進するための国際協力を国連の目的の一つとすることが明確に打ち出された。これはナチス・ドイツによるホロコーストなど，第二次世界大戦中に組織的な大量虐殺が行われたことを背景に，人権団体などがサンフランシスコ会議で活発に活動した結果であった（Best et al. 2015：588）。

このように新たな目的を打ち出してはいたものの，安全保障機構としての国連は依然として大国中心的な性格が強かった。大国の足並みが揃わず機能しなかった国際連盟への反省から国連では大国の一致した行動が重視され，安保理の常任理事国（米英仏中ソ）は拒否権を保持した。そもそも国際連合という名称は，1942年の連合国共同宣言に基づく「連合国」（いずれも英語では the United Nations）を引き継いだものであり，「戦時における連合国協調を戦後の国際秩序の基本として制度化する」という考えの表れであった（有賀 2010：399）。

この大国間協調を重視する発想は，1943年11月末から12月初めにかけて，イランの首都テヘランで行われた米英ソ首脳会談においてF. D. ローズヴェルトが披露した「4人の警察官」構想によく表れている。それは大国である米英中ソが戦後国際秩序に関して大きな役割を負うというものであった。アジアの戦後秩序について中国に期待していたF. D. ローズヴェルトは，テヘラン会談の直前にエジプトの首都カイロでチャーチル，蔣介石と会談してカイロ宣言を発表した。これは日本が中国から奪った領土をすべて中国に返還し，朝鮮半島を独立させることを謳うものであった。

ソ連もまた米英との協調を重視する姿勢をとった。ただし，このことは米英ソの間に利害の対立がなかったことを意味するものではない。次章で詳しくみるように，戦後国際秩序に関するソ連の構想は米英のそれとは大きく異なっていたが，枢軸国打倒という共通の目的が3国の協調を可能にしていたのである。

1944年以降，日独の敗色は次第に濃厚になっていった。1945年4月にソ連軍がベルリンを陥落させると，ヒトラーは自殺し，ドイツは5月7日に降伏文書に署名した。日本はドイツ降伏後も戦闘を続けた。6月23日にアメリカは沖縄を攻略し，8月6日には広島，その3日後には長崎に原子爆弾（原爆）を投下した。また8月8日未明にはソ連軍も満洲への進撃を開始した。日本が降伏に応じたのは8月15日のことであった。こうしてヨーロッパとアジアの両方において第二次世界大戦は終結した。

第二次世界大戦の終結とその影響

最後に，第二次世界大戦がもたらした影響について論じ，本章を締め括ろう。

第二次世界大戦は史上最大の被害を出した戦争であった。戦争による死者は約5500万人と推定されている。ヨーロッパ，ソ連，日本，中国，東南アジアの各地は直接の戦場となり，また都市部が大規模な爆撃の対象となったため，戦闘員だけでなく多くの民間人も犠牲となった。社会的・経済的な基盤も大きく破壊され，戦後の各国社会における政治的な不安定さの大きな原因となった。

また第二次世界大戦は，大国間の力関係に大きな変化をもたらした。ヨーロッパではフランスがドイツに敗北したが，そのドイツも最終的には連合国によって打倒された。アジアでも日本が敗北し，日独はともに連合国の占領下に置かれた。大戦中から連合国を主導し，戦後国際秩序を方向づけたのは米英ソであったが，その中で最も強力だったのはアメリカであった。自国本土が戦場とならなかったアメリカは，大戦中に生産を拡大して大きな経済的繁栄を手に入れた。また原爆を独占し，軍事的にも圧倒的な優位に立っていた。ソ連はドイツの攻撃によって大きな被害を受けたが，その陸軍力によってドイツ打倒に大きな役割を果たし，東欧とアジアにおいて領土や権益を拡大した。イギリスは，戦後も中東から地中海地域を中心に広大な帝国を維持していたが，大戦によって経済的に大きく疲弊（ひへい）していた。そのためアメリカのような経済力も，ソ連のような軍事力も欠いたイギリスの立場は，3国の中で最も弱いものとなった（ジョル 1976：254）。このように第二次世界大戦は，19世紀以来の大国であった西欧諸国と日本の力を大きく低下させ，戦後に米ソが突出した国力をもつ超大国として台頭していく文脈を形成したといえる。

第二次世界大戦は，さまざまな問題をめぐって戦われた戦争であった。それは資源や市場の争奪をめぐる「持たざる国」と「持てる国」の戦いであり，また，有色人種の国家であった日本と白人を中心とした国家である英米の間で戦われた人種をめぐる戦争でもあった（ソーン 1991；ダワー 2001）。枢軸国側は，その戦争目的の正当性を強調するために，戦争のこうした側面を強調する宣伝を行った。これに対して連合国側は，第二次世界大戦はイデオロギーをめぐる戦い（自由主義的民主主義国家である英米，および共産主義国家であるソ連を中心とする連合国と，ファシスト独裁国家であるドイツ，イタリア，および軍国主義国家日本からなる枢軸国の戦い）だと主張した。政治的には共産党一党独裁体制，経済的には国家統制経済をとるソ連は，本来ならば英米とイデオロギー的に対立する国家であった。なぜなら後者は，複数政党制に基づく議会主義をとり，資本主義に経済的な基礎を置いていたからである。しかし，反共主義，反自由主義的民主主義である日独伊という共通の敵を打倒するために米英ソは連合できた（有賀 2010：415-416）。そしてファシズムが打倒されると，今度は，自由主義的民主主義と共産主義という2つのイデオロギーが近代国家のあるべき姿を示す「モデル」だと考えられるようになった。第二次世界大戦後には，この2つのイデオロギーを体現していると自認する2つの国家──アメリカとソ連──が，この面でも台頭していくのである。

さらに第二次世界大戦は脱植民地化の流れを不可逆のものとした。1940年にフランスとオランダがドイツに敗北し，42年までには英仏蘭などの東南アジア植民地が日本の支配下に置かれたので，西欧による植民地支配が弱まり，今度はその日本が敗北することになった。後でみるように，戦後，西欧宗主国は植民地支配を再開しようと試みた。しかし一時的にとはいえ，大戦中に宗主国や支配国不在となったことで，帝国的支配の下に置かれてきたナショナリストたちは，これを打破する自信を抱くようになった。こうして1945年以降，植民地独立の動きが加速し，多くの新国家が誕生していった（木畑 2014）。

このように第二次世界大戦は国際政治に重大な変化をもたらすことで，第Ⅲ部で扱う冷戦と呼ばれる国際的対立の舞台を用意したといえる。大戦中からすでに米ソ間では，戦後国際秩序をめぐる考えの違いが明らかになりつつあった。その後，米ソ間の緊張は両国をリーダーとする東西両陣営間の対立へと発展し，ヨーロッパとアジアを東西に分断する国際政治体制を生む（**→7章**）。また，この冷戦対立は，世界大戦によって促された脱植民地化と絡まり合いながら展開していく。脱植民地化が進展した地域は第三世界と呼ばれたが，その政治指導者たちは大戦後，宗主国に対する武装闘争や，新国家の政治・経済体制をめぐる内戦を戦うことが多かった。そこに米ソやその同盟国が介入することで，第三世界の冷戦はしばしば武力行使を伴う「熱戦」へと発展し，冷戦の戦場はヨーロッパを超えてグローバルに拡大していくのである（→**8章**）。

引用・参考文献　Reference ●

有賀貞 2010『国際関係史―― 16世紀から1945年まで』東京大学出版会。
加藤陽子 2007『満州事変から日中戦争へ』（シリーズ日本近現代史⑤）岩波新書。
川島真・服部龍二編 2007『東アジア国際政治史』名古屋大学出版会。
木畑洋一 2014「アジア諸戦争の時代―― 1945-1960年」和田春樹・後藤乾一・木畑洋一・山室信一・趙景達・中野聡・川島真『東アジア近現代通史―― 19世紀から現在まで』下，岩波現代全書。
佐々木雄太 2011『国際政治史――世界戦争の時代から21世紀へ』名古屋大学出版会。
篠原初枝 2010『国際連盟――世界平和への夢と挫折』中公新書。
ジョル，ジェイムズ／池田清訳 1976『ヨーロッパ100年史』2，みすず書房（原著1973年）。
ソーン，クリストファー／市川洋一訳 1991『太平洋戦争における人種問題』草思社（原著1982年）。
田所昌幸 2001『アメリカを超えたドル――金融グローバリゼーションと通貨外交』中公叢書。
ダワー，ジョン・W.／猿谷要監修，斎藤元一訳 2001『容赦なき戦争――太平洋戦争における人種差別』平凡社ライブラリー（原著1986年）。
ナイ，ジョセフ・S＝デイヴィッド・A.ウェルチ／田中明彦・村田晃嗣訳 2013『国際紛争――理論と歴史〔原書第10版〕』有斐閣（原著2017年）。
中西寛・石田淳・田所昌幸 2013『国際政治学』有斐閣NLAS。
ヒットラー，アドルフ／平野一郎・将積茂訳 1973『わが闘争〔完訳〕』上・下，角川文庫（原著1925年〈上〉，27年〈下〉）。
ヒトラー，アドルフ／平野一郎訳 2004『続・わが闘争――生存圏と領土問題』角川文庫。
細谷千博 1993『日本外交の軌跡』NHKブックス。
Best, Antony, Jussi M. Hanhimäki, Joseph A. Maiolo and Kirsten E. Schulze 2015, *International History of the Twentieth Century and Beyond*, 3rd ed., Routledge.
Leffler, Melvyn P. 1994, *The Specter of Communism: The United States and the Origins of the Cold War, 1917-1953*, Hill & Wang.
Overy, Richard 2008, *Origins of the Second World War*, 3rd ed., Pearson Education.
Rich, Norman 2003, *Great Power Diplomacy since 1914*, McGraw-Hill.

第3部
冷　戦

PART 3

CHAPTER

第7章

冷戦の起源と分断体制の形成

ヨーロッパと東アジア

⬆**ポツダム会談**（1945年7-8月）。**前列は左から，アトリー英首相，トルーマン米大統領，スターリン・ソ連首相である。後列は左から，リーヒー元帥**（アメリカ），**ベヴィン外相**（イギリス），**バーンズ国務長官**（アメリカ）**である**（1945年7月1日，ポツダム。写真提供：dpa/時事通信フォト）。

INTRODUCTION

第二次世界大戦後に突出した国力をもつ超大国として台頭したのは，アメリカとソ連という，相対立するイデオロギーを標榜する２つの国家であった。戦後国際秩序をめぐる米ソの対立は大戦末期から次第に明らかになり，両国をリーダーとする２つの国家群――それぞれ西側（陣営）：東側（陣営）などと呼ばれた――の間で対立が発生した。冷戦と呼ばれたこの対立の結果，ヨーロッパは東西に，朝鮮半島は南北に，それぞれ分断された。そして分断されたヨーロッパの西側では，現在のEUへとつながるヨーロッパ統合の動きも生じていた。

1 米ソ冷戦の開始とヨーロッパの分断

米ソの安全保障構想と大国間の戦時協調

第二次世界大戦後に強国として台頭したのは，アメリカとソ連であった。とりわけアメリカは軍事的にも経済的にも優位に立っていた。しかしアメリカの指導者たちは，自国の安全に関する不安を払拭（ふっしょく）できなかった。第二次世界大戦の経験から彼らは，アメリカに敵対的な勢力にヨーロッパとアジアの人口や領土，資源を支配させてはならないという教訓を引き出していた。また，開放的な国際経済体制と世界全体の経済的繁栄が国際平和の前提条件であり，こうした世界の中でのみアメリカの安全を確保し，アメリカ的な生活様式を維持できるとも考えられた。それゆえアメリカは，第二次世界大戦中からブレトンウッズ体制や国際連合といった国際秩序の枠組みを作り，それを戦後も大国間協調を通じて維持しようとしていたのである。しかしその一方でアメリカの指導者たちは，大戦中に手に入れた軍事的優位を手放す気はなかった（McMahon 2003：8）。

自国の安全に大きな懸念を抱いていたのは，ソ連も同じであった。19世紀末以来，ロシア帝国とソ連は日露戦争，第一次世界大戦，対ソ干渉戦争，第二次世界大戦というように，繰り返し外敵（とりわけドイツと日本）の侵略を受けてきた。また，共産主義を信奉するソ連の指導者たちは，第二次世界大戦の同盟国である英米も，本質的にはソ連や共産主義に敵対的な資本主義国だと信じていた。外敵からの安全の確保が，戦後のソ連にとって最も重要な目的となったのは，そのためである。すでに第二次世界大戦中からスターリンは，ソ連の領土や，ソ連が独占的な介入の権利を主張できる勢力圏を拡大し，軍事力を展開するために重要な戦略的な権益を獲得することで，この目的を達成しようとしていた。

ヨーロッパにおけるソ連の利益にとって最も重要だったのは，ドイツによるソ連攻撃の橋頭堡（きょうとうほ）となった東欧であった。1939年9月にポーランド東部を占領したソ連は，翌年エストニア，ラトビア，リトアニアのバルト三国を併合した。そして対独戦を進めながら1945年5月までには東欧やバルカン半島においても占領地を拡大し，そこに親ソ的な共産主義者が権力を握る政権を設置することで勢力圏を作っていったのである。またアジアでは，日本が日露戦争の際にロシアから獲得した南樺太，大連港，海軍港である旅順，東清鉄道，南満洲鉄道といった満洲地域の権益，さらには千島列島を獲得することが目的となった。

F. D. ローズヴェルトやチャーチルと同じく，**スターリン**も大国間協調を望んでいた。それは日独の復活を防止し，ソ連の勢力圏や権益に関して米英両国の承認を得るために必要であった。また大戦で大きく損なわれたソ連経済を復興させるためには，アメリカの経済援助が必要であった。そのためソ連の態度は，重要な利害は「可能なら同盟国［米英］の同意に基づいて，必要なら同意なしでも」確保するというものとなった（Pechatnov 2010：95）。

大戦末期のアメリカとイギリスは，こうしたソ連の安全保障上の必要性に一定の配慮を示した。ドイツと日本を降伏に追い込み，戦後国際秩序を形成・維持するためにはソ連との協調が望ましかったからである。それゆえ1945年2月に黒海沿岸のヤルタで開催された首脳会談の際に，米英はドイツの敗戦後2，3カ月のうちにソ連が対日参戦することと引き換えに，ソ連が南樺太や千島列島，満洲の諸権益を得ることに合意したのである。また両国は，基本的には東欧におけるソ連の勢力圏を容認する姿勢をみせた。

ただし米英両国は，東欧やバルカン半島におけるソ連の行動に一定の制限を加えようともしていた。たとえば1944年10月にチャーチルは，スターリンに対して有名なパーセンテージ協定を提案している。これは，ルーマニア，ブルガリア，ハンガリーではそれぞれソ連が90，75，50%，ギリシャではイギリスが90%の支配権をもつといった具合に，東欧やバルカン半島における英ソの勢力範囲を定めようとするものであった。また，ヤルタ会談の際にF. D. ローズヴェルトは「解放ヨーロッパに関する宣言」を提案した。これは，ドイツの占領から解放された諸国において，すべての民主的勢力を代表する暫定政府を設置し，その後可能な限り早期に自由選挙を実施するというものであった。さらに，米英首脳は，共産主義者が主要勢力となっていたポーランド暫定政府に，反共主義的なロンドン亡命政府の構成員を参加させるよう要請した。スターリンはいずれの提案にも同意したが，ヤルタ会談後もポーランド国内で反共主義的な政治勢力を逮捕するなど，東欧支配を強化していったのである（Zubok 2009：22）。

戦時協調の崩壊

1945年4月にF. D. ローズヴェルトは急死し，憲法上の規定によって副大統領のトルーマンが大統領に就任した。そして翌月にはドイツが降伏した。米英ソの協調に暗雲が立ち込め始めたのは，この頃からである。米英はポーランド問題に関するヤルタ合意を履行するようソ連側に強く要求し，5月中旬にアメリカは武器貸与法に基づくソ連への援助打ち切りを通告した。ソ連にとって，こうしたアメリカの動きは外交的な圧力にほかならなかった。

1945年7月半ばから8月初めにかけて，米英ソの首脳はベルリン郊外のポツダムに集まり，ヨーロッパとアジアの戦後について話し合った（7月5日のイギリス総選挙で保守党が敗北したため，会談の前半はチャーチルが，後半は労働党のアトリー新首相が参加した）。しかし，東欧諸国の政治体制や敗戦後のドイツの取り扱いをめぐって会談は紛糾した。トルーマンが原爆の爆発実験に成功したという秘密報告を受け取ったのは，この会談の最中であった。当時アメリカ政府内部では，対日戦の早期終結に向けて，日本本土上陸作戦の準備が進められていた。しかしトルーマンは，米兵に多大な人的犠牲を伴うことが確実な本土上陸作戦を，可能な限り回避したいと考えていた。また，ヤルタ会談の際にアメリカは，スターリンから対日参戦の確約を得ていたが，ヨーロッパ情勢をめぐる米ソ間の意見の対立が明らかになりつつある中，対日参戦によってソ連にヤルタで合意された諸権益を与え，アジアにおけるその存在感を拡大させることは望ましくなかった。そして，トルーマンらは原爆を使用して日本を降伏に追い込めば，この2つのリスクを回避できると考えたのである（ウォーカー 2008）。

8月6日に広島，その3日後には長崎に原爆が投下された。スターリンは原爆の使用をソ連に対する威嚇（いかく）とみなし，それに屈しない決意を固めていた。ソ連の対日参戦の前に日本が降伏すれば，アメリカはヤルタで約束したアジアの諸権益の引き渡しを拒否するかもしれない。そのためスターリンは，当初の予定を繰り上げて8月8日に参戦し，満洲，南樺太，千島列島を占領した（長谷川 2011）。さらに8月20日には，原爆開発に着手するよう命令した。

米ソ冷戦の始まり

1945年の秋から冬にかけて米英とソ連の関係はさらに悪化していった。東欧では1945年11月にハンガリーとブルガリアで選挙が行われたが，ソ連は政治的な介入や不正選挙によって共産主義者を中心とする政権を確立した（Gilbert 2015：20-21；ジョル 1976：274-276）。また，対立は中東でも深まりつつあった。ソ連海軍の行動を容易にするために，スターリンは大戦中からトルコに対して，黒海と地中海をつなぐ海峡地域の共同管理とソ連海軍基地の建設を受け入れるよう圧力をかけていた。また独ソ戦の開始後，イランは対ソ援助に必要な経路を確保するために英ソの占領下に置かれた。しかしヤルタ会談で戦後6カ月と合意された撤退期限後も，ソ連はイランからの撤兵を拒否した。スターリンはイランにおける石油利権獲得を望んでいたのである（→**8章**の図8.3）。

東欧や中東におけるこうしたソ連の行動は，ソ連に対する米英の指導者たちの懸念を高めた。1946年2月に米国務省のソ連専門家**ケナン**は，モスクワの米国大使館から送付した長文の電報の中で，次のようにソ連外交を分析している。ソ連は心理的・イデオロギー的な理由から西側を敵視しており，国内では社会主義に敵対的な資本主義諸国に包囲されていると喧伝することで全体主義体制を維持しようとしている。また，ソ連は機会があれば西側の力を弱め，その勢力を拡張しようともしている。この分析に基づいてケナンは，対ソ協調を放棄し，ソ連の影響力拡大を阻止する戦略に転換すべきであると説いた（翌47年にケナンは，「X」という筆名で発表した論文の中で，ソ連の膨張を封じ込めるべきだと主張した。その後，アメリカの対ソ戦略は「封じ込め戦略」と呼ばれるようになる〈ケナン 2000〉）。そして3月5日には，すでに首相の座を退いていたチャーチルもミズーリ州フルトンにおいて，東西ヨーロッパをまたぐ「鉄のカーテンが下ろされた」と演説し，ソ連の脅威が拡大しつつあると強調した。

米英にとってソ連は新たな脅威となりつつあった。ただしソ連が，アメリカや西欧に対して軍事攻撃を仕掛けると考えられてはいなかった。ソ連はドイツとの戦争で疲弊（ひへい）しており，核兵器を独占するアメリカは軍事的にも優位に立っていた。しかし，アメリカの指導者たちは，ソ連が第二次世界大戦後の政治状況を利用しうると考えていた。ソ連共産党の指導下に置かれた世界各地の共産主義者が，ヨーロッパの政治的・経済的混乱，地中海地域（とくにギリシャ）や中国の内戦，東南アジアの独立運動（→**8章**）などを利用して政権を獲得し，親ソ的な共産主義国家が生まれることが恐れられたのである。

このように，すでに1946年末の時点で，ソ連に対するアメリカの認識は変化していた。興味深いのは，アメリカの対ソ政策の実質を大きく変化させるうえで重要な役割を果たしたのが，イギリスだったことである。イギリスにとって地中海・中東地域は，戦前・戦後を通じて重要な戦略的地域であった。それゆえイギリスは，大戦中に枢軸国によって占領されたギリシャへの上陸作戦によってこれを解放し，その後国内の共産主義勢力と戦う政権を支援してきた。しかし経済状況が悪化したため，1947 年以降もギリシャへの援助を継続することは困難になっていた。1947 年 2 月にイギリスは，ギリシャ・トルコに対する軍事・経済援助の打ち切りをアメリカ側に通告した。これを受けてトルーマン政権は，イギリスの撤退をきっかけに地中海，そして中東にソ連の影響力が拡大することを防がなければならないと結論づけた。その背後に存在したのは，中東の石油が西欧の経済復興にとっても死活的な重要性をもつという認識であった。それゆえアメリカは「イギリスの力の収縮によって生じた真空を埋め」ようとしたのである（Reynolds 2000：25-28）。

1947 年 3 月 12 日にトルーマンは議会で演説し，ギリシャとトルコに対する 4 億ドルの経済・軍事援助を承認するよう要請した。**トルーマン・ドクトリン**として知られるようになるこの演説においてトルーマンは，世界が今や「自由世界」と抑圧的な「全体主義世界」に分かれており，アメリカは自由と独立を守るために戦っている諸国民を助けるべきであると主張した。実際にはソ連は，ギリシャの共産主義勢力を支援してはいなかった。東欧やトルコでの行動はともかく，ギリシャに関してスターリンは，チャーチルとのパーセンテージ協定を守っていたといえる。しかしトルーマンは，新たな対外関与やそのための財政負担について，国民や議会の支持を取り付けるためには大きな「ショック」を与えることが必要だと考え，ソ連や共産主義の脅威をことさら強調したのである。

 ヨーロッパ分断への道

マーシャル・プランからドイツ分断へ

トルーマン・ドクトリンが発せられた 1947 年初め，西欧諸国は猛烈な寒波に襲われていた。食糧や燃料が不足し，経済復興も停滞したままであった。そ

CHART 図7.1 ヨーロッパ東西対立の中のドイツ分断

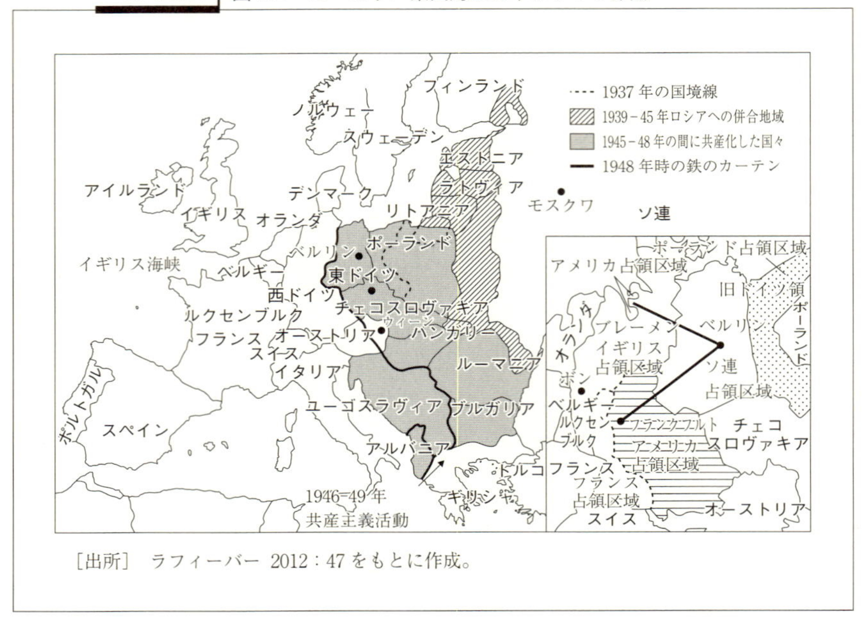

［出所］ ラフィーバー 2012：47をもとに作成。

してアメリカは，こうした状況が西欧諸国において共産主義勢力の拡大をもたらすことを強く懸念したのである。そこで6月初めにマーシャル米国務長官は，ソ連・東欧を含む，ヨーロッパ全体の経済復興のために大規模経済援助を行う用意があることを公表し，ヨーロッパ側に共同の復興計画を提出するよう要請した。この**マーシャル・プラン**の中で最も重視されていたのは，西欧全体の経済復興のカギとなると考えられたドイツであった。

1945年5月に降伏した後のドイツは，その西部を米英仏が，東部をソ連が担当する分割占領の下に置かれていた。また首都ベルリンも同じように分割占領されていた（ドイツ占領管理へのフランス参加は，ヤルタ会談で合意された）。ただしドイツ国境は戦前のそれとは異なっていた。ソ連は1939年に占領したポーランド東部をソ連領としたうえで，ドイツ占領後は，オーデル川・西ナイセ川より東側のドイツ領をポーランドに割譲していたからである（→図7.1）。ドイツの戦後処理に関する基本方針については大戦中から繰り返し議論されたが，ポツダム会談では，分割占領されたドイツを最終的に統一したうえで平和条約を締結し，またドイツ東部国境もその平和条約で画定するという方針が確認された。

しかし1945年秋以降，ドイツをめぐる米英仏ソの対立は次第に深まっていった。対立の原因は一つはドイツからの賠償問題であった。ドイツの攻撃によって，その産業基盤に大きな被害を受けたソ連は高額の賠償取り立てを求めていた。他方，米英は，ドイツの産業が復興しなければ西欧全体の経済復興は達成できないと考えていた。1946年になると占領経費の負担に耐えかねたイギリスが，米英の占領地域を統合するようアメリカに要請し始めた。そして両国は，西部ドイツ国家を樹立して西欧の経済復興計画に組み込むことを決断し，マーシャル・プランが発表された。

マーシャル国務長官の演説を聞いてすぐに行動を起こしたのは，イギリスのベヴィン外相とフランスのビドー外相であった。西欧の状況について彼らは，トルーマン政権と同じような懸念を抱いていた。そのためヨーロッパにおいてアメリカがより積極的な役割を果たすことは，英仏をはじめ西欧諸国の「経済・政治・安全保障上の必要性に合致するもの」であった。6月末にベヴィンとビドーは復興計画に関するパリ会議を開催し，7月には援助の受け入れを調整する欧州経済協力委員会（CEEC）の設置が決定された。英仏は，マーシャル・プランの受け入れ基盤を作るうえで重要な役割を果たしたのである（McMahon 2003：30）。

マーシャル・プランの発表は，東西関係の転換点となった。それまでスターリンは対米協調の方針を完全に捨て去ってはいなかった。トルーマン・ドクトリン演説の数日後，彼はマーシャルに，米ソの立場の違いはまだ解決可能だと伝えていた（Cohen 2015：43）。しかしスターリンは，東欧諸国がマーシャル・プランに参加すれば，経済援助を通じて東欧に対するアメリカの影響力は強まり，ソ連の勢力圏が損なわれると判断した（実際のところアメリカは，ソ連・東欧は参加しないと見越したうえで，マーシャル・プランをヨーロッパ全体に対する援助計画として提案していた）。そのためいったんは復興計画会議に参加したソ連は，まもなくそれを退席し，東欧諸国にも同会議への参加を禁じた。

スターリンは東欧諸国への統制強化にも着手し，1947年9月に各国共産党の連絡会議であるコミンフォルムを設立した。1948年2月には共産党を中心とする連立政府が存在していたチェコスロヴァキアでクーデタが発生して共産党による一党支配が確立した。さらに1949年1月にはソ連と東欧の経済関係の強化を目的とする経済相互援助会議（コメコン）も設置された。

このようなソ連の動きに西欧諸国は警戒心を高め，ヨーロッパ分断への動きはさらに強まった。1948年6月までに米英仏とベネルクス三国（ベルギー，ルクセンブルク，オランダ）は西側占領地区を統合して西ドイツ政府を設置することに合意し，また同じ月にはマーシャル・プランに西ドイツを組み込むために，西側占領地区内での通貨改革も実施された。このような西側の措置に対抗するため，ソ連はドイツの西側占領地区と西ベルリンの間の交通路（陸路・水路）を遮断した。ベルリンはソ連地区の奥深くにあり，東欧でソ連の地上兵力は西側に対して圧倒的な優位に立っていた。こうした西ベルリンの弱点を利用してソ連は，西ドイツ建国を妨げようとした。こうして「ベルリン封鎖危機」が始まったのである。

米英の指導者たちは，西ベルリンでは軍事的にソ連に対抗できないことを承知していた。戦争を回避しつつ西側の対抗意志を示すために，トルーマン政権は，西ベルリン市民に対する大規模な物資空輸作戦を実施した。空輸は1年間にわたって続き，スターリンもまた米英との戦争を望んでいなかったので，1949年5月にソ連は封鎖を解除した。こうして西ドイツの建国はもはや不可避となり，ソ連も東ドイツ国家の建設に踏み切る決定を下した。そして1949年秋にはドイツ連邦共和国（西ドイツ）とドイツ民主共和国（東ドイツ）という2つのドイツ国家が誕生した。

ベルリン封鎖危機はまた，西欧の軍事的な安全保障枠組みの形成を促した。すでに1948年3月には，ベヴィン英外相の呼びかけに応じて，英仏とベネルクス三国が相互の防衛協力を謳（うた）ったブリュッセル条約を締結していた。さらにベヴィンは，アメリカに，より広範な西側の安全保障協力に参加するよう説得し続けた。ベルリン封鎖危機はこうした枠組みの必要性を西側諸国に再認識させ，1948年後半にはブリュッセル条約参加国とカナダ，アメリカの間で交渉が行われた。その結果，1949年4月，この7カ国にイタリアなどさらに4カ国が参加して北大西洋条約（North Atlantic Treaty）が調印された。まもなく加盟国は共同防衛のための統合軍事機構の設置作業を開始し，調印から約1年後には北大西洋条約機構（NATO）の基本的な仕組みが整えられたのである（金子 2008：30-33）。

冷戦の開始をどのようにみるか

前節と本節で検討した1945年夏以降の国際関係の流れを大きな視点からみてみると，米ソは次第に**セキュリティ・ジレンマ**と呼ばれる状況へと陥っていったことがわかる。これはA国の安全強化のための行動が，B国の安全上の不安を高めて対抗手段をとらせ，それに脅威を感じたA国がさらに対抗手段をとるという悪循環を生み，その結果としてA，B両国の安全がかえって損なわれるという状況である。しかし冷戦の始まりのすべてを，米ソ両国の安全確保のための行動から説明することはできないだろう。第二次世界大戦によって荒廃したヨーロッパの政治・経済・社会状況や，やはり大戦によって疲弊したイギリスの力の衰えが，アメリカの積極的な行動の背景となっていたからである。またドイツ分断やマーシャル・プランの実施，NATOの設立を英仏両国が主導したことを考えれば，東西対立が高まり，ヨーロッパの分断が進展する過程で西欧諸国が果たした役割も見逃せない。そして同じ時期にはまた，朝鮮半島と中国を舞台にして東アジアでも米ソの対立が深まっていたのである。

東アジアにおける冷戦の始まり

第二次世界大戦後の東アジア情勢

1940年代後半にはヨーロッパ以外の地域でも冷戦が始まりつつあった。第二次世界大戦はアジアにおける西欧の帝国主義的支配を弱め，アジアのナショナリストたちは政治的独立を求めて宗主国と戦い，あるいは，新国家の政治体制をめぐって互いに争い始めていた（→**6章**）。こうした動きは中東やアフリカなどでも広くみられたが（→**8章**），本章では東アジア情勢に目を向けることにしよう（→図7.2）。

1945年8月に米ソは北緯38度線を境界とする朝鮮半島の分割占領に合意した。19世紀以来，ソ連にとって朝鮮半島は戦略的な重要性をもつ地域であった。8月8日に対日戦を開始したソ連は満洲から朝鮮半島へと進軍したが，半島の全体がソ連の占領下に入ることを恐れたアメリカは分割占領を提案し，ス

CHART 図7.2 第二次世界大戦後の東アジア

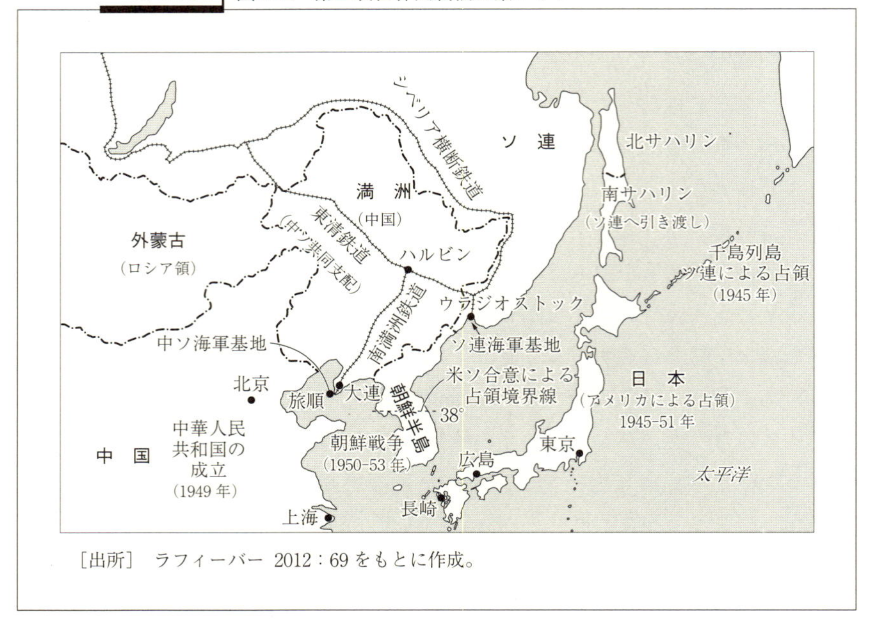

［出所］ ラフィーバー 2012：69をもとに作成。

ターリンもこれを受け入れた。12月に米ソは朝鮮半島の独立に関して議論するための共同委員会を設置したが，結論が出ないまま，1946年5月に委員会は休会した。その間，米ソはそれぞれの占領地域に，反共産主義者の李承晩と，戦前に満洲で抗日ゲリラ活動に従事した金日成が主導する事実上の暫定政府を設置した。そして1948年8月には，李承晩を大統領とする大韓民国（韓国）と金日成の率いる朝鮮民主主義人民共和国（北朝鮮）の創設が宣言された。

中国大陸では1946年に蔣介石の率いる国民政府と毛沢東の中国共産党の間で内戦が勃発した。戦後アメリカは，国民党が主導する国共連立政権を打ち立て，新憲法の下で民主化された中国を東アジアにおける秩序維持のパートナーにするという方針をとり，国共の調停を試みた。他方，1945年から47年にかけてスターリンは共産党を援助しながら，国民党との関係も慎重に維持していた。彼は，毛沢東のことを信頼しておらず，また内戦の行方を慎重に見極めようとしていたのである。

1948年後半までに共産党の優位が確実になり，ヨーロッパでの米ソ対立も深まると，スターリンは共産党との関係強化へと踏み切った（Pechatnov 2010：

108)。1949年初めには中ソ間での協議が開始された。毛沢東らはソ連との「強い絆」と，新国家建設に対するソ連の援助を望んでいた。6月末にスターリンが中国に対する経済・軍事支援などを約束すると，7月1日に中国はソ連の率いる社会主義陣営に与(くみ)するという方針（「向ソ一辺倒」）を明らかにした。そして10月には中華人民共和国の建国が宣言された。他方，蔣介石は台湾に逃れ，中華民国政府を打ち立てた。毛沢東は1949年12月から3カ月にわたってソ連を訪問し，1950年2月には中ソ友好同盟相互援助条約が調印された（川島・毛里 2009：6，7章）。

こうした東アジア情勢の変化を受け，アメリカの対日政策も変更された。降伏後の日本はアメリカを中心とする連合国の占領下にあったが，アメリカは占領政策の主眼を日本の民主化と非軍事化に置いていた。日本が軍国主義的な国として復活するのを防止するためである。しかし，ヨーロッパとアジアで冷戦が深まった1947年ごろから，アメリカは日本の経済復興を重視するようになっていった。トルーマン政権は，ソ連が日本を軍事攻撃するとは考えていなかった。しかし，日本経済の復興が遅れれば不安定な政治状況が生まれ，共産主義者が力を伸ばす恐れがあると考えられた。また，戦前の日本は輸出市場と原材料の輸入先を中国大陸に求める傾向があった。そのため共産化した中国に日本が接近し，東側に取り込まれることへの危惧が強まった。そしてアメリカは，中国市場に対する日本の関心をそらすため，日本と東南アジアを経済的に結合する政策を検討した。それは，日本が東南アジアの安価な原材料を用いて工業製品を生産し，それを再度，東南アジアに輸出することで経済的に自立するというものであった。他方，東南アジア諸国は工業基盤と物資が不足し政治的にも不安定であったので，共産主義勢力が力を伸ばしてソ連の影響力が拡大することが懸念されていた。そのため比較的安価な日本の工業製品が流入すれば，東南アジア諸国の経済・社会にとって大きな助けになると考えられた（李 1993：192-193）。次章でみるように，アメリカは1950年には本格的にインドシナ情勢に関与し始めるが，その背後にはこのような戦略が存在していた。

ヨーロッパやアジアにおける情勢の悪化に加えて，1949年9月にソ連が原爆開発に成功したことも，アメリカに大きな衝撃を与えた。前節まででみてきたように，ヨーロッパにおいて冷戦が進展していく中，アメリカはソ連に対して常に先手を打ってきた。その背後にあったのは，原爆の独占によって軍事的に優位に立っているという考えであった。しかし，ソ連が原爆実験に成功したことで，ついにその前提が崩れたのである。そこでトルーマンは1950年1月，原爆の数百倍の破壊力をもつ水素爆弾（水爆）の開発を決定した。さらに彼は冷戦政策を包括的に再検討することを命じた。4月に提出された国家安全保障会議（NSC）文書68と呼ばれる報告書においては，ソ連は世界制覇のための「基本計画」をもっており，その外交政策は好戦的で軍事力に依拠したものであると分析されていた。そして，ソ連に対抗するために国防費を大幅に増額し，大規模な軍拡を行うことが勧告された。トルーマンはNSC 68の結論を支持していたが，国防費の増額が国家財政に与える悪影響を懸念して，その承認をためらっていた。しかし，こうした状況を大きく変える出来事が朝鮮半島で発生したのである。

朝鮮戦争の勃発と展開

韓国内では，すでに1948年から共産主義者の率いる武装勢力がゲリラ戦を開始し，これを弾圧しようとする政府との間で戦闘が展開されていた。金日成は南部のゲリラ活動を支援する一方，1949年以降，武力による朝鮮統一の許可をスターリンに要請していたが，スターリンはこれを拒否し続けた。アメリカが介入して，米ソ戦争が起こることを恐れていたからである。しかし1950年4月に金日成がソ連を訪れた際，ついにスターリンは武力統一を許可した。ソ連の原爆保有や共産中国の成立，中ソ同盟条約の締結が，アメリカの介入に対するスターリンの見通しを変化させたためであった。また，1950年1月にアメリカが，日本からフィリピンへと至る線をアメリカのアジアにおける防衛範囲と設定する（つまり中国大陸と朝鮮半島は除外する）という方針を明らかにしたことも，彼の判断に影響を与えたようである。だがスターリンは，なおも慎重な姿勢を崩さなかった。事実，金日成との会談で彼は，アメリカが介入してもソ連は戦闘に参加しないと念を押したのである（Weathersby 2002：8-12）。

6月25日に38度線を越えた北朝鮮軍は，韓国軍を撃破してソウルを占領した。スターリンの予想に反してアメリカは介入に踏み切り，国連に働きかけて米軍を中心とする国連軍の派遣を承認させた。北朝鮮の攻撃はソ連の指示によるものと確信していたトルーマンは，東側が朝鮮半島で勝利して，西欧や日本が次の攻撃対象となることを恐れていた。また朝鮮半島における共産主義者の攻撃に対処できなければ，アメリカが同盟国を防衛するという「信頼性」が失われて同盟体制を動揺させ，結果としてアメリカの安全にとって大きな問題になると考えられた。こうした理由からトルーマンは介入に踏み切ったのである。

戦況は当初，北朝鮮優位で展開した。しかし米軍の介入が戦局を大きく変化させたため，1950年9月，トルーマンは38度線を越えて朝鮮半島を軍事的に統一するよう命じた。脅威を感じた毛沢東は10月半ばに北朝鮮を援護するために派兵を決定した。中国本土に戦争が波及したり，中国と国境を接する朝鮮半島北部が米軍に占領されたりすることを恐れたのである。激しい戦闘はその後2年間続き，戦局は38度線付近で膠着（こうちゃく）状態に陥った。結局，この38度線を南北の境界とする停戦合意が1953年7月に成立するまで戦闘は続いた。

朝鮮戦争の影響

朝鮮戦争は交戦諸国に甚大な人的・物的被害をもたらしただけでなく，その後の国際関係の展開に大きな影響を与えた。

朝鮮戦争をきっかけにアメリカの国防費は，NSC 68の提案に沿って4倍近くまで増額された。さらにトルーマン政権はヨーロッパとアジアの両方で同盟体制の強化に努めるようになった。アメリカや西欧諸国は，朝鮮戦争をソ連の攻撃的な政策の表れとみなし，NATOの防衛力を強化するために西ドイツの再軍備が必要だと考えるようになった。とくに西欧諸国は，ヨーロッパではソ連の陸上兵力が西側に対して圧倒的な優位に立っており，いったん戦争が始まれば西欧はソ連軍によって瞬く間に席巻されると考えていた。こうした同盟国の懸念を払拭するため，1950年9月にアメリカは西ドイツ再軍備を提案し，さらには在欧米軍の大幅増強とNATO軍の軍事司令部創設を進めていった。しかし次節でみるように，西側内部では西ドイツ再軍備をめぐって大きな議論が巻き起こるのである。

また，朝鮮戦争を契機にアメリカは対日講和にも力を入れ始めた。大統領特使として対日講和を主導したダレスは，日本をアメリカの同盟国として確保し，軍事的にソ連と対峙するために不可欠な日本本土と沖縄の米軍基地を維持しようと試みた。占領が長引けば反米感情が強まると考えたダレスは，早期講和を実現して日本国内の反米感情を抑制しようとしたのである。またアメリカは日本の再軍備も検討していた。日本の吉田茂（よしだしげる）首相とダレスとの間で行われた約1

年間の交渉の末，1951 年 9 月にサンフランシスコ平和条約が結ばれ，日本は独立を達成した。また，このとき同時に日米安全保障条約が締結され，アメリカは日本本土の各地と沖縄に軍隊の駐留権を得た。

対日講和を推進する一方，アメリカはフィリピンと防衛条約を，オーストラリア，ニュージーランドとは軍事同盟条約である ANZUS 条約を締結した。大戦中に日本と敵対したこれらの諸国は，日本の独立と再軍備に反対していた。そこでアメリカは，日本に対する懸念を払拭するために，これらの条約を締結したのである。次節で詳しく議論するアメリカの対西ドイツ政策と同じように，アメリカの対日政策にもまた，日本を対ソ・共産主義防衛のために西側に組み込む一方，日本が再び周辺諸国の脅威となることを抑制する「二重の封じ込め」の側面があったといえる（菅 2016：277）。

朝鮮戦争はアメリカが国防費を大幅に増額し，同盟体制の強化を促すことで，東西対立の構造をさらに固定化しただけでなく，次の 2 つの意味でアジアにおける対立の構図を強めた。1 つ目は朝鮮半島の南北分断である。1953 年以降，2018 年になっても平和条約が締結されずに南北間の「停戦」状態は続いたままである。2 つ目は米中冷戦の固定化である。朝鮮戦争で，米中が直接戦闘を行ったことにより，アメリカと中国の間の敵対関係が定着した。この米中間の対立は，1970 年代初めに米中和解が達成されるまで（→**9 章**），この後 20 年以上にわたって続くことになる。

4 分断体制の確立とヨーロッパ統合の始まり

フランスのジレンマとヨーロッパ統合の始動

第 2 節でみたように，1940 年代末までにアメリカの冷戦戦略における西ドイツの重要性は高まっていった。しかし，このことはフランスにジレンマを突き付けた。19 世紀以来，三度にわたってドイツの攻撃を受けたフランスは，ドイツの弱体化を望み，対独政策について当初はソ連と協調する傾向が強かった。そのためフランスは，アメリカによる経済援助を望む一方，マーシャル・プランによって経済復興を果たした西ドイツが，ヨーロッパの強国として再び台頭することを恐れていた。とくに危惧されたのは，軍需産業の基礎となりうる石炭・鉄鋼業の復興であった。しかしその一方でフランスの指導者たちは，第一次世界大戦後の「復讐主義的なドイツ弱体化政策」がヒトラーの台頭を招いたことを反省していた。またアメリカが対独政策を転換していく中で弱体化政策を維持することも困難になりつつあった。そのため新しい発想に基づく解決が必要だと考えられるようになった（遠藤 2014：100-102）。

こうした新しい発想を具体的な政策へと昇華させたのが，フランスのモネ計画庁長官であった。モネの提案を基に，1950 年 5 月の記者会見でシューマン外相は，シューマン・プランを発表した。これは，仏独両国の石炭・鉄鋼生産を，西欧諸国が参加する超国家的な高等機関の管理下に置くというものであった。これによって，両国の国境地帯にあるルール地方の石炭・鉄鋼産業をめぐる長年の対立を永久に解決することがめざされた。さらにこの計画は，将来のヨーロッパ連邦形成への一里塚としても位置づけられていた。

フランスが重視していたのは西ドイツとアメリカの支持であった。モネの構想を伝えられたアデナウアー西ドイツ首相は，すぐにこれを歓迎した。前年 9 月に西ドイツの初代首相に就任したアデナウアーは，アメリカを中心とした西側諸国との結び付きを強める「西側結合」政策を進めていた。西ドイツの建国に際しては，戦勝国である米英仏ソが，再統一されたドイツと平和条約を締結するまではドイツ問題やベルリンの地位に関する決定権を留保するなど，独立後も西ドイツの主権は大きく制限されていた。そのためアデナウアーは，西側結合によって同盟諸国と対等な地位を獲得することで，主権回復を実現しようとしていた。また同時に彼は，西側同盟を強化し，強い立場からソ連に再統一を受け入れさせる「力の政策」を遂行しようともしていた。シューマン・プランへの参加は，こうした目的に資するものであった（板橋 2014）。

アメリカのアチソン国務長官もシューマン・プランを強く支持した。共産主義の脅威に対抗するために必要な西欧の経済的繁栄と政治的安定は，戦間期のように独仏両国が激しい敵対関係にあれば実現不可能であった。事実，その参加国に対して共同の経済復興計画を求めたマーシャル・プランも西欧の経済的・政治的結束を促すことを目的としたものであった（Ludlow 2010：181）。それゆえアメリカはフランスの提案を歓迎したのである。結局シューマン・プランは，独仏伊とベネルクス三国の 6 カ国間の交渉を経て，1951 年 4 月に**欧州**

石炭鉄鋼共同体（ECSC）条約が調印されて実現した。

ECSC交渉と同じ時期には，**西ドイツ再軍備**も大きな問題となった。1950年6月の朝鮮戦争は，ヨーロッパでも同様の攻撃が始まるのではないかという懸念を西側の指導者たちにもたらした。アメリカは西側の対ソ軍事力強化のために西ドイツ再軍備を提案したが，アデナウアーはこうした西側の軍事的な必要性を利用して，西ドイツの主権回復とドイツ再統一に対する西側諸国からの支持を得ようとした。ここでフランスをはじめとする西欧諸国は再びジレンマに直面した。西欧防衛のためには西ドイツ再軍備が不可欠だが，ドイツ国軍の復活は望ましくなかったからである。この問題に対応するためにモネと相談したうえで，プレヴァン仏首相が1950年10月に提案したのが，超国家的なヨーロッパ統合軍を創設して，そこに西ドイツの兵力を参加させ，それを欧州防衛大臣の指揮下に置くという欧州防衛共同体（EDC）構想（プレヴァン・プラン）であった。これはECSCという経済の領域で始まったヨーロッパ統合を，軍事の領域にも拡大させようという試みであった。

ヨーロッパの分断，NATO，ヨーロッパ統合

1952年5月，欧州防衛共同体（EDC）設立条約が調印された。しかし1954年8月にはEDC構想の提案国であるフランスの議会がその批准を拒否し，西ドイツ再軍備問題は再び行き詰まった。こうした状況を打開したのは，イギリスのイーデン外相であった。1954年9月に開催されたロンドン9カ国会議（参加国は米・英・仏・独・伊・加・ベネルクス三国）においてイーデンは，新たに設置された西欧連合（WEU）に西ドイツを加盟させることで，同国の兵力レベルを制限し，さらにフランスと他の西欧諸国の対独安全保障を確保するために，英軍がヨーロッパに駐留することを提案した。

こうして西ドイツ再軍備をめぐる基本的な枠組みが決定されると，米英仏3国は，東ドイツの国家承認を拒否してきた西ドイツを，東西両ドイツをまたいだ全ドイツにおけるただ一つの正統政府と認め，西ドイツ主導での再統一を支持することを声明した。また，ドイツ東部国境の最終画定は統一ドイツとの講和会議まで待たなければならないこと，さらに西ベルリンに対する攻撃を米英仏に対する攻撃とみなし，同市の安全に関与する姿勢も打ち出した。西ドイツの側でも西欧諸国への安心供与のために，核・生物・化学兵器をその領内で生

産しないことを誓約した。そして，翌月に開催されたパリ9カ国会議において，西ドイツの再軍備とNATO加盟を認めるパリ協定が締結された。1955年5月に西ドイツはNATOに加盟し，ベルリンやドイツ問題に関する戦勝国の権利を除いて，その主権の大半を回復した。この動きに対抗するために，ソ連が東欧の7カ国とともにワルシャワ条約機構を設立することを発表したのは，その数日後のことであった。こうしてヨーロッパでは，2つの軍事同盟が対峙する状況が生まれたのである（岩間 1993）。

パリ協定では，西側の対ソ防衛力強化のために再軍備された西ドイツがNATOに参加する一方で，西欧諸国に西ドイツからの安全を保証するために米英がヨーロッパに兵力を展開することが約束された。そのためNATOに基礎を置く西側の安全保障体制の特徴は，対ソ・対独「二重の封じ込め」と呼ばれる。こうして安全保障問題がアメリカに依存するかたちでNATOに委ねられることで，西欧諸国間では互いの安全保障・防衛問題を議論する必要がなくなった。このことはのちの欧州連合（EU）へとつながる，ヨーロッパ統合の進展に大きな意味をもった。NATOは「その内側で……西欧諸国が，安心して経済統合を進める」ことを可能にしたからである（遠藤 2014：144，311-314；Ludlow 2010）。

事実，1950年代後半以降，ヨーロッパ統合は経済分野を中心に進展していった。1955年6月にイタリアで開催されたメッシーナ会議にはECSC 6カ国が集い，原子力エネルギー分野での統合を進めることや，欧州共同市場の設置をめざすことが合意された。そして1957年3月に締結されたローマ条約を受けて，58年1月に欧州経済共同体（EEC）と欧州原子力共同体（EURATOM）が発足し，ECSCと合わせて統合の主軸となっていくのである。

こうして1950年代半ばまでにはヨーロッパの東西分断体制はほぼ確立し，これは冷戦終焉まで続いた。この意味でヨーロッパの国際体制は相対的な安定の時期に入ったともいえる。しかし1950年代末には東西間でドイツとベルリンの地位をめぐる核戦争の危機が生じる（→**8章**）。またヨーロッパでの安定をよそに，1950年代には第三世界をめぐる東西対立も深まっていくのである。

引用・参考文献 **Reference**

板橋拓己 2014『アデナウアー——現代ドイツを創った政治家』中公新書。

岩間陽子 1993『ドイツ再軍備』中公叢書。
ウォーカー，J・サミュエル／林義勝監訳 2008『原爆投下とトルーマン』彩流社（原著 2004年）。
遠藤乾編 2014『ヨーロッパ統合史〔増補版〕』名古屋大学出版会。
金子譲 2008『NATO 北大西洋条約機構の研究——米欧安全保障関係の軌跡』彩流社。
菅英輝 2016『冷戦と「アメリカの世紀」——アジアにおける「非公式帝国」の秩序形成』岩波書店。
ケナン，ジョージ／近藤晋一・飯田藤次・有賀貞訳 2000『アメリカ外交50年』岩波現代文庫（原著 1951年）。
ジョル，ジェイムズ／池田清訳 1976『ヨーロッパ100年史』2，みすず書房（原著 1973年）。
長谷川毅 2011『暗闘——スターリン，トルーマンと日本の降伏』上・下，中公文庫。
川島真・毛里和子 2009『グローバル中国への道程——外交 150 年』（叢書中国的問題群 12）岩波書店。
李鍾元 1993「東アジアにおける冷戦と地域主義——アメリカの政策を中心に」鴨武彦編『アジアの国際秩序——脱冷戦の影響』（講座 世紀間の世界政治 第3巻）日本評論社。
ラフィーバー，ウォルター／平田雅己・伊藤裕子監訳 2012『アメリカ vs ロシア——冷戦時代とその遺産』芦書房（原著 2008年）。
Best, Antony, Jussi M. Hanhimäki, Joseph A. Maiolo and Kirsten E. Schulze 2015, *International History of the Twentieth Century and Beyond*, 3rd ed., Routledge.
Cohen, Warren I. 2015, *The New Cambridge History of American Foreign Relations, vol. 4: Challenges to American Primacy, 1945 to the Present*, Paperback ed., Cambridge University Press.
Gilbert, Mark 2015, *Cold War Europe: The Politics of a Contested Continent*, Rowman & Littlefield.
Ludlow, N. Piers 2010, "European Integration and the Cold War," in Melvyn P. Leffler and Odd A. Westad eds., The *Cambridge History of the Cold War, vol. 2: Crises and Détente,* Cambridge University Press.
McMahon, Robert J. 2003, *The Cold War: A Very Short Introduction*, Oxford University Press.
Pechatnov, Vladimir O. 2010, "The Soviet Union and the World, 1944-1953," in Melvyn P. Leffler and Odd A. Westad eds., *The Cambridge History of the Cold War, vol. 1: Origins*, Cambridge University Press.
Reynolds, David 2000, *One World Divisible: Global History since 1945*, W. W. Norton.
Weathersby, Kathryn 2002, "'Should We Fear This?': Stalin and the Danger of War with America," Cold War International History Project Working Paper, no. 39 (https://www.wilsoncenter.org/sites/default/files/ACFAEF.pdf).
Zubok, Vladislav, M. 2009, *A Failed Empire: The Soviet Union in the Cold War from Stalin to Gorbachev*, Paperback ed., University of North Carolina Press.

CHAPTER

第8章

グローバル化する冷戦

脱植民地化の影響と危機の時代

⬆**バンドン会議**（1955 年 4 月）。**手前にみえるのは周恩来首相**（中国）。**一人おいてナーセル**（エジプト）**の姿もみえる**（バンドン。写真提供：dpa／時事通信フォト）。

INTRODUCTION

1950 年代半ばまでに分断が確立したヨーロッパの冷戦は次第に「安定化」していった。他方，第二次世界大戦後，第三世界と呼ばれたアジアや中東，アフリカや中南米では脱植民地化の流れが不可逆なものとなり，そこに米ソやその同盟国が介入したことで，冷戦と脱植民地化は互いに影響を与え合いながら展開していった。冷戦がグローバル化し，また第三世界においてしばしば武力行使を伴う「熱戦」が戦われることになったのは，そのためであった。さらに 1950 年代後半には再び米ソ間の対立が高まり，それは 1962 年のキューバ・ミサイル危機で頂点に達するのである。

1 ヨーロッパ冷戦の「安定化」と東欧の動揺

東西緊張緩和の模索

前章でみたように1955年までにヨーロッパでは2つの軍事同盟が対峙するようになった。すでに1952年11月にはアメリカが，翌1953年8月にはソ連が水爆実験に成功しており，軍事的な面に目を向ければ，1950年代半ばまでに冷戦は硬直化しつつあったといえる。しかしその一方で，同じころには東西間の緊張緩和をめざす動きも出始めていた。

1953年には米ソ両国で指導者が交代した。アメリカでは1月に共和党のアイゼンハワーが大統領に就任し，ソ連では3月にスターリンが死去して集団指導体制へと移行した。ベルリン封鎖から朝鮮戦争にいたるスターリンの政策は，アメリカの軍拡や水爆開発，北大西洋条約機構（NATO）創設や西ドイツ再軍備をもたらしてソ連の安全保障上の懸念を高めていた。こうした状況にソ連の新指導部は，スターリンの外交路線を転換する「非スターリン化」で対処しようとした。スターリンはアメリカの国力を削ぎ，ソ連や東欧の体制強化へ向けた時間稼ぎを行うために朝鮮戦争の継続を図ろうとしていた。しかし，新指導部は米ソ直接対決の危険をはらむ戦争を終わらせようとし，1953年7月には停戦協定が結ばれた（Zubok 2009：80-86，102；Mastny 2010：313）。8月8日にはマレンコフ首相が演説し，ソ連の水爆保有を公表した。その一方で彼は，米ソ間に存在する問題を平和的な手段で解決することは可能であり，米ソ2つのシステムの「平和共存」を支持すると述べた。

緊張緩和と平和共存を強調するソ連の新しい外交路線は，米ソ対決の可能性を低下させるだけでなく，西欧諸国における反ソ感情を和らげ，西側の対ソ政策の分裂を促すことでNATOの結束を切り崩そうとするものでもあった。また西側諸国との関係を改善して貿易を拡大し，経済発展に必要な投資や技術を呼び込むことも考えられていた。こうした目的を念頭にソ連は，たとえば，1954年2月の米英仏ソ外相会談の際に，欧州安全保障条約を締結したうえでドイツを再統一する提案を行ったのである（Zubok 2009：101-104）。

他方，西側で東西緊張緩和を主導しようとしたのは，1951年に首相に返り咲いたチャーチルであった。スターリンの死を冷戦終結の好機とみた彼は，1953年5月の演説の中で，米英ソ首脳会談を開催してドイツ統一問題について交渉することを提案した。首脳会談の開催は，軍事的にも経済的にも米ソ超大国との格差が拡大していたイギリスが，「世界大国」として影響力を確保するための手段でもあった（齋藤 2009：206-208）。また，この頃には西側においても緊張緩和を求める世論が高まりつつあった。

しかしアイゼンハワーやアデナウアー西ドイツ首相のみならず，チャーチル政権の外相であったイーデンまでもが首脳会談には反対した。彼らは，西側の欧州防衛共同体（EDC）交渉（→**7章**）のさなかにソ連が欧州安全保障条約を提案したのは，EDCの成立を阻止するための策略だとみていた。しかし1954年10月に西ドイツの再軍備とNATO加盟が合意されると，西側諸国の首脳は緊張緩和を求める世論を無視することができなくなった。そのため1955年7月にはスイスの首都ジュネーヴで東西首脳会談が開催されることになった。これは米英仏ソ首脳が一堂に会した戦後初の東西首脳会談となったが，結局のところ，ドイツ問題や軍縮などの重要問題を解決できないまま閉幕した。しかしこの会談は，東西双方がヨーロッパの現状を暗黙のうちに承認し，それを覆すために戦争する意図がないことを確認する場となったのである（McMahon 2003：61）。

東欧の危機――ポーランドとハンガリー

スターリンは，ソ連と「同一の統治形態・社会形態を複製」することで東欧に対する統制強化を試みた。そのため東欧諸国では，共産党が権力を独占し，それを支える治安機関が設置された。また計画経済に基づいて急速な重工業化や農業集団化も進められた（ジャット 2008上：213-219）。しかし，こうした措置は各国経済を疲弊（ひへい）させ，政府に対する国民の不満は高まった。1953年ごろまでにソ連は，大衆の経済的不満が共産主義体制の撤廃を求める運動へと変化することを恐れるようになった。事実1953年6月には東ドイツで暴動が発生し，ソ連は武力でそれを鎮圧したのである（Békés 2010：335-336）。

スターリンの死後，ソ連新指導部は東欧安定化のために非スターリン化を推し進めた。東ドイツのような暴動が各地で生じることを恐れたソ連は，政治的抑圧の緩和，消費財の生産増大による生活水準の向上，農業集団化の撤廃などを東欧諸国の指導者に命じた。またソ連は東欧諸国との関係強化をめざして，2国間・多国間の定期的な会合を行うようになった。1955年に設置されたワルシャワ条約機構は，NATOに軍事的に対抗するためのものであったと同時に，東側内部の結束を強化するためのものでもあった（Békés 2010：340–342）。そして1956年10月のソ連共産党党大会でフルシチョフ共産党中央委員会第一書記は，スターリンが犯したさまざまな罪や過ちを糾弾する「スターリン批判」を行ったのである。

スターリン批判は東欧における共産党支配の正統性を弱めた。1956年春以降，ポーランドでは政府への批判が強まり，6月には西部のポズナニで大規模な暴動が発生した。暴動はすぐに鎮圧されたが，国民の不満はさらに高まり，ポーランド統一労働者党（共産党）指導部は，10月19日，国民に人気のあったゴムウカを指導者に選出した。新指導部の発足が共産主義体制の崩壊を招くことを恐れたフルシチョフらは，軍事介入の準備を行う傍ら，すぐにワルシャワを訪問した。そしてフルシチョフと会談したゴムウカは，共産党支配の放棄や東側陣営から離脱する意図はないと説得し，ソ連による軍事介入の回避に成功した。

他方，1956年夏から緊張が高まっていたハンガリーでは，10月半ばに大規模な反政府デモが発生し，10月22日には反政府運動を主導した大学生たちが，ソ連駐留軍の撤退，報道・言論の自由，公正な複数政党間の選挙などを要求した。翌日，首都ブダペストの学生たちはデモを行ってポーランドの改革派との連帯を宣言し，デモは暴動へとエスカレートした。事態を鎮静化するため，24日には国民に人気のあったナジが首相に任命された。ソ連はナジを支持し，10月30日には，第二次世界大戦後ハンガリーに駐留していたソ連軍を撤退させる決定を下した。ソ連は軍事介入を「最悪の解決策」と考えており，それゆえ，ナジ新政府の改革が「共産主義体制とソ連陣営の統一性」を損なわないのであれば，ソ連軍の撤退という大きな譲歩を行うつもりであった。しかし翌31日にナジがワルシャワ条約機構からの脱退とハンガリーの中立化を宣言したため，結局，ソ連は介入に踏み切ったのである（Békés 2010：348–51；Zubok 2009：115–118）。

こうした事態に西側はどのように対応したのか。大統領選挙の間，アイゼンハワーやダレスは，トルーマン政権の封じ込め政策を消極的と批判し，共産主義の抑圧下にある人々の自由を回復する「解放政策」（「巻き返し」政策とも呼ばれた）を主張していた。しかしアメリカは，東ドイツやポーランド，ハンガリー暴動の際に東欧を「解放」するための行動をとらなかった。つまり，アメリカはソ連の勢力圏を容認する姿勢を示したのであり，この意味でもヨーロッパ冷戦は「安定化」していたといえるだろう。むしろ1950年代における米ソ対立の舞台は，第三世界へと移っていたのである。

脱植民地化と冷戦のグローバル化

第三世界の「熱戦」と脱植民地化をめぐる米欧対立

第6章でみたように，第二次世界大戦は**脱植民地化**の流れを不可逆なものとした。大戦前にアジア，中東，アフリカ，中南米諸国・地域は，欧米諸国の植民地支配や，形式上は主権を維持しながらも欧米の強い政治的・経済的な支配（「非公式帝国」と呼ばれる。→**3章**）の下に置かれていた。しかし大戦によって英仏蘭といった宗主国の力が弱まり，さらに極東や東南アジアで西欧諸国の植民地を軍政下においた日本が敗北すると，従属的な地位から脱却して近代国家建設をめざす現地政治勢力のナショナリズムが強まった。こうした地域は，それぞれ第一，第二世界と呼ばれた西側，東側陣営の諸国に対して**第三世界**と呼ばれ，その多くは経済的に貧しい状況にあった（→図8.1）。

第三世界の政治指導者たちは，大戦後に植民地支配を再開しようとした宗主国に対して武装闘争を行ったり，新国家の望ましい政治・経済体制のあり方をめぐって互いに争うことも多かった。1950年代初めごろから，米ソやその同盟国が第三世界への介入を深めていったことで，冷戦と脱植民地化が交錯し，その結果，冷戦の戦場はヨーロッパを超えてグローバル化していったと考えることができる。脱植民地化という言葉についてはさまざまな定義があるが，以下では，それを上記のような第三世界における動きを広く含むものととらえたうえで，脱植民地化と冷戦の相互作用についてみていこう。

アジアにおいては脱植民地化と冷戦が交錯した結果，しばしば実際の武力行

CHART 図8.1 1945年以降の脱植民地化

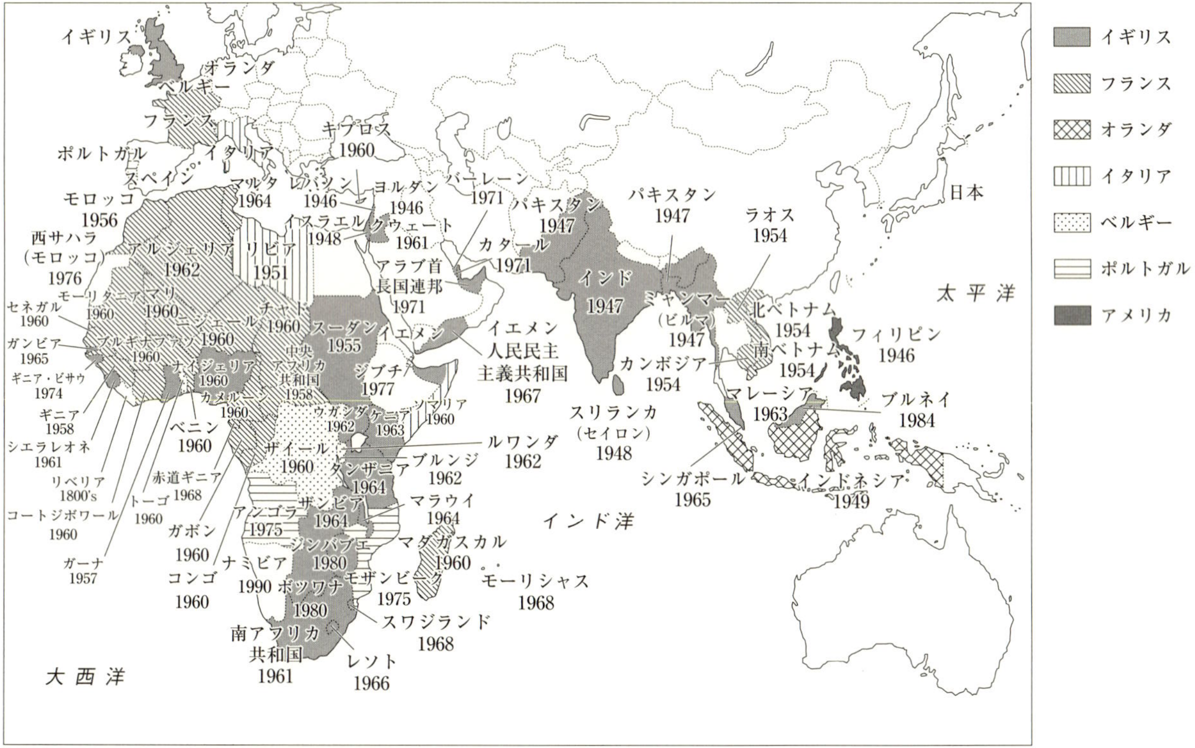

［注］ 国名の下の数字は独立した年。
［出所］ ウェスタッド 2010：95 の地図3をもとに作成。

使を伴った「熱戦」が発生した。前章でみた中国（国共内戦，共産中国の建国と，中華民国政府の台湾島への移転，中ソ同盟の成立）や朝鮮半島（韓国と北朝鮮の成立と朝鮮戦争の勃発，米中の介入）の例が示すのは，独立の達成とそれによって形成される新国家の政治・経済体制をめぐって互いに争う現地の政治勢力を，米中ソといった大国が支援することで，脱植民地化と冷戦が交錯する過程である。

また，独立を求める現地勢力と植民地支配を再度確立しようとする宗主国の間の武力闘争に，超大国が関与する場合もあった。代表的な事例がベトナムである。日本降伏後まもなく，ホー・チ・ミンが率いるベトナム民主共和国（北ベトナム：1945年9月2日）の独立が宣言された。しかし宗主国フランスはこれを認めず，1946年12月には仏＝ベトナム間で第1次インドシナ戦争が始まった。1950年1月には中ソが北ベトナムを承認し，中国は本格的に北ベトナムへの軍事援助を開始した。他方，フランスは1949年に，バオ・ダイ帝を擁立してベトナム国（南ベトナム）を建国した。そして1950年5月にアメリカは，フランスのインドシナ戦費への援助を開始したのである。

宗主国であった西欧諸国とアメリカは，冷戦をともに戦う同盟国でありながら，植民地問題をめぐってはしばしば対立した。帝国支配から脱しようとする第三世界のナショナリズムの根底にあったのは民族自決の原則であったが，米ソはいずれも植民地における民族自決に好意的な態度をとった。第一次世界大戦中にソ連とアメリカは，レーニンの「平和のための布告」（1917年）とウィルソンの「14カ条」（1918年）の中で，それぞれ民族自決原則への支持を示していた。また，民族自決の原則は，アメリカが主導した1941年の大西洋憲章と，1945年の国連憲章にも盛り込まれていた。戦後もこの原則を基本的に支持していたアメリカは，国連で植民地問題が議論されることに好意的であり，独立を付与するよう宗主国に対して圧力をかけることもあった。

こうしたアメリカの態度の背後には冷戦戦略上の考慮が働いていた。たとえばインドネシアの事例をみてみよう。1945年9月，日本降伏後に独立を宣言したインドネシア共和国と宗主国オランダとの間で独立戦争が始まった。次第にアメリカは，国連安全保障理事会（安保理）が仲介したにもかかわらず戦争を継続したオランダに強い懸念を抱くようになった。植民地主義の継続が，インドネシアの反西欧ナショナリズムを強め，共産主義やソ連の影響力が拡大する土壌となりかねないと考えられたからである。そこで1949年3月にアチソン国務長官は，オランダに対して，武力によるインドネシア再植民地化を続けるならばマーシャル・プランによる経済援助を取りやめる可能性を示唆(しさ)した。インドネシアが独立を果たしたのは，その翌年のことであった（ウェスタッド 2010：121）。

脱植民地化をめぐる米欧間の緊張は，アフリカでもみられた。たとえばモロッコとチュニジアの脱植民地化について，アメリカは，宗主国フランスに脱植民地化を促す圧力をかけ，また，この問題を国連で議論することにも前向きだった。アメリカが望んだのは西欧の同盟国が「植民地地域に自治権と独立を付与することで，現地ナショナリストとの協力を保ちつつその影響力を維持すること」であった。そうすることでアメリカは，この地域を「広い意味で西側陣営に組み込」もうとしていたのであり，そのため米仏間には対立が生じたのである（池田 2015b）。

第三世界に対する米ソの関与

第三世界に対するアメリカの関与は，その同盟政策にも明らかであった。アイゼンハワー政権は，ダレス国務長官の主導のもと，第三世界諸国を含む西側の対ソ同盟網の拡大を図った。1953年には米韓相互防衛条約が，54年には米華相互防衛条約が結ばれた。また，同じ1954年には東南アジア条約機構（SEATO）が，その翌年にはバグダッド条約が締結された。こうした動きによってダレスは「条約狂（Pact Mania）」と揶揄(やゆ)された。冷戦のグローバル化は，同盟網のグローバル化をもたらしたのである（→図8.2）。

また，第三世界への介入に際して，アイゼンハワー政権は，中央情報局（CIA）による秘密工作を多用した。その代表的な事例がイランである。第二次世界大戦前からイランはパフラヴィー朝のムハンマド・レザー・シャー（シャーはペルシア語で「王」の意）の統治下にあったが，主要産業である石油の利権を独占していたのは，イギリスのアングロ・イラニアン石油会社であり，同社はイラン政府にも大きな影響力を行使していた。イランはイギリスの非公式帝国の一部だったといえる。しかし1951年に就任したナショナリストのモサッデク首相は，シャーの反対にもかかわらず石油産業の国有化に踏み切った。彼は石油がもたらす利益をイラン人の手に取り戻そうとしたのである。その2年後にアメリカは，モサッデクがイラン共産党（トゥーデ党）に接近し，イラン

CHART 図 8.2 東西両陣営の安全保障体制

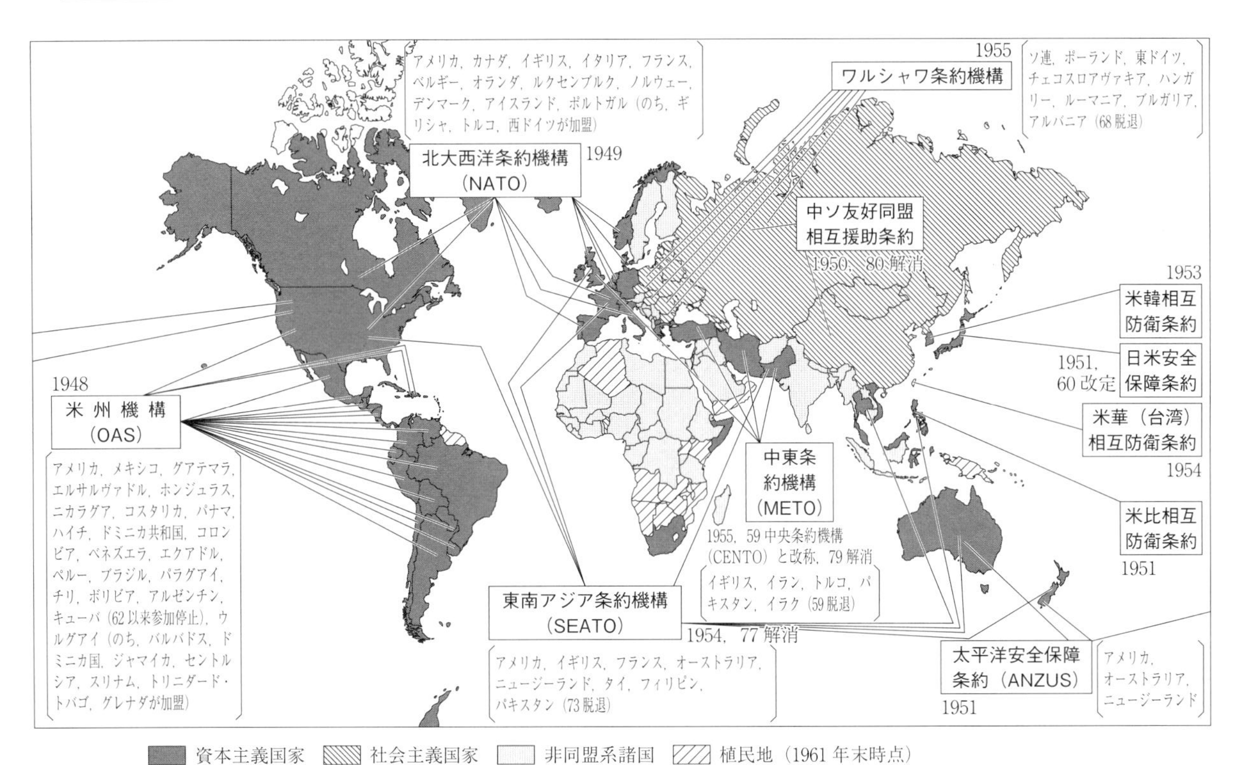

［出所］ 佐々木 2011：169 をもとに作成。

はソ連の衛星国になりつつあると結論づけた。そしてCIAは，シャーやイギリス秘密情報部SIS（Secret Intelligence Service）とともにクーデタを画策し，1953年8月にモサッデク政権は崩壊に追い込まれた。また，1954年に選挙を通じて成立し，アメリカ企業の財産や土地を接収し改革を行おうとしたグアテマラのアルベンス政権もCIAによる秘密転覆工作の対象となった。

他方，ソ連も1950年代半ばまでには第三世界を重視するようになった。スターリンは第三世界を軽視していたが，彼の後継者たちは緊張緩和と平和共存を追求する新しい戦略の一環として，その方針を転換したのである。後述するように，1950年代半ばにはインドやインドネシアを中心に，東西どちらの陣営にも与（くみ）せず，反植民地主義・反帝国主義を掲げて第三世界諸国間の連帯をめざそうとする「非同盟運動」が活発になっていた。この頃までにソ連指導部において，その権力を固めつつあったフルシチョフは，ソ連の反帝国主義と，計画経済によって重工業化や経済成長を達成して経済的な後進性を克服したソ連の経済モデルは，第三世界の諸国をひきつけると確信していた。そしてソ連は，貿易や経済援助を通じて非同盟諸国との関係を緊密化し，第三世界における影響力の拡大をめざしていた（ウェスタッド 2010：71-77）。

こうした方針は1953年以降のソ連外交に明らかである。1955年4月にインドネシアのバンドンで開催された第1回アジア・アフリカ会議に際して，ソ連は，「平和10原則」を宣言した同会議の決議を支持する姿勢を示した。非同盟主義を主導したインドは，1955年2月にアジアの非共産主義国として初めてソ連と経済援助協定を締結した国であった。その後ビルマ，カンボジア，セイロン，インドネシアがこれに続き，「1958年までにはアジアのほとんどすべて中立国が」ソ連との2国間協定を締結していた（ガイドゥク 2014）。米ソにとって第三世界は冷戦対立の新たな舞台となったのである。

第三世界にとっての冷戦

では，第三世界にとって冷戦はどのような意味をもったのだろうか。第三世界の政治勢力は，しばしば米ソという2つの超大国を，政治的独立の獲得や近代国家の樹立，そして経済発展を達成するうえで，めざすべき「モデル」とみなした。アメリカがグローバルな市場経済の中における資本主義的な経済発展の象徴であるとすれば，ソ連は国家主導の計画経済に基づく重工業化や農業集団化による発展の可能性を提示するものであった。とくに1920年代から30年代にかけて急速な工業化を達成し，第二次世界大戦後にもう一つの超大国となったソ連モデルは，第三世界の指導者たちの関心を強くひくものであった。2つの発展モデルを象徴する強大な国家がグローバルに対立する状況は，独立戦争や内戦を戦ったり，独立達成後の国家建設を進めたりするために必要な援助を東西いずれかの陣営から獲得できることを意味していた（ウェスタッド 2010：98，102）。

たとえば中国や北朝鮮はソ連モデルを採用した国である。ソ連は1950年の中ソ条約で中国と同盟関係に入り，50年代末に中ソ対立が始まるまで中国の国家建設を援助した。またソ連の支援を受けて成立した北朝鮮は，やはり1950年に中ソの許可と支援を受けて韓国への攻撃を開始した。そして米中両国は，それぞれ韓国と北朝鮮を支援するために朝鮮戦争に介入した。またホー・チ・ミンは日本が敗戦した直後，いったんはアメリカに援助を求めている。しかしトルーマン政権は，ベトナムに対するフランスの再植民地化の試みを苦々しく思いながらも，ヨーロッパの重要な同盟国を軽視できず，ホーの働きかけを拒絶した。そのためホーは中ソへと向かった（池田 2015a：152-123）。

他方，アメリカをその国家建設のモデルとしたり，さまざまな理由から西側への帰属を選択したりした国や政治勢力も多かった。たとえば，イランのレザー・シャーの「改革のモデルはアメリカであった」。1949年の訪米の際に「アメリカの産業と生活水準の高さに衝撃を受け」た彼は，帰国後，イランの後進性を克服するための援助をアメリカに求めるようになった。石油産業国有化をめぐってモサッデクと対立して国を追われたレザー・シャーは，1953年のクーデタ後に帰国し，アメリカの支援を受けて苛烈（かれつ）な独裁体制を敷いた。またレザー・シャー統治下のイランはバクダッド条約にも加盟した（ウェスタッド 2010：128；Saikal 2010：114-115）。

また，パキスタンは1947年8月に植民地英領インドから，イスラーム教徒を中心とする国家として，ヒンズー教徒を中心とするインドとともに分離独立した。しかし，まもなく両国間ではカシミール地方の帰属をめぐる戦争が発生し，対立はその後も続いた。パキスタンは1954年にアメリカと相互防衛条約を締結し，翌年にはSEATOとバグダッド条約にも参加している。しかし，パキスタンの指導者がアメリカの軍事援助と同盟を求めたのは，インドの脅威に対抗し，かつ，国内政治での権力基盤を強化するためであった。第三世界諸国が西側への帰属を選ぶ理由は，必ずしもソ連の脅威に対抗したり，反共主義を共有していたりしたからではなかったのである（マクマン 2014：175）。

東西いずれの側にも与することを拒否する**非同盟主義**という第3の道もあった。その先駆けとなったのが，インドのネルー首相である。1947年のインド独立以前からすでに，ネルーは，独立したインドが東西両陣営から距離を保ち，独自の外交政策をとる方針を明らかにしていた。また彼は，アジアが再び大国間競争の場になることを防ぐため，新たに独立したアジア諸国も同様の方針をとるべきだと主張していた（Best et al. 2015：337）。そしてインドネシアのような，ネルーと関心を共有する諸国が開催へ向けて努力したのが，先述したアジア・アフリカ会議であった。同会議は，脱植民地化の中で新たに登場したアジア・アフリカ諸国の立場を明確にし，その連携を促す最初の試みであった。1956年7月にはネルーとエジプトのナーセル大統領，ユーゴスラヴィアのチトー大統領が会談して非同盟諸国会議の開催を決定し，それは1961年9月のベオグラード会議へと結実した。

非同盟運動の根幹にあったのは，かつて帝国的な支配下にあった諸国を結束させ，東西対立がもたらしうる核戦争の危険性に危惧を表明するという真剣な思いであった。しかし同時に，そこには非同盟諸国のさまざまな政治的思惑が反映していた。たとえばネルーは，世界政治における「第三勢力」のリーダーになることで，新興インド国家の国際的地位や影響力を拡大することをめざしていた。またネルーは，非同盟主義によって米ソを競争させ，経済発展に必要な援助を東西双方から引き出せるとも考えていた。そしてこうした考えは，ナーセルやインドネシアのスカルノ，ガーナのンクルマなど，他の非同盟運動のリーダーにも共有されていたのである（McMahon 2003：110-111）。

スエズ危機の事例にみる冷戦と脱植民地化の絡まり合い

前項まででみてきたように脱植民地化と冷戦は互いに絡まり合い，影響を与え合いながら展開した。第三世界を重要な冷戦対立の場とみて，さまざまな方法でその影響力を拡大しようとした米ソ，植民地で高まりつつあるナショナリズムへの対応に奔走する西欧の宗主国，そして独立達成とその後の国家建設へ向け，それぞれの計算から東西両陣営に対する態度を決定した第三世界諸国。

CHART 図 8.3 中東とスエズ危機（1945-56 年）

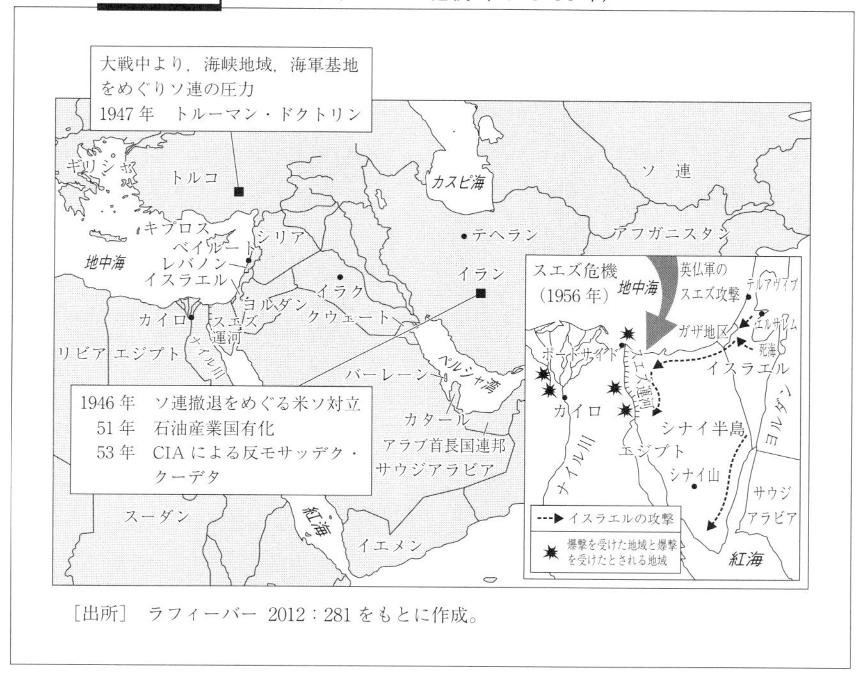

［出所］ ラフィーバー 2012：281 をもとに作成。

こうしたさまざまなアクターの，さまざまな思惑が投射されたことから，第三世界をめぐる国際関係は複雑な様相を呈した。それをよく示すのが，エジプトのスエズ運河会社国有化をめぐって生じた 1956 年の**スエズ危機**である（→図 8.3）。

19 世紀後半にイギリスの事実上の保護国となったエジプト王国は 1922 年に独立したが，その後もイギリスの非公式帝国の一部であった。第二次世界大戦後もイギリスは，戦略的に重要なスエズ運河を自らの管理下に置き，3 万人の兵力をスエズ地域に駐留していた。こうしたイギリスとの関係を大きく変えようとしたのが，1952 年のクーデタで王政を打倒し，のちに大統領として権力を掌握したナーセルであった。カリスマ的な指導者であったナーセルは，イギリス支配の終焉（しゅうえん）と経済発展をめざしていた。また，彼は非同盟主義だけでなく，アラブ民族主義（アラビア語話者は統一され，独立した一つのネーションを形成すべきだという思想）を唱えてバグダッド条約にも反対し，中東地域や第三世界諸国におけるエジプトの影響力を拡大させつつあった。そして，ナーセルはイギリスにスエズからの撤退を求め始めた。

他方，ナーセルはイスラエルとも対立を深めつつあった。パレスチナの地をめぐるユダヤ人とアラブ人の紛争はすでに戦間期には始まっていた。そして1948年にイスラエルが建国されると，これに不満を抱いたアラブ人義勇軍が攻撃を開始し，第1次中東戦争が発生したのである。1949年に休戦協定が成立した後も対立は続き，55年にイスラエルはパレスチナのエジプト占領地ガザを攻撃した。これを受けてナーセルは，当初アメリカに武器支援を求めたが拒否され，ソ連に支援を求めるようになった。第三世界での影響力の拡大をめざしていたソ連はこれを歓迎し，1955年9月にはチェコスロヴァキアとエジプトの間で武器取引協定が締結された。

この武器取引協定は米英に衝撃を与えた。中東や第三世界におけるナーセルの影響力の大きさに鑑みれば，彼を西側との協調路線に引き戻さなければならない。そのため米英は，エジプトがナイル川上流に建設するアスワン・ハイ・ダム建設への資金援助を提案した。ナーセルは米ソの競争を利用して，双方から援助を引き出すことに成功したといえる。しかし翌年になってもエジプトの態度に変化はなかった。また，エジプトとフランスの関係も悪化していた。エジプトと隣接する仏領北アフリカではアルジェリアの独立を求めるナショナリストがゲリラ戦を展開していたが，ナーセルはこれを支持していたのである。

1956年7月19日にアイゼンハワーはダム建設援助の撤回を決定したが，これを予期していたナーセルは6月初め，すでにソ連の追加援助を確保していた。そして7月26日，彼はスエズ運河会社を国有化し，その運河の通行料をダム建設資金に充てることを宣言した。さらにナーセルは9月になると，イスラエルにとって重要なチラン海峡の封鎖に踏み切った。アメリカにとってナーセルの動きは不愉快なものであったが，それでもアイゼンハワーは，外交による解決を求めていた。彼は，英仏の軍事介入が，中東のみならずアジアやアフリカにおいても反西側感情を高めることを恐れており，イーデン首相にもそのように警告していた。しかし英仏とイスラエルは，秘密裏に対エジプト軍事攻撃を画策していた。スエズ運河の国際管理の実現と，エジプトのアルジェリアへの支援削減，またチラン海峡の開放を目的とする3国の思惑が一致したのである（Little 2010：308）。

10月29日にイスラエル軍がエジプト攻撃の口火を切り，英仏はその2日後に空爆を開始した。ソ連は，アメリカに対して米ソによる危機の収拾を提案する一方，英仏に対しては撤退しない場合にはソ連の核ミサイル攻撃にさらされる可能性があると警告した。他方，危機解決の交渉過程において，ソ連が中東での影響力を拡大することを恐れたアメリカは，ソ連の「機先を制す」るために，国連総会で即時停戦と3国の撤退を求める決議を可決させた。さらにアメリカは11月6日に休戦が成立した後も，スエズからの兵力撤退を促すため英仏に経済的圧力をかけ続けた。その結果，12月半ばまでに英仏は撤退を完了した（ラフィーバー 2012：282-283）。

スエズ危機の結果，ナーセルはスエズ運河の支配を維持し，またアラブ世界の英雄となった。他方，中東における英仏の影響力は後退し，これ以降アメリカが本格的にこの地域に関与することになる。また英仏に撤退の決断を余儀なくさせたのは，ソ連の威嚇（いかく）ではなくアメリカの経済的圧力であった。しかし危機後もフルシチョフは核兵器による威嚇を用いた積極外交を展開し，それは1950年代末に東西関係が悪化する一つの原因となったのである。

危機の時代

1950年代後半の東西関係

1950年代末から1960年代初めは，多くの東西危機が発生する「危機の時代」となった。1957年8月にソ連は大陸間弾道ミサイル（ICBM）の開発に，その2カ月後には世界初の人工衛星スプートニクの打ち上げにも成功した。これは，ソ連が，アメリカ本土を直接核攻撃する技術の開発に成功したことを意味していた。ソ連の科学的成功はアメリカに大きな衝撃を与えた。ミサイル戦力でソ連が対米優位に立っているという意味の，ミサイル・ギャップという言葉が広まり，次期大統領を狙っていたケネディ上院議員をはじめ，民主，共和両党からアイゼンハワー政権の安全保障政策に対する批判が高まった。そして国防予算の増大とミサイル計画の強化が主張されたのである。しかし，アイゼンハワーやダレスはミサイル・ギャップ論には否定的であった。彼らは，ソ連の核攻撃抑止のために「充分」な戦力があれば優位にこだわる必要はなく，むしろ核軍拡がアメリカ財政に与える悪影響のほうが問題であると考えていたのである。またアイゼンハワーとダレスは，1956年から極秘裏に実施されていたU2高高度偵察機によるソ連領内でのスパイ飛行によって，アメリカの核戦力がソ連よりもはるかに優位に立っていることを確信していた。しかし論争は沈静化せず，国内の政治圧力を受けたアイゼンハワーは大規模なミサイル計画に踏み切ることを余儀なくされた。

他方**フルシチョフ**はスプートニクの成功後，ソ連の核戦力の優位を強調する発言を繰り返した。実際のところソ連が1950年代末までに配備していたICBMの総数は4機のみであったが，彼は，ソ連の核戦力が対米優位にあるという「幻想」を外交に利用しようとしたのである。しかしその強硬な態度とは裏腹に，フルシチョフが望んでいたのは東西緊張の緩和であった。深刻な状況に陥りつつあったソ連経済を立て直すためには軍事費を大きく削減しなければならず，そのためには対米関係を改善する必要があったからである。とくに彼は，この後述べるベルリン問題の解決と軍縮・軍備管理問題での米ソ合意を望んでいた（ギャディス 2004：381-396；Zubok 2009：129-137）。

1958年の夏にはアジアでも緊張が高まった。すでに1954年9月，中国は台湾解放を掲げて，中国本土に近接する中華民国領の金門島を砲撃していたが（第1次台湾海峡危機），1958年8月に再び金門を砲撃した。米軍部首脳やダレスは，中華民国防衛のために核兵器を使用する可能性を勧告したが，アイゼンハワーはこれを拒絶し，戦争へのエスカレーションを回避するために，慎重に行動した（第2次台湾海峡危機）（福田 2013：1・2章；佐橋 2015：41-53）。

台湾海峡危機は10月には沈静化したが，まもなく米ソ間では**ベルリン危機**が始まった。前章でみたように，西側は西ドイツ主導のドイツ再統一を支持し，東ドイツの承認を拒否するという立場に立っていた。他方，1955年以降フルシチョフは，ドイツ分断を固定化させ，ソ連の安全保障にとって最も重要な東ドイツを政治的・経済的に安定させたいと考えていた。そのため彼は，西側諸国に東ドイツを承認させ，国際社会におけるその地位を向上させることを望んでいた。しかし，西ドイツが1950年代に急激な経済成長を遂げた一方で，東ドイツ経済は停滞していた。1958年秋までには，多くの東ドイツ市民が，自由に往来可能な東西ベルリンを経由して西ドイツに亡命するようになり，その解決がソ連にとって緊要な課題となった。1958年11月にフルシチョフは，ソ連が東ドイツと単独平和条約を締結する用意があり，条約締結によって西側の西ベルリン占領権は失効すると西側に通達した。そのうえで，6カ月の期限を提示して，この問題について交渉することを提案した。1949年のベルリン封鎖危機と同じように，フルシチョフは西ベルリンに圧力をかけて西側を交渉に引きずり込み，平和条約を締結しようとしていた。彼は「防衛的」な目的を「攻撃的」な手段で達成しようとしたのである（Harrison 2003：96-116）。

これに対して，核戦力でのアメリカの対ソ優位を確信していたアイゼンハワーは，英仏独とともに，必要ならば核兵器を用いてでも西ベルリンにおける西側の立場を守る姿勢を明らかにした。しかし，実際には，西側諸国の立場は分裂していた。マクミラン英首相が交渉による危機の解決を望む一方，西ドイツのアデナウアー首相とド・ゴール仏大統領は交渉に反対していた。仏独の首脳は，核戦争の勃発を懸念した米英が，ドイツ再統一という西ドイツの利益を犠牲にして，ソ連と取り引きすることを恐れていた。フランスの安全にとってドイツ分断の継続は望ましかった反面で，ド・ゴールは，西側の対ソ譲歩に落胆した西ドイツが西側から離れていくことを恐れてもいた。そのため彼は，西ドイツを西側（少なくともフランスの側に）引き止めるためにアデナウアーを支持したのである。他方アメリカは，NATO諸国の政府と世論を味方につけ，またフルシチョフに最後通牒を取り下げる口実を与えるためにソ連と交渉することを決定し，1959年5月にはジュネーヴで米英仏ソ4カ国外相会談が開催された。しかし6月中旬までに会談は完全に行き詰まった。

この東西交渉の行き詰まりを打開したのは，米ソ首脳会談であった。1959年7月にアイゼンハワーからの招待状を受け取ったフルシチョフは，9月に訪米した。そして，このキャンプ・デーヴィッド会談で両首脳は，1960年5月にパリで4カ国首脳会談を開催することで合意した。しかし1960年5月1日，アメリカのU2偵察機がソ連領内で撃墜されて両国関係は悪化し，パリ首脳会談は流会に追い込まれた。そしてベルリン問題は次のケネディ政権に引き継がれることになった（青野 2012：1章）。

ケネディとフルシチョフの対立

1961年1月に就任したケネディ大統領が，最初に直面したのはキューバ問題であった。16世紀以来スペインの植民地であったキューバは，1898年の米西戦争を経て，1902年に独立した。しかし，独立に際してアメリカは，アメリカの干渉権や海軍基地設置を定めたプラット修正条項をキューバ憲法に加えることを強制し，キューバを事実上の保護国とした。そして1934年以降は，バティスタの独裁政権を支えることでその利益を確保するようになり，こうした方針は第二次世界大戦後も維持された。しかし1950年代中盤からバティスタ政権に対する武装蜂起を開始した**カストロ**は，二度の失敗の後，ついに1959年1月に政権を掌握（しょうあく）した。

新国家の建設にとりかかったカストロは当初対米関係の改善を模索し，1959年4月には訪米してアイゼンハワーに会見を申し込んだ。しかし大統領は「ゴルフ中」という口実でこれを拒絶した。その翌月からキューバ政府は，アメリカの政治的・経済的影響を縮小するために国内の米資産接収を開始した。他方アイゼンハワー政権は，米本土から約160 kmしか離れていないキューバに突如誕生した共産主義政権を敵視し，経済制裁などを科するようになった。キューバから他の中南米諸国に共産主義が伝播することが恐れられたためである。

しかし，こうしたアメリカの態度は，かえってキューバとソ連の接近を促すことになった。1960年2月のミコヤン第一副首相のキューバ訪問を契機に，ソ連は，キューバに対する経済・軍事支援を拡大していった。両国の接近に懸念を強めたアイゼンハワーは，1960年3月，CIAにカストロ政権の打倒を命じた。ケネディはこの秘密作戦を前政権から引き継ぎ，1961年4月17日，グアテマラ領内でCIAの訓練を受けた亡命キューバ人部隊が，キューバ南部に上陸した（ピッグズ湾事件）。しかしキューバ軍はこれを撃退し，ケネディは大きな外交的敗北を喫してしまう（マントン＝ウェルチ 2015：32-48）。

さらに緊張は続いた。1961年6月初め，ケネディとフルシチョフはウィーンで初の首脳会談を行った。このときフルシチョフは，1961年末を期限として再度ベルリン問題の解決を迫り，ベルリン危機を再燃させた。対するケネディは7月25日，ベルリンをめぐるソ連との対決に備えるために大規模な軍拡を行うことを発表した。ウィーン会談後，東ドイツから脱出する市民の数は一気に増加し，東ドイツ政府は東西ベルリン境界の閉鎖をソ連に求めるようになった。そして8月13日午前0時，ソ連の同意を得たうえで，東ドイツは「ベルリンの壁」の建設を開始したのである。さらにソ連は，西側に圧力をかけるため，8月末から一連の核実験を開始した。9月から11月にかけて実施された実験は13回にのぼった。これに対抗するためにケネディ政権も，10月半ば，アメリカの戦略核戦力が大幅に対ソ優位にある事実を公表し，翌年には核実験を再開した。また，ピッグズ湾事件後，ケネディ政権はカストロ政権打倒にさらに力を入れ始めた。そのため，米軍がキューバに侵攻する可能性が高いと考えるようになったフルシチョフは，1962年になると，カストロ政権への軍事・経済援助を拡大させた。こうして1961年から62年の夏にかけて高まっていった米ソの緊張は，10月のキューバ・ミサイル危機で頂点に達したのである。

キューバ・ミサイル危機の勃発と収束

キューバ・ミサイル危機の原因は，フルシチョフがキューバに米本土を攻撃可能な準中距離・中距離弾道ミサイルを配備したことであった。その主な目的はアメリカのキューバ侵攻を抑止し，そしてソ連が保有する中距離ミサイルの配備によって，核戦力，とくにICBMでの対米劣位を是正することにあった。また，フルシチョフは，核戦力のバランスを回復した後に，ベルリン問題でアメリカに譲歩を求めるつもりであったと考える歴史家もいる。いずれにしても，フルシチョフはキューバのミサイルを，ソ連が抱える問題を一挙に解決する「万能薬」とみていたのであろう（Taubman 2003 : 541)。

1962年夏に開始されたミサイル基地建設は，同年の秋には終わるはずであった。しかし，その完成直前にアメリカの偵察機に発見されてしまう。10月16日朝，ミサイル基地建設に関する報告を受けたケネディは極秘の最高執行委員会（エクスコム）を設置して対応を協議した。ここでは3つの選択肢が検討された。①基地を容認する。②キューバ周辺海域を封鎖し，さらなるミサイル搬入を阻止する。同時に，基地を撤去するよう圧力をかける。③空爆・侵攻による基地の破壊。最終的にケネディは②の海上封鎖を選択した。キューバ政策について共和党から批判されていたケネディは，9月に，キューバへのミサイル配備は容認しないという声明を発していた。しかし軍事行動を行えば，ソ連が西ベルリンで報復したり，アメリカ本土への核攻撃を行うかもしれない。そのためケネディは中間の道を選んだのである。

10月22日夕方のテレビ演説で，ケネディはソ連にミサイルの撤去を要求し，対応策を発表した。その後の数日間，米ソは国連で外交戦を展開する一方，カリブ海では米海軍による海上封鎖が実施された。また，ケネディとフルシチョフは書簡をやり取りし，互いに相手の意図を読み，外交による解決の可能性を探ろうと試みた。そして，27日午前の公開書簡でソ連側は，アメリカ側に①キューバを侵攻しないことを宣言し，②アメリカの同盟国トルコに配備した中距離核ミサイルの撤去を要求した。これに対してケネディは，27日夜，①の条件のみに応じる用意があるという回答を公表した。しかし，その裏側でケネディは，実弟のロバート・ケネディ司法長官をソ連大使館に派遣し，ソ連がミサイル撤去に応じれば，アメリカはトルコのミサイル基地撤去の手続きをNATOで進めるという提案を行っていた。核戦争を回避するために，ケネディは，秘密裏にソ連に譲歩することを伝えたのである。

翌28日にフルシチョフはミサイル撤去を決断し，政府声明文の口述を始めた。そこにロバートと会談した駐米ソ連大使の報告が伝えられた。その日，ソ連政府がミサイル撤去を声明したことで危機は終わった。冷戦期最大の危機は，核戦争の勃発を恐れた米ソ双方が，互いに譲歩したことで幕が引かれたのである（青野 2012：5章；マントン＝ウェルチ 2015）。

引用・参考文献　Reference ●

青野利彦 2012『「危機の年」の冷戦と同盟――ベルリン，キューバ，デタント，1961-1963年』有斐閣。

池田亮 2015a「西欧への二つの挑戦――脱植民地化と冷戦の複合作用」益田実・池田亮・青野利彦・齋藤嘉臣編『冷戦史を問いなおす――「冷戦」と「非冷戦」の境界』ミネルヴァ書房。

池田亮 2015b「チュニジア・モロッコの脱植民地化と冷戦」益田実・池田亮・青野利彦・齋藤嘉臣編『冷戦史を問いなおす――「冷戦」と「非冷戦」の境界』ミネルヴァ書房。

ウェスタッド，O. A.／佐々木雄太監訳，小川浩之・益田実・三須拓也・三宅康之・山本健訳 2010『グローバル冷戦史――第三世界への介入と現代世界の形成』名古屋大学出版会（原著2007年）。

ガイドゥク，イリヤ・V. 2014「二つの戦争の間の平和攻勢――フルシチョフのアジア政策1953-1964年」渡辺昭一編『コロンボ・プラン――戦後アジア国際秩序の形成』法政大学出版局。

ギャディス，ジョン・ルイス／赤木完爾・齊藤祐介訳 2004『歴史としての冷戦――力と平和の追求』慶應義塾大学出版会。

齋藤嘉臣 2009「冷戦とデタントのなかで――CSCEへの道とイギリスの役割意識 1951-

79年」細谷雄一編『イギリスとヨーロッパ――孤立と統合の200年』勁草書房。
佐々木雄太 2011『国際政治史――世界戦争の時代から21世紀へ』名古屋大学出版会。
佐橋亮 2015『共存の模索――アメリカと「二つの中国」の冷戦史』勁草書房。
ジャット，トニー／森本醇・浅沼澄訳 2008『ヨーロッパ戦後史 1945-2005』上・下，みすず書房。
福田円 2013『中国外交と台湾――「一つの中国」原則の起源』慶應義塾大学出版会。
マクマン，ロバート・J. 2014「ひ弱な同盟――冷戦下アジアにおける安全保障関係」菅英輝編『冷戦と同盟――冷戦終焉の視点から』松籟社。
マントン，ドン＝デイヴィッド・A. ウェルチ／田所昌幸・林晟一訳 2015『キューバ危機――ミラー・イメージングの罠』中央公論新社（原著 2011年）。
ラフィーバー，ウォルター／平田雅己・伊藤裕子監訳 2012『アメリカ vs. ロシア――冷戦時代とその遺産』芦書房（原著 2008年）。
Békés, Csaba 2010, "East Central Europe, 1953-1956," in Melvyn P. Leffler and Odd A. Westad eds., *The Cambridge History of the Cold War, vol. 1: Origins*, Cambridge University Press.
Best, Antony, Jussi M. Hanhimäki, Joseph A. Maiolo and Kirsten E. Schulze 2015, *International History of the Twentieth Century and Beyond*, 3rd ed., Routledge.
Harrison, Hope M. 2003, *Driving the Soviets up the Wall: Soviet-East German Relations, 1953-1961*, Princeton University Press.
Little, Douglas 2010, "The Cold War in the Middle East: Suez Crisis to Camp David Accords," in Melvyn P. Leffler and Odd A. Westad eds., *The Cambridge History of the Cold War, vol. 2: Crises and Détente*, Cambridge University Press.
Mastny, Vojtech 2010. "Soviet Foreign Policy, 1953-1962." in Melvyn P. Leffler and Odd A. Westad eds., *The Cambridge History of the Cold War, vol. 1: Origins*, Cambridge University Press.
McMahon, Robert, J. 2003, *The Cold War: A Very Short Introduction*, Oxford University Press.
Saikal, Amin 2010 "Islamism, the Iranian Revolution, and the Soviet Invasion of Afghanistan," in Melvyn P. Leffler and Odd A. Westad eds., *The Cambridge History of the Cold War, vol. 3: Endings,* Cambridge University Press.
Taubman, William 2003, *Khrushchev: The Man and His Era*, W. W. Norton.
Zubok, Vladislav M. 2009, *A Failed Empire: The Soviet Union in the Cold War from Stalin to Gorbachev*, Paperback ed. University of North Carolina Press.

CHAPTER

第9章

冷戦体制の変容

デタントと揺らぐ同盟関係

⬆チェコスロヴァキアの民主化運動「プラハの春」を弾圧するためにプラハに侵攻してきたソ連軍戦車部隊を取り囲むプラハ市民（1968年8月21日，プラハ。写真提供：AFP＝時事）。

INTRODUCTION

キューバ・ミサイル危機後の米ソは，デタント（緊張緩和）を模索するようになった。しかし，超大国間の核軍拡競争はその後も継続された。1960年代には東西双方の同盟体制に大きく動揺し，米ソはともに同盟諸国に対する統制の問題に直面させられた。さらに1960年代末までにアメリカの力は大きく低下した。ソ連の核戦力での追い上げや，日本や西欧諸国の経済発展，ベトナム戦争の泥沼化が，その理由であった。こうした中，1960年代末から米ソや西欧諸国は，さらに積極的にデタントを追求し始めた。それは大きく変化した国際状況に対応するためのものであった。

1　米ソ関係の変化と連続性

キューバ・ミサイル危機後の米ソ関係

1962年10月のキューバ・ミサイル危機で核戦争の瀬戸際を経験した米ソ両国は，その再発を防止するために緊張緩和を模索した。キューバ危機の経験から，核戦争を防ぐためには，米ソ首脳が直接コミュニケーションをとるための手段が必要だと考えられた。そのため1963年6月にはホットライン協定が締結され，首脳間に直接通信回線が設置された。また核軍拡競争を制限するために，8月には米英ソ3国間で，大気圏，水中および宇宙空間での核実験を禁止する**部分的核実験禁止条約**（PTBT）も締結された。

1962年末から翌年にかけて米ソ間では，この2つに加えて，ベルリン問題や核兵器拡散防止，NATO＝ワルシャワ条約機構間の不可侵協定締結など，より広い問題が議論されていた。しかし，西ドイツの利害が大きくからむ，これらの問題について，米ソが合意することにアデナウアー西ドイツ首相は強い危惧を抱いていた。米ソの合意が成立すれば，将来のドイツ再統一の可能性が閉ざされたり，また，核兵器をもたない「二流国」として西ドイツの地位が固定されたりするおそれがあったからである。そのためアデナウアーは米ソ関係の改善に強く反対した。また，ド・ゴール仏大統領もアデナウアーの立場を強く支持した。ド・ゴールの懸念は，核戦争の破滅を恐れた米ソが西欧諸国の利害を軽視して関係改善を推し進め，超大国による「共同支配体制」が形成されることにあった。独仏関係を強化することで米ソのこうした動きに対抗しようと，ド・ゴールとアデナウアーは，1963年1月に独仏友好条約（エリゼ条約）を締結した。

他方，この独仏「枢軸」の成立にケネディ政権は強い懸念を抱いた。米ソ間のデタントが進展することは確かに望ましい。しかし，今後も当面の間は冷戦が続くことも間違いなかった。そのためケネディは同盟国，とくに西ドイツとの関係を決定的に損なうことはできないと考えていた。そこで彼は西ドイツの利害がからむ諸問題の解決をあきらめ，ホットライン協定や核実験禁止問題といった米ソ２国間で合意可能な問題での合意をめざしたのである（後でみるように，ドイツ問題の「暫定的」解決は，1960年代末にブラントが西ドイツの首相になるまで待たなければならなかった）（青野 2012）。

1963年11月にケネディは遊説先のテキサス州ダラスで暗殺され，憲法の規定によって副大統領のジョンソンが大統領に就任した。米ソ２国間で合意可能な問題を中心に交渉を進める方針は新大統領にも受け継がれ，約５年間のジョンソン政権期に，米ソ間では民間航空協定や領事館協定など多数の協定が締結された（佐々木 2017：103）。

継続する核軍拡競争

こうして米ソ間には一定の**デタント**状況が現れたが，その背後では熾烈（しれつ）な核軍拡競争が続いていた。キューバ危機の前後を通じて，核戦力で大幅な優位に立っていたのはアメリカであった。しかし，1963年９月にケネディは核戦争の被害に関する報告書を受け取った。そこには，1964年にソ連の先制攻撃によって核戦争が発生した場合には9300万人のアメリカ人が，またソ連の機先を制してアメリカが先制攻撃を行った場合でも6300万人のアメリカ人が死亡するという推定が記されていた。そして，その数は1968年までに，それぞれ１億3400万人，１億800万人まで増加するとされていた（なお1964年７月のアメリカの人口は約１億9200万人であった）。核兵器は，相手の核攻撃を抑止するという目的を除けば，事実上使用できない兵器になっていた（Holloway 2010）。

事実，核戦争の防止はケネディ，ジョンソン政権にとって大きな問題であった。両政権で国防長官を務めたマクナマラは1960年代後半までに，その答えを「相互確証破壊（MAD）」という戦略概念に求めるようになった。MADとは，米ソの一方が先制核攻撃を行っても，他方が必ず報復核攻撃を行える（すなわち双方が核兵器の先制使用を躊躇（ちゅうちょ）する）状況を作り出すことで，核戦争を防止するという考え方である。しかしそのためには，敵の先制核攻撃を受けても破壊を免れ，相手に確実に報復できる核戦力が必要となる。そのためアメリカは，PTBTでも許容された地下核実験などを通じて核戦力の技術革新を進めていった。

他方，ソ連では1964年10月にフルシチョフが失脚し，**ブレジネフ**を最高指導者とする新体制が確立した。その後まもなく，ソ連は大規模な核軍拡に乗り出した。その背後には，核戦力での対米劣位がキューバ危機で「敗北」した原因だったという考えがあった。興味深いのは，核戦争の防止と西側との関係改善を望んでいたにもかかわらず，ブレジネフが，軍部の要請する核軍拡を支持したことである。この後みていく通り，この頃までに西側諸国とソ連・東欧諸国の間では，科学技術や経済発展において大きな格差が生じていた。そのためソ連指導部の中でも，市民の生活水準を改善し，西側との格差を縮めなければならないという考えが現れていた。ブレジネフもまた，東西緊張を緩和して西側との貿易を拡大したり，核軍拡競争を緩和して資源を消費物資の生産へ振り向けたりすることを望んでいた。しかし，不利な立場で西側と交渉することを避けるためには，まず核戦力の対米劣位を回復しなければならないとブレジネフは考えたのである（Savranskaya and Taubman 2010：141-142）。

1965年から68年にかけて，ソ連は，軍事費を約40%増大させて核戦力を拡充させた。この間アメリカは，たとえば1967年6月のジョンソンとコスイギン・ソ連首相の首脳会談の際など，核軍拡競争を制限するために核軍備管理交渉を行うことを何度か提案している。しかし，こうした提案にソ連側が応じることはなかった。なぜなら，このときソ連は，米ソ間の戦略核兵器のバランスを「均等（パリティ）」にすることを「まず第一に」考えていたのである（Dobrynin 1995：166）。その結果，キューバ・ミサイル危機の前には17対1でアメリカが優位に立っていた戦略核兵器は，1960年代末までにほぼ「均等」に達するようになった。米ソはともに核戦争の回避と緊張緩和を望んでいた。にもかかわらず核軍拡競争は続いたのである。

核軍備管理の領域で，米ソが唯一合意できたのは核不拡散問題であった。1950年代末までは，世界で核兵器を保有していたのは，米英ソの3カ国のみであった。しかし，1960年のフランスに続いて，64年に中国が核実験に成功すると，米ソは，中国に触発されたインドや日本，中東諸国，西ドイツが核開発に踏み切ることを恐れるようになった。超大国の統制が及ばない核兵器の数が増大すれば，核戦争勃発（ぼっぱつ）の可能性が高まると考えられたからである。この問題について米ソの間には共通利害があったといえるだろう。1965年以降米ソが，すでに核保有国となっていた米英仏ソ中（P5と呼ばれる）以外の国による核兵器の獲得を禁止する条約の締結をめざしたのは，そのためである。交渉は難航したが，結局，1968年7月には**核兵器不拡散条約**（NPT）が締結された。

NPTはその締約国を，核兵器をもつ国ともたない国に分け，後者に軍事的な安全保障の手段である核兵器の保有を禁止するものであった。こうした米ソの動きに対しては，アメリカの同盟国であった西ドイツなどからも反発が生じるが，その急先鋒となったのがフランスであった。

同盟関係の変容

ド・ゴールの挑戦とNATOの危機

1960年代半ばの西側同盟に対する挑戦者は，その内側からやってきた。フランスの**ド・ゴール**大統領である。キューバ・ミサイル危機の直後には米ソ・デタントに反対していたド・ゴールは，1964年に入ると冷戦対立を克服するために独自のデタント外交を展開するようになった。

すでにみたようにド・ゴールは，キューバ危機後，米ソ共同支配体制の成立を恐れて仏独関係の強化に乗り出した。しかし，こうした動きはアメリカや対米関係を重視する西ドイツ国内の政治勢力の反発を招くことになる。西ドイツに対するフランスの影響力を切り崩そうと，ケネディ，ジョンソン両政権は，西ドイツが北大西洋条約機構（NATO）の核戦力の運用に参加することを可能にする多角的戦力（MLF）構想を推進し，対独関係の強化を図った。また西ドイツ連邦議会では，1963年5月，NATOの重要性を明記する前文をエリゼ条約に挿入することが決定され，同条約は実質的に骨抜きにされた。さらに10月には親米派のエアハルトがアデナウアーの後継者に選出された。

ド・ゴールのデタント外交は東西冷戦の克服をめざすものであった。彼にとって冷戦の安定化は，米ソによるヨーロッパ支配の固定化を意味したからである。そのためド・ゴールは，アメリカから独立した「ヨーロッパのためのヨーロッパ」を打ち立てようと，「大西洋からウラル」という新しい枠組みを提案した。それは東西ヨーロッパ全体を覆う安全保障体制であり，その中でドイツ再統一と在欧米軍の撤退を実現するのである。そして，1964年以降ド・ゴールは自身の構想を実現するために，中国やソ連，東欧諸国に接近し，66年夏には訪ソを実現させた。

ド・ゴールはさらに西側の同盟体制にも挑戦した。冷戦開始期に作られたNATOの役割と組織は，デタントという新しい国際状況に合わせて見直す必要があると主張したのである。その一環としてド・ゴールは，1966年2月の記者会見でフランス軍をNATO軍の指揮下から離脱させることを宣言した。また，彼はヨーロッパ統合の進展に冷や水を浴びせるような態度もとった。1961年7月にイギリスは第1次欧州経済共同体（EEC）加盟申請を行ったが，63年1月にド・ゴールはこれを拒否する姿勢を示した。1965年には「連邦的な活力」をヨーロッパに与えようとするEEC委員会の提案を拒絶し，さらにその2年後には2度目の申請を行ったイギリスのEEC加盟を再び拒否した（遠藤 2014：5章）。

こうしたド・ゴールの挑戦がもたらした西側内部の混乱を収束させるために，1967年初めにベルギーのアルメル外相が提案したのが「同盟の将来に関する研究」であった。そして同年12月にNATO加盟国は「アルメル報告書」を採択する。これはNATOの目的を，東側に対する軍事的な「抑止」と政治・外交面での「デタント」追求の2つと位置づけることで，NATOの存在意義を再確認するものであった。NATOに対するド・ゴールの挑戦は，その目論見に反してNATOの結束を促すことになった。1968年5月には，パリで学生と労働者を中心とする大規模な暴動が発生し，その翌年ド・ゴールは自身が追求した構想を実現できないまま政権を追われた。しかし彼の政策は，その後のアメリカや西ドイツのデタント政策のさきがけとなったといえる。

東欧の動揺と中ソ対立

同じころ東側陣営も同盟内部の問題に直面していた。ソ連による1956年のハンガリー介入は，東ドイツ，ポーランド，チェコスロヴァキア，ハンガリー，ルーマニア，ブルガリアといった東欧諸国に2つの「ルール」を課すことになった。それはワルシャワ条約機構からの離脱は許されず，また共産党の一党支配は維持されなければならないというものであった（Kemp-Welch 2010：219）。

その後1960年代にかけて，これらの国々の政治・社会には，程度の差こそあれ，共通の特徴がみられた。1つ目は，政治指導者や国家の官僚と，一般の人々の間にみられた経済的・社会的な不平等である。2つ目は，検閲制度や教育，メディアを通じて行われた言論や思想の抑圧である。3つ目は，政府の計画経済を大きな原因とする経済発展の遅れである。こうした東欧諸国の状況は，第二次世界大戦からの復興を終えて高度経済成長の時代に入りつつあった西欧諸国のそれとは著しい対照をなしていた。1960 年代の東欧諸国が，市場経済の要素を取り入れることで経済成長を促す試みを行ったことも確かである。しかしそれは，共産党支配を弱めるところまで踏み込んで改革を行うものではなかった（Gilbert 2015：142-145）。

こうした状況に風穴を開けたのが，**プラハの春**と呼ばれたチェコスロヴァキアにおける改革の動きである。1968 年 1 月に指導者となったドプチェクの下，共産党中央委員会は 4 月に「行動綱領」を採択した。これは共産党への権限の集中を改めるほか，市場の機能を重視する経済改革，言論の自由化などを謳（うた）うものであった。検閲制度も廃止され，チェコのメディアには多様な意見が現れ始め，さまざまな社会勢力も活動を開始した。

ソ連と他の東欧諸国はチェコでの事態に神経を尖らせた。プラハの春の影響が自国に拡大することが恐れられたのである。チェコとソ連・東欧諸国の間では何度か協議がもたれたが，ドプチェクは改革を推し進めようとしたので，ついにソ連は軍事介入を決定した。8 月 20 日，ソ連軍を中心としたワルシャワ条約機構軍がチェコに侵攻し，プラハを占領した。そして 9 月 28 日にブレジネフは，社会主義陣営全体の利益が脅かされた場合には，各社会主義国の主権は制限されるという見解を示して，軍事介入を正当化した（ブレジネフ・ドクトリン）。

アジアでも東側陣営内部の軋轢（あつれき）は生じていた。**中ソ対立**である。1950 年に同盟国となった両国の関係は 50 年代末頃から悪化し始めた。中ソ同盟を軍事的に強化するために，フルシチョフは，1957 年に国防新技術協定を締結し，原爆の見本や製造技術を中国に提供することを約束した。また，翌年には共同艦隊の創設や，中国領内でのソ連無線基地建設の提案も行った。フルシチョフは「ワルシャワ条約機構のような，ソ連がコントロールする集団安全保障体制をアジアにも作ろうと考えていた」（毛里 2011：99）。しかし毛沢東が強く反発したので，1959 年にソ連は協定を破棄して原爆の提供も拒絶した。1960 年には両国間のイデオロギー論争も表面化し，中国はソ連を，アメリカとの「平和共存」を模索する「修正主義者」として批判し始めた。

キューバ・ミサイル危機後，中国は，アメリカの脅威に「屈服」したとしてソ連への批判をさらに強めたが，1964年10月に成立したソ連の新指導部は中国との関係修復を試みた。翌年2月に訪中したコスイギン首相はマルクス・レーニン主義者として連帯することを毛沢東に説いた。コスイギンは同じイデオロギーを信奉する中ソ両国の間に本質的な対立は存在しておらず，また，それがあったとしても，アメリカがベトナムへの介入を強化している状況下では棚上げすべきだと考えていた。しかし毛沢東は，今やソ連は「帝国主義者」アメリカとともに世界の運命を決定しようとしていると批判し，コスイギンの提案を拒絶した。この会談の後もソ連は，ベトナム和平に関する国際会議や，アメリカのベトナム介入に対抗するための共同行動の可能性を打診した。しかし中国側はこれをすべて拒絶したのである。

次第に中ソは，互いを軍事的な脅威とみなすようになっていった。1964年までに毛沢東はソ連の侵攻を恐れるようになった。また，1966年ごろから中国社会は，毛沢東が開始した改革運動である文化大革命によって大きな混乱に陥り，1967年初頭には毛沢東を支持する過激派の学生が北京のソ連大使館を包囲する事件も発生した。こうした事態に脅威を感じたソ連は，1967年2月，ソ連軍のモンゴル駐留と極東地域の戦力強化を決定する。ソ連は，軍事力の強化によって中国の攻撃を抑止しようとしたのである。しかし，中国はこうした動きをソ連の攻撃的な意図を示すものと受け止め，1968年のチェコスロヴァキア侵攻はさらに中国の懸念を強めることになった。そしてついに1969年3月，中ソ東部国境のウスリー川に浮かぶダマンスキー島（珍宝島）で両国の武力衝突が発生した。8月には新疆（しんきょう）の国境地帯でも武力衝突が生じ，このときソ連側は核兵器による報復の可能性すら示唆（しさ）した（Radchenko 2010；久保 2011：171-173）。

こうした一連の出来事は，社会主義国間の連帯を掲げる東側陣営の内実を暴露するものとなった。チェコ侵攻はソ連と東欧諸国の関係を支えているのが武力であることを如実に示し，また，それぞれ社会主義国のリーダーを自称していた中ソの間でも武力衝突が起こったからである。こうした東側陣営内部の軋轢，とくに中ソ対立は，ベトナム戦争の泥沼化と相まって，1970年代に生じた国際政治構造の大きな変化の重要な背景となるのである。

ベトナム戦争とその影響

アメリカの介入拡大

1950年5月にアメリカはインドシナ戦争を戦うフランスへの支援を本格化した（→8章）。しかしホー・チ・ミンが率いるベトナム独立同盟は，1954年までに国土の4分の3を軍事的に支配し，フランスは苦境に陥った。結局1954年7月，米，英，仏，中国，ソ連の他にベトナムの代表が参加してインドシナ休戦に関するジュネーヴ会議が開催され，北緯17度線で国土を南北に分割することが合意された。その後アメリカは，大規模な支援によってゴ・ディン・ジェムの統治する南ベトナム政府を支え続けた。この背後にあったのは，北ベトナムを中ソの手先ととらえると同時に，南ベトナムが社会主義化すれば東南アジア全域がドミノ倒しのように社会主義化していくという見方（「ドミノ理論」と呼ばれた）であった。しかしアメリカの庇護の下，ジェムが苛烈(かれつ)な独裁体制を敷いたので，南ベトナム国内では反政府闘争が強まっていった。1960年には南ベトナム民族解放戦線（NLF）が結成され，ジェム政権に対するゲリラ戦を本格化させた。また，北のベトナム労働党も，NLFの武装闘争を支持する決定を下したのである。

ジェム政権がNLFのゲリラ戦に有効に対処できていないと考えたケネディ政権は，南ベトナム軍強化のために軍事顧問を派遣する一方，経済援助を増大させ，内政改革を求めた。しかし，ジェムはベトナム大衆の人気を集めていた仏教徒を弾圧するなど，さらに情勢を悪化させた。南ベトナム国家を維持するためにジェムの排除もやむなしと考えるようなったケネディ政権は，軍部によるクーデタ計画を黙認し，1963年11月にジェム政権は打倒された。

1963年11月にケネディが暗殺された後，大統領の座に就いたジョンソンはベトナム介入をさらに強化した。1964年8月初めにジョンソンは，北ベトナムのトンキン湾において，米海軍の駆逐艦が二度にわたって北ベトナム側に攻撃されたという報告を受け取った。ジョンソンは北ベトナムに対する報復爆撃を命じ，さらに共産主義者による「さらなる侵略を阻止するためにあらゆる手段をとる」権限を大統領に与えるよう議会に要請した。議会もこの「トンキン湾決議」をほぼ全会一致で採択した。トンキン湾決議に対して北ベトナムとNLFは攻勢を強め，北ベトナムは人民軍を南下させた。対するジョンソン政権は1965年2月に北ベトナムに対する継続的な空爆（北爆）を開始し，7月には米地上軍の大規模派遣に踏み切った。

なぜアメリカはベトナムへの介入を深めていったのか。ケネディ政権期からすでに，米政府内部には交渉によって休戦を模索すべきであるという意見も存在していた。また，ケネディ自身も米軍を派遣すれば泥沼にはまり込んでしまうと予測していた。しかし，ケネディもジョンソンも交渉を選択するつもりはなかった。彼らはアメリカの**信頼性**（アメリカが世界中どこでも断固として共産主義に対して立ち向かい，また同盟諸国の利益を防衛するという決意）を共産主義諸国と西側の同盟諸国の双方に示すことが重要だと考えていた。そうしなければ中ソがより危険な行動をとり，アメリカの防衛関与を信じられなくなった同盟国は中ソの圧力に屈してしまうかもしれない。つまり彼らにとって南ベトナムは，アメリカの信頼性維持のための試金石であった。それゆえ2人の大統領は交渉を忌避したのである（Logevall 2010：297）。

しかし状況はさらに悪化した。北爆の目的はNLFに対する北ベトナムの支援能力に打撃を与えることであったが，これに反発した北ベトナムはかえってその支援を拡大させた（なお南北ベトナム国境を迂回して，隣国のラオス領内を通過する北ベトナムからの派兵・支援のためのルートはホー・チ・ミン・ルートと呼ばれた。→図9.1）。また，ソ連も北ベトナムへの支援を強化した。実のところソ連は，ベトナム戦争の悪化がアメリカや西側との関係改善の障害となることを恐れていた。しかしアメリカが介入を強化したので，ソ連は，社会主義国のリーダーとして北ベトナムへの軍事・経済支援を強化せざるをえなくなったのである。またソ連政府内部には北ベトナムへの支援が中ソ関係の改善に役立つとみる者もあった。すでにみたように，1965年2月にコスイギンが訪中した際に，中国側にベトナムへの支援強化を提案したのは，そのためであった。さらにコスイギンはハノイに立ち寄り，アメリカとの全面戦争を回避するよう北ベトナム指導部を説得しようと試みた。しかし大国の意向にこれまで何度も翻弄（ほんろう）されてきた北ベトナム側は，これを拒絶する。それが多大な人的犠牲を伴うものであったとしても北ベトナムは勝利を望んでいた。そのためソ連は北ベトナムをコ

CHART 図 9.1 1970 年代初めのアジア

［出所］ ラフィーバー 2012：328 をもとに作成。

ントロールできなかった（Zubok 2009：197-198）。

中国もまた北ベトナム支援を強化した。中国は対空砲部隊，工兵部隊などの支援部隊も派遣し，その数は1968年3月までに32万人に達した。NLFや北ベトナム軍の抵抗が激化するにつれて米軍も増派され，68年末までには最高の53万人に達した。また北ベトナムも1965年から68年までに30万人の人民軍を派遣した（Logevall 2010：298；古田 1991：33）。さらにアメリカはさまざまな最新兵器を投入していった。しかしこうした米軍の戦術はかえってベトナムの人々の反感を強め，NLFが新たな兵力を募集・動員することを可能にした。こうして超大国アメリカですら，北ベトナムとNLFを打倒できないことが明らかになってきた。

ベトナム戦争の影響

泥沼化したベトナム戦争は，国際関係にさまざまな影響をもたらした。すでにみたように，ソ連は核軍備管理交渉に関するアメリカの提案を拒否し続けていたが，その背後にあったのはアメリカのベトナム政策に対する反発であった。ベトナム戦争は，米ソ間の核軍備管理の進展にブレーキをかけていたのである。また当初は，アメリカ議会も世論も，ジョンソン政権のベトナム政策を支持していたが，情勢が悪化するにしたがってアメリカ国内では反戦運動が盛り上がっていった。さらに巨額の戦争費用がアメリカ経済を圧迫し始めた。

ベトナム戦争は，アメリカと同盟諸国との関係にも悪影響を与えた。前述のように，アメリカが交渉を拒否した背後には，信頼性を損なうことへのおそれがあった。しかし，実際には，NATO諸国や日本は交渉をアメリカの弱腰の印とはみておらず，むしろアメリカが軍事介入を深める姿に危惧を抱いていた（Logevall 1999）。たとえば，イギリスのハロルド・ウィルソン首相は，交渉を拒否して軍事力行使に固執すれば，アメリカは国際社会，とくに第三世界における道義的権威を失うと予想していた（水本 2009）。またNATO諸国は，ベトナム戦争の拡大に伴って西欧に配備された米軍が東南アジアに再配置され，西欧防衛が手薄になる可能性を懸念していた（Zimmerman 2011：173-176）。さらに同盟諸国の社会においても，ベトナム反戦運動が盛り上がり始めた。

1968年1月末のベトナムの旧正月（テト）の際には，南ベトナム各地でNLFによる一斉攻撃が始まり，アメリカ大使館も一時占拠された。このテト攻勢の模様は全米にテレビ中継され，米国民に大きな影響を与えた。それまでジョンソン政権は，アメリカの勝利に関して楽観的な見方を喧伝してきた。しかし，テト攻勢は，NLF がまだ戦闘力をもっていることを明らかにし，国民に政府の戦況報告に対する強い不信感を抱かせたのである。3月31日にジョンソンはテレビ演説を行い，北爆の部分的停止を表明して北ベトナムに和平交渉を呼びかけた。そして同時に，11月の大統領選挙に出馬しないことを明らかにした。

このようにベトナム戦争はアメリカ外交に重大な問題を突き付けた。それは前節でみた中ソ関係の変化と相まって，米ソ両国関係を大きく転換させていくことになる。

4 2つのデタントとその帰結

米ソ超大国間のデタント

1969年1月にアメリカの新大統領に就任したのは，共和党のニクソンであった。新政権は国内外でさまざまな困難に直面していた。ベトナム戦争の泥沼化と国内外における反戦運動によって，アメリカの国際的な威信は大きく傷つけられ，戦争費用のために対外支出が増大した結果，国際収支も悪化するなど，経済的な凋落も明らかであった。軍事力においてすらアメリカの地位は低下していた。キューバ危機後，ソ連が核軍拡を続けた結果，1960年代末までに米ソの核戦力は均衡に達したと考えられるようになったためである。

ニクソンは，ハーヴァード大学の国際政治学の教授であったキッシンジャーを国家安全保障問題特別補佐官に任命し，外交政策の刷新に取り組んだ。アメリカの力の低下を明確に認識していた彼らは，同盟国防衛への関与を縮小し，同盟国により多くの防衛負担を求めるニクソン・ドクトリンを発表した。また，ベトナム戦争終結へ向けて，南ベトナム軍に防衛責任を移譲して米軍を撤退させる「ベトナム化」政策も進めていった。しかし，アメリカ経済の悪化は止まらず，1971年8月にニクソン政権は，金・ドル兌換を停止する「新経済政策」を発表した。これは戦後国際経済システムの制度的枠組みであったブレトンウッズ体制（→**6章**）を根幹から覆すものであった。

対ソ政策も大きく変化した。ただしニクソンが変えようとしたのは，ソ連封じ込めという目標ではなく，その方法であった。それが「デタント政策」である。これは交渉を通じて緊張を緩和し，ソ連がアメリカの利益を損なう行動をとれば不利益を被り（こうむり），逆に，アメリカと協調すれば一定の利益を得るような状況を作り出そうとするものであった。たとえば，米ソの核戦力はすでに均等に達していたし，ソ連は国内の経済問題にも直面しているので，核軍拡競争の抑制や西側との貿易拡大に関心をもっていると予想された。それゆえこれらの争点でアメリカが譲歩すれば，ソ連側は，ベトナム戦争終結への協力や第三世界への介入自制に同意すると考えられたのである。こうした，さまざまな争点を結び付けて交渉する「リンケージ戦略」に加えて，ニクソンらは中国をソ連に対する交渉上の切り札として利用するつもりであった。中ソ関係が悪化するなか，米中が関係を改善すれば，挟み撃ちを恐れたソ連も対米関係改善を求め，また同じ理由から中国も対米関係改善に利益を見出すと考えられたのである。

事実，ソ連のチェコ侵攻をみた毛沢東は，中ソの対決は「不可避」だと考えるようになり，1971年までにはソ連を「主要敵」とみなして中米関係の打開をめざすようになっていた（毛里 2011：101-104）。ソ連もまた対米関係の改善を求めていた。しかし米中接近への危惧だけが，その理由ではなかった。すでにみたように，ブレジネフは，当初から西側とのデタントを希求していたが，その前に核戦力の対米劣位を克服しようとしていた。1960年代末までに均等を達成したソ連は，ようやく対等な「超大国」として積極的に対米デタントを追求できるようになったのである（Savranskaya and Taubman 2010：142）。

1971年7月，キッシンジャーは極秘のうちに北京を訪れた。キッシンジャーの帰国後，ニクソンは，翌年初めに訪中すると発表して世界を驚かせた。1972年2月，アメリカ大統領として初めて訪中したニクソンは，その3カ月後には訪ソを実現した。会談を終えたニクソンとブレジネフは，核ミサイルの保有数に上限を課す戦略兵器制限条約（SALT）や，MAD状況の安定を損なうと考えられた弾道弾迎撃ミサイル（ABM）の配備を制限するABM条約，核戦争の防止や国益の一方的追求の自制に努めることなどを謳った米ソ関係基本原則，経済交流協定の締結に合意したことを発表した。翌1973年1月には米・北ベトナム間でパリ和平協定が締結され，ベトナムからの米軍撤退も合意された。さらに同じ年の6月にはブレジネフが訪米し，米ソ間では核戦争防止協定が締結された。これによって米ソ超大国は，相互に，またその同盟国に対して核兵器による威嚇(いかく)を行わないこと，また核戦争の可能性が高まった場合には緊急協議を行い，その危険を回避することなどを約束した。このように1973年初頭まで，ニクソン政権のデタント政策は一定の成功をおさめたかのようにみえた。そして米中ソ間の緊張緩和と並行して，1970年代初めにはヨーロッパでもデタントが進展しつつあった。

西ドイツの東方外交とヨーロッパのデタント

1960年代半ばから東側は，ヨーロッパの安全保障に関する国際会議を開催するよう提案していた。東西ヨーロッパ諸国が参加するこうした会議において，第二次世界大戦後に分断されたヨーロッパとドイツの現状，とりわけ東ドイツの存在について国際的承認を取り付けることが，その目的であった。しかしNATO側はこの提案を拒絶し続けた。それまで西ドイツの歴代政権は，すべてのドイツ人を代表する正統な国家は西ドイツのみであるという立場を堅持して，東ドイツ国家の承認を拒否してきた。こうした西ドイツの方針への配慮から，NATOは安全保障会議の開催を拒否したのである。しかし，デタントを求める東側の提案を完全に無視することもまた難しかった。すでにみたように1960年代後半の西欧では学生運動やベトナム反戦運動が盛り上がり，若者を中心として，各国世論は緊張緩和を求めていた。そして東西緊張が緩和する中で，軍事同盟であるNATOにどのような存在意義があるのか，疑念がもたれるようになっていた。そのため西側もまた，デタントに前向きであるという姿勢を世論に対して示さなければならなくなっていた。そこで1970年5月，NATOはドイツ問題に関する交渉の進展を東西交渉の条件にすると公式に表明した（山本 2010：143-144）。

ドイツ問題に関する交渉を可能にしたのは，西ドイツ外交の変化であった。1966年12月に成立した，キリスト教民主・社会同盟と社会民主党の二大政党による大連立政権は，**東方政策**を開始していたが，この方針は1969年10月に誕生したブラント首相の社会民主党政権にも受け継がれた。大連立政権では外相，社会民主党政権では首相として外交政策を主導したブラントは，戦後西ドイツ政府が堅持してきた方針を大きく転換した。彼は，将来ドイツ再統一を達成するという原則を維持しつつも，ドイツ分断の現状を「暫定的」に承認して東側との関係を改善し，長期的に再統一を実現しようと構想したのである。1970年8月，西ドイツとソ連はモスクワ条約を締結した。これは，武力による東西ドイツ国境の変更を否定するものであり，ドイツ分断を事実上承認する意味をもっていた。また，翌年にはベルリンの現状維持に関する協定が，米英仏ソ間で締結された。こうしてドイツ問題の暫定的解決が達成されたのである（妹尾 2011）。

東方政策が推進された背後ではヨーロッパ統合も一定の進展をみていた。すでに1967年にはEEC，欧州石炭鉄鋼共同体（ECSC），欧州原子力共同体（EURATOM）という3つの行政機構が統合されて欧州共同体（EC）が発足していたが，西欧では，西ドイツと東側の接近がNATOやECに基礎を置く西側の結束を弱めるのではないかという懸念がもたれていた。そこで1969年12月のハーグEC諸国首脳会議では，さらなる共通市場の発展をめざす「完成」，通貨問題や政治協力の発展をめざす「深化」，イギリスをはじめとする加盟国の「拡大」を打ち出すコミュニケ（声明）が採択された。EC諸国は，東側との接近を追求する西ドイツを，さらに深くヨーロッパ統合の枠組みに組み込むために，ECを強化しようとしたのである。そうしたEC諸国の懸念を承知していたブラントもまた，ハーグ首脳会議の成功と，その後の統合強化の過程に積極的に関与していった（妹尾 2011：4章；遠藤 2014：197-199）。

こうしてドイツ問題が暫定的に解決されたことで，さらなるヨーロッパ・デタントの進展が可能となった。1973年には東西ヨーロッパ諸国とアメリカ，カナダの35カ国が参加する**全欧安全保障協力会議**（**CSCE**）が開催された。2年間にわたる交渉の結果，1975年にCSCEはヘルシンキ最終議定書を採択した。これは第二次世界大戦後のヨーロッパ分断の現状を承認し，また経済文化協力の拡大を謳うものであった。さらに同議定書は，人権の原則や人・思想・情報の自由移動に関する規定も含んでいた。こうしたCSCEの成果は，その後のヨーロッパ冷戦の展開に大きな影響を与えていくことになる。事実，1970年代後半の東西ヨーロッパ諸国間の関係は安定し，経済的・文化的な交流も増大した。またヘルシンキ最終議定書の人権条項は，ソ連や東欧諸国内の反体制勢力に，政府による人権侵害を批判する根拠を与えることになった。さらに，次章でみるように，ヨーロッパのデタントは1980年代に入っても続いていく。

これとは対照的に，米ソのデタントは早くも1973年には，その限界を露呈し始めた。その舞台となったのは第三世界であった。

第三世界の冷戦と米ソ・デタントの限界

すでにみたように，ニクソン政権の対ソ・デタント政策は，核軍備管理などの問題を中心に，米ソが一定の合意に達することに成功した。しかし実のところ米ソは，第三世界における両国の行動ルールについて異なる理解に立っていた。アメリカ側は，アメリカとの関係改善からさまざまな利益を得たソ連が，第三世界の地域紛争の収束に協力するものと期待していた。しかし，当のソ連はそのように考えてはいなかった。ソ連にとってデタントとは，アメリカがついにソ連を対等な超大国として認めたことを意味していた。その結果，ソ連側は，「革命が脅威にさらされている地域」にソ連が「介入する権利」と，アメリカや西欧諸国とのデタントを「切り離して進める資格」を得たと判断していた。なぜならアメリカはそれまで，第三世界の事態に介入するにあたって事前にソ連に相談したことはなかった。だとすれば当然，超大国となったソ連は，アメリカと同じように行動できるはずであった（ウェスタッド 2010：286-287）。

1960年代末までに，ソ連は，第三世界により積極的に関与することを望むようになっていた。このころまでに第三世界諸国の民族主義運動は，急進化・左傾化する傾向を強めていた。こうした運動の指導者たちは，ゲリラ戦を展開して超大国アメリカに屈しなかったキューバとベトナムに強く触発され，社会主義国家の建設をめざしてソ連に支援を求めた。他方ソ連の指導者たちは，第三世界のこうした状況は，世界的な社会主義革命の実現というソ連の長期的な目標を達成するためのチャンスだと考えた。それゆえ1970年代には，第三世界，とりわけアフリカをめぐる米ソ対立が先鋭化したのである（ウェスタッド 2010：5章）。

米ソ・デタントの限界はまず1973年10月の第4次中東戦争で露呈した。1967年6月の第3次中東戦争でアラブ諸国は大敗し，イスラエルは大幅に占領地を拡大していた。その6年後，エジプトとシリアは再びイスラエルを急襲した。いったんは劣勢に陥ったイスラエルも，ニクソン政権からの軍事物資の空輸を受けて攻勢に転じた。このときブレジネフが恐れていたのは，同盟国であるエジプトとシリアを助けるために，ソ連が直接介入を行わざるをえない状況へと追い込まれ，それが米ソ戦争につながることであった。そこでブレジネフは，デタントの精神に則って共同で仲介を行うようニクソンに提案し，アメリカ側もこれに応じる姿勢をみせた。しかし，その一方でキッシンジャーは，中東におけるソ連の影響力を低下させるために，イスラエルがより優位な立場を確保できるまで時間を稼ごうとしていたのである。10月23日には即時休戦を求める国連安保理決議が採択され，エジプトはこれを受け入れたが，イスラエルはさらに戦闘を継続した。その翌日サーダート・エジプト大統領が停戦監視部隊を派遣するよう米ソに要請すると，ソ連側は，アメリカがこれに応じない場合ソ連は単独で介入するという態度を示した。

ソ連の軍事介入が間近だと考えたキッシンジャーは動揺し，核兵器を含めた米軍の警戒態勢を防衛準備段階 III に引き上げた。（段階 III はキューバ危機の際に発令された段階 II に次ぐものであった）。ソ連指導部では，核によるアメリカの威嚇に対抗するためにソ連軍を動員すべきであるという声も上がったが，こうした意見をブレジネフが退けたので，米ソ戦争は回避された。しかし中東危機は，デタントによる米ソ間のさまざまな合意にもかかわらず，依然として超大国が第三世界で勢力争いを展開し，必要な場合には核兵器の威嚇を含めて，一方的な行動をとることを示したのである。

1974年8月にニクソンは，ウォーターゲート事件（ニクソンの側近が大統領選挙のために1972年に起こした盗聴事件）で辞任し，副大統領のフォードが大統領に就任した。11月のウラジオストック会談において，フォードとブレジネフは，第2次戦略兵器制限条約（SALT II）の大枠に合意した。両者はデタントの継続を望んでいた。しかし，今度はアフリカでの出来事が水を差した。

ポルトガルの植民地であったアンゴラでは，1960年代から，反共・反西欧主義的なアンゴラ民族解放戦線（FNLA），社会主義者の率いるアンゴラ解放人民運動（MPLA），さらにアンゴラ全面独立同盟（UNITA）という立場の異なる3つのグループが反植民地闘争を展開し，FNLA はアメリカから，MPLA はソ連とキューバから，それぞれ支援を受けていた。1974年のクーデタによってポルトガルには新政権が誕生したが，新政権が植民地の放棄を決定すると，3グループの間で内戦が勃発した。これを受けてアメリカは MPLA の勢力を排除するために FNLA と UNITA への支援を拡大し，ソ連もまた MPLA 主導の政府を樹立するために支援を強化した。3グループの戦いは激化したが，

1976 年初めまでには MPLA が権力掌握に成功した。

MPLA による権力の奪取はさまざまな要因によるものであり，ソ連の関与がその結果を一義的にもたらしたわけではない。しかし，ソ連指導部はアンゴラでの「勝利」は，MPLA に対するソ連の指導と支援の成果だとみなした。同じ 1976 年初めには，ベトナムでも統一社会主義国家が誕生した。パリ協定後も南北ベトナム国家間の内戦は続いていたが，1975 年前半までには北ベトナムの勝利が確実になっていたのである。アンゴラとベトナムでの「勝利」はソ連指導部に，第三世界における社会主義の拡大と，そこでソ連が果たしうる役割に関する楽観論をもたらした。他方アメリカ国内では，アンゴラとベトナムでの「敗北」を受けて，デタントの精神に反して第三世界で積極的に行動するソ連と，デタント政策を進めてきたニクソン・フォード政権に対する批判が強まった（ウェスタッド 2010：6 章）。こうした状況が米ソの新たな対立の背景となっていくのである。

引用・参考文献　Reference ●

青野利彦 2012『「危機の年」の冷戦と同盟――ベルリン，キューバ，デタント 1961-1963 年』有斐閣。

ウェスタッド，O. A.／佐々木雄太監訳，小川浩之・益田実・三須拓也・三宅康之・山本健訳 2010『グローバル冷戦史――第三世界への介入と現代世界の形成』名古屋大学出版会（原著 2007 年）。

遠藤乾編 2014『ヨーロッパ統合史〔増補版〕』名古屋大学出版会。

久保亨 2011『社会主義への挑戦 1945-1971』（シリーズ中国近現代史④）岩波新書。

佐々木卓也編 2017『戦後アメリカ外交史〔第 3 版〕』有斐閣アルマ。

妹尾哲志 2011『戦後西ドイツ外交の分水嶺――東方政策と分断克服の戦略，1963～1975 年』晃洋書房。

古田元夫 1991『歴史としてのベトナム戦争』（科学全書 37）大月書店。

水本義彦 2009『同盟の相剋――戦後インドシナ紛争をめぐる英米関係』千倉書房。

毛里和子 2011「アジアにおける冷戦構造の変容と地域紛争――米中和解からソ連のアフガニスタン侵攻へ」『経済発展と民主革命 1975-90 年』（岩波講座 近現代東アジア通史 9）岩波書店。

山本健 2010『同盟外交の力学――ヨーロッパ・デタントの国際政治史 1968-1973』勁草書房。

ラフィーバー，ウォルター／平田雅己・伊藤裕子監訳 2012『アメリカ vs ロシア――冷戦時代とその遺産』芦書房（原著 2008 年）。

Dobrynin, Anatoly 1995, *In Confidence: Moscow's Ambassador to Six Cold War Presi-*

dents, Times Books.

Gilbert, Mark 2015, *Cold War Europe: The Politics of a Contested Continent*, Rowman & Littlefield.

Holloway, David 2010, "Nuclear Weapons and the Escalation of the Cold War," in Melvyn P. Leffler and Odd A. Westad eds., *The Cambridge History of the Cold War, vol. 1: Origins*, Cambridge University Press.

Kenmp-Welch., Anthony 2010, "Eastern Europe: Stalinism to Solidarity," in Melvyn P. Leffler and Odd A. Westad eds., *The Cambridge History of the Cold War, vol. 2: Crises and Détente*, Cambridge University Press.

Logevall, Fredrik 1999, *Choosing War: The Lost Chance for Peace and the Escalation of War in Vietnam*, University of California Press.

Logevall, Fredrik 2010, "The Indochina Wars and the Cold War, 1945–1975," in Melvyn P. Leffler and Odd A. Westad eds., *The Cambridge History of the Cold War, vol. 2: Crises and Détente*, Cambridge University Press.

Radchenko, Sergey 2010, "The Sino-Soviet Split," in Melvyn P. Leffler and Odd A. Westad eds., *The Cambridge History of the Cold War, vol. 2: Crises and Détente*, Cambridge University Press.

Savranskaya, Svetlana and William Taubman 2010, "Soviet Foreign Policy, 1962–1975," in Melvyn P. Leffler and Odd A. Westad eds., *The Cambridge History of the Cold War, vol. 2: Crises and Détente*, Cambridge University Press.

Zimmerman, Hubert 2011, *Money and Security: Troops, Monetary Policy, and West Germany's Relations with the United States and Britain, 1950–1971*, Paperback ed., Cambridge University Press.

Zubok, Vladislav M. 2009, *A Failed Empire: The Soviet Union in the Cold War from Stalin to Gorbachev*, Paperback ed., University of North Carolina Press.

CHAPTER

第10章

冷戦終結への道

「新冷戦」からドイツ再統一へ

➊米ソ首脳会談後の共同宣言に署名するシュルツ米国務長官（左）とシュワルナゼ・ソ連外相（右）。すぐ後ろにみえるのは，ゴルバチョフ・ソ連共産党書記長（左）とレーガン・米大統領（中央）（1985年11月21日，ジュネーヴ。写真提供：AFP＝時事）。

INTRODUCTION

1970年代後半までに米ソ・デタントは崩壊し，両国間には「新冷戦」と呼ばれる激しい対立状況が生まれた。しかし西欧諸国は1970年代からのデタント政策を追求し続けた。1985年に登場したゴルバチョフ書記長は外交政策を大きく転換して，レーガン大統領とともに米ソ冷戦の終焉に貢献した。また1980年代末期の東欧諸国の民主化を背景に，1990年にはドイツ再統一も実現した。しかし米ソ間，ヨーロッパの冷戦が当事者間の交渉に基づいて平和裏に終わったのとは対照的に，第三世界における冷戦の終焉は決してそこに平和をもたらすものではなかった。

1 米ソ・デタントの崩壊と「新冷戦」

カーター政権と米ソ・デタントの終わり

1977年1月，アメリカの新大統領に就任したのは民主党のカーターであった。アメリカ外交の道徳的な指導性を回復しようと，カーターは人権擁護を対外政策の基本的原理とする「人権外交」を掲げた。また，ソ連とのデタントを維持したいと考えていた彼は，1974年にフォードがブレジネフとの間で大筋合意した第2次戦略兵器制限条約（SALT II）の締結も望んでいた。しかし，その一方でカーターは，第三世界におけるソ連の拡張は封じ込めなければならないと考えていた（Mitchell 2010）。

こうした考えに基づく外交はソ連を混乱させた。就任後まもなくカーターは，ソ連の高名な物理学者で人権擁護活動や反体制運動のリーダーであったサハロフ博士に書簡を送ったが，ソ連はこれを内政干渉とみて反発した。またカーターはヴァンス国務長官をソ連に送り，核戦力の「大幅な削減」をめざす新たなSALT II合意を提案した。ブレジネフは自身が関与したSALT IIの締結を望んでいたが，カーターの提案を1974年の合意内容をアメリカに有利な方向に一方的に覆すものとみて拒絶した（McMahon 2003：137-139；Zubok 2009：255-256）。

米ソの対立は，第三世界での争いを通じてさらに深まった（→図10.1）。その舞台の一つが，エチオピアとソマリアが争った「アフリカの角」と呼ばれる地域である。ソマリアでは，1969年のクーデタで政権を握ったシアド・バーレが社会主義化を進め，ソ連の同盟国となった。またシアド・バーレは「大ソマリア主義」を掲げて，多くのソマリア人が居住するエチオピアのオガデン地方の領有を主張していた。他方，エチオピアは第二次世界大戦後アメリカの同盟国であった。しかし1974年に革命が発生すると，その指導者メンギスツは社会主義国家の建設を推し進め，ソ連に接近した。こうした状況を，第三世界における社会主義勢力の拡大をめざすためのチャンスと考えたソ連は，1977年からエチオピアへの武器売却を開始したのである。

エチオピアがソ連に接近したことに脅威を感じたソマリアは，それまで同盟

CHART 図 10.1 1980年ごろの中東

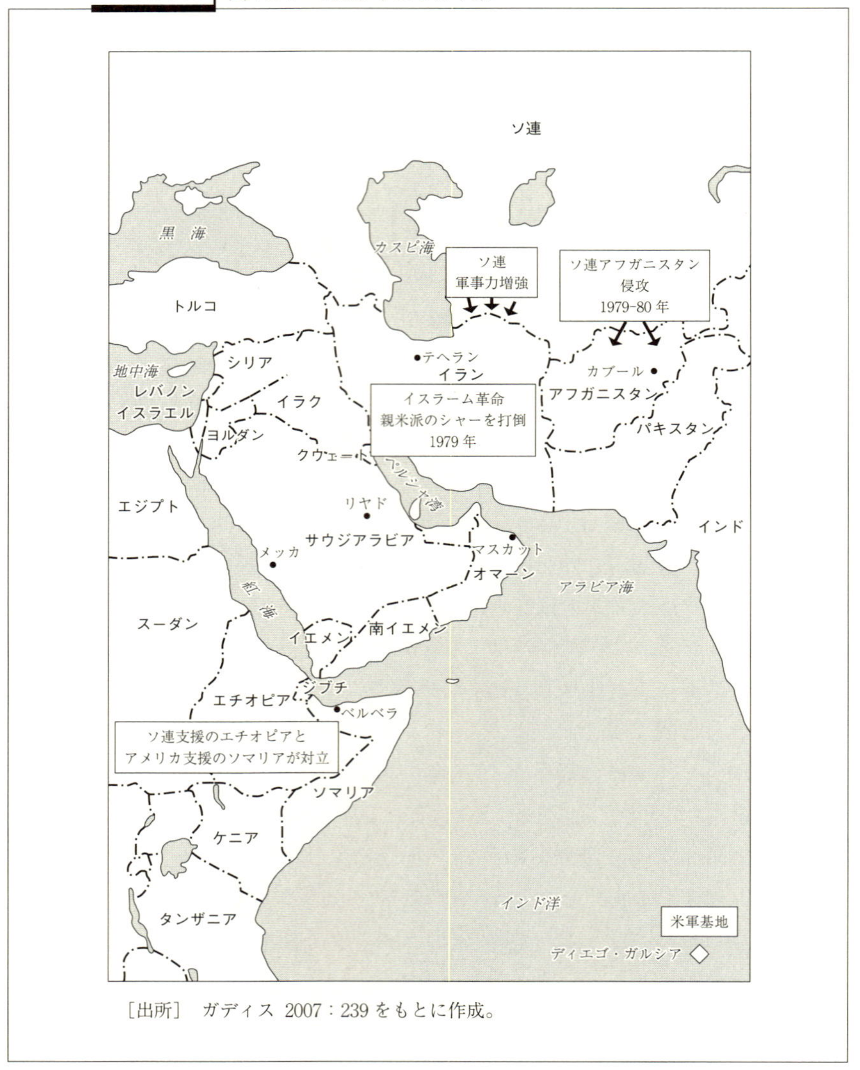

［出所］ ガディス 2007：239 をもとに作成。

国であったソ連に背を向け，今度はアメリカに軍事的・経済的な援助を求めるようになった。そして，1977年7月にシアド・バーレはオガデンに侵攻した。カーター政権は直接的な武器供与は行わなかったが，サウジアラビアやエジプトといった第三国にソマリアを支援するよう促し，ソ連はエチオピアへの軍事援助を増大させた。こうした米ソの支援によって，2つの小国の間の戦争は激しいものとなった（Mitchell 2010）。

また，中東情勢も米ソの対立に一役かった。カーターは，1978年9月，サーダート・エジプト大統領とイスラエルのベギン首相をアメリカに招待して両国間の和平合意を仲介した（キャンプ・デーヴィッド合意）。しかし，この3国間の合意から締め出される格好となったソ連は，これを中東に対するソ連の影響力を排除するためのものとみなした。そのためソ連は，これ以降，シリア，イラク，リビアといった反イスラエル勢力への援助を増大させた。そしてこれがイスラエルを支援するアメリカの対ソ不信を強めたのである（Little 2010）。

イスラーム主義の台頭とソ連のアフガニスタン侵攻

同じころ中東では大きな変化が起こりつつあった。**イスラーム主義**の台頭である。これはイスラーム法（シャリーア）に基づいて統治される国家の設立をめざす考え方である。そのような「イスラーム国家」の設立をめざす運動は，エジプトにおけるムスリム同胞団の創設（1928年）に遡（さかのぼ）る。ただし第二次世界大戦後，第三世界に誕生した新しい国家のほとんどは，特定の宗教権威や権力から独立した世俗主義的な国民国家の創設をめざしており，中東諸国もまた例外ではなかった。しかし，1960年代後半になると，こうした世俗主義的政権の失敗が明らかになり始めた。1967年6月の第3次中東戦争では，エジプト，ヨルダン，シリアがイスラエルに大敗した。また1970年代に入ると，エジプト，シリア，アルジェリア，イラクといった社会主義諸国では生活水準が低下するなど，経済的な行き詰まりをみせた。こうした世俗主義国家の失敗をイスラーム主義者は批判し，イスラームに基づいた国家統治や経済発展の必要性をとなえたのである（Best et al, 2015：501-504，510）。

こうした中1979年2月の革命を経て，近代国家として初めて上述した意味での「イスラーム国家」となったのがイランである。イランでは1953年のクーデタ（**→7章**）後，アメリカはモハンマド・レザー・シャーの政府を支えるため，大規模な経済的・軍事的援助を行っていった。シャーは中央情報局（CIA）と連邦捜査局（FBI）によって設置された秘密警察組織を用いて独裁を強化し，1960年代に入ると資本主義的な産業社会を形成するために「白色革命」と呼ばれる改革を推し進めた。しかし，シャーによる急速な近代化・西洋化はイラン社会にさまざまな混乱をもたらした。独裁とそれを支援するアメリカへの批判が強まり，1970年代後半には各地で暴動も始まった。こうしたシャーの独裁に反対するさまざまな社会勢力の動きを，イスラームを統治原理とする国家設立へ向けた動きへと統合したのが，シーア派宗教指導者であったホメイニーである。長年にわたってシャーの独裁を批判してきたホメイニーは，長期の亡命生活を余儀なくされたが，その間も海外からイラン国内に向けて改革を訴え続けてきた。1979年1月にシャーは亡命し，その後まもなくホメイニーは15年ぶりに帰国した。そして，4月1日にイラン・イスラーム共和国の成立が宣言されたのである。この**イラン革命**によってアメリカは中東における長年の同盟国を失うことになった。その後イランは反米的な政策を取り続け，アメリカとイランの関係は悪化していった（Saikal 2010）。

同じような状況は，イランの隣国アフガニスタンでも生じていた。1978年4月にソ連と関係の深いアフガニスタン人民民主党（PDPA）を中心とするクーデタが発生した。ソ連はすぐに新政権を承認し，経済的・軍事的な援助を開始した。アフガニスタンと長い国境で接するソ連は，自国の安全を確保するために親ソ的なPDPA政府を維持したいと考えていた。しかし，PDPAの不安定さはすぐに明らかになった。PDPA政府が社会主義的な政策を急激に進めたことへの不満が広まったのである。このような中，イラン革命は隣国アフガニスタンのイスラーム主義者に「重要なインスピレーション（ひらめき）」を与え，1979年3月には西部の都市ヘラートでイスラーム主義者のゲリラや住民らによる反乱が発生した。そしてそれはPDPA政府と，ムジャーヒディーンと呼ばれるイスラーム主義的な反政府勢力の間の全面的な内戦へと発展していった（ウェスタッド 2010：310）。

こうした状況に直面したPDPA政府は，ソ連に対して，兵力の派遣を含めた援助の増大を要求した。ソ連は当初，軍事介入に慎重だった。しかし，首相のタラキが，その補佐官であったアミンによって逮捕・殺害されると，ソ連は態度を変えた。アミンがアメリカに接触していたことをつかんだソ連は，イラン革命によって重要な同盟国を失ったアメリカが，今度はアフガニスタンに基地を置こうとするのではないかと恐れた。後でみるように，この時期アメリカは北大西洋条約機構（NATO）諸国に新型の**中距離核戦力**（INF）を配備する決定を行ったが，この新兵器がアフガニスタンに配備される可能性をソ連は懸念していた。さらにはイランもソ連にとっての脅威であった。イスラーム主義を掲げるイランがPDPA政府を弱め，ソ連国内のムスリムにも影響力を行使するおそれがあったためである（Zubok 2009：259-264）。こうした理由から1979年のクリスマスに，ソ連軍はアフガニスタンへの侵攻を開始した。

 米ソ対立の高まりとヨーロッパ，東アジア

レーガン政権と米ソ「新冷戦」

ソ連の**アフガニスタン侵攻**は，米ソの関係悪化を決定的なものとした。ソ連の侵攻は，弱体化した同盟国アフガニスタンを維持するため，つまり防衛的な理由からなされたものであった。しかし，アメリカはそれを，ソ連の拡張的な行動の一部であり，中東を支配して西側への石油供給ルートを寸断するための行動と理解した（Mitchell 2010：84-85）。対抗措置としてカーターは，軍事費の増加，ソ連への禁輸措置，そして1980年に開催予定のモスクワ五輪への不参加（ボイコット）を世界に呼びかけた。こうして始まった米ソ対立の新たな局面は，「**新冷戦**」と呼ばれた。

このような中，1980年のアメリカ大統領選挙で勝利したのは，共和党のレーガンであった。対ソ強硬派として知られたレーガンは，1983年3月にはソ連を「悪の帝国」と呼ぶなどして激しく批判した。また，軍事費を大幅に増加させ，通常兵器と核戦力の両方を拡充した。そして，1983年3月には，宇宙空間に設置された兵器によって，ソ連の核ミサイルを米本土に到達する前に破壊するという戦略防衛構想（SDI）を発表した。

興味深いのはレーガンが，最終的には核兵器を全廃したいと考えていたことである。1960年代からアメリカは相互確証破壊（MAD）と呼ばれる核戦略を採用してきた（**→9章**）。しかしレーガンにとって，米ソ両国の市民を常に核戦争の脅威に晒（さら）し続けるMADは，文字通り「精神錯乱（madness）」であった。核兵器廃絶という目標に向けて強い立場からソ連と交渉するために，レーガンは大規模な核軍拡を行ったのである。そのため彼は，ソ連の指導者に書簡を送るなどして交渉の可能性を模索していた（レーガン 1993：334；青野 2013）。

しかし，ソ連はレーガンのレトリックと軍拡に強く反発した。1982年11月

にブレジネフは死去し，アンドロポフがソ連の指導者に就任した。アンドロポフは，レーガン政権の核軍拡はソ連に対する先制核攻撃を意図したものではないかと疑っていた。この疑いはSDIの発表によってさらに強まった。なぜならソ連側は，SDIはソ連の核抑止力を無力化し，先制核攻撃を可能にするためのものではないかと考えたからである。1983年7月にレーガンは，関係改善を求める手書きの親書をアンドロポフに送ったが，ソ連はこれも拒絶した（Zubok 2009：271-274）。

1983年の秋から冬にかけて，米ソ間の緊張は頂点に達した。9月にはシベリア上空に迷い込んだ大韓航空機が撃墜された。米ソ対立の高まりから神経質になっていたソ連空軍は，アメリカのスパイ飛行と誤解して民間機を撃墜したのである。また後でみるように，11月のアメリカによる西欧へのINF配備や，NATOの軍事演習も緊張を高めた（Zubok 2009：274-275）。しかし，実のところレーガン政権は対ソ関係改善を模索するようになっていた。他方，西欧諸国は東側とのデタントを継続すると同時に，アメリカの核の傘も維持するという態度をとっていたのである。

継続するヨーロッパのデタント

ドイツ・ベルリン問題が暫定的に解決し，全欧安全保障協力会議（CSCE）が開催された後（→9章），東西ヨーロッパ間の関係は安定していった。こうした中，シュミット西ドイツ首相やジスカール・デスタン仏大統領は，東西間の経済・文化協力を発展させようと努力した。1970年代には，東西貿易や東欧に対する西側の融資も増大し，東欧諸国の経済は西側のそれに大きく依存するようになった。こうした西側の態度は，東欧の市場を西側の経済的利益のために利用する経済政策であると同時に，東欧諸国の人々に西側の市場経済や民主的な政治体制の利点に気づかせ，東側の体制を長期的に突き崩すための戦略でもあった。米ソ関係が悪化する一方，西欧はデタントの継続を望んでいた（山本 2010：277；Young 2010）。

米欧間の態度の違いはソ連のアフガニスタン侵攻をめぐっても明らかになった。西欧諸国はソ連の目的は防衛的なものだと判断しており，また，ソ連との貿易から多くの利益を得てもいた。それゆえ西欧諸国はソ連の行動を強く批判しながらも，カーター政権が要請した対ソ経済制裁には応じなかった。さらに，シュミットやジスカール・デスタンは，ソ連の侵攻後まもない時期にブレジネフと会談している。さらにNATO主要国のうち，モスクワ五輪をボイコットしたのは西ドイツだけであった（Gilbert 2015：277）。

1981年末，ポーランドでは共産党政権が，自主管理労働組合「連帯」による民主化運動を弾圧するために戒厳令を実施した。このときレーガン政権は，ソ連とポーランドに対する経済制裁を発動し，西欧諸国には，ソ連との間で進められていたシベリアとヨーロッパを結ぶ石油ガス・パイプライン計画を中止するよう要請した。西欧はこれに強く反発した。経済制裁がポーランド問題に関するソ連の態度を変えるとは考えられなかった。また，この計画はイラン革命によって引き起こされた第2次石油危機への対応策としても期待されていたのである（Young 2010）。

ポーランド情勢が自国に波及することに懸念を覚えた東ドイツ，ハンガリー，チェコスロヴァキア，ルーマニアの首脳は，ブレジネフに軍事介入を行うよう求めた。同様の声はソ連政府内部にもあった。しかし，ソ連指導部はこれを拒否した。その大きな理由は経済的なものであった。1960年代後半以降，ソ連は国内総生産（GDP）の4分の1以上を軍事費に費やしていた。また，ソ連の計画経済システムはうまく機能せず，ソ連国内での食料品不足も悪化しつつあった。しかしソ連は，やはり経済状況が悪化していた東欧諸国に対して，安全保障上の理由から経済援助を続けていた。このような状況下でポーランドに侵攻・占領すれば，多大な占領経費がさらに必要になり，ソ連経済に悪影響を与えることは間違いなかった。事実，アフガニスタン侵攻後にアメリカが行った経済制裁はソ連に大きな打撃を与えていた。また，この頃までに東欧諸国の経済はNATO諸国に大きく依存するようになっていた。それゆえ軍事介入の結果，西側がさらに経済制裁を強化することは避けなければならなかった（Zubok 2009：266-269；Lévesque 2010：313）。ソ連がポーランドへの軍事介入を自制する大きな要因となったのは，西欧諸国とのデタントがもたらす経済効果であったといえる。

ただし，デタントの継続を望む一方，西欧諸国がNATOによる対ソ防衛の維持を重視していたことは強調しておかなければならない。INFをめぐる問題は，このことをよく示している。1976年ごろからソ連は，西欧を標的とする新型INFの配備を開始した。ソ連からすれば，これは1950年代半ばから長年にわたってソ連を包囲してきたNATO軍事基地網に対する防衛的な措置であった。しかし西欧諸国は，ソ連への対抗措置としてアメリカに新型INFを配備するよう求めた。シュミットら西欧諸国の首脳は，ソ連に西欧への圧力手段となるような軍事的優位の獲得を許すべきではないと考えていたのである（Gilbert 2015）。

1979年12月にNATOは，ソ連に対してヨーロッパのINFを削減するための交渉を呼びかけると同時に，1983年秋までにアメリカの新型INFを配備するという方針（「二重決定」と呼ばれる）を採択した。これに基づき米ソは1981年11月にINF交渉を開始した。交渉は難航し，INFの配備期日が近づくにつれ西欧諸国では，核戦争への懸念から大規模な反核運動が巻き起こった。しかし1983年3月に西ドイツ首相となったコールをはじめ，NATO諸国の首脳は計画通りINF配備を進めた。これに反発したソ連は，1983年11月にINF交渉を退席した。つまり西欧諸国はデタントの継続を望む一方で，アメリカに核抑止力の維持を求め続けたのであり，このことが東西緊張の高まりにも影響を与えたといえるだろう（Young 2010：295-296）。

改革開放後の中国と東アジアにおける冷戦の変化

米ソが再び激しい対立へと突き進む中，東アジアでは大きな政治的変化が生じていた。1976年9月に毛沢東が死去した後，1978年までに権力を掌握（しょうあく）したのは鄧小平（とうしょうへい）であった。中国経済の発展を重視していた鄧は**改革開放**政策を採用した。ソ連型の国家による計画的な経済運営を放棄し，西側と同じ市場経済を通じた経済発展をめざしたのである。

改革開放政策は中国の外交政策にも大きな影響を与えた。世界革命をめざす方針が放棄された結果，1950年代初めから続けられてきたビルマ（現：ミャンマー）やタイなど，東南アジアの共産主義勢力に対する援助は削減され，その後完全に停止された。また鄧は，アメリカとの公式な外交関係の樹立を強く望んでいた。アメリカを中心とした世界市場に参入するために，アメリカとの関係改善を重視したのである。

米中関係の改善は対ソ戦略上も重要であった。1970年代初めに米中和解が実現したころから，中国は，アメリカよりもソ連のほうが大きな脅威だと考えるようになっていた。すでにみたように1970年代後半のソ連は第三世界への介入を深めたが，これは中国の警戒感をさらに強めた。また，1978年12月のベトナムによるカンボジア侵攻も中国の懸念を高めた。1940年代後半のインドシナ戦争から1960年代後半のベトナム戦争を通じて，中国と北ベトナムは同盟国であった。しかし1960年代末から両国の関係は悪化し，1975年に南北ベトナムが統一されると，敵対関係に発展していた。ベトナムによるカンボジア侵攻について，背後で糸を引いているのはソ連だと考えた中国は，1979年2月，「懲罰」を加えるためとしてベトナムに侵攻し，反撃したベトナムとの間で中越戦争が発生した。

他方カーター政権も，ソ連との関係が次第に悪化する中，アジアにおける対ソ包囲網を形成するために，中国との関係強化を望むようになった。こうして1979年1月，米中は正式に国交を樹立した。ソ連のアフガニスタン侵攻は米中をさらに接近させた。中国はアメリカが呼びかけたモスクワ五輪ボイコットにも加わり，1980年には米中両国の国防相による相互訪問も実現した（Chen 2010，2013）。

しかし米中の対ソ「同盟」は長続きしなかった。国交正常化の際にアメリカは，中国（中華人民共和国）が唯一の合法政府であり，台湾は中国の「一部」であるという中国側の主張を「認識」するという立場を示したうえで，中華民国政府と断交していた。しかし保守的なレーガン政権は，台湾を重視する態度をとったのである。米中間では，この問題を解決するための交渉が行われ，1982年8月に合意が成立した。そしてその直後から中国は，アメリカとの対ソ「同盟」から「いかなる大国とも戦略関係をもたない独立自主，全方位の外交」へと基本方針を転換した。ソ連との同盟の失敗の経験や，1970年代末にアメリカに大きく依存した結果「行動の自由」を失ったことが，その理由であった（川島・毛里 2009：141-144）。

中越戦争や事実上の米中同盟の形成，そしてその後の中国の方針転換は，この地域においては米ソをリーダーとする東西両陣営の対立構図がもはや当てはまらないことを示していた。冷戦は，その開始当初から政治や経済をめぐる2つの異なる仕組みの競争を重要な対立軸とするものであった。しかし，かつて東側の盟主の地位をソ連と争った中国が，市場経済に基礎を置いた発展戦略を採用したことは，資本主義経済の優位性を象徴するものでもあった（Chen 2010）。この2つの意味で中国は，1980年代半ばまでには冷戦から離脱したといえるだろう。そして，このことが東アジアの国際政治に大きな変化をもたらしたのである。

3 さまざまな冷戦の終わり方

米ソ冷戦の終わり

レーガンの対ソ政策は1983年末から翌年初めにかけて，交渉をより重視するものとなっていった。1984年1月の演説でレーガンは，「この核時代に生きることは，交渉を避けられないものとしている」として，米ソ対話の必要性を訴えている。この頃までには，軍拡によって交渉に必要な強い立場が築かれたと考えられるようになっていた。しかし，増大した軍事費が財政収支と貿易収支の「双子の赤字」をもたらし，これ以上の軍拡もまた難しくなっていた。さらに，レーガンが核戦争の結末について「学習」したことも重要である。1983年11月，毎年開催されるNATOの軍事演習「エーブル・アーチャー」が行われた。その際，ソ連は西側の攻撃が間近であると誤解した。後日，この情報を受け取ったレーガンは，ソ連がアメリカを本気で恐れていることに驚いた。また，同じころ彼は，核戦争の惨状を描いたテレビ映画をみて「ショック」を受けた。その数日後に国防総省から米軍の核戦争計画に関する説明を受けたレーガンは，「映画のそれと類似したもの」であると感じたのである（レーガン 1993：759-760；青野 2013）。

1984年を通じてレーガンは，ソ連へのアプローチを継続した。前年までの強硬なアメリカの態度に反発したソ連は，しばらくの間これを拒否し続けたが，1984年の末には核軍備管理交渉に応じる姿勢をみせた。ソ連政府内でも，ソ連の行動が米ソ・デタントの崩壊の一因であったと考えて，関係改善を求める勢力が現れ始めていた（Zubok 2009：280）。

こうした中，1985年3月，54歳の若さで**ゴルバチョフ**がソ連共産党書記長に就任した。社会主義を信奉していた彼は，行き詰まっていたソ連の政治・経済を立て直すために，ペレストロイカ（建て直し），グラスノスチ（情報公開）というスローガンに基づいて国内改革を進めていった。ゴルバチョフは，国内改革を進めるためには冷戦を終わらせ，ソ連経済を圧迫する膨大な軍事費の削減が必要だと考えていた。そのために彼が展開したのが**新思考外交**である。この背後にあったのは，ソ連の安全は西側諸国のそれと密接に結び付いており，東西が相互の安全と利益を尊重することで，ソ連の安全は確保できるという「共通安全保障」という考え方であった。これは，東西対立を前提に，西側に軍事的・政治的に対抗することを目的とする，それまでの考えとは大きく異なるものであった。外交政策の中でもとくにゴルバチョフは，米ソ核軍拡競争を抑制し，核戦争の可能性を低下させることを重視していた。1986 年 4 月にウクライナのチェルノブィリ原子力発電所で事故が発生し，ソ連国内や周辺諸国が放射能で広範囲に汚染されると，核戦争の危険性に対するゴルバチョフの懸念はさらに強まった。

レーガンとゴルバチョフは，1985 年 11 月から 88 年末までに 5 回の米ソ首脳会談を行ったが，核軍備管理は最も重要な問題であった。核軍縮を本気で望んでいた両者は，1986 年 10 月にアイスランドの首都レイキャヴィクでの会談の際に，96 年までに核ミサイルを全廃し，最終的には核兵器を全廃するという合意の直前にまで至っている。しかし，ゴルバチョフが合意の条件としてSDI の放棄を求め，レーガンがそれを拒絶したので合意は成立しなかった。ゴルバチョフはまだ，SDI が対ソ先制攻撃を可能にするためのものだという疑いを払拭（ふっしょく）することができていなかったのである。しかし翌年 2 月までにソ連は，SDI の実現は技術的にも経済的にも不可能であると判断して，SDI の放棄という条件を取り下げることを決定した。その結果，1987 年 12 月のワシントン会談で，レーガンとゴルバチョフは，東西ヨーロッパの INF を全廃する画期的な条約に調印することができた（Zubok 2009：285-294；Brown 2010：257-258)。

その後もゴルバチョフは，1988 年 12 月にはソ連地上軍の 50 万人削減を発表するなど，さまざまな一方的譲歩を行った。その結果，米ソ関係は大きく改善し，西側におけるゴルバチョフの人気も高まった。しかし，他方でソ連経済の停滞は続き，ゴルバチョフが進める内政改革や外交政策の変化に対する保守派からの批判が強まった。こうした中，1989 年 1 月にはレーガン政権で副大統領を務めた G. ブッシュが新大統領に就任した。G. ブッシュとその閣僚たちは当初ゴルバチョフの改革に懐疑的であった。しかし次項で述べるように，1989 年後半には東欧諸国で民主化の要求が強まり，その政治体制も大きく揺らぎ始めた。そのため彼らは，ゴルバチョフの政策を成功させて冷戦を終わらせ，ソ連・東欧の民主化を少しずつ進めることがアメリカの利益になると考えるようになる。事実，G.ブッシュ政権は，ソ連国内におけるゴルバチョフの立場を損なわないよう慎重に行動したのである（Fisher 2010：281-284）。

次項でみていくように，1989年後半，東欧では大きな政治変動が生じた。こうした東欧の激動を背景に，1989年12月，地中海のマルタで会談したG.ブッシュとゴルバチョフは米ソ対立の終結を確認した。強硬なレトリックでソ連を批判した大統領とその後継者が，革新的な変化をもたらしたソ連の指導者とともに米ソ関係を大きく変えたのである。しかし冷戦開始の原因となったヨーロッパ分断が克服されるには，もう少し時間が必要であった。

東欧の激変

1985年以降，米ソ関係は改善していった。興味深いことに，この時期の西欧諸国は，ソ連との関係改善にアメリカよりも慎重な態度をとっていた。すでにみたように西欧諸国は，デタントを求める一方，一貫してNATO防衛を維持する姿勢をとっていた。たとえば，強烈な反共主義者でレーガンの対ソ政策を強く支持していたサッチャー英首相は，1984年に書記長就任前のゴルバチョフと会談した際すでに，彼が「話し合いのできるリーダー」だという期待感を抱いていた。しかしその2年後，レイキャヴィク会談で米ソが核兵器全廃に合意寸前だったと聞いたサッチャーは，すぐに渡米し，アメリカは「信頼できる核抑止政策」を維持すべきだとレーガンに説いた。西欧諸国は核兵器全廃を望むレーガンとゴルバチョフの合意が，既存のNATO防衛体制を損なうことを恐れていたのである（青野 2013；Young 2010）。

西ドイツのコール首相は，サッチャーとは対照的に，当初ゴルバチョフが進める改革に懐疑的であった。またゴルバチョフのほうでもこうした態度をとるコールとの協力は望めないと考え，西ドイツとソ連の関係は進展しなかった。しかし，1988年10月に初めて会談した両者は，互いに理解を深め，信頼関係を築くことができた。しかしこの時点では，その後2年も経たないうちに，両者がドイツ再統一に合意するとは誰も予想できなかった。

こうした状況を変えたのは1989年夏以降の東欧情勢の急変であった。1989年6月にポーランドで初の自由選挙が行われ，「連帯」が大勝利をおさめた。

ハンガリーでは一党独裁体制を敷いた社会主義労働者党の中から改革勢力が台頭し，民主化を進めた。しかし東ドイツ政府が改革・民主化を拒否する姿勢をとったために，経済状況の改善や民主化への希望を失った多くの東ドイツ国民が，ポーランドやハンガリーの西ドイツ大使館に亡命を求めた。そして9月にハンガリー政府が，オーストリアとの国境を東ドイツ難民に開放すると，彼らの多くが最終的に西ドイツへと向かった。事態を制御できなくなった東ドイツ政府は，11月9日に国境の開放を宣言した。こうしてベルリンの壁は崩壊したのである（Haftendorn 2010：337；Lévesque 2010)。

ソ連はこうした東欧の激変を黙認した。1956年のハンガリーや1968年のチェコスロヴァキアのような軍事介入を，ゴルバチョフは選択しなかった。むしろ彼は，東欧の変化を容認することで，冷戦を終わらせるという意思を西側に対して明示しなければならず，また，そうすることで東欧諸国に対するソ連の影響力も維持できると考えていた。しかし実際には，ベルリンの壁の崩壊をきっかけに，民主化の動きはチェコスロヴァキア，ルーマニア，ブルガリアへと次々に波及していった。その結果，ソ連の影響力は低下し，1991年までにはワルシャワ条約機構も解体へと追い込まれるのである。

ドイツ再統一とヨーロッパにおける冷戦の終焉

1989年11月28日にコール首相は，**ドイツ再統一**へ向けたロードマップである「10項目提案」を発表した（芝崎 2013)。コールはこの提案を関係諸国への事前協議を行わずに発表したので，NATOや欧州共同体（EC）に加盟している国々は反発した。統一ドイツが再びヨーロッパの支配的な大国になるのではないかという懸念は依然として強かったのである。こうした状況下で最も重要だったのは，占領4カ国としてドイツ統一に関する最終的な決定権をもっていた米英仏ソの態度であった（**→7章**)。このうちG.ブッシュ大統領はいち早く10項目への支持を表明した。しかし他の3カ国は，西ドイツの一方的な動きに強く反発した。東西ドイツの意見が反映されないまま，米英仏ソの意向によって再統一問題の帰趨（きすう）が決定されることを恐れたコールは，アメリカの支持を背景に関係国を説得して「2＋4」と呼ばれる交渉方式への合意を取り付けた。これは2つのドイツ国家の間で行われた協議の結果をふまえて，占領4カ国が協議を行うという方式であった。

英仏ソの首脳のうち，サッチャーは一貫してドイツ再統一に反対した。他方，ミッテラン仏大統領は，10項目提案について事前に協議されなかったことに反発したが，再統一そのものについては柔軟であった。ミッテランが望んでいたのは，再統一されたドイツがECの中にしっかりと組み込まれ，また独仏関係が強化されることであった。コールもまたフランスの支持を必要としていた。そのためコールとミッテランは，1990年2月の独仏首脳会談で関係を修復し，その2カ月後には政治統合に関する共同宣言を発することができた。このようにコールはドイツ再統一と並行してEC統合の強化にも強く関与したのであり，それは1992年のマーストリヒト条約締結へとつながっていくのである（芝崎 2013：263-264；Haftendorn 2010：342-343）（→**12章**）。

ゴルバチョフも当初はドイツ再統一には反対していた。しかし1989年末から翌年初めにかけて，東ドイツの崩壊は加速していった。東ドイツは自力で民主化を進められず，経済的にも行き詰まり，絶望を感じた多くの若者が国を脱出した。近い将来の再統一は避けられないと認識したゴルバチョフは，それがソ連に不利益をもたらさないよう考え始めた。ソ連の安全保障にとって最も望ましいのは，統一ドイツがいずれの同盟にも属さない中立国となることであった。しかし，G.ブッシュもコールも，再統一されたドイツはNATOにとどまるべきだと考えていた。そして，このドイツのNATO加盟問題が，統一にとって最大の障害の一つとなる（Gilbert 2015：271-272，276；Haftendorn 2010）。

再統一へ向けて関係国の間では活発な外交が展開された。2月のゴルバチョフとの会談で，ベーカー米国務長官は，ソ連が統一ドイツのNATO加盟を認めても，NATOが東方に拡大することはないと保証した。またG.ブッシュ大統領の強力な後押しを受けて，7月初めにNATOはロンドン宣言を採択した。これは，ワルシャワ条約機構諸国との間での武力不行使共同宣言やヨーロッパ内の核砲弾撤去などを提案するものであり，統一ドイツが加盟したNATOがソ連・東欧の脅威とはならないという姿勢を明示したものであった。これは，ソ連の懸念を緩和するためのものであると同時に，国内の反対派からの批判に晒されていたゴルバチョフを政治的に支えるためのものでもあった。しかし決定的に重要だったのは，西ドイツの行動であった。統一ドイツのNATO残留をゴルバチョフに承認させるために，コールは，経済的な苦境に直面するソ連に大規模な経済支援を行うことを約束したのである（Gilbert 2015；278-279）。

数カ月の交渉の末，1990年9月12日にドイツ統一条約が調印された。この条約によって統一ドイツの国境が最終的に画定され，ドイツによる武力の不行使が確認された。またドイツが核・生物・化学兵器の保有と使用を放棄することや，核兵器不拡散条約（NPT）への参加を継続すること，ドイツ軍の兵力を37万人にまで削減することなども定められた（Haftendorn 2010）。

こうしてドイツは再統一された。これまでもみてきたように，ヨーロッパにおける冷戦の根底には，二度の世界大戦を引き起こしたドイツのパワーを，どのように統御するのか，という問題があった。このドイツ問題は，関係各国間の交渉と合意によって解決された。しかし，第三世界の冷戦はこのようなかたちでは終わらなかったのである。

米ソの撤退と第三世界における冷戦の終わり

1979年12月に侵攻を開始したソ連は，まもなくアフガニスタンを占領した。カーター政権とレーガン政権はソ連を強く批判し，ソ連に抵抗するムジャーヒディーン勢力に資金や武器を供与して支援した。アメリカのCIAは，アフガニスタンでの抵抗運動に自発的に参加したイスラーム教徒の国際的なネットワークの形成・維持に関与していた（2001年のアメリカ同時多発テロを首謀したビン・ラーディンも，その一人であった）。他方ソ連は，膨大な兵力とさまざまな最新兵器を投入したが，それでもムジャーヒディーン勢力の攻勢を抑えることができなかった。またPDPA政府に対する支持を取り付け，親ソ的な政治体制を安定化させることもできなかった（Saikal 2010：129-131）。アフガニスタン侵攻は，いわばソ連にとってのベトナム戦争になったのである。

アメリカが介入を強化したのは，アフガニスタンだけではなかった。レーガン政権は第三世界におけるソ連の勢力拡大の危険性を強調し，とくに中米への介入を強化した。1979年にニカラグアではサンディニスタ民族解放戦線による革命が発生し，1930年代から約50年間にわたって続いてきたソモサ一族による独裁体制に終止符が打たれた。政権獲得後のサンディニスタ政権が隣国のエルサルバドルやグアテマラの革命勢力を支援したため，これに対抗してレーガン政権は反革命勢力「コントラ」を組織・支援し，これらの国々では大規模な内戦が続いた。さらに1983年には，やはり中米の小国グレナダに対して米軍が直接介入を行った。

他方，ソ連政府の中では，アフガニスタン侵攻後，それまでの第三世界政策を批判する声も上がり始めていた。1970年代に推進された，第三世界の社会主義勢力を積極的に支援するイデオロギー的な政策が米ソ関係を損ない，経済的にもソ連を圧迫していることが指摘されたのである。ゴルバチョフも第三世界政策の刷新とアフガニスタンからの撤退を望んでいた。多くのソ連兵がアフガニスタンで犠牲になっていたことに加えて，戦争の継続が西側との関係改善を妨げる可能性を，彼は恐れていた。しかし，同時にゴルバチョフは，レーガン政権による介入が続く中，一方的な撤退は不可能であり，またソ連撤退後のアフガニスタンが，ソ連に敵対的なイスラーム勢力の支配下に置かれることも避けたいと考えていた（Saikal 2010；Brown 2010：254-256；Savranskaya 2013）。

1987年に入るとゴルバチョフは，兵力撤退を実現するためにムジャーヒディーン勢力とPDPA政府との対話を開始させ，また国連に仲介を行わせるなどの外交努力を行った。その結果，1988年4月，ジュネーヴ和平協定が締結された。この協定に従ってアフガニスタンには国連の停戦監視部隊が駐留し，ソ連軍も翌年2月までにすべて撤退した。しかしその後もソ連はPDPA政府に対して，アメリカはムジャーヒディーンに対して，それぞれ支援を継続した。また国連による停戦監視も実効性に乏しく，アフガニスタン国内ではその後も内戦状態が続いた。1991年12月にソ連が崩壊すると，後ろ盾を失ったPDPA政府も翌年4月には崩壊し，イスラーム国家の樹立が宣言された。そして，これをきっかけに，アメリカもアフガニスタンから手を引いた。アメリカは，親ソ的な政府の樹立を防ぐという当初からの目的を達成したのである（Saikal 2010）。

こうしてアフガニスタンにおける米ソの角逐（かくちく）は終了した。しかし，その後も内戦と混乱は続いた。米ソは長期にわたる介入の過程において，アフガニスタン国内のさまざまな政治勢力の分裂を促してきたが，その対立を解消するための効果的な政治的枠組みを構築しないまま撤退した。後に残された現地の政治勢力は，米ソが供与した大量の武器を用いて戦い，社会・経済情勢は混乱し続けた。しかし冷戦対立が緩和した結果，第三世界は米ソにとって戦略的重要性をもたない地域になった。そのため国際社会は十分な対応をとらずに状況を放置したのである（藤原 2002：178-179）。

第三世界のその他の地域でも，冷戦の負の遺産は非常に大きかった。オガデン戦争はエチオピアの勝利で終わったが，その後メンギスツ政権が進めた急速

CHART 図10.2 中南米情勢（1954-90年）

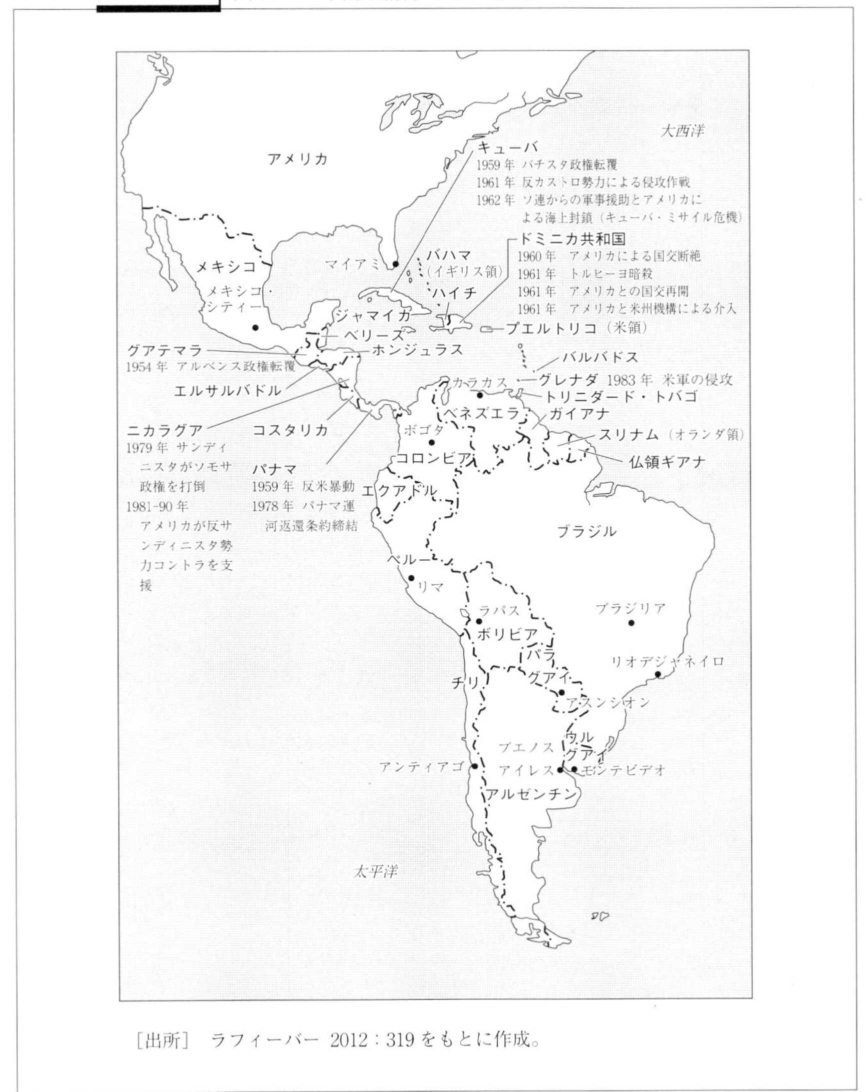

［出所］ラフィーバー 2012：319をもとに作成。

な社会主義化，とくに農業政策の失敗は，数十万人の死者を出す大飢饉（ききん）の重要な要因となった。他方，敗北したシアド・バーレ政権は弱体化し，その後ソマリア国内では内戦が続いた。ソマリアの政府機能は崩壊し，現在まで「破綻（はたん）国家」の状態が続いている。また，内戦の結果ニカラグアでは3万人が死亡したが，「この数は，人口比でいえば，アメリカが南北戦争，2つの世界大戦，そして朝鮮戦争とベトナム戦争で失った戦死者の合計よりも大きかった」。ニカラグアよりもさらに小さなエルサルバドルでは，内戦で7万人が死亡した（ウェスタッド 2010：349）。

米ソ関係やヨーロッパに目を向ければ，冷戦は戦争を引き起こさなかったし，そこでの対立は交渉と合意によって平和裏に終結した。そのため冷戦期を「長い平和（the long peace）」の時代とみる議論もある（ギャディス 2002）。しかし，第三世界における冷戦は多大な暴力と犠牲を伴うものであり，その終わりは必ずしも平和を意味しなかったのである。

引用・参考文献　Reference

青野利彦 2013「保守主義者の「革命」？――レーガンとサッチャー」益田実・小川浩之編『欧米政治外交史 1871～2012』ミネルヴァ書房。

ウェスタッド，O. A.／佐々木雄太監訳，小川浩之・益田実・三須拓也・三宅康之・山本健訳 2010『グローバル冷戦史――第三世界への介入と現代世界の形成』名古屋大学出版会（原著 2007 年）。

ガディス，ジョン・L.／河合秀和・鈴木健人訳 2007『冷戦――その歴史と問題点』彩流社（原著 2005 年）。

川島真・毛里和子 2009『グローバル中国への道程――外交 150 年』（叢書中国的問題群 12）岩波書店。

ギャディス，ジョン・L.／五味俊樹・坪内淳・阪田恭代・太田宏・宮坂直史訳 2002『ロング・ピース――冷戦史の証言「核・緊張・平和」』芦書房（原著 1987 年）。

酒井啓子 2010『〈中東〉の考え方』講談社現代新書。

芝崎祐典 2013「ドイツ統一とヨーロッパ統合――ミッテランとコール」益田実・小川浩之編『欧米政治外交史 1871～2012』ミネルヴァ書房。

藤原帰一 2002『デモクラシーの帝国――アメリカ・戦争・現代世界』岩波新書。

山本健 2010『同盟外交の力学――ヨーロッパ・デタントの国際政治史 1968-1973』勁草書房。

ラフィーバー，ウォルター／平田雅己・伊藤裕子監訳 2012『アメリカ vs ロシア――冷戦時代とその遺産』芦書房（原著 2008 年）。

レーガン，ロナルド／尾崎浩訳 1993『わがアメリカンドリーム――レーガン回想録』読売新聞社（原著 1990 年）。

Best, Antony, Jussi M. Hanhimäki, Joseph A. Maiolo and Kirsten E. Schulze 2015, *International History of the Twentieth Century and Beyond*, 3rd ed., Routledge.

Brown, Archie 2010, "The Gorbachev Revolution and the End of the Cold War," in Melvyn P. Leffler and Odd A. Westad eds., *The Cambridge History of the Cold War, vol. 3: Endings*, Cambridge University Press.

Chen, Jian 2010, "China and the Cold War after Mao," in Melvyn P. Leffler and Odd A. Westad eds., *The Cambridge History of the Cold War, vol. 3: Endings*, Cambridge University Press.

Chen, Jian 2013, "China's Changing Policies towards the Third World and the End of the Cold War," in Artemy M. Kalinovsky and Sergey Radchenko eds., *The End of the Cold War and the Third World: New Perspectives on Regional Conflict*, Paperback ed., Routledge.

Fisher, Beth A. 2010. "US Foreign Policy under Reagan and Bush." in Melvyn P. Leffler and Odd A. Westad eds., *The Cambridge History of the Cold War, vol. 3: Endings*, Cambridge University Press.

Gilbert, Mark 2015, *Cold War Europe: The Politics of a Contested Continent*, Rowman & Littlefield.

Haftendorn, Helga 2010, "The Unification of Germany," in Melvyn P. Leffler and Odd A. Westad eds., *The Cambridge History of the Cold War, vol. 3: Endings*, Cambridge University Press.

Lévesque, Jacques 2010, "The East European Revolutions of 1989," in Melvyn P. Leffler and Odd A. Westad eds., *The Cambridge History of the Cold War, vol. 3: Endings*, Cambridge University Press.

Little, Douglas 2010, "The Cold War in the Middle East: Suez Crisis to Camp David Accords." in Melvyn P. Leffler and Odd A. Westad eds., *The Cambridge History of the Cold War, vol.2: Crises and Détente*, Cambridge University Press.

McMahon, Robert, J. 2003, *The Cold War: A Very Short Introduction*, Oxford University Press.

Mitchell, Nancy 2010, "The Cold War and Jimmy Carter," in Melvyn P. Leffler and Odd A. Westad eds., *The Cambridge History of the Cold War, vol. 3: Endings*, Cambridge University Press.

Saikal, Amin 2010, "Islamism, the Iranian Revolution, and the Soviet Invasion of Afghanistan," in Melvyn P. Leffler and Odd A. Westad eds., *The Cambridge History of the Cold War, vol. 3: Endings*, Cambridge University Press.

Savranskaya, Svetlana 2013, "Gorbachev and the Third World," in Artemy M. Kalinovsky and Sergey Radchenko eds., *The End of the Cold War and the Third World: New Perspectives on Regional Conflict*, Paperback ed., Routledge.

Young, John 2010, "Western Europe and the End of the Cold War," in Melvyn P. Leffler and Odd A. Westad eds., *The Cambridge History of the Cold War, vol. 3: Endings*, Cambridge University Press.

Zubok, Vladislav M. 2009, *A Failed Empire: The Soviet Union in the Cold War from Stalin to Gorbachev*, Paperback ed., University of North Carolina Press.

Zubok, Vladislav M. 2010, "Soviet Foreign Policy from Détente to Gorbachev, 1975-1985," in Melvyn P. Leffler and Odd A. Westad eds., *The Cambridge History of the Cold War, vol. 3: Endings*, Cambridge University Press.

第4部

主権国家体系を超えて

PART 4

CHAPTER

第11章

湾岸戦争とソ連解体

歴史の終わりか，文明の衝突か

⬆アメリカ大統領 G. ブッシュの議会上下両院合同会議での演説
（1991年3月6日，ワシントン。写真提供：CNP／時事通信フォト）。

INTRODUCTION

1990-91 年には，イラクのクウェート侵攻によって，冷戦後初の大規模な地域紛争となる湾岸危機が起こった。それに対して，国連安全保障理事会決議に基づき，米軍を中心とする多国籍軍が形成され，イラク軍からのクウェート解放を実現した。湾岸戦争での成功を背景に，G. ブッシュ米大統領は国連を軸とする「新世界秩序」の構想を語ったが，ソマリアへの介入失敗などから，国連への期待は早々と縮小していく。また，1991 年末には，冷戦期にアメリカと並ぶ超大国であったソ連が解体され，ロシアをはじめとする 15 の共和国に分裂した。しかしその後も，チェチェン紛争に代表されるように，旧ソ連地域での民族紛争は続き，ロシアの経済的な混迷も深まった。

1　イラクのクウェート侵攻と湾岸戦争

湾岸危機の勃発

1990年8月2日，イラク軍が隣り合うペルシャ湾岸の小国クウェートに侵攻した。これをきっかけに勃発（ぼっぱつ）した国際紛争が，いわゆる湾岸危機である。当時，イラクを率いていたのは，独裁者のフセインであった。

歴史的にオスマン帝国の支配下にあったイラクは，第一次世界大戦を経てオスマン帝国が崩壊に向かう中で，戦後新たに創設された国際連盟の下で委任統治領となった。委任統治の受任国はイギリスであった。その後，1932年10月にイラクはイギリスの委任統治領から独立した。イラクは両大戦間期に独立を果たした唯一の委任統治領である。独立後のイラクは親英的な国王体制の下にあったが（つまり，イギリスによる独立付与は名目的であった），第二次世界大戦を経て，1958年7月に革命が起こった（イラク革命）。カースィム准将が率いる将校団が，若き国王ファイサル2世をはじめとするハーシム王家の一族を殺害し，親英的で西側寄りの姿勢をとっていたサイード首相が群衆によって惨殺されたのである。

イラクではその後も政情不安が続き，1963年2月にはカースィム政権が倒れ，アラブ民族主義のバアス党が権力を掌握（しょうあく）した。しかし，そのバアス党も同年末までには政権を失った。ところが，1968年7月には再びバアス党が政権を握り（バアス党革命），バクールが大統領に就任した。そして，フセインがその後，副大統領を経て，1979年7月に大統領の座を手に入れる。フセインは国内で強権的な支配を強めるとともに，1980年9月には隣接するイスラーム教シーア派の地域大国イランに侵攻した。これを端緒とするイラン＝イラク戦争は，停戦が成立する1988年8月まで続く凄惨（せいさん）な長期戦となり，両国で数多くの死傷者が出た。フセイン政権は，この戦争の末期に当たる1988年3月，反政府活動が激しかったイラク北部のクルド人の町であるハラブジャで住民に対して化学兵器を用いた攻撃を行うなど，国内での少数民族などへの弾圧も強めた。

そして，イラン＝イラク戦争の終結から約2年後の1990年8月2日未明，約12万人の兵力と850両の戦車からなるイラク軍がクウェートに侵攻し，まもなく同国を占領したことで，湾岸危機が始まったのである。フセインがクウェートに侵攻した理由には，クウェートの大規模な石油資源の存在に加えて，イラン＝イラク戦争後，イラク政府が外貨収入を増やすために石油価格を吊り上げようとしたとき，クウェートが薄利多売で石油を安く売ったこともあった（酒井 2010：66）。また，イラク政府は，歴史的にクウェートの領有権を主張していた。1938年にクウェートで大油田が発見されたことは，そうした領有権の主張を強める効果をもった。クウェートのイギリスからの独立（1961年6月）を経て，カースィム政権下のイラクによるクウェート併合の危機が高まり，1899年以降クウェートを保護領としてきたイギリスが急遽（きゅうきょ）約7000人の軍隊を派遣して，その防衛に当たったこともあった。クウェート独立当時，イギリスの原油輸入の約38％はクウェートで産出されており，ここでも石油資源の存在が重要となった。

1990年夏のイラクのクウェート侵攻に対して，国際社会は迅速な対応を示した。国連安全保障理事会（安保理）は8月2日のうちに，決議第660号で，平和の破壊が存在すると決定し，イラクの侵略を非難するとともにイラク軍のクウェートからの即時無条件撤退を要求したのである。翌日には，アメリカのベーカー国務長官とソ連のシュワルナゼ外相が共同声明を出し，米ソが協力してイラクに対抗すると宣言した。冷戦期にはイラクを支援していたソ連にとって，これはアメリカに対する「中東における先例のない支持」だった（Pravda 2010：376）。また，国際社会がイラクのクウェート侵攻に対して断固とした態度をとった背景には，当初は必ずしも迅速な軍事的対応をとる用意がなかったアメリカのジョージ・ブッシュ大統領に対して，イギリスのサッチャー首相が強硬路線をとるよう勧めたことも大きかった。8月6日には，国連安保理決議第661号によって，イラクに対して世界規模の経済制裁を科すことが決定された。しかし，それらの動きに対してイラク政府は強硬姿勢を崩さず，8月8日にはクウェートの併合が宣言された。

アメリカを中心とする諸国は，イラクのクウェート侵攻に対する軍事的な対応を進めた。まず，イラクのさらなる隣国（そして地域大国で，クウェートを上回る規模の産油国）への侵攻を防ぐために，8月7日からサウジアラビア防衛を目的として約10万人の米軍などが参加する「砂漠の盾作戦」が開始された。その一方で，アメリカ政府は外交努力も怠らなかった。9月8日には，G.ブッシュがソ連のゴルバチョフ大統領とフィンランドのヘルシンキで会談し，クウェートからイラク軍を排除するために武力を用いることもありうると合意した。また，ベーカーは多くの関係諸国をめぐる「シャトル外交」を展開した。そうした結果，後述する多国籍軍には，最終的にアメリカとともに28カ国が参加し，その中には，イギリス，フランスなどの西欧諸国や韓国，トルコに加えて，サウジアラビア，エジプト，シリアなどアラブの5カ国も含まれることになった（村田 2009：83-85）。

イラクのクウェート侵攻への外交的対応は，11月29日に採択された国連安保理決議第678号に結実した。イラクのクウェートからの撤退期限を1991年1月15日に設定し，それが実現されない場合には，国連憲章第7章に基づき，国連加盟国に対して「地域における国際的な平和と安全を回復するためにあらゆる必要な手段を用いる」権限を与えるものであった。ここでの「あらゆる必要な手段」という表現は，明確に武力行使を意味している。この頃までに着々と進んでいたアメリカを中心とする軍事的な準備に，国際的な同意を与えるものであった。多国籍軍の兵員は，1991年1月までに米軍将兵の約54万人（ベトナム戦争のピーク時とほぼ同数）を中心に，約70万人に達した。こうした湾岸地域への米軍の大規模な展開は，冷戦期にソ連がペルシャ湾岸の油田地帯に南下した場合に備えて立案されていた計画に基づいており，「冷戦後」の国際紛争である湾岸危機に「冷戦期」の要素が持ち越された面があったといえる。そして，「サダム・フセインは，文字通り共産主義者のイメージで仕立て上げられた。……関係組織が冷戦時代のシナリオに見合った規模の動員を型どおりに行った結果，アメリカはサダム・フセインをソ連に匹敵する恐るべき敵へと作り変えていったのである」（カルドー 2003：235）。

多国籍軍による武力行使

それらの動きに対して，フセインはクウェートからの撤兵を頑なに拒み，クウェートは今後もイラクの一州にとどまるであろうと主張した。最終的に，撤退期限の1991年1月15日までにイラク軍がクウェートから撤兵しなかったので，1月17日未明には多国籍軍によるイラクへの攻撃が始まった。米軍を中心とする大規模な空爆作戦の「砂漠の嵐作戦」である。この後，**湾岸戦争**の終結まで継続された空爆は，それ以降，冷戦後のさまざまな紛争でみられることになる航空作戦における米軍の圧倒的優位を明確に示すものとなった。なお，この多国籍軍による武力行使は，国連安保理決議に基づく集団安全保障措置として行われた。

「砂漠の嵐作戦」では，インド洋のイギリス領ディエゴ・ガルシア島の米軍基地から発進するB52戦略爆撃機などによる激しい空爆が実施された。さらに，米軍は巡航ミサイルのトマホークといった精密誘導のハイテク兵器を用いた圧倒的な軍事力を発揮した。攻撃目標となったのは，まずイラクの防空施設，次いで通信網や政府の建物，兵器工場，石油精製所，橋や道路であった。2月半ばまでに，多国籍軍は空爆の目標をクウェートやイラク南部に展開するイラク軍の地上部隊に移した。これらの戦闘の様子は，テレビカメラを通じて世界中に放送された。また，米軍の作戦を指揮した統合参謀本部議長のパウエル（のちの国務長官）が，アメリカ国内外で大きな注目を浴びた。

2月24日，シュワルツコフ米中央軍司令官に率いられた米軍を中心とする多国籍軍による大規模地上作戦の「砂漠の剣作戦」が始まった。作戦は，サウジアラビア北東部からクウェート，イラク南部へと北上するかたちで進められ，アメリカとアラブ諸国の部隊は3日間でクウェートの首都のクウェート・シティを奪還した。また，アメリカの機甲部隊は，クウェートの西方約200 kmの地点からイラク領内に進入し，イラク機甲軍の予備兵力に後方から攻撃を仕掛けた。米軍部隊は，イラク軍の精鋭部隊である共和国防衛隊がイラク南東部の中心都市バスラの南方に拠点を構えようとしたことを受けて，2月27日までにその大半を破壊した。そうした過程で，米軍を中心とする多国籍軍のハイテク兵器によって，イラク軍が主に使用していたソ連製兵器は次々と破壊された。イラク軍はまた，ソ連製のスカッド・ミサイルをイスラエルやサウジアラビアに向けて発射したが，与えた被害は限定的であった。その他，イラク軍による抵抗が散発的にみられたが，最終的にフセインがイラク軍の撤退を命じたことでそれも収まり，2月28日には湾岸戦争が地上戦に突入してからわずか100時間ほど後に，G.ブッシュ大統領がイラクに対する勝利を宣言するにいたった。

クウェート解放と湾岸戦争の影響

こうしてクウェートは解放され，多国籍軍の死者と負傷者も，戦争前には大きな被害が懸念されていたが，それぞれ数百人と限定的にとどまった。湾岸戦争での米軍の死者は146人である。それに対して，イラクの軍事的敗北は決定的で，クウェートを併合するというフセインの野望は完全にくじかれた。しかし，G.ブッシュ政権は敗走するイラク軍を追ってイラク本土を制圧し，フセイン政権を打倒することまでは追求しなかったため，フセイン政権とイラク軍の大半は生き残った（このことは，**15章**②で扱う2003年の「第2次湾岸戦争」とも呼ばれるイラク戦争への伏線となる）。また，湾岸戦争後，イラク各地でフセイン政権に抵抗する少数民族などが蜂起したが，フセイン政権側は残虐に鎮圧した。

他方，湾岸戦争後の1991年4月には，国連安保理決議第687号によってイラクの大量破壊兵器（WMD）――具体的には，化学兵器，生物兵器，核兵器――と射程150 kmを超える弾道ミサイルの保有が禁止された。5月には，国連査察団である国連大量破壊兵器廃棄特別委員会（UNSCOM）がイラクでの武器査察を開始した。また，1991年4月には，イラク北部と南部に「飛行禁止区域」が設定され，少数民族居住地域（北部のクルド人地域，南部のマーシュ・アラブ地域）が連合軍による保護・監視の対象となった。

冷戦後，最初の大規模な国際危機となった湾岸戦争での多国籍軍の勝利とクウェート解放の結果，冷戦期には米ソ対立によって安保理の機能が著しく制限されていた国連の役割について，大いに期待が高まる状況が生じた。確かに，湾岸戦争に際して，国連安保理は，国連憲章第7章第42条（安保理による軍事的措置）および第43条（軍事的措置のための特別協定）を発動することはなく，それゆえに憲章に規定された「国連軍」が結成されることはなかった。しかし，安保理決議第678号に基づき多国籍軍に対して武力行使が授権されたことによって，イラクのクウェート侵攻に軍事的に対応することが可能となった。また，湾岸戦争での成功に加えて，カンボジア内戦終結後の平和と安定を維持し，総選挙の実施を監視する目的で派遣された国連カンボジア暫定統治機構（UNTAC）が大きな成果をあげたことも，冷戦後の国連の役割への期待を高めた。

湾岸戦争に際して，憲法第9条をもつ日本は自衛隊による人的貢献は行わず，代わりに多国籍軍に130億ドルもの巨額の資金を拠出したが，国際的にはきわめて低い評価しか得られなかった。「小切手外交」と揶揄(やゆ)されたこの日本外交の失敗は，大きな反省材料として残った。そうした経験を経て，日本政府は，湾岸戦争の終結後に，海上自衛隊の掃海艇をペルシャ湾に派遣し，公海上での機雷除去に当たらせた。さらに日本政府は，1992 年に成立した国際平和協力法に基づき，1992 年から 93 年にかけて UNTAC に陸上自衛隊や文民警察隊，選挙監視員などを参加させた。自衛隊はカンボジア南部のタケオを中心に駐屯し，活動した。文民警察隊や選挙監視員には死者も出た。冷戦終結と湾岸戦争は，日本の外交・安全保障政策にも大きな影響を与えたのである。

新世界秩序構想と冷戦後のアメリカ外交

冷戦の終焉とアメリカの一極構造化

G. ブッシュ大統領は，湾岸戦争に勝利した直後の 1991 年 3 月 6 日，アメリカ議会の上下両院合同会議で演説を行った。そこで彼は，「**新世界秩序**」の可能性に言及し，それは「国連が，冷戦時の行き詰まりから解放され，その創設者たちの歴史ビジョンを実現しようとする世界。すべての国家において，自由と人権の尊重が大切にされる世界」であると述べた（岩間 2009：180）。新世界秩序という理念は，曖昧(あいまい)さを伴っていたが，湾岸戦争でのめざましい成功の直後に大々的に披露されたこともあり，しばらく大いにもてはやされた。それは，冷戦終結後，国連が，1945 年の創設時に考えられたような強制力を伴う集団安全保障の機能を果たすのではないかという期待に基づくものであった。

実際，「新世界秩序」という言葉は，1990 年夏から使われるようになっていた。そこにはやはり，イラク軍のクウェート侵攻と湾岸戦争が大きな影響を及ぼしていた。国連の尊重と国連加盟国の結束，アメリカの特別なリーダーシップと責任，「新世界秩序」に武力で挑戦する者に対する軍事力を用いた対処などが，その主な要素であった。最終的に湾岸戦争でイラクが敗北し，クウェートが解放されたことによって，そうした秩序は強制することができ，またフセイン政権のイラクに続く将来の侵略国を抑止することができると期待されたのである。

新世界秩序構想の基盤には，冷戦終結と湾岸戦争を経た後，アメリカが世界で唯一の超大国として現れたことがあった。冷戦終焉（しゅうえん）後の1990年代の世界は，冷戦期の米ソによる二極構造から，18〜19世紀（とくにナポレオン戦争後のウィーン体制期）のように複数の大国が並び立つ多極構造と勢力均衡の体系に回帰するのではなく（→**2章**），アメリカの一極構造（単極構造）化したのである。それは，アメリカが国際秩序の維持に特別なリーダーシップと責任を担う構造であったが，他方で，しばしばアメリカによる「一極支配」とも批判的に表現されたように，唯一の超大国アメリカが世界各地に支配的な力を及ぼす覇権（ヘゲモニー）構造でもあった（そのことは，**15章**②で扱う2003年のイラク戦争の際に顕著にみられたように，アメリカが一極構造の下で強い反発の対象となり，ひいてはその国際的影響力に制約を受けることにもつながっていく）。

アメリカの軍事的，経済的優越

アメリカによる一極構造化した世界は，冷戦終焉とともにソ連の「極」が失われたことによって導かれた状況であった。それと同時に，アメリカの側にも，意図的に自らの国力の優越を維持・強化しようとした面があったことも見逃すことはできない。とくにアメリカは，冷戦期以来の大量の核兵器，通常兵器の蓄積を基盤としつつ，さらに莫大な軍事費（研究開発投資を含む）と最新のテクノロジーを駆使した「軍事における革命（RMA）」によって自国の軍事的優越を保ち，強化することを目論んだのである。また，ヨーロッパとアジアを中心に世界各地に存在する米軍基地の多くは，冷戦後も維持された（ただし，フィリピンのクラーク空軍基地とスービック海軍基地など，冷戦後にアメリカが撤収したところもある）。そして，そうした状況は，**13章**③で扱う1998-99年のコソヴォ危機の際に顕著にみられたような米欧間の「軍事能力格差」にもつながっていくことになるのである。

冷戦後，アメリカを中心とするグローバルな同盟システムも維持・強化された。冷戦初期の1949年4月に署名された北大西洋条約によって設立された北大西洋条約機構（NATO）は，ソ連とワルシャワ条約機構という直接の脅威が消滅した（→**本章**③）後も存続したのみならず，加盟国を拡大し，新たな役割も帯びることとなった。つまり，NATOは，中東欧や旧ソ連の一部の旧社会主義諸国に東方拡大する（1999年にポーランド，チェコ，ハンガリー，2004年にスロヴァキア，スロヴェニア，ルーマニア，ブルガリア，エストニア，ラトヴィア，リトアニア，09年にクロアチア，アルバニアが加盟し，冷戦末期の16カ国体制から28カ国体制となる）とともに，冷戦時代の領域防衛と抑止から，冷戦後には危機管理や地域紛争への対処に役割を拡大したのである。とくにNATOの東方拡大は，アメリカを中心とする西側主導の冷戦終焉を象徴するものであった。

アメリカでは，1995年2月，著名な国際政治学者で，当時はクリントン民主党政権の国防次官補を務めていたナイなどによって，東アジアでのアメリカの軍事的プレゼンスを維持する必要性が強調された（いわゆるナイ・レポート）。そして，日米安全保障条約に基づく日米同盟は，96年4月に公表された日米安全保障共同宣言によって「再定義」された。そこではまず，日米同盟にアジア・太平洋地域の平和と安定に寄与するという新たな役割が与えられた。さらに，本来は戦闘行動と不可分の兵站（へいたん）活動が「後方支援」という概念に置き換えられ，自衛隊の海外での軍事行動，とくに米軍との共同行動の余地を拡大するなど日米同盟の役割が強化された（佐々木 2011：182）。

冷戦後，アメリカ経済も強さを取り戻した。1990年代半ば以降のアメリカ経済は長期にわたる持続的な成長を記録したが，それを主に牽引したのは，グローバリゼーションの中で活況を呈する金融機関や情報通信産業であった。中でもマイクロソフト，アップル，インテル，ヤフー，グーグル，フェイスブック，ツイッターなどのIT（情報技術）系のグローバル企業は，1990年代から2000年代半ばにかけてのアメリカの繁栄と「アメリカナイゼーション」の象徴となった。アメリカの国内総生産（GDP）の約7割を占める個人消費も旺盛で，この時期の好調な経済を支えた。当時，GDPで世界第2位だった日本で1980年代後半から90年代初頭にかけての「バブル景気」が崩壊し，第3位のドイツも再統一後の旧東ドイツ地域への支援の負担に苦しむ中で，アメリカの経済的優越が際立つ状況が現れたのである。国際経済面でも，第二次世界大戦の末期にアメリカ主導で形成された国際機関——代表的なものとして，国際通貨基金（IMF）と世界銀行——は，冷戦後も存続し，アメリカの大きな国際的影響力を支えた。

フクヤマとハンチントンの論争

冷戦終焉はまた，イデオロギー面でも，アメリカを中心とする西側諸国の自由民主主義陣営が「勝利」したことを意味した。日系アメリカ人の政治思想家で，当時は国務省政策企画室に所属していたフクヤマは，1989年夏号の『ナショナル・インタレスト』誌に掲載された「歴史の終わり」と題する論文で，冷戦終結によってリベラルな民主主義が決定的勝利を収め，人類の政治的，経済的システムは発展過程の終わりにたどりついたのではないかと指摘し，大きな論争を巻き起こした（Fukuyama 1989；フクヤマ 2005）。フクヤマの挑発的な議論には反論も少なくないが，ソ連や東欧諸国で共産主義体制が崩壊したことで，西側のリベラルな民主主義をシステム全体として代替しうるモデルが（少なくともいったんは）消滅したというのは，おそらく確かであろう。

他方，アメリカを代表する政治学者の一人であったハンチントン（2008年に81歳で逝去）が1993年夏に『フォーリン・アフェアーズ』誌に発表した「文明の衝突」と題する論文は，世界がアメリカや西側の価値観で統一されるという見方に異論を呈した。そして，冷戦後の世界では，紛争の主な要因が，冷戦期の資本主義と共産主義のイデオロギー対立から，西欧文明やイスラーム文明といった多様な文明間の対立に移行していくだろうと論じた（ハンチントン 1998，2001）。フクヤマの見方がアメリカによる一極構造に親和的であるのに対して，ハンチントンの議論は，冷戦後の世界は中国やインドなどの欧米以外の国々も含む多極構造に移行するという見方に相通じるものがあるといえるだろう。

ソマリア内戦と新世界秩序構想の限界

冷戦後に広くみられた新世界秩序構想と国連の役割への期待は，長続きすることがなかった。とくに深刻な影響を及ぼしたのは，内戦状態に陥ったソマリアへの介入とその失敗である。アフリカ大陸北東部の「アフリカの角（つの）」に位置するソマリアは，国民の大部分をソマリ人が占めるものの，そのソマリ人が多数の氏族（クラン）に分かれて対立する構造にあった。1991年1月には，69年10-11月の軍事クーデタ以来長年にわたり政権の座にあったシアド・バーレが反政府武装勢力の攻勢で首都のモガディシュを追われ，最終的にナイジェリアへの亡命を余儀なくされた。その後，ソマリアは氏族に基盤をもつ武装勢力同士の内戦となり，事実上の無政府状態に陥った（→**10章**③）。その結果，ソマリアでは，1991-92年に，約20万人が飢餓（きが），約3万人が内戦で死亡したと推定された。

ソマリア内戦を受けて，国連は停戦に向けて調停を行い，連立政権を樹立することをめざした。さらに1992-95年には，一連の国連安保理決議に基づき，停戦監視や人道支援を目的とする従来型の国連平和維持活動（PKO）である第1次国連ソマリア活動（UNOSOM I），米軍主導の多国籍軍である統合機動軍（UNITAF），強制的な武装解除などにも踏み込んだ活動を含む第2次国連ソマリア活動（UNOSOM II）が現地に展開した。国連憲章第7章に基づきソマリアに派遣された多国籍軍には，機材・資金供与国を含めると35カ国が加わったが，軍事要員約3万5000人の中心は米軍であり，「希望回復作戦」と名づけられた作戦の指揮をとったのもアメリカであった。国連安保理は，湾岸戦争のときと同じく，アメリカ主導の多国籍軍による軍事行動を承認したのである（吉田 1994：228-229）。

こうした動きに対して，ソマリア人の間では反発が強まり，大規模な反対デモも起こった。そして，1993年1月のアメリカでのクリントン大統領の就任を経た6月5日には，有力な武装勢力（「軍閥（ウォーロード）」とも表現される）を率いるアイディード将軍の支持者が，UNOSOM IIの24人のパキスタン兵を殺害する事件が起きた。この事件を受けて，UNOSOM IIを支援し，アイディードの捜索を行うため，米軍の特殊作戦部隊と陸軍レンジャー部隊がソマリアに投入された。6月17日には，米軍とアイディード派との最初の衝突が起こった。

そして，1993年10月3日，モガディシュで米軍のヘリコプター2機が撃墜され，米兵18人が犠牲となる事件が起こった。その際，2人の米兵の遺体がソマリア人の暴徒によって市中を引きずり回される光景がテレビに映し出された。その結果，アメリカ国内ではソマリアへの軍事介入に対する批判が急激に高まり，最終的に1994年3月までに米軍は撤退した。また，「ソマリアでの失敗以来，クリントン政権は，対外軍事行動での死者を極端に恐れるようになった」（村田 2009：98）。1995年，国連安保理がソマリアでの国連活動の有効性の低さを認め，UNOSOM IIは任務の終了をみないまま終結した。

UNOSOM IIの失敗は，1994年のルワンダでのフツ人によるツチ人の大虐殺事件（→**13章②**）や，1995年のボスニア・ヘルツェゴヴィナ東部のスレブレニツァでのイスラーム系住民の集団虐殺事件（→**13章①**）といった**ジェノサイド**（1944年にユダヤ系ポーランド人法律家のラムキンが作った造語で，特定の人種や民族などの集団の抹消を目的とする暴力的行為を指す）を防ぐことができなかった出来事と並んで，国連の権威を大きく失墜させた。冷戦後に広がった国連の役割への期待を打ち砕いたのは，アフリカやバルカン半島に存在した国内を実効的に統治する能力をもたない破綻(はたん)国家（類似した意味で，失敗国家，脆弱(ぜいじゃく)国家などの用語・概念も用いられる）やそれらの地域での内戦の問題であった。

冷戦後に広がった国連の役割への期待の縮小は，ブトロス＝ガリ国連事務総長の『平和への課題』（1992年6月）が，『平和への課題 追補』（1995年1月）に帰結したことに顕著に表れた。ブトロス＝ガリは，1992年に公表した『平和への課題』で，いまや国連の活動が冷戦によって妨げられることはないので，国連に対して，予防外交から平和創造，平和維持，紛争後の平和構築までの一連の能力の創設を求めた。実際，冷戦後，世界各地に派遣されるPKOの数は大きく増加した。しかし，ソマリアなどでの国連の活動の失敗を受けて，『平和への課題 追補』では，「当事者の合意，不偏性と自己防衛以外の武力の不行使」という原則を確認しなければならなかったのである。

 ゴルバチョフの挫折とソ連解体

冷戦の終焉とソ連の困難

冷戦の「勝者」がアメリカならば，「敗者」はソ連であった。1989年の東欧諸国での市民革命は，ソ連がそれらの国々に対して支配的な力を及ぼす時代が終わったことを意味した。ソ連の東欧諸国への介入を，社会主義陣営全体の利益を守るためとして正当化してきたブレジネフ・ドクトリンは，事実上廃止された。「ソヴィエト帝国」の崩壊である。1990年10月のドイツ再統一も，ソ連の衛星国であった東ドイツが西ドイツに吸収されるという一方的なかたちをとり，再統一されたドイツは，**ゴルバチョフ**が当初の立場から譲歩したことで，NATO加盟国となった。さらに，本節で述べていくように，1991年にはワルシャワ条約機構が解体されるとともに，ソ連自体が崩壊し，15の共和国に分裂してしまうことになるのである。

ソ連国内では，1990年3月にリトアニアが独立を宣言し，91年3月にはエストニア，ラトヴィアでの住民投票で独立派が多数を占めるなど，バルト三国

が独立に向けた動きを先導した。ただし，リトアニアの独立宣言に対しては，多くの西側諸国は，ゴルバチョフ（1990年3月に人民代議員大会で初代ソ連大統領に選出されていた）の国内での立場を揺るがしかねないという考慮から，積極的に対応するにはいたらなかった（Spohr Readman 2008：220-225）。そして，ゴルバチョフは，共産党や軍の保守派の圧力もあり，1991年1月にリトアニアの首都ヴィリニュスにソ連軍の特殊部隊を投入して，テレビ局など主要施設を占拠させる――その際に市民に14人の死者が出たため「血の日曜日事件」と呼ばれる――など，バルト三国の独立に向けた動きを封じようとした。だが，バルト三国，西側諸国，そしてロシア共和国から反発を受けたゴルバチョフは，再び自由化，民主化路線に立ち戻る。

ゴルバチョフは，ロシアやウクライナなどのソ連を構成する各共和国により大きな裁量権を与える「新連邦条約」の締結をめざした。1991年3月に実施された国民投票での質問は，「それぞれの主権共和国においていかなる民族籍の住民であれ，その権利と自由が完全に保証されるという条件のもとで，ソ連邦を平等な主権共和国から成る新しい連邦として維持することが必要だと考えますか」であった（ブラウン 2008：493）。しかし，ソ連を構成する15の共和国のうち，バルト三国，モルドヴァ，グルジア，アルメニアという6つの共和国が新連邦条約に関する国民投票をボイコットするなど，根強い抵抗がみられた。1991年6月には，ソ連を構成する最大の共和国であるロシア共和国で初の大統領の直接選挙が行われ，改革派のエリツィンが当選した。ロシア市民による直接選挙で大統領に選ばれたことで政治的立場を強化したエリツィンが，ゴルバチョフの最大のライバルとして立ち現れたのである。

8月のクーデタ

ソ連の解体にいたる過程で最も重要な転機となったのは，1991年8月に起こった保守派によるクーデタとその失敗である。「**8月のクーデタ**」と呼ばれたこの事件では，ソ連政府や軍・国家保安委員会（KGB）の保守派が，8月19日，ペレストロイカ（建て直し）を推し進めてきたゴルバチョフを，彼が休暇滞在中だったソ連南部のクリミア半島のフォロスの近くにある大統領専用の別荘（ダーチャ）に軟禁し，改革に抵抗する姿勢を示した（なお，フォロスは，1945年2月のヤルタ会談が行われた場所からわずか40kmほどのところにある）。モスクワでは，ヤナーエフ副大統領を議長とし，クリュチコフ KGB 議長，ヤゾフ国防相，パヴロフ首相，プーゴ内相などの 8 人で構成される「国家非常事態委員会」が非常事態宣言を発令した。

それまでゴルバチョフとその側近たちが中心となって推進しており，8 月 20 日に調印が予定されていた新連邦条約を阻止することが直接の目的であった。さらに，ゴルバチョフが休暇に出かける前の 7 月 29 日にエリツィンとカザフスタンのナザルバエフと行った極秘の会談で，新連邦条約の調印後，クリュチコフ，パヴロフ，プーゴを解任すると合意されたことにも，（その会談を盗聴していた）保守派らは焦りを深めた。「健康上の理由により」職務を解かれるゴルバチョフに代わって大統領の職務を代行するとされたヤナーエフは，クーデタの前日になって急遽計画に招き入れられた（Plokhy 2014：88-91）。ところが，共産党の指導層や軍がクーデタに同調したものの，ロシア共和国大統領エリツィンは激しく抵抗し，多数の市民や軍の一部も反クーデタに加わり，アメリカなどもエリツィンを支持した。その結果，クーデタは 21 日夜には失敗に終わった。わずか 3 日間で頓挫したクーデタ（世界中にテレビでその様子が逐一伝えられた）の首謀者らは逮捕され，ゴルバチョフは解放されて職務に復帰した。

しかし，保守派によるクーデタとその失敗の過程で無力さをさらけ出したゴルバチョフの求心力は，大きく低下した。そのことは，「ゴルバチョフは，クリミアでの自宅軟禁から，まさにソ連の元大統領として戻ってきた」と評されるほどである（Spohr Readman 2008：230）。それに対して，反クーデタの先頭に立ったエリツィンを中心とする改革派が台頭した。とくにエリツィンは，モスクワのロシア最高会議ビル（通称ホワイトハウス，現在のロシア首相府）の前で戦車の上に仁王立ちとなり，拳を高く突き上げ，徹底抗戦の意志を示すなど，クーデタに立ち向かった中心人物となった。その後，エリツィンは，ロシア共和国共産党の活動を停止させるなど共産党の支配を終わらせる措置をとり，1991 年 11 月にはソ連共産党も禁止された。ペレストロイカを通してソ連の社会主義を改革することで，その存続をめざしたゴルバチョフにとっては，意図と結果が大きく乖離（かいり）する皮肉な結末となった。そして，一連の事態を受けて権威を大きく失墜させたゴルバチョフは，1991 年 12 月にソ連大統領を辞任した。

ソ連の解体と東側陣営の消滅

そして何よりも，保守派のクーデタは，「彼らの思惑に反して……ソ連が終焉し，連邦を構成している各共和国に分裂するのを一挙に早めた」（スナイダー 2014：354）。ソ連を構成していた共和国は次々と独立を宣言し，1991年12月25日にはソ連自体が消滅したのである。そして，ソ連を構成していた15の共和国が，ロシア，ウクライナ，ベラルーシ，エストニア，ラトヴィア，リトアニア，モルドヴァ，グルジア，アルメニア，アゼルバイジャン，カザフスタン，ウズベキスタン，トルクメニスタン，キルギスタン，タジキスタンとして，それぞれ独立国となった（→図11.1）。なお，その間の9月4日には，アメリカのベーカー国務長官が，①民主主義の価値観と原則にかなった平和的な民族自決，②既存の国境の尊重（国境の変更が必要とされる場合は，互いに合意のうえで平和裏に行う），③民主主義と法治主義の尊重（とくに自由選挙と国民投票制度の導入），④人権（とくに少数民族の人権保護），⑤国際法と国際的な義務の遵守（じゅんしゅ），という「5原則」を発表し，平和的，安定的な――そしてアメリカの国益や価値観にも合致する――連邦解体を支援する姿勢を示した（ベーカー＝デフランク 1997：379-380）。

ソ連解体後，ソ連が保有していた大量の核兵器や国連安保理の常任理事国の地位などは，15の共和国のうちで最大のロシアが引き継いだ。ロシア連邦の大統領は，引き続きエリツィンが務めた。なお，ソ連時代に核兵器が配備されていたウクライナ，カザフスタン，ベラルーシは，独立後，核兵器をロシアに移転して，非核兵器国として核兵器不拡散条約（NPT）に加盟した。

ソ連の消滅に伴い，バルト三国とグルジアを除く11の共和国が緩やかな国家連合である**独立国家共同体（CIS）**を形成した（その後，グルジアも1993年12月にCISに加盟した）。1939年8月の独ソ不可侵条約の秘密付属議定書と9月の独ソ境界友好条約の秘密補足議定書（ともに独ソによる東欧の分割を定めたもの）に基づき，40年にソ連に強制的に併合された――それゆえに，西側諸国は決してソ連による併合を承認しなかった――バルト三国は，約50年後，CISにも加わらず，完全な独立を回復した。バルト三国は，その後，2004年にNATOとEUへの加盟を実現し，「ヨーロッパへの回帰」を果たした。それに対して，旧ソ連諸国であり，ロシアと国境を接するバルト三国のNATO加盟にはロシアが

CHART 図11.1 解体後のソ連

①アディゲア共和国 ②カラチャイ・チェルケス共和国 ③アブハーズ共和国 ④アジャール共和国 ⑤北オセチア共和国 ⑥南オセチア自治州 ⑦チェチェン共和国 ⑧カルムイク共和国 ⑨ダゲスタン共和国 ⑩ナゴルノ・カラバフ自治州 ⑪ナヒチェヴァン自治共和国 ⑫グルジア（ジョージア） ⑬アルメニア ⑭アゼルバイジャン

［出所］ 下斗米 2011 をもとに作成。

とくに強く反発するなど摩擦も残った。

冷戦終焉は，ソ連崩壊とともに，冷戦期にNATOと対峙してきた東側の同盟機構であるワルシャワ条約機構の解体も伴った。1990年6月のワルシャワ条約機構首脳会議で「首脳会議宣言」が採択され，ワルシャワ条約機構の政治同盟化，統一軍司令部の廃止，そして（欧州安全保障の確立を前提として）ワルシャワ条約機構そのものを解消することが提唱された。そして，1991年7月のプラハでの首脳会議で，7カ国の代表が解体議定書に署名し，ワルシャワ条約機構の最終的な解体が決定されたのである。その後，すでに1980年代後半から進んでいた東欧諸国からのソ連軍の撤退もさらに進められた。

冷戦後，東欧諸国での共産主義体制の崩壊やソ連の15の共和国への解体を経て，それらの国々の経済を立て直すとともに市場経済への移行を進め，また安定した多元的な民主主義への移行を促進する必要が生じた。それらの目的のために，たとえば，1991年に，中東欧諸国や旧ソ連諸国などを支援する目的で欧州復興開発銀行（EBRD）が設立された。NATOは1994年1月の首脳会議で「平和のためのパートナーシップ（PfP）」構想を提唱し，ロシアや中東欧諸国との安全保障対話に乗り出した。また，欧州審議会は，民主主義や人権の推進をめざし，冷戦後の早い時期から，中東欧および旧ソ連諸国の加盟を受け入れた。これは，EUの東方拡大が2004年まで待たなければならなかったこととは対照的であった（→**12章** ②）。

ソ連解体後，ロシアは，冷戦期の超大国であったソ連の国際的地位の多くを引き継ぎ，主要国首脳会議（サミット）にも参加するようになった（ロシアの参加により，それまでの主要先進7カ国〈G7〉が主要先進8カ国〈G8〉になる）。他方で，ロシアはその国力を大きく低下させることにもなった。まず，ソ連崩壊によって，ロシアはソ連時代と比べて面積が4分の3，人口が半分（約1億4000万人）に減少した。さらに，エリツィン政権下で急進的な市場経済改革が行われたが，一部の新興財閥への富の集中や汚職などが目立ち，経済は大きな落ち込みをみせた。実際，1992年から，ロシアが前年のアジア通貨危機が波及した金融危機に見舞われた1998年までの間に，経済規模は約3分の2に縮小した。1998年8月には，対外債務支払いの一時停止と通貨ルーブルの切り下げを宣言し，事実上のデフォルト（債務不履行）に陥った。

旧ソ連の民族問題

ソ連が15の共和国に分裂した後も，ロシアをはじめとするそれぞれの共和国内部には，多くの少数民族問題が残された。たとえば，アゼルバイジャン西部に位置し，アルメニア系住民が人口の約4分の3を占めるナゴルノ・カラバフ自治州では，アルメニアへの帰属を求める独立運動が起こり，隣国のアルメニアも交えた民族紛争に発展した。この紛争には，アゼルバイジャン人の圧倒的多数がムスリムであるのに対して，アルメニア人がアルメニア正教会のキリスト教徒であるという点で，宗教的な相違もからんでいた。**ナゴルノ・カラバフ紛争**では，1994年にロシアの調停で停戦に合意するまでに約2万人が死亡し，数十万人が難民になったと推定される。

さらに，ロシア以外の各共和国には，主にソ連時代に移住したロシア系住民が少数派として残存するという問題もみられた。とくにエストニア，ラトヴィア，ウクライナ，カザフスタン，キルギスタンには，多数のロシア系住民が少数派として残された。中でもウクライナ南部のクリミア半島やウクライナ東部で人口の多数を占めるロシア系住民の存在は，ロシアによる一方的なクリミア併合（2014年3月）やウクライナ東部でのウクライナ政府軍と親ロシア派武装勢力の武力衝突などの深刻な事態につながる要因となった（→**14章**③）。

そして，依然として世界最大の広大な領土を有するロシア連邦には，200を超える異なる民族が居住しており，少数民族問題が深刻である。とくにロシア南部の北カフカス地方に位置し，ムスリムが人口の大半を占めるチェチェン共和国は，ロシア連邦内で最も強く独立を主張し，1994年からの第1次**チェチェン紛争**，99年からの第2次チェチェン紛争という独立紛争が勃発した。チェチェンでは，アラブ諸国などからのムジャーヒディーン（ジハード戦士）も集まり，独立派を支援する中で，ロシア連邦政府は，自らの側でも多くの犠牲者を出しつつ，強硬な掃討作戦で独立派を鎮圧した。

引用・参考文献　Reference

岩間陽子 2009「冷戦後の国際政治」日本国際政治学会編，李鍾元・田中孝彦・細谷雄一責任編集『歴史の中の国際政治』（日本の国際政治学4）有斐閣。
遠藤貢 2015『崩壊国家と国際安全保障——ソマリアにみる新たな国家像の誕生』有斐閣。

カルドー，メアリー／山本武彦・渡部正樹訳 2003『新戦争論——グローバル時代の組織的暴力』岩波書店（原著 1999 年）。
酒井啓子 2010『〈中東〉の考え方』講談社現代新書。
佐々木雄太 2011『国際政治史——世界戦争の時代から 21 世紀へ』名古屋大学出版会。
下斗米伸夫 2011『図説 ソ連の歴史』河出書房新社。
スナイダー，ティモシー／池田年穂訳 2014『赤い大公——ハプスブルク家と東欧の 20 世紀』慶應義塾大学出版会（原著 2008 年）。
ハンチントン，サミュエル／鈴木主税訳 1998『文明の衝突』集英社（原著 1996 年）。
ハンチントン，サミュエル・P. 2001「文明の衝突」フォーリン・アフェアーズ・ジャパン編・監訳『フォーリン・アフェアーズ傑作選 1922-1999 ——アメリカとアジアの出会い』下，朝日新聞社。
フクヤマ，フランシス／渡部昇一訳 2005『歴史の終わり〔新装新版〕』上・下，三笠書房（原著 1992 年）。
ブラウン，アーチー／小泉直美・角田安正訳，木村汎解説 2008『ゴルバチョフ・ファクター』藤原書店（原著 1997 年）。
ベーカー III，ジェームズ・A. = トーマス・M. デフランク／仙名紀訳 1997『シャトル外交激動の四年』下，新潮文庫（原著 1995 年）。
村田晃嗣 2009『現代アメリカ外交の変容——レーガン，ブッシュからオバマへ』有斐閣。
吉田健正 1994『国連平和維持活動——ミドルパワー・カナダの国際貢献』彩流社。
Fukuyama, Francis 1989, "The End of History?," *The National Interest*, vol. 16, pp. 3-18.
Ikenberry, G. John 2010, "The Restructuring of the International System after the Cold War," in Melvyn P. Leffler and Odd A. Westad eds., *The Cambridge History of the Cold War, vol. 3: Endings*, Cambridge University Press.
Plokhy, Serhii 2014, *The Last Empire: The Final Days of the Soviet Union*, Oneworld.
Pravda, Alex 2010, "The Collapse of the Soviet Union, 1990-1991," in Melvyn P. Leffler and Odd A. Westad eds., *The Cambridge History of the Cold War, vol. 3: Endings*, Cambridge University Press.
Roberts, Adam 2010, "An 'Incredibly Swift Transition': Reflections on the End of the Cold War," in Melvyn P. Leffler and Odd A. Westad eds., *The Cambridge History of the Cold War, vol. 3: Endings*, Cambridge University Press.
Spohr Readman, Kristina 2008, "International Reactions to Soviet Disintegration: The Case of the Baltic States," in Frédéric Bozo, Marie-Pierre Rey, N. Piers Ludlow, and Leopoldo Nuti eds., *Europe and the End of the Cold War: A Reappraisal*, Routledge.

CHAPTER

第12章

EUの誕生と深化・拡大

超国家の試み

オランダのベアトリクス女王を中心に記念撮影に臨むミッテラン仏大統領，ルベルス・オランダ首相，メージャー英首相，コール独首相，ドロールEC委員長ら（1991年12月9日，マーストリヒト。写真提供：dpa／時事通信フォト）。

INTRODUCTION

欧州統合は，1970年代から80年代前半にかけて停滞を経験したが，80年代半ば以降は，域内市場（単一市場）の形成に向けた動きが大きく進んだ。さらに，1993年に発効したマーストリヒト条約で新たにEUが発足するとともに，通貨統合への動きが本格化した。通貨統合の試みは，2002年に流通が始まったユーロに結実した。さらに，冷戦後には旧共産圏の中東欧諸国などの多くがEUに加盟し，EUは大幅な加盟国の拡大も経験した。他方で，2005年のフランスとオランダの国民投票での欧州憲法条約の批准拒否に続き，2010年代の欧州統合は，難民危機，ユーロ危機，イギリスの国民投票でのEU離脱派の勝利など，多くの「危機」に直面することになる。

1 マーストリヒト条約とEUの成立

「欧州硬化症」

1970年代は，欧州統合にとって困難の多い10年間であった。確かに，1969年12月にオランダのハーグで開かれた欧州経済共同体（EEC）の首脳会議は，EECの（1958年1月1日にローマ条約が発効して以来の）12年間の移行期間の終了を宣言するとともに，70年代の目標として「完成」「深化」「拡大」「政治協力」を提示するなど，統合の進展を示す動きもみられた。中でも「拡大」については，1973年1月1日にイギリス，アイルランド，デンマークの欧州共同体（EC）加盟が実現し，欧州統合の加盟国は当初の6カ国から9カ国に増加した。

しかし，1970年代には，二度の石油危機の影響もあり，ヨーロッパ諸国の経済は深刻な不況に陥り，統合の動きにも大きくブレーキがかかった。EC加盟国政府は，国境を越えた経済統合をさらに進めるよりも，自国の国内産業の保護を優先したのである。また，1971年8月の「第2次ニクソン・ショック」でドルと金の交換停止が宣言されたことを契機として，国際通貨制度が大きく動揺した。1973年3月には，固定為替相場制度に基づくブレトンウッズ体制が最終的に崩壊し，ヨーロッパ各国通貨は変動相場制（フロート）に移行した。これを受けて，EC加盟諸国の通貨の間の為替変動幅を一定以内に抑える「スネーク」と呼ばれる制度を構築することがめざされたが，それも長続きすることなく失敗に終わった。こうした1970年代の欧州統合の停滞は，「欧州硬化症（ユーロスクレロシス）」とも表現された。

それに対して，1970年代にも，欧州統合に一定の進展がみられたことも重要である。まず，1975年3月には，アイルランドの首都ダブリンで第1回の**欧州理事会**（EC諸国の定例首脳会議の名称）が開かれた。その後，欧州理事会は半年に一度定期的に開催されるようになり（現在は年4回の開催），欧州統合を推進する非常に重要な制度として定着していく。そして，欧州理事会自体は，各国首脳（大統領または首相）が拒否権を有する政府間主義の原則の下で運営されたが，そこで行われた決定は，しばしば超国家的な統合を推進する効果をもつことになっていくのである。

また，1979年6月からは，**欧州議会**の議員がEC加盟各国の市民の投票によって直接選出されるようになる。そのことは，市民によって直接選ばれた議員で構成される欧州議会の正統性が高まり，欧州統合の内部で重みを増していくことを意味した。それはまた，超国家的統合の進展を示すものであったとともに，欧州統合の民主的正統性を高めうる動きでもあった。ただし，その後，欧州議会議員の直接選挙は5年に1回，今日まで繰り返し実施されているが，投票率は次第に低下する傾向にあり，欧州議会が欧州統合の「民主主義」を支える機関として十分に機能しているとは言い難い側面もある。

それらに対して，1970年代末から80年代前半にかけて，欧州統合の進展にとって大きな障害となったのは，いわゆる「イギリス予算問題」である。1979年5月にイギリス首相に就任したサッチャーが，イギリスがECに対して計上していた超過負担金の還付を強硬に要求したのである。この問題をめぐり，欧州理事会は何度も紛糾し，統合の進展にもブレーキがかかった。しかし，最終的に1984年6月にフランスのフォンテーヌブローで開催された欧州理事会で合意に達し，それ以降，イギリスの負担超過額の66%を予算払戻金（リベート）として自動的に還付することになったのである。

単一欧州議定書

フォンテーヌブロー欧州理事会で「イギリス予算問題」に関して合意に達したことで，欧州統合は再び進展をみせるようになる。その最も顕著な成果は，1987年7月に**単一欧州議定書**が発効したことであった。単一欧州議定書の成立につながる重要な始点となったのは，1985年6月に，イギリス出身の欧州委員会委員のコーフィールド男爵が中心となり，EC委員会によって提出された『域内市場白書』である。「域内市場（internal market）」は「単一市場（single market）」とも表現され，単一欧州議定書の中で，「物，人，サービス，資本の自由な移動が保証された域内の境界のない地域」と定義された（単一欧州議定書第8A条）。そして，『域内市場白書』において，1992年末までの域内市場完成のために必要な立法スケジュールが示されたのである。

域内市場に向けた動きを積極的に推進したのは，元フランス蔵相で1985年

1月に欧州委員長に就任した**ドロール**が率いる欧州委員会（ECの行政執行機関）に加えて，イギリスのサッチャー政権であった。サッチャー自身は，国境を越えた人の移動の自由化には反対の立場であったが，他の3つの要素の移動の自由化には大いに賛成であった。彼女自身の回顧録によれば，「イギリスが先導した単一市場は，ローマ条約を実体的なものにし，この条約の目標――自由主義，自由貿易，規制緩和――を復活させようというものだった」（サッチャー 1993：125）。ドロールやサッチャーのリーダーシップもあり，単一欧州議定書は，1986年2月にEC加盟諸国（1981年1月に加盟したギリシャ，1986年1月に加盟したスペイン，ポルトガルを含む12カ国）の代表によって調印され，各国での批准を経て，1987年7月1日に発効したのである。

単一欧州議定書において，1992年末までにEC諸国間で物，人，サービス，資本の自由な移動（「4つの自由」と呼ばれる）を実現すると定められたことで，ECは「1992年ブーム」と呼ばれた活況を呈した。たとえば，いずれかのEC加盟国で作られた商品は，巨大なEC市場内部で自由に（具体的には，関税および非関税障壁，数量制限の制約を受けることなく）販売することができるため，EC諸国間の貿易が拡大するとともに，EC諸国に対する域内，域外からの投資が活発になることが期待されたのである。他方で，「ヨーロッパ要塞（フォートレス・ヨーロッパ）」とも表現されたように，域内市場の自由化を達成するECが，域外諸国に対して閉鎖的な経済ブロックを形成するのではないかという懸念も生じた。

単一欧州議定書の発効はまた，1958年にローマ条約が発効して以来（**→7章④**）約30年を経て，EC設立条約が初めて改正されたことを意味した。そこでは，上記のように，1992年12月31日までの域内市場の完成が定められたことに加えて，閣僚理事会での特定分野の決定方式を全会一致から加重特定多数決に移行することが決定された（閣僚理事会での加重特定多数決による決定は，1957年のローマ条約で定められていたが，66年の「ルクセンブルクの妥協」――ある加盟国が自国の「非常に重要な国益」が損なわれると主張した場合には条約の規定にかかわらず拒否権を行使できるというもの――によって，各加盟国の「非常に重要な国益」にかかわる問題については，実施が無期限に延期されていた。それが，1980年代に入り部分的に実施されるようになり，単一欧州議定書でその対象分野が拡大されたのである）。単一欧州議定書ではまた，欧州理事会の構成員が明記されることで，

1975年以降，条約上の規定なしに繰り返し開催されていた欧州理事会に法的基盤が与えられた。さらに，単一欧州議定書によって，欧州議会の権限が拡大されるとともに，1970年からローマ条約の枠外で進められてきた欧州政治協力（EPC）が条約に組み込まれ，その事務局も設置された。

マーストリヒト条約

1992年末の域内市場の完成を前にして，欧州統合は大きな難問に直面していた。それは，1989年11月9日のベルリンの壁の崩壊を経て，1990年10月3日に再統一されたドイツを，どのようにしてヨーロッパの国際秩序に安定的に組み込んでいくかという課題であった。そうした大きな政治的課題の解決策として，統一ドイツの北大西洋条約機構（NATO）加盟とともに重要になったのが，**マーストリヒト条約**（とくに通貨統合の実現）によって欧州統合を深化させ，そこに再統一されたドイツをより深く組み込むということであった。それを中心となり推進したのは，西ドイツのコール首相とフランスのミッテラン大統領であった。コールとミッテランによる独仏協調と欧州統合の推進が，この時期にドイツ再統一に伴ってあらためて大きな課題として浮上した「ドイツ問題」の解決に大きく貢献したのである。

マーストリヒト条約に向けては，1991年12月にオランダのマーストリヒトで開かれた欧州理事会で大筋合意がなされた。条約の正式な調印は，1992年2月になされた。マーストリヒト条約では，新たに欧州連合（EU）の設立が定められたが，それは，①EC，②共通外交安全保障政策（CFSP），③司法内務協力（CJHA）の3本柱で構成された。それは，3本の柱がEUを支えるという構造から，「神殿構造」とも呼ばれる。また，マーストリヒト条約では，ヨーロッパ・レベルで労働者の権利の保護を図る社会憲章が合意され，欧州理事会を正式の機関とすることも条約に明記された。

そして，マーストリヒト条約でとくに重要な合意となったのが，**経済通貨同盟**（**EMU**）の設立である。1999年までに3段階の過程を経て，欧州中央銀行（ECB）を設置し，欧州単一通貨を創設することが合意されたのである。マーストリヒト条約をめぐっては，イギリスのメージャー政権が，国家主権と経済・社会政策の自律性にこだわる立場から，通貨統合と社会憲章に関してオプト・アウト（選択的離脱。適用除外とも訳される）を獲得し，それらに加わらない権利を確保するといった例外的な扱いもなされた。それは，条約の改正には全加盟国の調印が必要である以上，イギリス政府をマーストリヒト条約の調印に同調させるために必要な代価であったといえる。

条約は各国代表が調印した後，各国内で憲法上定められた手続きに従って批准される必要がある。マーストリヒト条約は，この批准の過程でつまずきを経験した。1992年6月に行われたデンマークでの国民投票で，条約の批准が否決されたのである（賛成49.3%，反対50.7%）。それに対して，フランスのミッテラン政権は，憲法上の規定では議会での承認でよかったものの，あえてマーストリヒト条約の批准の是非を国民投票にかけ，大差で可決することで統合の勢いを取り戻そうと試みた。しかし，フランスで9月に行われた国民投票の結果は，賛成51.0%，反対49.0%という僅差での可決であり，ミッテランの目論見は外れることになった。

その後，12月にスコットランドのエディンバラで開かれた欧州理事会で，デンマークにもイギリスと同様に通貨統合などについてオプト・アウトを認めるという譲歩がなされ，デンマークでの2度目の国民投票（1993年5月）によって，マーストリヒト条約は無事批准された。議会での批准に向けた審議が紛糾し，長期化していたイギリスでも，1993年8月にマーストリヒト条約が批准された。こうして，最終的に，1993年11月1日にマーストリヒト条約が発効し，EUが正式に発足したのである。

1990年代以降，EU諸国間の人の移動を自由化する**シェンゲン協定**に基づく統合の動きにも大きな進展がみられた。シェンゲン協定は，1985年に調印され（当初の調印国は，西ドイツ，フランス，オランダ，ベルギー，ルクセンブルクの5カ国），1995年に発効し，参加国間で旅券（パスポート）検査などの出入国審査なしでの人の自由な移動を可能としている。シェンゲン協定は，2017年時点で，イギリス，アイルランド，キプロス，ルーマニア，ブルガリア，クロアチアを除くEU加盟国（22カ国）とEU域外の欧州自由貿易連合（EFTA）加盟国であるスイス，ノルウェー，アイスランド，リヒテンシュタインの計26カ国間で実施されており，それらの国々によって，国境審査なしでの人の移動が可能な「シェンゲン領域（シェンゲン・エリア）」が形成されている。それは，域内の境界のない単一市場を達成した欧州統合を，まさに人々が自身で実感できるかたちで象徴するものとなっている。また，マーストリヒト条約で導入された「共通市民権」に基づき，国境を越えた人の自由移動は，EU 市民の権利という観点からも重視されている。

 欧州統合の深化と東方拡大

冷戦終結と EU 加盟国の拡大

冷戦終結は，欧州統合の加盟国の飛躍的な拡大につながった。1952 年に発足した欧州石炭鉄鋼共同体（ECSC），1958 年に発足した欧州経済共同体（EEC），欧州原子力共同体（EURATOM）はすべて，フランス，西ドイツ，イタリア，オランダ，ベルギー，ルクセンブルクの 6 カ国で構成されていた（→7 章④）。その後，1973 年にイギリス，アイルランド，デンマーク，81 年にギリシャ，86 年にスペイン，ポルトガルが加盟し，冷戦終結時までに EC の加盟国は 12 カ国となっていた（さらに，1990 年のドイツ再統一によって，旧東ドイツの領域も EC に組み込まれた）。

冷戦終結はまず，欧州統合への中立国の加盟につながった。冷戦期には，ヨーロッパ諸国が東西両陣営に分断される中で，欧州統合は西側諸国の間で発達してきた。ECSC の設立条約となったパリ条約，EEC と EURATOM の設立条約となったローマ条約に明記はされていなかったが，それらの統合組織は実際には西側の組織だったのである。そして，冷戦期には，東西両陣営のどちらにも属さない中立国の加盟の可能性も閉ざされていた。しかし，冷戦終結とともにそうした障害は取り除かれ，1995 年 1 月 1 日に，オーストリア，スウェーデン，フィンランドの 3 カ国が EU 加盟国となったのである。

それらの中立諸国に続いて欧州統合に新たに加わることになったのは，冷戦期に「鉄のカーテン」の反対側の東側陣営に属していた国々である。具体的に拡大の対象となったのは，1989 年の東欧革命を経験した旧東側諸国と 1991 年のソ連崩壊によって独立国となったバルト三国であった。それらの諸国は，冷戦終結後，共産主義からの体制転換を遂げ，多元的な民主主義と市場経済の定着をめざしていた。そうしたことを，欧州統合への加盟によって支えることがめざされたのである。

CHART 図 12.1 ユーロ圏とシェンゲン領域

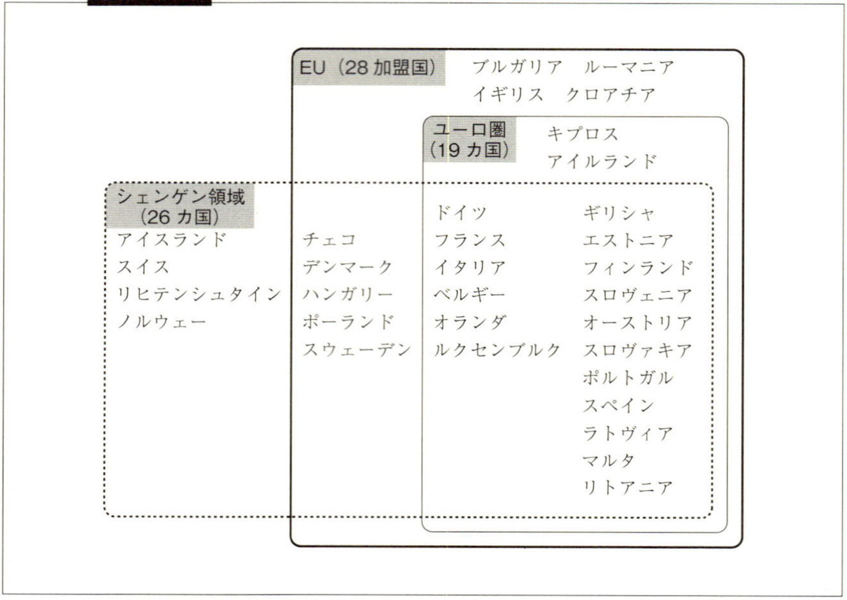

EU（28 加盟国） ブルガリア ルーマニア
イギリス クロアチア

ユーロ圏（19 カ国） キプロス
アイルランド

シェンゲン領域（26 カ国）
アイスランド
スイス
リヒテンシュタイン
ノルウェー

チェコ
デンマーク
ハンガリー
ポーランド
スウェーデン

ドイツ
フランス
イタリア
ベルギー
オランダ
ルクセンブルク

ギリシャ
エストニア
フィンランド
スロヴェニア
オーストリア
スロヴァキア
ポルトガル
スペイン
ラトヴィア
マルタ
リトアニア

ただし，中東欧諸国の EU 加盟には困難なハードルが待ち構えていた。それらの国々での政治的，経済的改革の実施が EU 加盟の条件とされたからである。それらの加盟条件は，1993 年 6 月にデンマークの首都コペンハーゲンで開かれた欧州理事会で合意されたことから，「コペンハーゲン基準（コペンハーゲン・クライテリア）」と呼ばれる。具体的には，①民主主義，法の支配，人権，少数者の尊重と保護を保証する諸機関が安定したレベルに達し（政治的条件），②機能する市場経済の存在とともに，EU 内で競争の圧力や市場の力に対応できる能力をもち（経済的条件），③政治・経済・通貨同盟の目標に対する支持を含めて加盟に伴う義務を受け入れる能力をもっている（その他の条件）ことである（田中 1998：155-156；Tsoukalis 2005：174-175）。また，「アキ・コミュノテール（acquis communautaire）」と呼ばれる EU の基本条約と膨大な第 2 次立法の総体を受け入れることも求められた。

そして，加盟候補国で国内改革が進み，上記のような条件を満たしたことが認められた後，2004 年 5 月 1 日に中東欧 8 カ国（ポーランド，チェコ，スロヴァキア，ハンガリー，スロヴェニア，エストニア，ラトヴィア，リトアニア）の EU 加盟が実現したのである。それは，**EU の東方拡大**と一般に呼ばれる。また，それらの諸国と同時に，キプロスとマルタという地中海の旧イギリス領の2つの島国もEUへの加盟を果たした（なお，キプロスは，ギリシャ系住民が居住する南部とトルコ系住民が居住する北部―― 1983年11月にトルコのみが承認する「北キプロス・トルコ共和国」として独立を宣言した――に実質的に分断されている。EU加盟を果たしたのは，実質的には南部のみを統治するキプロス共和国である）。これによって，EU加盟国は15カ国から一気に25カ国に拡大した。その後，国内改革の遅れから加盟が遅れていたルーマニアとブルガリアが2007年1月1日にEUに加盟し，13年7月1日にはクロアチアの加盟も実現したことから，2017年時点でEU加盟国は28カ国となっている。

ただし，こうしたEUの東方拡大は，冷戦後の欧州統合の大きな成果といえるが，相対的に生活水準の低い中東欧諸国からドイツやイギリスなどへの移民の流入を加速させるなど，既存の加盟国市民の間で反発を引き起こしている面があることも無視できない。なお，1987年の加盟申請以来，長年EU加盟をめざしており，2005年に加盟交渉が始まったトルコについては，いまだに加盟の目途は立っていない。というのも，少数民族クルド人への抑圧，言論・報道の自由の制限などの国内の人権問題，トルコ政府がEU加盟国のキプロスを国家承認していないこと，といった理由から交渉が難航しているからである（ただし，1996年にEUとトルコの関税同盟が成立しており，経済的には一定の関係が築かれている）。

欧州統合の深化と限界

冷戦後，欧州統合は加盟国の大幅な拡大とともに，統合の深化を経験した。先に述べたように，マーストリヒト条約が1992年に調印され，93年に発効した後も，EU基本条約を改正し，欧州統合を深化させる動きが繰り返されたのである。具体的には，マーストリヒト条約に続いて，アムステルダム条約（1997年10月調印），ニース条約（2001年2月調印）が成立し，条約改正が行われた。

それらに続いて，EU諸国間で実現がめざされたのが，欧州憲法条約である。2003年10月には，欧州憲法条約草案に関する政府間会議（IGC）が開始された。欧州憲法条約でめざされたのは，主に，①それまでEUを形作ってきた諸条約を一本化すること，②欧州統合のさらなる深化（EU加盟国の拡大を受けた意思決定の迅速化など），③欧州議会の権限拡大などのEUへの民主的統制の強化であった。そして，2004年10月，欧州憲法条約がローマでEU加盟25カ国代表によって調印された。

ところが，欧州憲法条約は，批准の過程で大きくつまずいた。2005年5月にフランスで，6月にオランダで，それぞれ行われた国民投票において，欧州憲法条約の批准が否決されたのである（それぞれ反対が54.7%と63.3%）。このフランスとオランダの国民投票での否決の衝撃は大きく，欧州憲法条約は頓挫することを余儀なくされた。欧州統合研究者の遠藤乾は，『統合の終焉（しゅうえん）』と題する著書の冒頭で，「2005年，フランスとオランダという欧州石炭鉄鋼共同体設立以来の原加盟国が欧州憲法条約を国民投票で葬り去り，その2年後「憲法概念は放棄」とEU首脳が明示的に合意したとき……大文字の「統合」物語もまた，打ち捨てられたのである」（遠藤 2013：v-vi）として，連邦国家をめざす大文字の「統合」の終焉を鋭く指摘した。これによって，連邦主義的な欧州統合が本当に「終焉」してしまったのかどうかについては，依然として議論の余地があるかもしれない。しかし，欧州憲法条約が不成立に終わったことで，そうした欧州統合の試みが大きな挫折を経験したことは確かであろう。

その後，未発効に終わった欧州憲法条約から「憲法的な」要素を取り除くとともに，その内容を簡素化した「改革条約」（リスボン条約）が，2007年12月に調印された。リスボン条約は，2008年6月のアイルランドでの国民投票で批准が否決（反対53.4%）されたものの，2009年10月にあらためて行われたアイルランドでの2度目の国民投票で可決され，同年12月1日に発効にこぎつけた。リスボン条約の発効にともない，EUには欧州理事会常任議長職（EUの大統領に相当）と外務・安全保障政策上級代表職（EUの外相に相当）が創設され，それぞれベルギー出身のファン・ロンパイとイギリス出身のアシュトンが初代の座に就いた。

EUは，平和と共存の理念の下に統合を進めてきたことを評価され，2012年にノーベル平和賞を受賞した。EUが，本章でみてきただけでも，1970年代の「欧州硬化症」や1970年代末から80年代前半の「イギリス予算問題」，2005年のフランスとオランダでの欧州憲法条約の批准失敗など，これまで多くの困難に直面してきたのは確かである。フランスの国民戦線（FN），イギリスのイギリス独立党（UKIP）などの排外的右翼・反EU政党の勢力伸張といった問題もある。とくに，欧州懐疑主義が強いイギリスでは，2016年6月にEUに残留すべきか離脱すべきかを問う国民投票が実施され，51.9%対48.1%と僅差ではあったが，EU離脱（ブレグジット）派が多数を占めた。離脱派がとくに強く反発したのは，2004年以降，新たにEUに加盟した中東欧や旧ソ連諸国（ポーランド，ルーマニア，リトアニアなど）からの移民の増加やEUの権限増大に伴う規制や介入の拡大であった。

また，欧州議会に直接選挙制が導入されて35年目に当たる2014年5月に実施された選挙で，投票率が過去最低となるなど，市民の間での関心の低下も深刻である。2014年の欧州議会選挙では，各国で欧州統合に批判的な政党の候補者が数多く当選し，欧州議会議員になった。とりわけ，2014年の欧州議会選挙は，「各国でEU批判を掲げるポピュリズム政党が大幅な躍進を遂げ，一気にポピュリズムをヨーロッパレベルの政治舞台に引き上げる機会となった」（水島 2016：200）。とくに，フランス，イギリス，デンマークなどではポピュリズム政党が第一党となった。フランスでは，ルペン率いるFNが24.9%の得票率を記録し，保守政党の民衆運動連合（UMP）の20.8%，社会党の14.0%を上回り，イギリスでは，ファラージ率いるUKIPが27.5%を獲得して労働党と保守党という二大政党をしのぎ，それぞれ得票率と議席数で第一党となったのである。しかし，そうした多くの困難を経験しつつも，長い目でみれば，欧州統合の試みが大きな進展を遂げてきたことは否定できない。ところが，2010年代に入り，欧州統合はまた一つの大きな試練に直面した。それが，次に検討する中東やアフリカからの難民の大量流入をめぐる問題である。

難民問題の深刻化

北アフリカや中東で「アラブの春」（→**15章** ③）による混乱が広がった2011年頃から，中東やアフリカ（シリア，イラク，アフガニスタン，パキスタン，エリトリア，リビア，ソマリアなど）から内戦や紛争，テロに伴う治安悪化，政府からの迫害や人権侵害を逃れた難民が，EU諸国に押し寄せるようになった。とくに2015年のEU加盟国（28カ国）での難民申請者数は，過去最高の125万5640人を記録した。それは，2014年の56万2680人の2.2倍以上の数である。とくに多くの難民が殺到したのは，経済的に豊かで，社会保障が充実しており，難民の受け入れにも寛容な政策をとっていたドイツやオーストリア，スウェーデンなどの西欧や北欧の国々であった。

その結果，それらの国々には，難民の受け入れに伴う大きな負担がかかることになった。ヨーロッパ各国で難民受け入れの是非をめぐり世論が二分される中で，難民受け入れに積極的な態度を示したドイツのメルケル首相に対しては，ドイツ国内外から批判の声があがるなど，難民問題は大きな政治問題化した。とくにドイツ国内では，「ドイツのための選択肢（AfD）」や「西洋のイスラーム化に反対する愛国的ヨーロッパ人（ペギーダ）」のような反移民・難民，反イスラームを掲げる右派の新興政党や政治団体が，集会やデモで多くの参加者を集めるなど勢力を拡大した。AfD は 2014 年以降に実施された 14 の州議会選挙ですべて議席を確保した後，2017 年 9 月の連邦議会選挙で第 3 党となる 94 議席（得票率 12.6%）を獲得し，初の国政進出を果たした。2015 年 9 月に EU が全体で 12 万人の難民を加盟国に割り当てる措置を特定多数決で決定した際には，難民受け入れの分担に反対するハンガリー，チェコ，スロヴァキア，ルーマニアという中東欧諸国と，その他の加盟国との間で亀裂が生じた。ポーランドも，直後の 10 月の総選挙で愛国主義的な理念を掲げる右派の「法と正義（PiS）」が勝利し，政権交代が起こったことで，強硬な難民受け入れ反対の姿勢に転じた。2015 年以降，ヨーロッパ各地の都市で，一部の難民や移民による民間人への襲撃やテロ事件も相次いだ。

それは，「**欧州難民危機**」とも呼ばれる状況であったが，難民をめぐる問題は，受け入れ国側の負担増のみにとどまるものではない。難民の中には，密航船や小型ボートで地中海やエーゲ海を渡り，ヨーロッパ側の沿岸国のイタリアやギリシャ（ギリシャでは，レスヴォス島などエーゲ海の島々）に向かう際に，転覆などの遭難事故で命を落とす者も多く，深刻な人道問題となった。また，難民らを運ぶ密航業者がしばしば限られた大きさの船に定員を大幅に上回る人数を詰め込むので，船内で窒息死するといった無残な事故も相次いだ。そうした結果，国際移住機関（IOM）の発表によると，難民が急増した 2015 年には，船が転覆するなどして死亡したり行方不明になったりした人は 3777 人に上った。2016 年には，それをさらに上回る 5079 人が死亡または行方不明となった。そうした犠牲者には，多くの幼い子供たちも含まれている。とくに，2015 年 9 月初めに，トルコの海岸に漂着したシリア人の幼児の遺体の写真が世界中のマスメディアで報じられたことは，ヨーロッパ諸国の世論にも大きな衝撃を与えた。

難民たちは，ヨーロッパ側にたどりついた後もしばしば困難に直面した。とくに難民の多くが移動したギリシャからバルカン半島を北上してドイツに向かうルートは，「バルカン・ルート」と呼ばれた。そこで，当初多くの難民らが通過していたハンガリーが，隣国のセルビアやクロアチアとの間にフェンスを設置して国境を封鎖した。その後，オーストリアやマケドニア，スロヴェニア，クロアチアなど他の国々も同様の措置をとった。その結果，難民らが国境近くに長期間留め置かれたり，行き場を求めてさまよったりするといった混乱が広がった。また，各地には劣悪な生活環境の難民キャンプが林立した。さらに，国境を越えた人の自由移動を保証するシェンゲン協定を締結しているにもかかわらず，国境での入国審査を再導入する国も相次ぐなど，難民問題は欧州統合のあり方にも少なからぬ影響を及ぼした。

2016年3月には，中東からの難民の通過国となっていたトルコがギリシャに渡った難民の送還に応じる一方で，EU各国がトルコ国内の難民キャンプから（**15章** ③ でみるような深刻な内戦から逃れてきた）シリア難民のみを直接受け入れるという合意が成立した。また，トルコが送還に応じる見返りに，EUはトルコへの資金支援を60億ユーロに倍増させるほか，トルコ市民がEUに渡航する際の査証（ビザ）免除措置の導入を前倒しし，トルコのEU加盟交渉も加速させることが決まった。これにより，2016年春以降，「欧州難民危機」はかなり落ち着きをみせるようになる。ただし，トルコの反テロ法への懸念に加えて，2016年7月のトルコ軍のクーデタ未遂事件後にエルドアン政権が非常事態を宣言し，軍や警察だけでなく，大学や学校，マスメディア，官庁，情報機関，宗教団体にまで処分の対象を広げたことを受けて，ビザ免除の実行は遅れを繰り返した。長年の懸案となっているトルコのEU加盟交渉も，結局は進展をみせるにいたっていない。

通貨統合の進展と困難

通貨統合の開始とユーロ圏の拡大

冷戦後の欧州統合は，欧州単一通貨**ユーロ**の誕生という大きな成果も生んだ。

ユーロ導入の前段階として重要であったのは，1979年3月に発足した欧州通貨制度（EMS）である。とくに，EMSの中心となる制度で，EC諸国通貨間の為替変動幅を為替平価（中心レート）の上下2.25％に設定する為替相場メカニズム（ERM）は，ユーロ導入の前提として必須のものであった。そのうえで，ユーロ誕生に向けた最初の重要な動きとなったのは，1988年6月にドイツのハノーファーで開かれた欧州理事会で，欧州委員会のドロール委員長を座長とし，加盟12カ国の中央銀行総裁，学者，実務家で構成される委員会（ドロール委員会）を設置し，EMUの漸進的実現に関する議論を行うと決定されたことである。ドロール委員会は，1989年4月，EMUの基本方針となる，「経済通貨同盟に関する委員会報告」（通称「ドロール委員会報告」）を公表した。そこで，複数の国家群を単一の通貨・中央銀行・政策金利で束ねる欧州通貨統合の実現に向けて，3段階からなるEMUの設立が提言されたのである。

その後，1989年6月にマドリードで開催された欧州理事会で「ドロール委員会報告」が採択され，90年7月1日から，EMUの第1段階として，参加国間の資本移動の自由化が実施に移された。そして，ドイツ再統一とマーストリヒト条約の調印と批准・発効を経て，1994年1月1日には，第2段階として，欧州中央銀行（ECB）の前身である欧州通貨機関（EMI）の設置，経済政策の協調強化が実施された。1995年12月のマドリード欧州理事会では，欧州単一通貨の名称として，「ユーロ」が採用された。1998年6月には，EMIに代わって，ドイツの金融センターであるフランクフルトに本部を置くECBが発足した。ECBは，世界の金融機関が入居する高層ビルがそびえる金融街の中では比較的背の低い30階建ての「ユーロ・タワー」に入居した。

1999年1月1日，EMUの第3段階として，ECBが単一通貨政策を担うようになり，通貨統合に参加する11カ国間の「ユーロ圏（ユーロ・ゾーン）」で，銀行口座振替など帳簿上の取引でのユーロの使用が開始された（この際，「帳簿貨幣」としてのユーロの使用を開始したのは，主に金融機関や大企業であり，消費者や中小企業が使用する現金は，引き続き各国通貨が使用された）。ECBの初代総裁には，元オランダ中央銀行総裁のドイセンベルクが就任した。ユーロに参加するためには，①消費者物価上昇率がEU最低の3カ国の値から1.5％以内にある（物価安定），②財政赤字額の国内総生産（GDP）比が3％を超えず，政府債務残高がGDP比で60％以内である（政府財政ポジション），③当該国通貨がEMSで直近の2年間正常変動幅を維持し，中心レートの切り下げを行っていない（為替レート安定），④政府長期債（10年もの）の利回りが，物価上昇率最低の3カ国の長期債利回りに対して2%以内にある（市場長期金利）という4つの経済収斂（しゅうれん）基準を満たす必要があった（田中 2002：131）。

それらの基準を満たして1999年1月1日からユーロに参加したのは，オーストリア，ベルギー，フィンランド，フランス，ドイツ，ルクセンブルク，アイルランド，イタリア，オランダ，ポルトガル，スペインの11カ国であった（なお，イギリスとデンマークはオプト・アウトの規定ゆえに，スウェーデンはユーロが高度福祉国家政策の制約要因になるという懸念からユーロへの参加を見送り，イギリス・ポンド，デンマーク・クローネ，スウェーデン・クローナという独自通貨を保持している）。こうして，アメリカ・ドルと肩を並べる巨大通貨圏をもつ欧州単一通貨ユーロが発足したのである。なお，この際，ECBの最高決定機関である政策理事会によって，通貨統合の参加国通貨とユーロは6桁の固定換算率で結ばれ（たとえば，1ユーロ＝1.95583ドイツ・マルク，1ユーロ＝1936.27イタリア・リラなど），参加国間では為替変動のリスクがなくなった。

なお，ギリシャは，1998年5月に第一陣のユーロ参加国が決定された際に経済収斂基準を満たさず，希望国の中で唯一，1999年1月1日の通貨統合の開始時から参加できなかったが，2001年1月1日には2年遅れでユーロに参加した。そして，2002年1月1日の午前0時，12カ国で単一通貨ユーロの現金（紙幣と硬貨）の流通が開始された（この際，従来の各国通貨との併用期間が2月末までの2カ月間設けられたが，実際には各国通貨からユーロへの切り替えはそれよりも早く進んだ）。こうして，EUおよびユーロ参加国の政治権力からの独立性を保証された超国家機関であるECBの政策理事会において，単一通貨ユーロの政策金利をはじめとする金融政策の決定を行うという，欧州通貨統合が正式に発足したのである。ユーロの存在は，ユーロ圏の為替相場の変動リスクをなくし，両替手数料を除去するとともに，物価の安定，域内の貿易・投資の活性化といった利益を生んできた。

その後，ユーロ圏は，2002年の紙幣・硬貨の流通開始時の12カ国体制から，07年1月にスロヴェニア，08年1月にキプロスとマルタ，09年1月にスロヴァキア，11年1月にエストニア，14年1月にラトヴィア，15年1月にリトアニアが新たに参加し，17年時点の19カ国体制にまで拡大した。それに対して，上記のイギリス，デンマーク，スウェーデンに加えて，ポーランド，チェコ，ハンガリー，ルーマニア，ブルガリア，クロアチアがユーロ未参加国となっている。

ユーロ危機

こうして，2002年1月1日に現金の流通を開始し，その後も順調に参加国を増やした単一通貨ユーロだが，2008年9月に起こった当時アメリカ第4位の投資銀行リーマン・ブラザーズの経営破綻（はたん）（リーマン・ショック）を最大の引き金とする世界金融危機の影響を免れることはできなかった。ユーロ圏諸国は，「**ユーロ危機**」と呼ばれる状況に陥ったのである。この危機は，中でも債務危機に陥った南欧諸国とアイルランドの英語の国名の頭文字をとって，PIGS（ポルトガル，アイルランド，ギリシャ，スペイン）危機またはPIIGS（ポルトガル，アイルランド，イタリア，ギリシャ，スペイン）危機とも呼ばれた。債務危機や銀行危機に見舞われたこれらの諸国は，ユーロ圏やEUなどからの国際支援を要請することを余儀なくされた。スペインやアイルランドでの住宅・不動産バブルの崩壊の影響も深刻だった。

それらの中でも，とくにギリシャの財政赤字と債務危機は大きな問題となった。2009年10月，ギリシャでの政権交代に伴い，それまでギリシャ政府が粉飾決算によって巨額の財政赤字を隠蔽（いんぺい）していたことが発覚した。それをきっかけに，同国の信用が低下し，国債の発行などを通じた市場での資金調達ができなくなるという債務危機が発生した。そして，ポルトガルやスペイン，イタリアなど財政赤字を抱える他のEU諸国にも金融危機が波及し，ユーロ圏経済は大混乱に陥ったのである。

こうしたユーロ危機の再発を防止するために，2012年3月に調印された「財政条約」や金融行政の統合策である「銀行同盟」などの施策がとられた。とくに後者では，第1の柱として2014年11月に銀行監督がECBに一元化され，第2の柱として16年1月に銀行の破綻処理の一元化が開始された（ただし，第3の柱として，2024年までに預金保険を一元化することをめざしているが，議論は難航している）。その他にも，2012年10月に，債務危機に見舞われたユーロ圏の国々に対する支援手段として，総額7000億ユーロの資金枠をもつ常設の支援機構である欧州安定メカニズム（ESM）が創設されるなど，ユーロ危機への対応策がとられた。ルクセンブルクに本部が置かれたESMは，原則として国際通貨基金（IMF）と緊密に協力しつつ，ユーロ圏の危機国への財政支援を行うとともに，資本が不足した銀行に直接資本注入を行い，加盟国の国債を直接購入することもできる。ユーロ危機という強い逆風の中で，さらなる超国家的統合に向けた動きが進められたのである。

ただし，とくにギリシャでは，債務危機を受けたEU，ユーロ圏，IMFの「トロイカ」からの経済支援の条件とされた緊縮財政策や付加価値税の引き上げ，構造改革などによって，失業の増大や国民の負担増，社会保障の削減を余儀なくされるといった問題も生じた。そうした結果，2015年1月に実施されたギリシャ総選挙では，反緊縮財政を掲げる急進左派連合（シリザ）が勝利し，シリザと中道右派の「独立ギリシャ人」が連立して，チプラス政権が発足した。そして，チプラス政権は，ギリシャへの財政支援で最も重要な役割を担うことになるドイツのメルケル政権との対決姿勢を強めるなど，EU諸国間で大きな波乱要因となったのである。

引用・参考文献　Reference

遠藤乾 2013『統合の終焉――EUの実像と論理』岩波書店。
遠藤乾 2016『欧州複合危機――苦悶するEU，揺れる世界』中公新書。
近藤康史 2017『分解するイギリス――民主主義モデルの漂流』ちくま新書。
サッチャー，マーガレット／石塚雅彦訳 1993『サッチャー回顧録――ダウニング街の日々』下，日本経済新聞社（原著1993年）。
田中素香 2002『ユーロ――その衝撃とゆくえ』岩波新書。
田中素香 2010『ユーロ――危機の中の統一通貨』岩波新書。
田中素香 2016『ユーロ危機とギリシャ反乱』岩波新書。
田中俊郎 1998『EUの政治』岩波書店。
細谷雄一 2016『迷走するイギリス――EU離脱と欧州の危機』慶應義塾大学出版会。
水島治郎 2016『ポピュリズムとは何か――民主主義の敵か，改革の希望か』中公新書。
Tsoukalis, Loukas 2005, *What Kind of Europe?*, updated and expanded ed., Oxford University Press.
Wall, Stephen 2008, *A Stranger in Europe: Britain and the EU from Thatcher to Blair*, Oxford University Press.
Zielonka, Jan 2006, *Europe as Empire: The Nature of the Enlarged European Union*, Oxford University Press.

CHAPTER

第13章

冷戦後の地域紛争・民族紛争

噴出したナショナリズム

↑ボスニア紛争を終結させるデイトン和平協定の調印（1995年12月14日，パリ・エリゼ宮殿。写真提供；AFP＝時事）。

INTRODUCTION

冷戦が終結した後，ようやく平和な時代が訪れるのではないかという期待は裏切られ，1990年代には，世界各地で地域紛争や民族紛争が相次いだ。それらの紛争がとくに目立ったのは，旧ユーゴスラヴィアと旧ソ連という多民族の連邦国家が存在した地域と，アフリカ大陸の各地であった。本章では，旧ユーゴスラヴィア連邦が解体する過程で起こったさまざまな民族紛争の中でも，とくにボスニア紛争とコソヴォ紛争に焦点を当てる。また，アフリカについては，80万人以上の犠牲者を出したといわれるルワンダ大虐殺に目を向ける。それらの事例を通して，冷戦後に地域紛争や民族紛争が相次いだ原因についても考察したい。

1 ユーゴスラヴィアの解体とボスニア紛争

多民族国家ユーゴスラヴィア

ユーゴスラヴィアは，ヨーロッパでも有数の多民族国家であった。ユーゴスラヴィアが存在したバルカン半島の北西部地域には，歴史的に，オスマン帝国とオーストリア＝ハンガリーという2つの多民族帝国の支配が及んできた。しかし，17世紀末以降，オスマン帝国が徐々に衰退し，最終的に第一次世界大戦を経て，オスマン帝国とオーストリア＝ハンガリーの双方が崩壊に向かう中で，1918年に南スラヴの諸民族が連合して，セルブ・クロアート・スロヴェーヌ王国（セルビア人・クロアチア人・スロヴェニア人王国）が形成された。そして，この国名が，1929年にユーゴスラヴィア王国（ユーゴスラヴィアは「南スラヴの国」の意味）に改められたのである。

ユーゴスラヴィアは，その当初の名称からも明らかなように，多民族のモザイク国家であった。しかし，両大戦間期の君主制の下では，「ユーゴスラビアは，最初に創られたときは，セルビアを拡大したものに過ぎなかった」（スナイダー 2014：366）と指摘されるように，セルビア人の優位が明白ではあったが，一定の安定を享受（きょうじゅ）していた。そして，第二次世界大戦を経た1945年以降，チトーの共産主義政権の下，政治的には抑圧的であったが，セルビア人以外の扱いは改善され，多民族を束ねる統治の安定がみられた。

チトーの下で連邦制がとられるようになったユーゴスラヴィアは，日本よりもやや狭い領土の中で，「7つの国境，6つの共和国，5つの民族，4つの言語，3つの宗教，2つの文字を持つ，1つの国家」と表現されたような，多様性の中の統一を実現していた。7つの国境とは，イタリア，オーストリア，ハンガリー，ルーマニア，ブルガリア，ギリシャ，アルバニアとの国境，6つの共和国とは，セルビア，スロヴェニア，クロアチア，モンテネグロ，マケドニア，ボスニア・ヘルツェゴヴィナ，5つの民族とは，セルビア人，スロヴェニア人，クロアチア人，モンテネグロ人，マケドニア人，4つの言語とは，セルビア語，スロヴェニア語，クロアチア語，マケドニア語，3つの宗教とは，カトリック，正教，イスラーム教，2つの文字とは，ラテン文字とキリル文字のことを指す。これらを束ねる1つの国家がユーゴスラヴィアだというのである。

ところが，1980年5月にチトーが87歳で死去したことで，ユーゴスラヴィア連邦の安定に動揺が生じた。強いカリスマ性をもち，数十年間にわたりユーゴスラヴィアの連邦国家を束ねる求心力の役割を果たしてきた指導者が亡くなったのである。そうした中で，セルビア，クロアチア，スロヴェニアなどユーゴスラヴィアを構成していた各民族のナショナリズムが強まり，互いの対立関係が深まった。経済危機の影響も深刻であった。「経済危機が連邦政府の力をそぎ，これを機に，経済的資源と政治権力をめぐって，民族主義者が地域・共和国レベルで争うことになった」（マゾワー 2017：238-239）のである。そして，1990年代以降，ユーゴスラヴィアでは，連邦の構造が流動化し，解体へと向かう過程で，分離独立をめざす勢力と連邦解体に抵抗する勢力の対立が激化し，また新たに生まれる国家の国境線や民族構成をめぐる争いも生じた結果，とりわけ凄惨（せいさん）な民族紛争が繰り広げられた。相次ぐ民族紛争の結果，ユーゴスラヴィア地域からは，西欧や北欧の国々などに多数の難民や移民が流出した（また，ソ連でも，連邦解体の前後に，ナゴルノ・カラバフ紛争やチェチェン紛争などの民族紛争が起こった。→**11章** ③）。

中でも，チトー後のユーゴスラヴィアで急速に台頭したのが，セルビアの指導者**ミロシェヴィッチ**である。ミロシェヴィッチは，ユーゴスラヴィア内の各民族のナショナリズムが高揚する中で，セルビア・ナショナリズムを掲げ，その中心的な唱道者となることで，自らの政治権力を強化していった。その際，彼は，セルビア内部で強権的な支配を確立するとともに，クロアチアやボスニア・ヘルツェゴヴィナに少数派として存在するセルビア系住民を軍事的に支援したり，セルビア共和国内のコソヴォ自治州に居住するアルバニア系住民などの少数派への弾圧を強めたりした。クロアチアでは，トゥジマンという指導者が，クロアチア・ナショナリズムを前面に掲げ，クロアチア共和国内部で強権的な支配を敷くとともに，ボスニア・ヘルツェゴヴィナのクロアチア系住民などへの軍事的支援を行った。

スロヴェニア，クロアチアの独立

1990年4-5月，ユーゴスラヴィア連邦北部に位置する2つの共和国スロヴェニアとクロアチアで選挙が実施され，独立支持の非共産主義政権が誕生した。スロヴェニアとクロアチアで複数政党制に基づく初の自由選挙で勝利し，大統領に就任したのは，それぞれクーチャンとトゥジマンであった。スロヴェニア，クロアチアでは，セルビアを中心とするユーゴスラヴィア南部との文化的相違についての意識がとりわけ高まっていたのである。続いて，1991年6月25日には，スロヴェニアとクロアチアの両政権が，ユーゴスラヴィアからの離脱と独立を一方的に宣言した。

そして，スロヴェニア，クロアチアそれぞれの共和国軍と，現地に配備されていたセルビア人を中心とするユーゴスラヴィア人民軍（ユーゴスラヴィア連邦軍の中核となる正規軍組織で，セルビア人の比率が高い）との間に内戦が勃発（ぼっぱつ）した。ただし，スロヴェニアでの紛争は，欧州共同体（EC）の仲介によって短期間で休戦協定が締結され，早期に終結した。スロヴェニアでのユーゴスラヴィア人民軍との戦闘は，短期間で終わったので，「10日間戦争」と呼ばれる。

1992年1月には，ドイツが外交的なイニシアティブを発揮するかたちでECがスロヴェニアの独立を承認し，5月にはスロヴェニアの国連加盟が実現した。独立を達成したスロヴェニア共和国の初代大統領には，引き続きクーチャンが就任した。その後，スロヴェニアは，2004年に北大西洋条約機構（NATO）と欧州連合（EU）への加盟を果たし，07年には中東欧諸国で最初に欧州単一通貨ユーロを導入するとともにシェンゲン領域にも加入するなど，西欧諸国やアメリカが主導する主要な国際機構や国際制度への参加も順調に進めた。スロヴェニアは，2008年前半にはEUの議長国も務めている。

それに対して，クロアチアは1991年6月の独立宣言の後，はるかに長期化した紛争を経験した。クロアチアの独立宣言後，1991年夏から激化した内戦では，少数派のセルビア人勢力（彼らは，「クライナ・セルビア人共和国」を一方的に樹立し，セルビア共和国との合併とユーゴスラヴィアへの残留をめざした）とその保護を掲げて介入したユーゴスラヴィア人民軍とクロアチア共和国軍との戦闘が激化し，いったんはクロアチアの国土の約3分の1がセルビア人勢力の実効支配下に入った。クロアチアでの激しい戦闘を経て，1991年11月には国連の仲介（元アメリカ国務長官でブトロス=ガリ国連事務総長の個人特使ヴァンスが活躍した）で停戦合意が成立し，92年1月には，スロヴェニアと同様にクロアチアの独立がECによって承認された。また，これもスロヴェニアと同様に，1992

年5月にはクロアチアの国連加盟が実現した。独立したクロアチアの初代大統領には，引き続きトゥジマンが就任した。しかし，クロアチア紛争は長期化し，1995年夏の「嵐作戦」で，クロアチア軍が空中でのNATO軍機の実質的支援と地上でのボスニア軍の協力を得て，セルビア人勢力を軍事的に排除し，国土を回復するまで続いた（月村 2006：212-215）。そうした際には，セルビア人側のみならず，クロアチア人側でも深刻な犯罪行為がみられた。

クロアチアはその後，2009年にNATOに加盟し，13年にはEUの加盟国となるなど，スロヴェニアの後を追うかたちで，段階的に欧米諸国間の主要な国際機構への加盟を進めている。ただし，2017年時点で，ユーロ圏とシェンゲン領域には未参加である。

ボスニア紛争

これまでみてきたように，クロアチア紛争が長期化し，激しい戦闘となったのは確かだが，ボスニア・ヘルツェゴヴィナでの内戦は，さらに凄惨なものとなった。1991年，ボスニア・ヘルツェゴヴィナでは，スロヴェニアとクロアチアの独立宣言に刺激されて，独立への機運が高まった。ボスニア・ヘルツェゴヴィナは，多民族国家ユーゴスラヴィアの中でも民族構成が最も複雑な共和国で，1991年の統計では，クロアチア人が17%，セルビア人が31%，ムスリム（いずれの民族でもなく，ムスリムであると自己規定し，民族に準じた存在を公認された人々で，ボシュニャク人とも呼ばれる）が44%を占め，それらが複雑に混住していた。そこでは，歴史的に民族間の共存と融合が進んでいたが，上記のようなセルビアとクロアチアの民族紛争が飛び火し，それにムスリムが巻き込まれるかたちで内戦が勃発したのである（佐々木 2011：238-240）。

ボスニア・ヘルツェゴヴィナでは，1992年2月から3月にかけて住民投票が実施された。セルビア人がボイコットしたこの住民投票では，投票総数の99%以上が主権国家としてのボスニア・ヘルツェゴヴィナに賛成票を投じた。そして，3月3日に正式な独立宣言が行われ，4月にはECとアメリカによって国家承認がなされた。それに対して，セルビア共和国によって支援されたボスニア・ヘルツェゴヴィナのセルビア系住民は，3月27日に独自の共和国としての独立を宣言した。クロアチア系住民も，隣接するクロアチア共和国の支援を受けていた。そして，1992年4月，ボスニア・ヘルツェゴヴィナでの内

CHART 図 13.1 旧ユーゴスラヴィア諸国

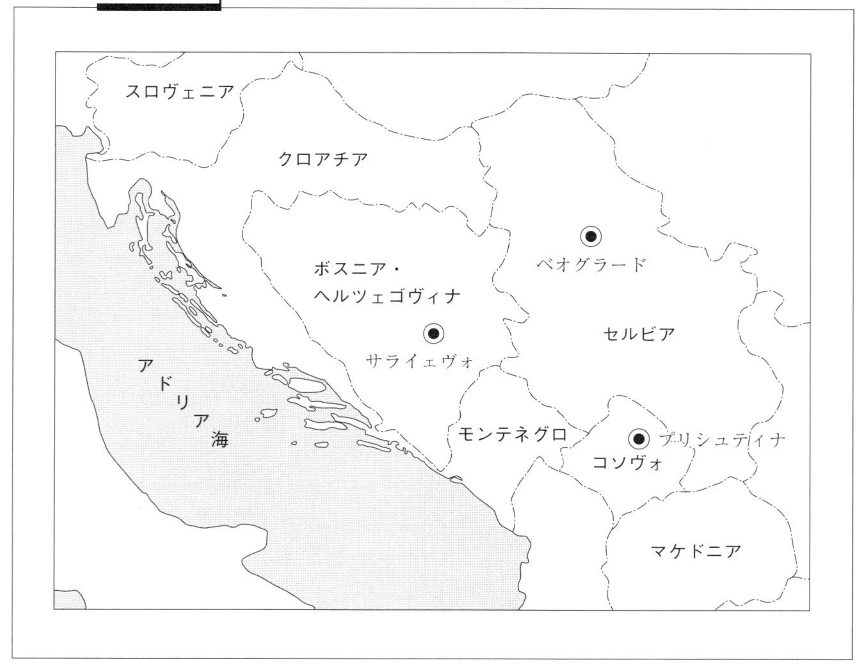

戦（ボスニア紛争）が始まったのである。

ボスニア紛争は，「民族浄化（エスニック・クレンジング）」を通した単一民族を住民とする独自の領土の確立をめざすセルビア人とクロアチア人，ボスニア・ヘルツェゴヴィナの領土的一体性の維持をめざすムスリムの間での三つ巴（どもえ）の戦いとなった。国連の文書によれば，「**民族浄化**」とは，「ひとつの地域を支配している民族的グループが，他の民族の構成員を抹殺すること」とされる（最上 2001：71）。セルビア系住民，クロアチア系住民が，ボスニア・ヘルツェゴヴィナをセルビア領とクロアチア領に分割し，将来的にそれぞれをセルビア，クロアチア両共和国へ統合することをめざしたのに対して，人口で多数を占め，政府を支配するムスリムは，ボスニア・ヘルツェゴヴィナの領土を統一し続けることを目標としたのである。

そうした相容れない目標を有する３つの勢力による内戦は，きわめて苛烈（かれつ）なものとなった。中でも，セルビア共和国大統領のミロシェヴィッチに後押しされ，現地指導者のカラジッチや武装勢力司令官のムラジッチに率いられたセルビア人勢力による暴力は深刻で，国際的な非難の声が高まった。ボスニア・ヘルツェゴヴィナの首都サライェヴォは，セルビア人勢力によって包囲され，激しい砲撃が加えられた。それに対して，ムスリム勢力には，アラブ諸国などから義勇兵として参加した若者たちが合流し，戦闘をさらに激しいものとした。1995年秋まで続いたボスニア紛争で死亡した人の数は約10万人にも及び，さらに多くの数の人々が国境を越える難民や国内避難民となった。

ボスニア紛争の中でも最も悲惨を極めたのが，1995年7月にボスニア・ヘルツェゴヴィナ東部の都市**スレブレニツァ**で起こった虐殺事件である。これは，国連が「安全地帯」に指定し，一切の攻撃や侵入を禁止していたスレブレニツァ（セルビア人勢力の攻勢からムスリムの住民を守るために，スレブレニツァなどの6つの都市が国連安全保障理事会〈安保理〉決議で「安全地帯」に指定されていた）にムラジッチが率いるセルビア人勢力が侵攻し，ムスリムを虐殺したもので，死者は7000人以上に上ったとされる（長 2009：233-235）。この典型的な「民族浄化」は，第二次世界大戦後のヨーロッパで最大の虐殺であり，ナチスによるユダヤ人虐殺以来最悪のものとなった。スレブレニツァは，国連保護軍（UNPROFOR）のオランダ部隊に守られていたが，重装備のセルビア人勢力の大規模な攻勢を前にして，限られた数で軽武装のUNPROFORは無力であった。

スレブレニツァでの虐殺を受けて，国際社会はようやく重い腰を上げ，ボスニア紛争への本格的な軍事介入に乗り出した。とくに重要であったのは，1995年8〜9月に行われた米軍中心のNATOによる大規模な空爆作戦である。冷戦後，ボスニア紛争や本章3で扱うコソヴォ紛争の際に，NATOによる軍事介入が実施された。NATOによる軍事介入が選択されたことによって，冷戦後のNATOに（冷戦期の外的脅威に対する抑止と集団防衛に加えて）地域紛争への対処や危機管理という新たな役割が与えられるとともに，たとえばアメリカが単独で介入することと比べて，より国際的な正統性を確保しやすい状況が整えられたといえる。前者の点について，国際政治学者のコヘインは，冷戦後，NATOの「同盟」としての性質は低下し，「安全保障管理制度」としての性質が高まったとする（Keohane 2002：106-108）。ボスニア紛争におけるNATOの空爆作戦に合わせて，地上では，それまでセルビア人勢力の攻勢を許してきたムスリムとクロアチア系住民が反転攻勢に転じ，セルビア人勢力の支配していた地域を攻略したことで，3勢力間の均衡状態が生み出された。

1995年11月，アメリカのオハイオ州デイトン市郊外のライト・パターソン空軍基地でボスニア紛争の和平協議が行われた。そこでは，仲介役のアメリカのクリントン政権を代表してホルブルック，ムスリムを代表してボスニア・ヘルツェゴヴィナ大統領イゼトベゴヴィッチ，セルビア人を代表してミロシェヴィッチ，クロアチア人を代表してトゥジマンが出席し，ボスニアの二分割（ムスリムとクロアチア系が中心のボスニア・ヘルツェゴヴィナ連邦が51%，セルビア系が多数を占めるセルビア人共和国が49%）を基本原則とする包括的な和平協定が合意された。約3年半続いたボスニア紛争は，激しい暴力の応酬とNATOの軍事介入を経て，ホルブルックがデイトンでの交渉をとりまとめ，ミロシェヴィッチに和平を承諾させることで，最終的に終結した。**デイトン和平合意**は，12月14日にパリで正式に調印されて発効した。「ボスニア紛争を終わらせたデイトンでの交渉は外交の勝利であると同時に，武力の勝利でもあった」（クーパー 2008：125）と評価されるゆえんである。そして，「ボスニアは，ヨーロッパ人にとってワシントン抜きに自分たちの対立を解決することが冷戦終結後であってもどんなに難しいかを示したのである」（マゾワー 2015：489）。

そして，デイトン和平合意に基づき，独立国家としてのボスニア・ヘルツェゴヴィナの体制が確立された。しかし，「国際社会による和平合意を受け入れたボスニアは依然として実質的分断国家である」という問題が残った（月村 2013：44）。戦闘自体はデイトン合意で終結し，情勢は安定化したが，和平合意によって国内の民族分断が固定化されることになったのである。ボスニア・ヘルツェゴヴィナは，スロヴェニアやクロアチアと異なり，依然としてEUやNATOへの加盟も果たしていない。

ルワンダの悲劇

アフリカと破綻国家

近年，アフリカでは，急速な経済成長をみせる国もあるなど，ようやく発展の兆（きざ）しがみられる。1960年代-70年代のようにアフリカ各地で地域紛争や内戦が頻発したり，1980年代のように旱魃（かんばつ）や飢餓（きが）が相次いだりするといったイメージだけでは，もはや冷戦後のアフリカを理解することはできなくなっている。しかし，それと同時に，冷戦後，アフリカのいくつかの国は，**破綻国家**(はたん)の問題に直面してきた。**11章**②で検討したソマリアや本節で扱うルワンダのように，国家機能が「破綻」し，国内の治安を保てなかったり，市民に最低限の社会サービスを提供できなかったり，多数の難民を発生させてしまったりする国家がみられたのである（ただし，ルワンダは，本節で扱う1994年の大虐殺と大量の難民の流出を経て，その後に治安の安定と「アフリカの奇跡」と呼ばれた急速な経済成長を記録するなど，冷戦後のアフリカの国家にみられた特徴の両面を経験してきたといえる）。

では，なぜアフリカで，そしてとくに冷戦後に，破綻国家が多くみられたのだろうか。その理由としては，4つの要因があると考えられる。第1に，民族(ネイション)と国家(ステート)の間に大きな乖離(かいり)が存在することが挙げられる。というのも，アフリカでは19世紀から20世紀初頭にヨーロッパ諸国によって植民地として分割された際に，恣意的に領域が画定され，第二次世界大戦後，そうした領域を継承するかたちで独立国が相次いで誕生したためである。現在でも，アフリカ大陸内部の国境線の約44%が直線であることが，いかに現地の民族分布に沿わないかたちで国境線が引かれてしまったかを如実に表している。その結果，1つの国家の中に複数の民族が居住していたり，1つの民族が複数の国家に分かれて居住していたりといった不安定要素が各地にみられるのである。

第2に，ヨーロッパ諸国の植民地支配下で，民族間の区分が強められたこともある。たとえばルワンダでは，第一次世界大戦後のベルギーの統治下で，それまでは大まかな社会階層的な区分にすぎなかったフツ人とツチ人の差異が，ベルギー当局による身分証明書の導入などを通して，厳密な民族的なものに転化した。第3に，アフリカ各地で，民族(ネイション)よりも規模が小さい部族(トライブ)社会，氏族(クラン)社会が残存していることも挙げられる。たとえば，ソマリ人による単一民族国家に近いソマリアで長年激しい内戦が続いていることは，氏族間の争いという要因を抜きに理解することはできない。

第4に，冷戦期にはアメリカやソ連が，ソマリアのシアド・バーレ大統領のようなアフリカ各国の独裁者を軍事的，経済的に支えたのに対して（シアド・バーレは当初ソ連からの支援を受け，その後，隣国エチオピアのソ連への接近を受けて，アメリカに支援を求めた。→**10章**①），冷戦後には，大国がアフリカへの関心を大きく低下させ，支援も縮小したことが挙げられる。シアド・バーレは，冷戦終結後の1991年1月に反政府武装勢力の攻勢で政権の座を追われることになるが,「彼の没落がもたらしたのは政権交代ではなく,内戦と氏族による支配であった」(ウェスタッド 2010:290)。

ルワンダ大虐殺

ルワンダは,アフリカ中部に位置する面積わずか2.63万km^2の小国である。そこに,多数派の民族であるフツ人,少数派の民族であるツチ人がともに居住している。ルワンダはドイツ領から,第一次世界大戦を経てベルギーによる国際連盟下の委任統治領,さらには第二次世界大戦を経て同じくベルギーによる国際連合下の信託統治領となった。このベルギーの統治下で,先述したように,フツ人とツチ人の民族的区分が明確化し,また少数派のツチ人が優遇された立場に立つなど,両者の間の相違と対立が深まった。その後の脱植民地化(ルワンダの独立は1962年7月)の過程で,多数派のフツ人が支配的となり,独立後のルワンダ政府の支持基盤はフツ人に置かれた。その過程で大量のツチ人が国外に亡命したが,ルワンダを経済危機が襲う中で,1990年1月には,隣国ウガンダの難民キャンプで集められた亡命ツチ人の武装組織であるルワンダ愛国戦線(RPF)が,ウガンダからルワンダに侵攻した。

その後,1993年8月に調印されたアルーシャ和平協定によって,ルワンダ愛国戦線の内政への関与が確保されたが,そのことがフツ人急進派の危機感を高めた。そうした中で,アルーシャ和平協定の履行を確保するために,国連安保理決議第872号によって,停戦監視が主な任務の国連ルワンダ支援団(UNAMIR)が1993年10月に,約2500人規模で現地への展開を開始した。そして,翌年4月6日に,大虐殺の契機となるハビャリマナ大統領の搭乗機撃墜事件が起こる。ルワンダ大統領が暗殺されるという大きな政治的,社会的混乱の中で,翌7日には,UNAMIRのベルギー兵10人が殺害された。国連平和維持活動(PKO)要員の殺害という深刻な事態を受けて,ベルギー政府はルワンダから兵士を撤退させ,国連安保理でも,UNAMIRを約2500人から270人に削減することが決議された。

こうして国連PKOが大幅に削減される中で,フツ人急進派は,政府の役人や軍隊が指揮するかたちで,フツ人穏健派に加えて,ツチ人の大量虐殺を行った。その際,フツ人急進派は,首都キガリの政権中枢を掌握(しょうあく)したうえで,反政府勢力の支持基盤であるツチ人の絶滅を計画し，国内各地の暴力機構や民兵を利用して虐殺を組織的に行ったのである。また，多数のフツ人住民をツチ人の虐殺へと駆り立てるために，新聞，ラジオ，教会などで虐殺を呼びかける大規模な煽動（せんどう）が行われた。ルワンダの事例は，マスメディアには暴力化，凶器化の危険があることを，まざまざとみせつけるものである。こうして，わずか100日ほどの間に80万人以上の死者が出たと推定される**ルワンダ大虐殺**という**ジェノサイド**が行われたのである。犠牲者の多くは，民兵や民間人によって，マチェーテと呼ばれる山刀で殺されていた。そこでは，フツ人同士の殺害やツチ人によるフツ人の殺害もみられたが，主にはフツ人によるツチ人の大量虐殺が行われた。それは「近年の歴史の中で最も迅速におこなわれ，最も効率的で，最も明白なジェノサイド」であった（ダレール 2012：xv）。

その後，アルーシャ和平協定は破棄され，ルワンダ政府軍やフツ人武装組織とルワンダ愛国戦線との間で戦闘が展開された。カナダ人でUNAMIR初代司令官を務めたダレールは，事態の悪化を受けて国連部隊の増員を繰り返し要求したが，最終的に部隊が増強されたのは戦闘終了後であり，UNAMIRはジェノサイドを「傍観」することになった。また，ソマリアへの介入失敗（→11章②）によって対外軍事行動に消極的になっていたアメリカのクリントン政権も，ルワンダへの介入を躊躇（ちゅうちょ）し，多くの被害者を見過ごすこととなった。結局，殺戮（さつりく）を終わらせたのは，反乱側でウガンダの支援を受けていたルワンダ愛国戦線であった。1994年7月には，ルワンダ愛国戦線が全土を完全に制圧し，戦闘終結を宣言した。そうした過程で，報復を恐れたフツ人（多くの兵士や民兵を含む）が難民となり，隣国に流出した。とくに，1994年7月のわずか4日間で，100万人規模の難民が国境を越え，ザイール（現コンゴ民主共和国）に押し寄せた。これが，いわゆるルワンダ難民である。

冷戦後のアフリカでは，シエラレオネ，リベリアなど他の国々でも民族紛争や内戦が起こった。冷戦期から続く長年の内戦を経験していたスーダンからは，2011年7月に南スーダンが分離独立したが，13年12月以降，南スーダンでも政府軍と反政府勢力が武力衝突を繰り返し，内戦状態に陥った。南スーダンでは，日本の陸上自衛隊の施設部隊も2012年1月から17年5月まで，首都ジュバを中心に国連PKOの国連南スーダン派遣団（UNMISS）に参加した。なお，2016年7月には，それまで比較的安全だったジュバでも，政府軍と反政府勢力による大規模な戦闘が起こっている。そして，南スーダンから国外に逃れた難民は，16 年末時点で約 140 万人となり，シリア（約 550 万人）とアフガニスタン（約 250 万人）に次ぐ規模となった。

アフリカでは，過激派組織「イスラーム国」（イスラミック・ステート，略称IS）に忠誠を誓い，ナイジェリア北東部を拠点にイスラーム国家樹立をめざし，同国やカメルーン，チャドなど周辺諸国でテロや誘拐を繰り返すボコ・ハラムに代表されるイスラーム主義組織の問題もある。**イスラーム主義**とは，国家や社会の西洋化，近代化に反対し，イスラームの教えを政治の場で実現することをめざすもので，政治的イスラームとも呼ばれる（なお，ボコ・ハラムという名称は，「西洋式教育は罪」という意味である）。ボコ・ハラムには，村々や学校を襲って拉致した女性や子供に爆弾を巻き付けて市場などに誘導し，民間人を標的とした自爆テロを強要するといった狡猾（こうかつ）で残虐な手口もみられる。アフリカにおけるその他のイスラーム主義勢力には，チュニジアのアンサール・シャリーア，ソマリアに拠点を置き隣国のケニアなどでもテロ活動を行う国際テロ組織アル＝カーイダ系のアッシャバーブなどがある。

3 コソヴォ紛争とNATOの「人道的介入」

コソヴォ問題の深刻化

コソヴォは，ユーゴスラヴィア連邦のセルビア共和国の南部に位置し，ユーゴスラヴィアでは少数民族のアルバニア人が多数居住する地域であった（他方，ユーゴスラヴィアの隣国であったアルバニアでは，アルバニア人が人口の多数を占める）。コソヴォは，ユーゴスラヴィアの 1974 年憲法の下で，セルビア共和国内の自治州としての地位を獲得した。その後，1980 年 5 月のチトーの死去が，コソヴォ情勢にも大きな影響を及ぼした。翌年の 81 年春には，コソヴォの州都プリシュティナで，学生の生活の不満を理由とした暴力行為が飛び火し，アルバニア・ナショナリズムとコソヴォの独立運動が高まり，アルバニア系住民による大規模なデモと暴動に発展したのである。この「コソヴォ事件」と呼ばれるデモと暴動の際には，約 70 人の死傷者が出ている。こうした動きに対して，セルビア側は，しばらく手をこまねいていたが，1989年3月にセルビア議会が共和国憲法の修正案を可決して，コソヴォ自治州の権限を共和国に集中することでコソヴォの自治権を事実上剥奪し，1990年にはコソヴォの地方議会を閉鎖することで応じた。

セルビア共和国によるこうした措置に対して，1990年1月には，コソヴォ自治州のアルバニア系住民が独立を宣言した。その後もコソヴォでのナショナリズムは高まりをみせ，セルビアのミロシェヴィッチ政権による弾圧も強まる中で，1996年頃から武力によるコソヴォ独立をめざす急進派のコソヴォ解放軍（KLA）が警察官やセルビアへの協力者に対する「テロ」を開始した。それに対して，1997年に熱狂的なセルビア・ナショナリズムに押されるかたちでユーゴスラヴィア連邦大統領に転じたミロシェヴィッチは，1998年2月，セルビア治安部隊に対して，KLAなどの「テロ組織」の掃討作戦を命令した。1998年2月から3月にかけて，セルビア治安部隊は，プリシュティナ西部を拠点とするKLAに対して，大規模な掃討作戦を行った。こうして，第1次**コソヴォ紛争**（月村 2013：165）が始まったのである。

それに対して，1998年3月には米露英独仏伊の6カ国によるコンタクト・グループが結成され，ミロシェヴィッチ政権に圧力をかけるよう試みた。しかし，ミロシェヴィッチは同年6月からコソヴォのアルバニア系住民に対する大規模な攻勢を開始し，その結果，大量の難民と国内避難民が発生した。そうした事態を受けて，9月には，すべての勢力に交戦状態の終結と停戦の維持を求める国連安保理決議第1199号が採択された。そして，アメリカのクリントン大統領のバルカン問題特使であったホルブルックが，決議第1199号への合意を確保するために，NATOの空爆を示唆しつつ，ミロシェヴィッチの説得に当たった。何日間もの交渉の末，10月13日には停戦が合意され，コソヴォに対する欧州安全保障協力機構（OSCE）の監視団を設置することが合意された。こうして，一度はコソヴォの民族紛争は無事終結したかにみえたのである。

ところが，国連安保理決議第1199号への合意は，KLAの側も拘束するものではなかった。合意を遵守するセルビア治安部隊に対して，KLAが攻撃するが，セルビア治安部隊は反撃を自重するというケースが頻発した。KLAの支配地域が拡大する事態も生じる中で，業を煮やしたミロシェヴィッチは12月に合意を破り，セルビア治安部隊に攻撃を命じた。それに対してKLAも応戦し，第2次コソヴォ紛争（月村 2013：166）が始まった。

そうした状況で起こったのが，1999年1月に，コソヴォ中部のラチャク村で45人のアルバニア系住民の遺体が発見された事件である。その状況から，女性や子供を含む無抵抗の民間人が，セルビア治安部隊によって虐殺された可能性が高く，少数民族のアルバニア系住民に対する「民族浄化」への非難が高まった（ただし，ユーゴスラヴィア当局は，殺害された人たちの中に民間人はおらず，いずれもKLAの構成員だったと反駁（はんばく）しており，専門家の間でもラチャク事件の真偽は不確かであるという指摘がある〈最上 2001：89-91, 101〉）。そして，この事件を契機として，NATOはミロシェヴィッチに対して空爆の可能性を告げ，国連事務総長アナンもNATOによる空爆に言及するにいたったのである。

NATOの空爆作戦

1999年2月から3月まで，パリ郊外のランブイエとパリを舞台に，コソヴォ和平協議が行われた。そこでは，6カ国のコンタクト・グループの政府代表がユーゴスラヴィア政府に対して和平案の受け入れを迫った。コンタクト・グループの原案では，コソヴォはユーゴスラヴィア連邦にとどまるが，3年間は実質的な自治を享受できるとされていた。アメリカの外交的圧力のもと，アルバニア系住民側はこの合意に調印した。しかし，セルビア側が，和平を監視するために相当な規模のNATOの平和維持部隊を駐留させるといった条件が一方的であるとして，この合意の受け入れを拒否したとき，NATOによる空爆は避けられなくなった。

最終的に3月19日，パリでのコソヴォ和平協議は決裂し，22-23日にユーゴスラヴィアの首都ベオグラードを訪問したホルブルックによる最後の交渉も，何ら成果を生むことなく終わった。そして，24日未明，NATO軍によるユーゴスラヴィアへの空爆作戦（「同盟の力作戦」と名づけられた）が開始されたのである。NATO軍の空爆作戦の約3分の2を担当したのは米軍であり，米軍主体の作戦であった。アメリカの膨大な軍事費と精密誘導ミサイルなどのハイテク技術を駆使した軍事力は圧倒的で，米欧間の「軍事能力格差」が語られた。NATOの空爆やミサイル攻撃の対象は，コソヴォに派遣されていたユーゴスラヴィア連邦とセルビア共和国の部隊のみならず，ベオグラードをはじめとするセルビア共和国の各地にも及んだ。セルビア側は，本格的な抵抗を行うこともできず，ほぼ一方的にNATOの攻撃に晒(さら)された。

NATOによる「同盟の力作戦」は，ユーゴスラヴィア政府の同意と国連安保理決議をともに欠く**人道的介入**として行われた。セルビアと同じスラヴ系，正教で歴史的に深い関係にあるロシアと，チベットや新疆ウイグルの国家統一問題を抱え内政不干渉の原則に固執する中国は，ユーゴスラヴィアへの武力行使に反対していた。中露両国の拒否権行使を避けるために，米英などは国連安保理での決議確保を回避したのである。そして，クリントンやイギリスのブレア首相は，事態は切迫しており，外交的な手段も尽くしたとして，NATO軍の「人道的介入」を正当化した。ここでの人道的介入とは，人道危機を防止するために武力を用いるという，本質的に矛盾(むじゅん)をはらんだ行為である。それゆえに，当時，国際法や国際政治学の専門家の間でも，批判的な見解を表明する者は少なくなかった。だが，いずれにせよ，冷戦後の世界では，人道上の規範が強まったことによって，とくに「民族浄化」やジェノサイドが行われた場合には，それらを行った国の国家主権がそれまで以上に制限を受けやすくなったのである。

イギリスの国際政治学者ロバーツは，人道的介入を，その古典的意味において，「ある国家で，その当局の同意なしに，その住民の間の広範な苦痛や死を防止する目的をもって行われる軍事介入」と定義する（Roberts 1996：19)。国際法学者の最上敏樹によれば，それは「狭義の人道的介入」と呼ぶべきものであり（最上 2001：10)，コソヴォ紛争をめぐるNATOのユーゴスラヴィア空爆はまさにそれに該当する。それに対して，最上は，①国連が行うか，②国々が国連安保理の承認を得て行うか，③主体が誰であれ（非政府組織〈NGO〉なども含む）武力行使なしに実行するか，のいずれかの場合には，「広義の人道的介入」とでも呼ぶべきものになるとする（最上 2001：50)。

なお，NATO軍の攻撃は，NATO側の被害を最小限にするために，高高度からの空爆に依存したので，空爆の標的周辺への「付随的被害(コラテラル・ダメージ)」や誤爆の問題が深刻となり，国際的な非難にもつながった。1999年5月には，NATOの米軍機によるベオグラードの中国大使館の誤爆事件も起こり，中国政府の強い反発を招いた。中国では激しい反米デモも起こった。また，NATOの空爆開始後に，ミロシェヴィッチ政権によるコソヴォでの「民族浄化」が強化され，コソヴォからは約85万人に及ぶ大量の難民や国内避難民が発生し，主に隣国のアルバニアやマケドニアに流出した。

コソヴォ和平から独立宣言へ

NATO 軍の空爆が続き，空爆の「付随的被害」や誤爆への非難も高まる中で，ブレアは，コソヴォに地上軍を派遣すべきという主張を強めた。実際に NATO の地上軍が派遣されるにはいたらなかったが，ブレアの主張は，ミロシェヴィッチ政権側の危機感を強めたと考えられる。また，ロシアのエリツィン大統領特使のチェルノムイルジン元ロシア首相とフィンランド大統領で EU 特使のアハティサーリによる仲介が行われた結果，6 月 10 日に，コソヴォ紛争の停戦が実現された。そして，78 日間続いた NATO の空爆が停止され，ユーゴスラヴィア軍や治安部隊はコソヴォから撤退することになった。

同じく 6 月 10 日，コソヴォ紛争に関する国連安保理決議第 1244 号が採択された。この決議に基づき，治安維持や武装解除を担当する NATO 軍主体のコソヴォ平和維持部隊（KFOR）と文民行政や人道・復興支援，警察活動などの国連暫定統治を担当する国連 PKO である国連コソヴォ暫定行政ミッション（UNMIK）が現地に展開した。コソヴォ和平後，アルバニア人によるセルビア人に対する報復攻撃が続き，20 万人以上が難民や国内避難民となった。

その後，2000 年 10 月のミロシェヴィッチ政権の崩壊を経て（2001 年 4 月にミロシェヴィッチはセルビア当局によって逮捕され，6 月にオランダのハーグに設置された旧ユーゴスラヴィア国際刑事裁判所に移送された），01 年 11 月には，コソヴォ自治州議会選挙が行われた。この選挙で第一党の座を確保したアルバニア系穏健派のコソヴォ民主同盟を中心とする新体制が成立し，コソヴォ独立への具体的な動きが始まった。また，2004 年 3 月には，コソヴォでアルバニア系住民とセルビア系住民の民族間の衝突が起こり，国連暫定統治への不満が高まった。

2006 年 2 月，コソヴォの最終的な地位をめぐる交渉が，国連の仲裁で，ウィーンで始まった。セルビアからの分離独立をめざすコソヴォ側と，独立阻止を明確にするセルビア側の双方が出席し，協議が行われたが，交渉は難航し，コソヴォ側ではいらだちが強まった。また，コソヴォでの国連暫定統治が約 7 年間にわたって続く中で，2006 年 5 月のモンテネグロでの住民投票の結果，国家連合であるセルビア・モンテネグロ（2003 年 2 月にユーゴスラヴィア連邦から改編）からのモンテネグロ共和国の独立が決定したことも，コソヴォ独立の機運をあらためて高めるきっかけとなった。

そして，2007 年 11 月に行われたコソヴォ自治州議会選挙で，コソヴォ解放軍に源流をもつ急進派のコソヴォ民主党が第一党となり，2008 年 2 月には，コソヴォ自治州議会が「コソヴォ共和国」の独立を一方的に宣言した。しかし，コソヴォの独立は，アメリカや多くの EU 加盟国，日本などによって承認されたが，セルビアはもちろん，ロシアや中国からも承認されていない。中露という国連安保理の 2 つの常任理事国が国家承認を拒んでいることは，コソヴォの国連加盟の道が事実上閉ざされていることを意味する。コソヴォは，国連のみならず，NATO や EU にも非加盟であり，経済開発の遅れもあわせて考えると，今後の国家建設には多大な困難が待ち受けているといえるだろう。なお，コソヴォは「独立国」として独自の通貨をもつ道を選ばず，欧州中央銀行（ECB）の同意を得ることなく一方的に自国通貨としてユーロを使用している。これを「ユーロ化」と呼び，モンテネグロでも同様の措置がとられている。

引用・参考文献　Reference

五十嵐元道 2016『支配する人道主義——植民地統治から平和構築まで』岩波書店。

ウェスタッド，O. A.／佐々木雄太監訳，小川浩之・益田実・三須拓也・三宅康之・山本健訳 2010『グローバル冷戦史——第三世界への介入と現代世界の形成』名古屋大学出版会（原著 2007 年）。

遠藤貢 2015『崩壊国家と国際安全保障——ソマリアにみる新たな国家像の誕生』有斐閣。

長有紀枝 2009『スレブレニツァ——あるジェノサイドをめぐる考察』東信堂。

カルドー，メアリー／山本武彦・渡部正樹訳 2003『新戦争論——グローバル時代の組織的暴力』岩波書店（原著 1999 年）。

クーパー，ロバート／北沢格訳 2008『国家の崩壊——新リベラル帝国主義と世界秩序』日本経済新聞出版社（原著 2003 年）。

佐々木雄太 2011『国際政治史——世界戦争の時代から 21 世紀へ』名古屋大学出版会。

スナイダー，ティモシー／池田年穂訳 2014『赤い大公——ハプスブルク家と東欧の 20 世紀』慶應義塾大学出版会（原著 2008 年）。

ダレール，ロメオ／金田耕一訳 2012『なぜ，世界はルワンダを救えなかったのか——PKO 司令官の手記』風行社（原著 2003 年）。

月村太郎 2006『ユーゴ内戦——政治リーダーと民族主義』東京大学出版会。

月村太郎 2013『民族紛争』岩波新書。

マゾワー，マーク／中田瑞穂・網谷龍介訳 2015『暗黒の大陸——ヨーロッパの 20 世紀』未來社（原著 1998 年）。

マゾワー，マーク／井上廣美訳 2017『バルカン——「ヨーロッパの火薬庫」の歴史』中公新書（原著 2000 年）。
最上敏樹 2001『人道的介入――正義の武力行使はあるか』岩波新書。
Kampfner, John 2004, *Blair's Wars*, Free Press.
Keohane, Robert O. 2002, *Power and Governance in a Partially Globalized World*, Routledge.
Roberts, Adam 1996, *Humanitarian Action in War: Aid, Protection and Impartiality in a Policy Vacuum*, Adelphi Paper 305, Oxford University Press.
Saikal, Amin 2010, "Islamism, the Iranian Revolution, and the Soviet Invasion of Afghanistan," in Melvyn P. Leffler and Odd A. Westad eds., *The Cambridge History of the Cold War, vol. 3: Endings*, Cambridge University Press.

CHAPTER

第14章

新興国の台頭

中国・インドの大国化と復権をめざすロシア

➊第5回BRICS首脳会議。左から，シン・インド首相，習近平・中国国家主席，ズマ・南アフリカ大統領，ルセフ・ブラジル大統領，プーチン・ロシア大統領（2013年3月26-27日，南アフリカ共和国ダーバン。写真提供：AFP＝時事）。

INTRODUCTION

今日の世界では，中国やインドに代表される新興国の国力の伸張が顕著である。中国は1970年代末に改革開放政策を導入して以降，急速な経済成長を遂げるとともに，軍事力の増強も着々と進めている。インドも，1991年に本格的な経済自由化を始めて以来，情報通信産業などを中心に経済発展を遂げる一方で，98年の核実験を経て，核保有国となった。さらに，1991年のソ連崩壊後，いったん国力を大きく低下させたロシアも，プーチン大統領の強権的なリーダーシップの下で，再び国際的な存在感を増している。本章では，中国，インド，ロシアを中心に，新興国の台頭をめぐる近年の国際政治を分析しつつ，北朝鮮やイランの核・ミサイル開発問題についても概観する。

1 中国の経済発展と軍備増強

改革開放の時代

中国の経済，軍事面の台頭は，20世紀末から21世紀初頭にかけての国際政治の最も重要な変化の一つである。そもそも，19世紀半ばのアヘン戦争以降，20世紀半ばの日中戦争に至るまで，中国はヨーロッパ諸国や日本によって繰り返し侵略を受け，国内の政治的，経済的，社会的混乱も相まって国力の著しい衰退に見舞われていた。1949年10月1日に中華人民共和国が成立して以降も，1950年代末以降の大躍進政策や1960年代-70年代の文化大革命の時期に代表されるように，深刻な国内の混乱と国際的な孤立が続いた。中国の経済状況も，おおむね低迷したままであった。

それに対して，その後の中国の急激な経済発展に向けた大きな転換点となったのは，1976年9月の毛沢東の死を経て，鄧小平の指導の下，78年に**改革開放政策**が導入されたことである。1976年までの毛沢東時代のイデオロギーや階級闘争を重視する政治・経済から一転して，78年12月に開催された中国共産党第11期中央委員会第3回全体会議（第11期3中全会）のコミュニケ（声明）では，「対内改革，対外開放」が打ち出された。そして，人民公社や国営企業に代表される中央計画経済体制は放棄または縮小され，改革開放政策が実施に移されたのである。とくに，先行して経済発展した英領香港に隣接する広東省の深圳（しんせん）など沿海部の諸都市では「経済特区」が設置され，主に内陸部の農村から都市に出稼ぎのために流入した膨大な数の「農民工」などに支えられた安価で豊富な労働力を武器に，積極的に外資が誘致された。1979年に開始され，総額3兆円以上にのぼった日本からの政府開発援助（ODA）に代表される対中経済協力も，中国の経済発展を後押しした。

しかし，中国の改革開放政策は，1980年代末から90年代初頭にかけて困難に直面する。1989年6月の天安門事件で人民解放軍が学生や労働者の抗議行動を武力で鎮圧したことを受けて，中国は西側諸国から厳しい経済制裁を受け，国際的な孤立に追い込まれた。経済成長は大きく失速し，1990年には，物価変動の影響を除いた実質経済成長率が3.9% にまで落ち込んだ。

それに対して，1992 年 1-2 月，鄧小平が中国南部の諸都市をめぐって，いわゆる南方談話（南巡講話）を行い，改革の再加速と大胆な対外開放の拡大を呼びかけた。そして，1992 年 10 月の第 14 回党大会では，中国のめざすべき目標として，「社会主義市場経済体制」の確立が提起された。政治面では共産党の一党支配体制を守りつつ，経済面では大胆に市場経済への移行が進められたのである（ただし，中国の市場では，依然として共産党や中央・地方政府の影響力が大きいことも確かである）。1990 年 12 月，91 年 6 月にはそれぞれ上海証券取引所，深圳証券取引所が開設され，市場経済体制を支える制度面の整備も行われた。中国は，米欧日の西側先進国や香港・台湾などからの投資を集め，製造業を中心に「世界の工場」として著しい経済発展を遂げることになるのである。

1997 年 7 月には，イギリス領の香港が中国に返還された。イギリスの香港領有の起源は，イギリスがアヘン戦争（1840-42 年）で清朝に勝利した結果，南京条約（1842 年）で香港島を割譲されたことにある。中国が 19 世紀以来，繰り返し外国の侵略を受け，不平等条約を押し付けられた歴史を克服することを意味する香港返還は，中国にとって政治的に大きな意味があった。1999 年 12 月には，マカオもポルトガルから中国に返還された。

香港は，返還後 50 年間は返還前の経済・社会制度を維持する「一国二制度」と「高度の自治」の原則の下で中国の特別行政区となった。香港では，中国政府からの政治的圧力やメディア規制が徐々に強まり，2014 年には学生らが香港政府トップの行政長官選挙の民主化を訴えた大規模なデモ「雨傘運動」が起こるなど混乱する局面もあるが，引き続き国際的な金融センターおよび物流拠点としての繁栄が続いている（ただし，中国経済の中心地である上海などとの都市間の競争が厳しくなっており，香港の経済的な地位も盤石なものではない）。

中国の軍事的台頭

中国は，軍事面でも著しい国力の伸張をみせている。冷戦終結後，中国の軍事的脅威が国際的に大きな注目を浴びたのは，1996 年 3 月の第 3 次台湾海峡危機の際であった。台湾では，1980 年代後半以降の民主化の動きの中で，96 年 3 月に初の総統の直接選挙が行われ，国民党の李登輝（りとうき）が当選したが，中国はこれに強く反発し，人民解放軍が台湾近海でミサイルを発射するなど威嚇（いかく）を強めた。それに対して，米軍の空母２隻が台湾周辺に出動する事態となり，台湾海峡の軍事的緊張が急激に高まったのである。

その後も中国は軍備の増強を続けた。中国の国防費は，中国政府の発表によれば，1989 年から 2015 年まで，2010 年を除き毎年 10% 以上増加し，2017 年時点でアメリカに次ぐ世界第２位の規模となっている。中国の軍備増強の代表例としては，複数の核弾頭を搭載する大陸間弾道ミサイル（ICBM）をはじめとする核戦力の強化に加えて，空母の保有と開発が挙げられる。まず，中国は，ウクライナから購入した旧ソ連軍の空母を改修した「遼寧」を 2012 年９月に就役させたが，より実戦的な空母を常時運用するために，複数の国産空母の建造を急ピッチで進めている。また，潜水艦発射弾道ミサイル（SLBM）の開発や，ロシアからの高性能の最新鋭戦闘機スホイ 35（Su-35）24 機の購入などによって，軍備の現代化を進めている。それまでの「韜光養晦」──「鄧小平が提唱したとされるスローガンで，対外協調政策，経済重視外交を基本的に意味する」（川島 2017：2）──からの転換が進んでいるのは確かであろう。

中国の海洋進出

さらに近年目立つのは，東シナ海や南シナ海での**中国の海洋進出**の動きである。東シナ海では，尖閣諸島（中国側の呼称は，「釣魚島およびその付属島嶼」）の領有をめぐり，日本，中国，台湾が対立している。尖閣諸島の沖合では，日本側が主張する領海や領海の外側 12 海里（約 22.2 km）の接続水域への中国海警局の公船などによる進入が繰り返されている。東シナ海ではまた，日中が排他的経済水域（EEZ，200 海里内）の境界をめぐっても対立を繰り広げている。日本は両国から等距離の中間線を主張するのに対して，中国はより東側の大陸棚沿いを主張し，日中の中間線付近でガス田の開発を強行している。さらに，2013 年 11 月には，中国国防部が，尖閣諸島を含む東シナ海上空の広い範囲に一方的に防空識別圏（ADIZ）の設定を宣言し，識別圏内を通過する航空機の事前通報を要求するとともに，飛来してきた「不審な」航空機には軍用機を緊急発進させる態勢をとった。

海上交通の要衝で，豊かな漁場でもあり，石油や天然ガスなど豊富な海底資源の存在も指摘される南シナ海では，中国政府は，そこを囲むように点々と描かれた９つの境界線の「九段線」を根拠に，ほぼ全域に及ぶ領有権を主張する。

2016年7月，オランダのハーグにある常設仲裁裁判所が，国連海洋法条約に基づき，南シナ海をめぐる中国の主権や管轄権の主張を全面的に否定する判決を出した。しかし，中国政府は当該問題について常設仲裁裁判所は管轄権をもたないという立場をとっており，仲裁裁判の結果の受け入れを拒んだ。中国は，とくに南沙諸島（英語名スプラトリー諸島）では，岩礁や浅瀬を埋め立てて，人工島の造成工事を強行し，一帯の主権の主張を強めている。習近平（しゅうきんぺい）国家主席は，2015年9月，訪米時に行われた米中首脳会談の際，共同会見で，南沙諸島を軍事拠点化するつもりはないと言明した。しかし，大型爆撃機や戦闘機も発着できる3000m級の滑走路やターミナルビル，港湾，灯台，高性能レーダー設備などの大規模な施設が建設されており，軍事拠点化（そして実効支配の既成事実化）が強く推測される。

そうした結果，南シナ海では，南沙諸島，西沙諸島（英語名パラセル諸島，ベトナム語名ホアンサ諸島）などの領有権をめぐり，中国は，フィリピンやベトナムなどの周辺国と激しく対立している。具体的には，南沙諸島では，中国，台湾，フィリピン，ベトナム，マレーシア，ブルネイが全部ないし一部の領有権を主張し，西沙諸島では，中国とベトナム，台湾が領有権を主張している。そうした中で，中国政府は，2012年6月，南シナ海の南沙，西沙，中沙の各諸島を管轄する新たな行政単位として，「海南省三沙市」の新設を発表した。

そうした動きに対して，アメリカは，中国の海洋進出を警戒するとともに，航行と飛行の自由を強調して反発した。アメリカのオバマ政権は，人工島が領土であることを認めない姿勢を示すため，2015年10月，南沙諸島で中国が造成し，領有権を主張する人工島から12海里（約22.2km）の「領海」内に米海軍第7艦隊（拠点は横須賀基地）のイージス駆逐艦ラッセンを進入させた。この「航行の自由作戦」に対して，中国は「領海侵犯」と強く反発し，対抗措置も辞さないと警告を発した。しかし，アメリカは，2016年1月には，西沙諸島にもイージス艦を派遣し，「航行の自由作戦」を継続的に実施する姿勢を崩しておらず，米中間の緊張が続いている。

中国海軍は，従来の「第1列島線」（沖縄ー台湾ーフィリピンーボルネオ島）を超えて，「第2列島線」（小笠原諸島ーグアムーニューギニア島）まで進出する姿勢をみせており，インド洋でも沿岸国に港を整備するなど海上交通路（シーレーン）で影響力を強めている（→図14.1）。アフリカでも，石油などの資源開発やインフラ投資，

CHART 図 14.1 中国の「第1列島線」と「第2列島線」

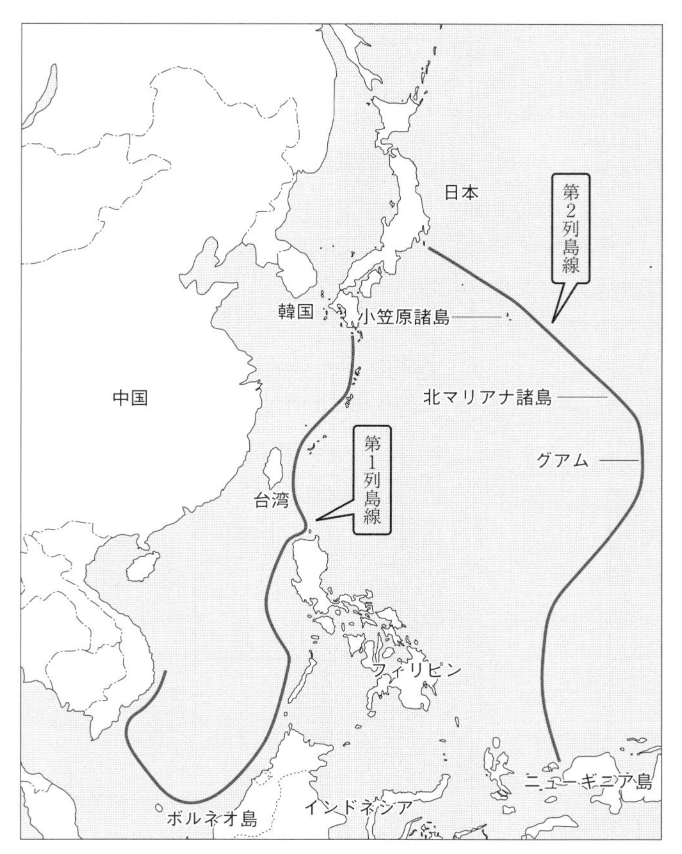

［出所］ 時事通信社のウェブサイト（http://www.jiji.com/jc/graphics?p=ve_int_china20150517j-01-w330）をもとに作成。

日用品や電化製品の輸出，さらには民主主義や人権の進展を要求しない「条件付きでない」援助（川島 2017：88-91，196-197）などを通して，中国の戦略的な進出がみられる。①中国南部から中東，アフリカにいたるシーレーン沿いの一連の軍事基地や軍港の構築，②その地域の諸国との外交関係の強化，③潜水艦の配備拡大と戦闘能力の増強を骨子とする「真珠の首飾り戦略」が展開されているのである（三船 2010：63）。北極海航路の開設や南極での新たな観測拠点の建設計画など，極地地方への進出も進んでいる。

ただし，たとえばインドは，ミャンマー，バングラデシュ，スリランカ，パキスタンという周辺国での港湾建設を伴う「真珠の首飾り戦略」について，自国への包囲網だとして強く反発している。また，新たな国際的対立の場となっているサイバー空間でも，中国政府が，ハッキングによってネットワークに侵入して外国企業の特許や知的財産などの企業秘密を盗み取るサイバー攻撃（産業スパイ）に関与しているという疑惑がある。中国は 2013 年 12 月に月面に「嫦娥 3 号」を軟着陸させることに成功するなど宇宙開発も積極的に進めているが，人工衛星を破壊する兵器の実験を行うなど，アメリカをはじめとする各国の反発を招いている。

2015 年 5 月，習近平は，北京の人民大会堂でアメリカ国務長官ケリーと会談した際に次のように述べた。「広々とした太平洋は中国とアメリカという 2 つの大国を収めるには十分な空間がある。両国が同じ方向に向かい，意見交換と対話を通じて，信頼を深め，不信を解消させ，協力を強化し，新型大国関係を構築するという正しい方向に向かって米中関係を前進させるべきである」（三船 2016：45）。習近平はまた，「中米新型大国関係」の骨子は「衝突せず，対抗せず，相互に尊重し，協力してウィン・ウィンの関係を築くこと」であるとも述べている（三船 2016：86）。しかし，米中両国は，南シナ海やサイバー・セキュリティ，宇宙開発の問題などをめぐって対立関係にあり，21 世紀初頭の世界における「2 つの大国」の関係は，難しい局面を迎えている。

人権・民族問題

中国の人権状況についても，国際的に厳しい目が向けられている。中国では，人権活動家や人権派弁護士，民主活動家，労働者の権利保護に取り組む団体の幹部，反体制派の作家（2010 年に獄中でノーベル平和賞を受賞した作家・民主活動家の劉暁波など）などが，国家政権転覆煽動罪などの容疑で相次ぎ拘束され，起訴，有罪判決を受けている。また，より一般的にも，共産党の一党支配体制を揺るがしかねない動きに対して，思想・言論の統制や出版・集会の自由の抑圧，報道・インターネットの厳しい規制などが行われている。

チベット自治区（チベット族は四川省などにも居住している）や新疆ウイグル自治区での抑圧的な民族政策の問題もある。新疆ウイグル自治区，チベット自治区は，それぞれ 1949 年，50 年の人民解放軍の進駐を経て，中華人民共和国の支配下に置かれた歴史がある。そして，両自治区をめぐる問題は，漢民族が中心の中国における少数民族問題であるとともに，宗教問題でもある。

チベット自治区に多く居住するチベット仏教を信じるチベット族，新疆ウイグル自治区に多く居住するイスラーム教を信じるウイグル族への差別が深刻化しているのである。チベット自治区では，チベット仏教の信仰に対する締め付けなどの抑圧的な民族政策に抗議して，焼身自殺をはかる僧侶や学生が相次いだ。「東トルキスタン・イスラーム運動（ETIM）」などによる独立運動が続く新疆ウイグル自治区では，政府への抗議行動を抑えるために厳戒態勢が敷かれ，締め付けを強める当局とウイグル族の対立を背景に，双方の衝突や暴力事件がたびたび発生している。2008年3月のチベット騒乱，09年7月のウルムチ騒乱などが，近年起こった暴動や騒乱の代表的なものである。

そうした状況で，中国政府は，チベット自治区や新疆ウイグル自治区などをめぐる「民族問題と国家統一の問題」を「核心的利益」と位置づけ，外国による関与に対して反発する姿勢を強めている。とくに，中国政府は，インドに亡命しているチベット仏教の最高指導者ダライ・ラマ14世を敵視し，外国の首脳がダライ・ラマ14世と面会や会談をするたびに強く反発している。中国政府は，「3つの勢力」（テロリズム，分離主義，宗教過激主義勢力）への対抗を強化しており，その他にも，気功集団「法輪功」を「邪教」として厳しく取り締まるなどの動きが目立っている。

「一帯一路」とAIIB

他方で，経済面では，中国は，2001年11月に世界貿易機関（WTO）への加盟が承認されるなど，国際社会での地位向上がみられる。中国の経済発展は顕著で，2010年には国内総生産（GDP）で日本を抜き，アメリカに次ぐ世界第2位の経済大国となった（なお，日本は，西ドイツを抜いた1968年から2009年までの間，世界第2位の経済大国であった）。また，2007年以降，香港を除く中国が，アメリカを抜いて日本の最大の貿易相手国となっている。他にも，韓国やオーストラリア，ベトナムなど，多くのアジア太平洋地域の国々にとって，中国がいまや最大の貿易相手国である。

そうした中で，中国政府が外交の「重点」として打ち出したのが，アジア，中東からヨーロッパに及ぶユーラシア大陸の東西を陸と海で結ぶことで陸と海の２つのシルクロードを再現し，広域経済圏を構築することをめざす**「一帯一路」**（現代版シルクロード）構想である。この構想は，オバマ政権期にアメリカや日本が中心となって推進した環太平洋パートナーシップ（TPP，**→15章③**）の向こうを張ったもので，陸上の「シルクロード経済ベルト」（一帯）構想と，海上の「21世紀海上シルクロード」（一路）構想からなっている。

そして，「一帯一路」構想の中核とされるのが，中国主導の新たな国際開発金融機関の**アジアインフラ投資銀行（AIIB）**である。AIIBは，2016年1月に北京で設立記念式典が行われた。AIIBは，2013年秋に習近平が構想を唱えたもので，中国が30％と最大の出資国となっており，北京に本部を置くとともに，初代総裁（頭取）には中国の元官僚の金立群（きんりつぐん）が就任した。イギリス，ドイツ，フランスなどのヨーロッパの先進諸国は，経済的利益を重視するとともに，中国から地理的に遠く離れており，中国を直接の安全保障上の脅威ととらえることがないので，こぞってAIIBへの参加を表明した。その結果，AIIBの加盟国は創設時で57カ国にのぼり，2017年6月の第2回年次総会の時点で80カ国・地域にまで増加した。他方で，日本やアメリカは，中国との間で安全保障上の問題を抱えており，AIIBが運営の透明性など，国際的な金融機関にふさわしい基準を満たしているのかどうかを注視するとして参加していない。

AIIBは，大きく国力を増大させた中国が，アジアを中心に地域的な国際公共財を提供するとともに，自らの影響力を向上させる意欲をもっていることを示すものである。また，AIIBには，第二次世界大戦末期のブレトンウッズ会議以降アメリカの強い影響下にある世界銀行や，1966年に設立され，日米が主導するアジア開発銀行（ADB）などの既存の国際開発金融秩序に対抗する意図があるとも考えられる。さらに，たとえば，陸上の「シルクロード経済ベルト」構想で重要なルートとなる中国内陸部の開発や経済振興を進めたいという思惑もあるだろう。そして，AIIBでは，資本金の3割を負担する中国が増資などの重要案件を決める際の事実上の拒否権を握るなど，大きな影響力を保持している。中国が単独で400億ドルを拠出してアジアのインフラ整備を援助する政府系投資ファンド「シルクロード基金」も，2014年12月に運営を開始した。

中国は，近年では，経済成長の減速や人件費の上昇，長年続いた一人っ子政策の結果としての人口の急速な少子高齢化と労働力人口の減少，深刻な大気汚染や砂漠化をはじめとする環境の悪化，株価の乱高下といった問題も抱えている。しかし，中国の経済面での躍進と国際経済秩序における存在感と影響力の向上は否定できない事実であり，それらは，21世紀の世界を考えるうえで欠かせない要素となっているといえるだろう。

 インドの躍進と核拡散問題

経済発展と国際的地位の向上

1990年代以降，インドも，中国と並んで著しい経済発展を遂げてきた。インドでは，冷戦期の政府主導型の計画経済（5カ年計画など）と輸入代替化政策から，冷戦終結と深刻な経済・通貨危機を経て，本格的な経済自由化，貿易・投資の両面での対外開放政策が実施され，それ以降めざましい経済発展に向けた道が開かれた。1991年からのラーオ政権期に，オックスフォード大学で博士号を取得した経済学者であるシン財務相の下，それまでの閉鎖的な社会主義政策を転換して，さまざまな規制を取り払い，市場経済，対外開放政策が導入されたのである。さらに，シンは，2004-14年にはインド首相を長期間にわたって務め，インド経済の開放と成長を主導していくことになる。

2001年11月，アメリカの投資銀行ゴールドマン・サックスが，投資家向けのレポートでブラジル，ロシア，インド，中国という新興大国4カ国の英語の頭文字をとってBRICsという略語を紹介した（その後，南アフリカが加わり，BRICSとなった）。インドは，このBRICs（そしてBRICS）の一角として国際政治経済における存在感を増すことになったが，とりわけ膨大な人口と情報通信産業の発達，中間層の拡大などがインドの強みである。むろん，ブラジルなど他の新興国と同様に，依然として貧富の格差が大きいといった課題は残っている。また，首都のニューデリーをはじめとする都市部での大気汚染などの環境問題も深刻化している。

2008年のアメリカを震源地とする世界金融危機（→**15章** 3）以後，先進国中心の主要国首脳会議（サミット）の限界が語られ始め，先進国と新興国で構成される**主要20カ国・地域**（G20）が設立された。G20は，サミット（当時はG8）と同様に，定例の首脳会議や財務相・中央銀行総裁会議などを開催してお

り，インドは，中国，ブラジル，南アフリカ，インドネシアなど他の有力な新興国と並んでそのメンバーに名を連ねた。また，インドは，2005年7月から**上海協力機構**（SCO。01年6月に中国，ロシア，カザフスタン，キルギスタン，タジキスタン，ウズベキスタンの6カ国で設立され，地域の安全保障問題や経済協力を話し合う場として機能している）にオブザーバーとして加盟し，17年6月にはパキスタンとともにSCOへの正式加盟を果たした。冷戦期以来，非同盟政策を採用しており軍事同盟には加盟していないインドだが，G20やSCOといった新興国中心または新興国を含む新たな枠組みを通して国際的な存在感を増している。

インドとパキスタンの核実験

インドは，1947年8月にイギリスから独立して以来，1975-77年の非常事態宣言の時期を除き，民主的な政治制度を維持しており，「世界最大の民主主義国家」と呼ばれる。そのインドでは，独立以来，世俗国家としてのインド・ナショナリズムを体現した国民会議派の一党優位体制が長年続いた。しかし，1990年代に入ると国民会議派の一党優位体制は揺らぎをみせ，ヒンドゥー至上主義が台頭する中で，ヒンドゥー至上主義を掲げ，「強いインド」を標榜（ひょうぼう）するインド人民党（BJP）が躍進した。1998年3月には，BJPを中心とし，ヴァジペーイを首相とする連立政権（短命に終わった1996年の第1次政権に続く，第2次ヴァジペーイ政権）が発足した。そして，その直後に，インドとパキスタンの核兵器実験が行われた。核実験が行われたのは，インドが1998年5月11日と13日で計5回，パキスタンが5月28日と30日で計6回である。

そもそもインドは，1964年の中国の核実験を大きな契機として核実験の準備に着手し（インドと中国は1950年代末以降，国境紛争を繰り返すなど対立関係にあった），74年5月に「微笑む仏陀（スマイリング・ブッダ）」作戦と呼ばれた初の核爆発実験（地下核実験）を実施していた。これは，米ソ英仏中の5カ国以外による核兵器保有を禁じた**核兵器不拡散条約**（NPT）に加盟していなかったインドが，カナダから研究用に提供された原子炉から得たプルトニウムを用いて核実験を行ったものである。そして，インド政府は，1974年の核実験は核爆弾の実験ではなく，「平和的核爆発実験」であると宣言し，差し迫った脅威が現れるまでは核兵器の組み立てを行わない「核オプション」政策を採用した。

インドは，冷戦時代には非同盟主義を掲げつつ，実際には，敵対的な関係にある隣国の中国やパキスタンと対抗する必要から，ソ連に安全保障面で依存していた。インドは，1979 年のソ連のアフガニスタン侵攻さえ支持した。しかし，冷戦終結とソ連崩壊を経て，インドは独自の安全保障態勢の確立をめざすようになった。そして，1990 年代，インドは再度の核実験と核兵器保有宣言に向けて歩みを進めた。

その背景にあった要因としては，次の３つの説があり，それらが複合的に作用している。第１に，中国の支援を受けた隣国パキスタンが核兵器と核運搬能力を獲得しつつあったという安全保障環境に原因を求める議論がある。第２に，1995 年の NPT 無期限延長や 96 年の包括的核実験禁止条約（CTBT）採択など核不拡散体制の進展に着目した議論がある。冷戦後最初に成立したアメリカのクリントン政権は，核不拡散を外交の重要課題に掲げ，インドとパキスタンに対して核兵器開発を放棄するように圧力を強めていた。そうした状況で，インドは，核武装化と非核化の双方の選択肢を保持しておく従来の「核オプション」政策の維持が困難となり，核保有に踏み切った。第３に，インドの不安定な政治状況やヴァジペーイ首相の政治的利益など国内に原因を求める議論がある（溜 2010a：184，2010b：47-48)。そして，上記の核実験を経て，1998 年５月 27 日，ヴァジペーイ首相はインドが核兵器保有国であると宣言した。

さらに，インドに対して国家規模や国力（通常戦力を含む）で大きく劣り，安全保障上の強い懸念から核兵器開発・保有にこだわるパキスタンも，抑制を求めるアメリカ政府の説得を振り切り，インドに続いて核実験を行ったのである。1999 年５月には，インド，パキスタンの間の長年の係争地であるカシミールで多くの死傷者を出した軍事衝突（カルギル紛争）が起こり，両国間で核兵器が使用されかねない危険な状況が早くも立ち現れた。確かに，インドとパキスタンがともに核保有国になったことは，両国間で繰り返されるカシミールなどでの紛争が全面戦争にいたるのを防ぎうる面があるとは考えられる。しかし，1998 年５月の核実験の後も両国間で核兵器開発競争が続いていることは，しばしばそうした抑止の効果への期待を超えて，より大きな懸念をもって受け止められているといえる。

北朝鮮とイランの核開発問題

冷戦後，ウクライナ，ベラルーシ，カザフスタンはソ連崩壊後に国内に残された核兵器を放棄することに同意し，旧ソ連の核兵器を引き継ぐのはロシアのみとなった。そうした際，国内で核放棄について異論が目立ったウクライナについては，1994 年のブダペスト覚書で，核放棄と引き換えに，同国の独立・主権および既存の国境を尊重することが米英露によって保障された。

1980 年代に人種隔離政策（アパルトヘイト）体制の下で核兵器開発計画を加速させた南アフリカ（ただし，南アフリカ政府は，核保有を広く疑われたものの，それを認めてはいなかった）も，冷戦終結とアパルトヘイトの撤廃が進む中で，1990 年にアメリカの圧力の下で核兵器を完全に放棄することに同意した。その際，リビアのカッダーフィ政権の核保有を懸念するアメリカ側から，南アフリカでアパルトヘイト後に政権の座に就くと予想されたアフリカ人政治組織のアフリカ民族会議（ANC）が核兵器を手に入れれば，「次には，カッダーフィがそれをもつようになるだろう」と発言があったという証言が残されている（Daniel 2009：43）。ウクライナ，ベラルーシ，カザフスタン，南アフリカは，非核兵器国として NPT に加入した。

リビアも一度は核兵器開発を進めたが，米英との交渉を経て，2003 年 12 月に核兵器の即時かつ無条件の廃棄を表明した。その後，アメリカ政府は，リビアとの国交を正常化し，テロ支援国家の指定も解除した。

他方，核不拡散体制にとって大きな問題となっているのが，朝鮮民主主義人民共和国（北朝鮮）とイランの核兵器と弾道ミサイルの開発・実験である。北朝鮮は，冷戦終結とソ連崩壊，さらには中国の韓国への接近（中韓の国交樹立は 1992 年。ソ連と韓国は 1990 年に国交を結んでいた）によって国際的孤立が深まる中で，1993 年 3 月に NPT からの脱退を表明し，独自の核兵器開発を進める姿勢を強めた。それに対して，1994 年 6 月にアメリカのカーター元大統領が北朝鮮を訪問し，金日成（キムイルソン）主席と会談することで事態の打開が図られ，10 月には「米朝枠組み合意」が調印された。この合意によって，北朝鮮が国際原子力機関（IAEA）による査察を受け入れることを条件に，朝鮮半島エネルギー開発機構（KEDO）の創設を通して北朝鮮に軽水炉型原発を建設し，北朝鮮に燃料用の重油が提供されることになった。こうして，朝鮮半島に「不安定な平和」（Best et al. 2015：405）が戻り，2000 年 6 月には，韓国の金大中（キムデジュン）大統領が北朝鮮を訪問し，金正日（キムジョンイル）総書記との南北首脳会談が行われるまでになった。

しかし，2002 年 1 月にアメリカのジョージ・W. ブッシュ大統領が，北朝鮮をイラン，イラクとともに「悪の枢軸」と非難し，03年3月には米軍がイラク戦争を始めるにいたって（→15章②），北朝鮮は自国の安全に関する懸念を深め，再び核開発の道を進んだ。北朝鮮は，2003年1月には再びNPTから脱退する意図を表明し，05年9月の6カ国協議（北朝鮮の核問題について解決策を話し合う日本，アメリカ，韓国，中国，ロシア，北朝鮮の会議）で北朝鮮がすべての核兵器と核計画を放棄することを盛り込んだ共同声明が採択されたにもかかわらず，06年10月に初の核実験を行い「核保有国」を宣言した。

その後も，北朝鮮は，国連安全保障理事会（安保理）の度重なる非難声明や制裁決議にもかかわらず，2009年5月（2回目），13年2月（3回目），16年1月（4回目。初の「水爆」実験に成功と発表）と9月（5回目。「核弾頭の爆発実験」に初成功と発表），17年9月（6回目。「ICBM装着用の水爆実験」に成功と発表）にも核実験を実施した。北朝鮮はまた過去に複数回，「人工衛星の打ち上げ」と称して事実上の長距離弾道ミサイルを発射するとともに，中距離，短距離ミサイルの発射実験をより頻繁に行っている。2017年7月には，二度にわたり，ICBM「火星（ファソン）14型」の発射実験に成功したと発表し，11月には，さらに大型の「火星15号」の試射も行った。その際，北朝鮮は，2011年にリビアのカッダーフィ政権が北大西洋条約機構（NATO）軍の空爆を経て崩壊したのは（→15章③）核開発を断念したためだとして，核放棄に応じない姿勢を強調している。

それに対して，イランも長年核開発を続けてきたが，2013年6月の大統領選挙で穏健派のロウハーニが当選したことを経て，15年7月に核開発を制限する「包括的共同行動計画」で米英仏露中独の6カ国（P5+1）と妥結した。この多国間合意としての「包括的共同行動計画」は，イランが核開発能力を大幅に縮小し，その見返りにイランに対する経済制裁を解除するというものである。2015年10月，同合意は国連安保理の決議採択を経て発効し，16年1月，イランの核開発に関連する欧米諸国の対イラン制裁が解除された。日本も対イラン制裁解除を閣議了承した。

イランについても，核能力削減の措置が確実に履行されるかどうかなど，依然として不確定要素は多い。イランの核合意に対して地域大国のサウジアラビアやイスラエルが強く反発しており（ただし，イスラエルは自らがNPTに加盟しておらず，核兵器を保有していると広く考えられている），2017年1月にアメリカ大統領に就任したトランプもイランとの核合意を認めない立場を表明している。

しかし，北朝鮮と比べると，イランに関しては粘り強い外交努力の結果，核不拡散に向けて重要な進展がみられてきたとはいえる（2018年1月時点）。

3 ロシアの脅威とジョージア，ウクライナ紛争

プーチン外交と欧米諸国との対立

ロシアでは，2000-08年に大統領を務めた後，12年に再び大統領に就任したプーチンの強権的なリーダーシップが目立つ。たとえば，独立系マスメディアの活動を制限する政策をとるなど，言論や報道の自由への抑圧を強めており，欧米諸国からは「非民主的」と批判される。また，プーチン政権の外交にも，ナショナリスティックな姿勢が目立ち，しばしば欧米諸国と鋭く対立している。

冷戦後，プーチン政権を含むロシア政府が強く反発してきたのが，NATOの東方拡大と中東欧諸国へのアメリカのミサイル防衛（MD）システムの配備である。冷戦後，NATOは，ロシアの反発にもかかわらず，中東欧や旧ソ連の一部の旧社会主義諸国に加盟国を拡大した（→**11章**②）。ロシアは，欧州連合（EU）の東方拡大（→**12章**②）にも反発をみせている。また，アメリカは，MDの開発と配備を進めるために，G. W. ブッシュ政権初期の2001年12月に弾道弾迎撃ミサイル（ABM）制限条約からの一方的離脱をロシアに通告し，02年6月には正式に脱退した。これは，冷戦期以来の米ソ（米露）間の相互確証破壊（MAD）に基づく相互抑止の原則を大きく突き崩すもので，ロシア側の反発を招いた。他方，ロシアの脅威を警戒する中東欧諸国は，NATOへの加盟やアメリカとの軍事協力を追求する姿勢をとった。

その他にも，ロシアと欧米諸国の対立が表面化した事例として，旧ソ連諸国での「カラー革命」がある。まず，2003年に黒海沿岸の旧グルジア（ロシア語由来の「グルジア」という呼称を嫌い，英語由来の「ジョージア」に変更するようにという要請を受けて，日本政府は2015年から「ジョージア」の呼称を使用しているので，以下では「ジョージア」で統一する）で「バラ革命」が起こった。「バラ革命」では，議会選挙での不正疑惑がきっかけとなり，元ソ連外相であったシュワルナゼ大統領が辞任に追い込まれ，大統領選挙の結果，アメリカで弁護士を務めた

経験をもつ親米派のサーカシュヴィリ政権が誕生した。翌2004年のウクライナの「オレンジ革命」では，大統領選挙で不正があったと訴える市民の抗議運動で大統領選挙がやり直しとなり，親欧米派のユーシェンコ大統領が登場した。ロシアは，これらの旧ソ連諸国での親欧米（反ロシア）政権の樹立に危機感を強めて激しく反発した。

そうした中で，2008年には，ロシアとジョージアの武力衝突（ジョージア紛争）が起こった。ロシアとジョージアの間で，2008年8月，ジョージアからの独立を主張する同国北部の南オセチア自治州の問題をめぐって武力衝突が起きたのである。ロシア軍はジョージア軍を圧倒し，戦争はわずか5日間で終結した（それゆえに，「5日間戦争」とも呼ばれる）。小国ジョージアへのロシアの過剰ともいえる武力行使に対しては，欧米諸国などから厳しい批判が巻き起こった。ロシアは戦争後，ジョージアからの分離独立を進める南オセチアとアブハーズ（アブハジア）を国家承認し，両地域と友好協力条約を締結した。南オセチアとアブハーズには，ロシア軍が展開し，事実上の保護領とした。他方，ジョージアは，ジョージア紛争後の2009年には独立国家共同体（CIS。→**11章**③）から脱退するなど，ロシアからさらに距離を置く姿勢を強めている。

ウクライナ紛争とクリミア併合

「オレンジ革命」を経たウクライナでは，2010年2月，親ロシア派のヤヌコーヴィチが大統領の座に就いた。ヤヌコーヴィチ政権の下で，ロシアとのハリコフ合意（2010年4月）によって，ロシア黒海艦隊のウクライナ南部のクリミア半島への駐留延長と引き替えに，ロシアからの天然ガスの供給価格が割り引かれるなど，ウクライナは一定の恩恵に浴していた。しかし，2013年11月，ヤヌコーヴィチ政権がEUとの連合協定の交渉を打ち切ったことを契機として，市民による激しいデモや抗議集会が起こり，それらは暴力的な衝突にいたった。そして，2014年2月にはウクライナで政変──「マイダン（広場）革命」と呼ばれる──が起こり，ヤヌコーヴィチ政権は崩壊した。2月21日，ヤヌコーヴィチは，反政権派から逃れて首都キエフを脱出し，ロシアに亡命した。

これに反発したロシアが行ったのが，クリミア半島の併合である。2014年2月下旬，ウクライナでの政変の直後，まずロシアの非正規部隊がクリミア半島の電撃的な占拠を始めた。そして，クリミア半島での一方的な住民投票（3月

16日実施）でロシアへの編入支持が圧倒的多数を占めたと発表されたことを受けて，3月18日，ロシア政府はクリミア半島のロシア連邦への併合を宣言し，それ以降，実効支配を続けたのである。

これに対して，欧米諸国などは，国際法違反で，力による一方的な現状変更であるとして激しく批判した。1994年のブダペスト覚書でウクライナの核放棄の見返りに，その独立・主権と既存の国境の尊重を保障したはずのロシアが，その義務を履行していないという批判もなされた。他方，ロシア側からみれば，**クリミア併合**は，NATOやEUの東方拡大に加えて，旧ソ連のジョージアやウクライナでの「カラー革命」で欧米寄りの政権ができ，その後，ようやくウクライナで成立した親ロシア派の政権が崩壊に追い込まれたことへの防御的な反応ともとらえられる。また，クリミア半島は，ソ連時代の1954年にソ連内のロシア社会主義共和国からウクライナ社会主義共和国に移管されたという歴史があり，住民の多数派もロシア系であるという特殊な事情もあった。

2014年4月には，ウクライナ東部のドネツク，ルガンスク両州で，ウクライナ暫定政府軍とロシアから軍事的な支援を受けた親ロシア派武装勢力（ロシア語話者を中心とする分離独立派で，ドネツク州，ルガンスク州のそれぞれ東部を支配）との武力衝突が始まった。いわゆる**ウクライナ危機**の勃発である。クリミア併合を強行し，ウクライナ東部で親ロシア派武装勢力の後ろ盾となっているロシアに対しては，アメリカ，EU，日本といった先進諸国などによる経済制裁が加えられた。ロシアでは，産業構造の多角化が進まず，石油・天然ガスなどの天然資源と軍需以外に競争力のある産業が育っていない中で，それらの先進国による経済制裁は大きなダメージとなった。さらに，ちょうど2014年からの原油価格の急落が重なったこともロシア経済にとって痛手となった。米露関係も，双方が制裁を発動し合うなど冷戦後最悪の状態となり，欧米諸国とロシアとの対立は「新冷戦」とも表現されるほどに悪化した。

ロシアはまた，主要国首脳会議（サミット）から追放され，2014年6月にブリュッセルで開催された首脳会議から，G8は主要先進7カ国（G7）に逆戻りした。そうした過程で，2014年5月には，ウクライナにおいて，親欧米派で，EUへの加盟をめざすポロシェンコが大統領選挙で圧勝し，ロシアへの反発の強さがあらためて明らかとなった。ロシアによるクリミア併合やウクライナ東部への軍事介入を受けて，ロシアに対しては，ウクライナと同様にロシア系住民が多いバルト三国やカザフスタンなど周辺国からの警戒心も高まった。

ロシア外交の現在

ロシアは，もはや冷戦期のソ連のような超大国ではない。2017 年時点でロシアが保有する空母が，旧ソ連時代に建造されたアドミラル・クズネツォフ 1 隻のみとなっていることは，ロシアのグローバルなパワーの低下を象徴するといえよう。それに対して，アメリカは 11 隻の空母を保有しており，トランプ大統領はそれを 12 隻に増やす計画を発表している（2017 年 7 月時点）。だが，ロシアは，依然としてアメリカに次ぐ数の核兵器を保有するとともに，旧ソ連地域を超えて海外に軍事力を展開する能力をもつ大国である。

たとえば，ロシアは，1971-2000 年のハーフェズ・アサド政権期からシリアと関係が深かったが，近年のシリア内戦（**→15 章**③）でも，イランとともに，ハーフェズの次男のバッシャール・アサド政権を軍事的に支援している。シリア内戦で，ロシアは戦闘機を送り込むなどの武器供給や軍事専門家の派遣などの軍事支援を拡大するとともに，2015 年 9 月からはシリア北西部のラタキアの空軍基地を拠点に激しい空爆作戦を実施し，地上で「イスラーム国」（イスラミック・ステート，略称 IS）や反体制派に攻勢をかけるアサド政権軍を支援した。同年 10 月には，カスピ海上に展開したロシア海軍艦船からの巡航ミサイル攻撃も実施した。シリアでのロシアの作戦行動には，空母アドミラル・クズネツォフも投入されている。

ロシアは，NATO や EU の東方拡大に強く反発するだけでなく，自国を中心とする国際機構の設立にも乗り出した。まず，先述した SCO では，中国とともにロシアが中心国となっている。旧ソ連の枠組みでは，ロシアが主導して旧ソ連諸国の経済の再統合をめざす「ユーラシア経済連合」がある。2014 年 5 月，ロシア，ベラルーシ，カザフスタンの 3 カ国が経済圏結成をめざすユーラシア連合創設条約に署名し，2017 年時点で，ロシア，ベラルーシ，カザフスタン，アルメニア，キルギスタンが「ユーラシア経済連合」を形成している。軍事面では，旧ソ連諸国の一部（ロシア，アルメニア，ベラルーシ，カザフスタン，キルギスタン，タジキスタン）からなる集団安全保障条約機構（CSTO）が，ロシアの勢力圏を維持する装置として重視されている（小泉 2016：157, 173）。

さらに，ユーラシア大陸における 2 つの大国であるロシアと中国の戦略的な連携も進んでいる。中露両国は，1996年に「戦略的パートナーシップ」を表明し，2001年には中露善隣友好協力条約を締結した。2004年には，約4300kmに及ぶ両国間の国境の完全画定に合意して長年の国境問題を解決し，14年5月のプーチンと習近平による上海で行われた中露首脳会談では，両国の「全面的なパートナーシップと新たな段階の戦略的協力関係」が謳(うた)われた。とくに，中露両国は，アメリカの「一極支配」への牽制(けんせい)で利害が一致しているといえる。中国は，ロシアのクリミア併合にも一定の理解を示し，ウクライナ危機後にはさらに中露接近が進んでいる。2016年9月には，中国とロシアが南シナ海で初の合同軍事演習を行い，島の制圧を目的とした上陸演習を実施した。ただし，中露両国は，人口や経済力の面で中国がロシアを圧倒する関係にあり，また中央アジア諸国などをめぐり安全保障上，経済上の競合関係（そして潜在的な対立関係）にある点も見逃すことはできない。

引用・参考文献　Reference ●

朝日新聞国際報道部・駒木明義・吉田美智子・梅原季哉 2015『プーチンの実像――証言で暴く「皇帝(ツァーリ)」の素顔』朝日新聞出版。

阿南友亮 2017『中国はなぜ軍拡を続けるのか』新潮選書。

川島真 2016『21世紀の「中華」――習近平中国と東アジア』中央公論新社。

川島真 2017『中国のフロンティア――揺れ動く境界から考える』岩波新書。

小泉悠 2016『プーチンの国家戦略――岐路に立つ「強国」ロシア』東京堂出版。

高原明生・前田宏子 2014『開発主義の時代へ 1972-2014』（シリーズ中国近現代史⑤）岩波新書。

溜和敏 2010a「インドの核軍事力」西原正・堀本武功編『軍事大国化するインド』亜紀書房。

溜和敏 2010b「核兵器保有をめぐる国内要因論の再検討――インドによる1998年の核実験を事例に」『国際安全保障』38巻3号，44-59頁。

三船恵美 2010「インドをめぐる中国の動き」西原正・堀本武功編『軍事大国化するインド』亜紀書房。

三船恵美 2016『中国外交戦略――その根底にあるもの』講談社選書メチエ。

三宅康之 2006『中国・改革開放の政治経済学』ミネルヴァ書房。

Best, Antony, Jussi M. Hanhimäki, Joseph A. Maiolo and Kirsten E. Schulze 2015, *International History of the Twentieth Century and Beyond*, 3rd ed., Routledge.

Daniel, John 2009, "Racism, the Cold War and South Africa's Regional Security Strategies 1948-1990," in Sue Onslow ed., *Cold War in Southern Africa: White Power, Black Liberation*, Routledge.

Rothermund, Dietmar 2008, *India: The Rise of an Asian Giant*, Yale University Press.

CHAPTER

第15章

21世紀の国際政治

極なき世界をどう生きるか

⬆ **2017年のG20サミットに臨む各国首脳**（2017年7月7日，ハンブルク。写真提供：AFP＝時事）。**中央に写るのは，議長国ドイツのメルケル首相。その左側に座るのは，中国の習近平国家主席とトランプ米大統領。**

INTRODUCTION

アメリカでは，2001年9月11日に同時多発テロ事件が起こった。その後，アメリカのG. W. ブッシュ政権は，アフガニスタンとイラクでの「2つの戦争」に向かい，それらがともに泥沼化する中で，国力を大きく疲弊させた。2008年にはアメリカを震源地とする世界金融危機が起こり，アメリカ型の金融資本主義が抱える問題も露呈した。そうした中で2009年に誕生したアメリカのオバマ政権は，国際協調や多国間主義を重視する外交を展開したが，シリア内戦をはじめ中東の紛争には関与を控える姿勢が目立った。どの国もグローバルな主導国の地位に立つことのない「Gゼロ」の世界が訪れているという指摘もある中で，21世紀の国際政治は混迷の度を増している。

1 9.11とアフガニスタン戦争

9.11の衝撃

アフガニスタンでは，1989年2月にソ連軍の撤退が完了し，91年12月にソ連が崩壊した後，ムジャーヒディーン（ジハード戦士）による政権樹立とその後の内戦状態を経て，ターリバーン政権が成立した。**ターリバーン**は，「イスラーム宗教学校の学生たち」を意味し，アフガニスタンがソ連軍の侵攻とその後の内戦で混乱する中，1994年にパキスタンのアフガニスタン難民キャンプで結成された。そして，その後，アフガニスタン南部から勢力を伸ばし，96年9月に首都カブールを制圧して政権を樹立したのである。ターリバーン政権は，宗教的慣行にとどまらず，生活のあらゆる側面にわたるイスラーム法（シャリーア）による統治を掲げて，女子教育の禁止やテレビや音楽の禁止，古代の仏像を偶像崇拝と断じて破壊するといった極端な政策を続けた。

1990年代には，**ビン・ラーディン**を指導者とするイスラーム過激派の国際テロ組織である**アル=カーイダ**も活動を活発化させた。ビン・ラーディンらは，1979年12月のソ連のアフガニスタン侵攻を受けて（→**10章** 1），「無神論者の侵略者」と戦うためとしてアフガニスタンに渡り，ムジャーヒディーンとして活動した。ムジャーヒディーン諸派は，アメリカ，パキスタン，サウジアラビア，イランの支援を受けていた。とくにパキスタンは，「アフガニスタン情勢を掌握することで「戦略的縦深性」を確保することを目指してきた。これは，インドと戦争状態に陥った場合にパキスタン国土が手狭なため，アフガニスタンを後背地として活用するという考え方である」（吉留 2013：164）。そうした中で，1988年にアル=カーイダが設立されたのである。

ソ連軍がアフガニスタンから撤退した後，ビン・ラーディンらはスーダンなどに拠点を置いたが，1996年5月には，アメリカやサウジアラビアの圧力を背景にスーダンからも国外追放された。その後，彼らは，再びアフガニスタンに拠点を移した。そして，1998年8月7日，湾岸危機の際に米軍がメッカとメディナというイスラーム教の聖地を抱えるサウジアラビアへの駐留を開始してからちょうど8年後の日に，アル=カーイダは，ケニアとタンザニアのアメリカ大使館で同時爆破テロ事件を起こした。合計で200人以上が死亡した惨事である。アメリカのクリントン政権は，それらのテロ事件をビン・ラーディン率いるテロ組織の仕業と断定し，8月20日にスーダンとアフガニスタンの「ビン・ラーディン関連施設」と特定した場所を巡航ミサイルのトマホークで攻撃した。

アメリカでは，2001年1月20日，ジョージ・W.ブッシュを第43代大統領とする共和党政権が発足した。G.W.ブッシュ政権は，他国との協調行動に伴う束縛を嫌う単独行動主義（ユニラテラリズム）の傾向が強く，冷戦後のアメリカの一極構造の下，第二次世界大戦末期にアメリカが主導して形成した多国間の国際制度（国連が代表的）にアメリカ自らが制約を受けることを嫌う姿勢を強めた。なお，このような傾向はとくに共和党に顕著で，クリントン政権期にはすでに連邦議会で多数を占めるようになった共和党議員たち（ギングリッチ下院議長がそのリーダーだった）の間で広くみられていた。

そうした状況で起こったのが，2001年9月11日の同時多発テロ事件である。この**9.11テロ事件**では，ニューヨークの世界貿易センタービルのツインタワーやワシントン近郊の国防総省（ペンタゴン）といったアメリカの政治経済の中枢が，ハイジャックされた旅客機によるテロ攻撃の標的となり，約3000人もの人々が命を落としたのである。9.11を経て，アメリカではテロ対策が最優先の外交・安全保障政策の課題となった。G.W.ブッシュ政権は，9.11テロ事件を，ビン・ラーディン率いるアル=カーイダの犯行と断定した（なお，9.11テロ事件の実行犯とされた19人のうち15人は，ビン・ラーディンと同じくサウジアラビア出身である）。そして，アメリカは，アフガニスタンを実効支配して，アル=カーイダに訓練キャンプを提供し，その組織を支援していたとされるターリバーン政権への大規模な武力行使へと向かっていった。

「不朽の自由作戦」とターリバーン政権の崩壊

2001年10月7日，米英軍によるアフガニスタンのターリバーン政権への空爆作戦が開始された。それは「不朽の自由作戦」と呼ばれ，民主主義者とテロリストという善悪二元論に基づく「**テロとの戦い**（対テロ戦争）」の始まりであった。G.W.ブッシュは，9月20日にアメリカ議会の上下両院合同会議で行った演説で，「今やあらゆる国と地域は決断を迫られている。我々とともにあるか，テロリストとともにあるかだ」と述べていた（小川 2004：158)。そして，テロリストやイスラーム原理主義組織の側も善悪二元論に基づくテロ攻撃を繰り返したため，双方の間で「味方」と「敵」を峻別し，「敵」に対して容赦なく無差別に暴力を振るうという「テロとの戦い」と反米テロリズムとの暴力の連鎖が続いた。

9.11 テロ事件を受けて，北大西洋条約機構（NATO）のヨーロッパ側の加盟国からアメリカに対して，北大西洋条約第5条で定められた集団防衛に基づく軍事支援の申し出がなされた。しかし，アメリカは，米欧間の「軍事能力格差」が露呈し，NATO 加盟国間での政治的合意の確保にも手間取ったコソヴォ危機（**→13 章** ③）の反省から，軍事的効率性を重視し，高い軍事能力をもつイギリスのみと連携した「有志連合」による単独行動主義的な武力行使を選択した。

湾岸戦争やコソヴォ紛争の際と同様に，米軍のハイテク兵器を用いた軍事力は圧倒的であった。そして，米英軍の空爆と米軍特殊部隊の支援を受けたアフガニスタン北部を拠点とする北部同盟軍が，首都カブールをはじめ主要都市を次々と奪取していった。11 月 12 日には，ターリバーンはカブールを明け渡して逃走し，翌 13 日，北部同盟軍がほぼ抵抗を受けずにカブールを制圧し，ターリバーン政権は事実上崩壊した。最終的に，11 月 26 日，ターリバーンの最後の拠点となっていたアフガニスタン北部の都市クンドゥズを米軍が陥落させた。12 月 7 日，G. W. ブッシュは，ターリバーンへの勝利宣言を行った。

その後，アフガニスタンの旧支配勢力となったターリバーンは，反政府武装組織として米軍などへのテロや襲撃に転じた。ターリバーン政権の崩壊は，アル=カーイダの組織にとっても大きな打撃となった。その後，アル=カーイダは，アフガニスタンとパキスタンの国境のパキスタン側に隠れ場所を見出し，パキスタンの連邦直轄部族地域（FATA）で現地の部族の庇護を受けるようになる。パキスタンでも，国内最大の過激派の反政府武装勢力「パキスタン・ターリバーン運動（TTP）」（「ターリバーン」を名乗ってはいるが，アフガニスタンのターリバーンとは別の組織）がテロを繰り返した。

「テロとの戦い」では，アメリカ国内外での自由や人権の侵害が問題となった。拘束したテロ容疑者への尋問の際の「水責め」などの拷問やアル=カーイダをはじめとする国際テロ組織への厳重な警戒（入国審査の厳格化など）のみならず，アメリカ国内での市民生活への監視も強化された。確かに，連邦捜査局（FBI）や国家安全保障局（NSA）によるイスラーム系住民などへの監視（おとり捜査や令状なしでの個人の通信の傍受など）は，テロの再発防止など安全確保に一定の効果をもったと考えられる。しかし他方で，それらは，自由や平等といったアメリカの建国以来の理念，移民国家としてのアメリカのアイデンティティ，さらにはアメリカの活力や魅力の源泉であったはずの社会の開放性や多様性を歪(ゆが)める結果になった。

「オバマの戦争」

ターリバーン政権が崩壊し，アフガニスタンでの大規模な戦闘が終了した後，2001年12月に採択された国連安全保障理事会（安保理）決議第1386号に基づき，NATO（とくに米軍）主体の国際治安支援部隊（ISAF）がアフガニスタンへの展開を開始した。ISAFには，米軍を中心として，最大時には50カ国以上の部隊が参加し，アフガニスタンでの治安維持などの困難な任務に当たった。それに対して，アフガニスタンの南部や東部に逃れたターリバーン勢力は，パキスタン軍やパキスタンの情報機関である軍統合情報局（ISI）から水面下での支援を得つつ，現地に駐留する米軍やISAFへの抵抗を続け，アメリカをはじめとする各国軍の兵士には死傷者が相次いだ。米軍によるハイテク兵器を駆使した圧倒的なエアパワー（空軍力）は，ターリバーン政権を打倒するまでは非常に効果的だったが，その後のテロやゲリラ攻撃には，米軍やISAFも大いに手を焼いた。アフガニスタンでの治安の悪化は深刻で，民間人の死傷者も多数に上った。

2009年1月20日，オバマを第44代アメリカ大統領とする民主党政権が発足した。オバマ政権は，アフガニスタンを「テロとの戦い」の主戦場ととらえる立場から，米軍の増派を打ち出した（なお，アメリカ政府は，NATOの同盟国にもアフガニスタンへの軍の増派を要請したが，ヨーロッパ諸国の協力はイギリスなどを除いて限定的なものにとどまった）。そして，2009年12月には，オバマ政権はアフガニスタンへの大規模な増派を決定した。そうしたことから，この時期に米軍があらためて増強されたアフガニスタンでの戦争は，「オバマの戦争」とも呼ばれることになる。

そうした中，2011年5月，米中央情報局（CIA）などによる長期の捜索の末に，ヘリコプターを使った米軍特殊部隊の作戦によって，パキスタンの首都イスラマバード郊外のアボタバードにあった潜伏先が急襲され，ついにビン・ラーディンが殺害された。それは，とくにアメリカでは，「テロとの戦い」の最大の成果として広く受け止められた。

その後，アフガニスタンの軍や警察の育成・整備が図られ，2014年末には，ISAFがすべての戦闘任務をアフガニスタン側に移管した。しかし，その後も，アフガニスタンでのテロや治安の問題は続いた。オバマ政権は，2016年末までに米軍をアフガニスタンから完全に撤退させることを予定していたが，支配地域を国土の約4割まで回復させたターリバーンによる主要都市への攻撃や「イスラーム国」（イスラミック・ステート，略称IS。詳しくは本章3を参照）の勢力拡大を受けて，2017年以降も駐留を継続する方針に転換した。オバマは，2017年1月までの大統領任期中にイラクとアフガニスタンでの「2つの戦争」を完全に終結させることを公約に掲げてきたが，結局は断念を余儀なくされた。2016年までに，01年以降のアフガニスタンでの戦争における米軍の死者は2200人を超え，負傷者は1万8000人以上にのぼった。そして，オバマ政権の任期が終わった2017年1月の時点で，依然としてアフガニスタンには1万人弱の米軍部隊が駐留を続けている。

ブッシュ外交とイラク戦争

G. W. ブッシュ政権とネオコン

再びG. W. ブッシュ共和党政権期の話に戻ると，2001年1月に発足した同政権では，「**ネオコン**」（「新保守主義者」を意味する「ネオ・コンサバティブ」の略）と呼ばれる勢力が大きな影響力をもった。とくに，G. W. ブッシュ政権内のネオコンの代表格としてしばしば名前が挙がったのは，2001-05年に国防副長官を務めたウルフォウィッツやブッシュ政権下で国務次官，国連大使を歴任したボルトン，国防政策諮問委員会委員長を務めたパールらである。彼らは，自由や民主主義などのアメリカが掲げる価値や理念を世界に広めることに強い使命感を抱き，そのためには積極的に軍事力を用いることも躊躇（ちゅうちょ）しないという立場をとった。

確かに，それまでにも，アメリカ外交は自由や民主主義といった普遍主義的な理念に根差した対外的な介入を繰り返していた。しかし，たとえば，1993-2001年のクリントン民主党政権期の民主主義諸国の「拡大」を掲げた政策（1996年冬に『フォーリン・アフェアーズ』誌に「民主主義と国益」と題する論文を発表したタルボット国務副長官らが主な唱道者であった）は，相対的に穏健なものであった（Talbott 1996）。それに対して，G. W. ブッシュ政権は，それまでのアメリカ外交の伝統を継承しつつも，イラク戦争と中東民主化構想（9.11テロ事件を受けて，テロの温床となりかねない独裁または強権的な政権が集中する中東地域の民主化を促進するという構想）にみられたように，軍事力を伴う「民主主義の輸出」をさらに明確かつ強硬に推進するようになる。

9.11テロ後の米英軍によるアフガニスタン攻撃とターリバーン政権の崩壊を経て，2002年1月29日に行われた一般教書演説では，G. W. ブッシュ大統領自らが「悪の枢軸（axis of evil）」発言を行った。G. W. ブッシュは，イラン，イラク，北朝鮮の3カ国を名指しして「悪の枢軸」と呼び，テロリストと結び付き，**大量破壊兵器（WMD）**の保有をめざして世界の平和を脅かしていると厳しく非難したのである（なお，それ以前に用いられた類似した表現として，クリントン政権期に用いられた「ならず者国家」がある）。

イラン，イラク，北朝鮮の中でも，G. W. ブッシュ政権がとくに厳しい態度を示したのは，イラクのフセイン政権によるWMDの開発・保有疑惑であった。イラクは，湾岸戦争（→**11章1**）終結後の1991年4月に採択された国連安保理決議第687号によって，WMDと射程150 kmを超える弾道ミサイルの保有を禁止されていた。しかし，その後も，イラクが生物兵器と化学兵器を保有するとともに，核兵器を開発しているのではないかという疑惑が繰り返し浮上したのである。

問題をめぐる「米欧対立」

イラク戦争に向けては，G. W. ブッシュ政権内で，チェイニー副大統領，ラムズフェルド国防長官，ウルフォウィッツらが強硬論を唱え，大きな影響力を行使した。それに対して，パウエル国務長官に代表される穏健派は，チェイニーら強硬派に押し切られるかたちとなった。

ただし，アメリカとともにイラク戦争に参戦することになるイギリスでは，ブレア首相が，当初は，イラクのWMD問題の国連を通した解決を重視する立場をとっていた。まず，2002年4月6日にテキサス州のG.W.ブッシュの牧場で行われた英米首脳会談の際，ブレアは原則的に対イラク攻撃に同意したが，どのような時期に，どのような条件で攻撃を実施するかは未定であった。そして，9月7日にワシントン郊外のキャンプ・デーヴィッドで行われた英米首脳会談の際，G.W.ブッシュは，それまでのパウエルやスコウクロフト元国家安全保障担当大統領補佐官など政権内外の穏健派の主張に加えて，ブレアの説得もあり，まずは国連を通したイラクのWMD武装解除をめざすことに同意した。

しかし，その際に，ブレアは，国連を通した解決が失敗した場合には，英軍が軍事行動に加わることを了承したとされ，そのことが，(後述する)「国連第2決議」をめぐる国連での外交交渉の行き詰まりを経て，最終的に英軍がイラク戦争に参戦することにつながった。パウエルやスコウクロフトも，「体制変革や最後の手段としてのイラクへの軍事的侵攻そのものには反対しないと強調した。スコウクロフトは，もしイラクが国連の査察団に協力しないことが分かったならば，アメリカは開戦の理由を手にしたことになると認めた。パウエルは問題はイラクと戦争するかどうかではなく，どのように開戦するかだと述べた」(Kampfner 2004：152, 191, 197；マン 2004：483-487)。

2002年11月8日，イラクのWMD問題をめぐり，国連安保理で決議第1441号が全会一致で採択された。しかし，この決議は，全会一致の代償として，妥協の産物で曖昧(あいまい)さを残すものとなり，その後の主要国および安保理内部の分裂の原因となった。決議第1441号は，イラクにWMDの武装解除の「最後の機会」を与えるとしつつも，義務違反が続けば「深刻な結果」を招くとするにとどまったのである(決議違反の場合には，武力行使を明確に意味する「あらゆる手段を使う」という表現を盛り込むべきとするアメリカ政府の要求は取り下げられた)。

その後，イラクでは，WMDに関する国連の査察活動が開始された。そして，2003年に入り提出された国連査察団の中間報告（1月9日）と最終報告（1月27日）は，イラク政府の非協力的な姿勢に不満を示しつつも，WMD保有の決定的証拠を欠く内容となった。そうした中で，米英両国は，イラクに対する武力行使をより明確に容認する「国連第２決議」の採択を模索するが，フランス，ロシアという安保理常任理事国である両国が反対票を投じる（つまり拒否権を行使することも辞さない）と明言したことで行き詰まった。ラムズフェルドは，対イラク武力行使に批判的なフランス，ドイツを「古いヨーロッパ」と呼び非難した。他方で，イギリス，イタリア，スペインなどに加えて，2004年５月のEU加盟を控えていた中東欧諸国（→**12章②**）はアメリカを支持しており，ヨーロッパ諸国間の分裂が深刻となった。特に中東欧諸国は，仏独との対比で，しばしば「新しいヨーロッパ」と呼ばれた。

イラク問題をめぐって「米欧対立」が喧伝（けんでん）される中で，ネオコンを代表する外交評論家のケーガンの議論が国際的に注目を浴びた。ケーガンは，2002年の「力と弱さ」と題する論文や2003年の『楽園と力について』と題する著書（邦訳のタイトルは『ネオコンの論理』）で，アメリカを「火星（マーズ）」，ヨーロッパを「金星（ヴィーナス）」にたとえて両者の間の相違を鋭く指摘し，大きな反響を呼んだ。ケーガンによれば，「主要な戦略問題と国際問題で現在，アメリカ人が戦いの神，火星から，ヨーロッパ人が美と愛の神，金星からきたとされている……。両者が合意できる点はきわめて少なくなり，相互の理解も希薄になってきた」のであった（ケーガン 2003：8）。

イラク戦争開戦

2003年３月20日午前５時33分（バグダッドの現地時間），米軍によるイラク攻撃が始まった。G. W. ブッシュ政権は，「開戦直前にCIAはイラク国内からフセイン大統領の居場所を特定できる確実な情報を得た。フセイン大統領とその側近が会合しているところをピンポイントで狙った攻撃を行なった」と説明した（酒井 2004：94）。ただし，この攻撃では，フセインを殺害することには失敗した。米軍は，最初の空爆から13時間半後，クウェートから地上軍をイラクに投入した。アメリカ政府による公式の作戦名は，「イラクの自由作戦」である。同日中には英軍もイラク攻撃に加わり，アメリカとの同盟を重視するオーストラリアのハワード政権とポーランドのクワシニエフスキ政権も，自国軍を「有志連合」に参加させた。

３月21日から，イラクの人々に「衝撃と畏怖（いふ）（shock and awe）」を与えるこ

➲イラクとアフガニスタンでの戦争に参加した英軍兵士と両国で働いたイギリス文民を称える記念碑（ロンドン。後方の建物はイギリス国防省。写真提供：筆者撮影）。イギリスは，イラクとアフガニスタンでの戦争で，アメリカと緊密に協力して多数の兵士と文民を派遣した。

とを狙った集中的な攻撃が行われた。米英軍などによるイラクでの軍事作戦は，イラク軍の予想外の抵抗やイラク南部一帯を覆い尽くした砂嵐を受けて，一時的，局地的には困難を伴ったが，基本的には順調に進展した。4月2日には，米軍がイラク中部のカルバラから北進し，バグダッドまで30 kmの地点に到達した。この頃からイラク軍の組織的な抵抗は急激に弱まった。そして，4月9日にはバグダッドが陥落し，フセイン政権は崩壊した。バグダッド中心部のフィルドゥース広場にあった約12 mのフセイン像が引き倒される映像が，同時中継で世界中に伝えられた。4月15日には，米英軍がイラク全土を制圧し（この日，最後に残っていたイラク中部の都市ティクリートが制圧された），軍事作戦は事実上終結した。そして，イラク戦争の開戦から42日後の5月1日，G. W. ブッシュ大統領が，米軍の空母リンカーンで，イラクでの「主要な戦闘の終了」を宣言したのである。

イラク占領と治安の悪化

イラク戦争の終結後，米軍が中心となりイラクの占領統治が始まった。イラク占領のために，復興人道支援局（ORHA），次いで連合国暫定当局（CPA）が設立された。ORHA，CPAともにアメリカ主導で，本部はバグダッドの旧大統領宮殿に置かれた。CPAのポール・ブレマー長官は，フセイン政権時代のバアス党員や軍関係者の公職追放，イラク軍の解体などの強硬策を打ち出した。

イラク戦争後まもない時期に，日本の陸上自衛隊もイラクに派遣され，南部のサマーワでの復興支援活動に従事した。

2003年6月には，アメリカの調査団が，最大1400人態勢でイラクのWMDの捜索を開始した。しかし，アメリカの調査団を中心とする懸命の捜索にもかかわらず，イラクのWMD保有の確定的な証拠はみつからなかった。イラクのWMD保有を対イラク武力行使の最大の理由としてきたG.W.ブッシュ政権とブレア政権にとっては，大きなダメージとなった。また，バグダッド近郊のアブー・グレイブ刑務所での米兵によるイラク人収容者への組織的な虐待など，占領統治に伴う深刻な人道上の問題も発覚した。

2003年12月，フセインが，彼の故郷のティクリートの南部近郊にあるドゥールという町の民家にある狭い地下室に隠れていたところを，米軍に発見され，拘束された。G.W.ブッシュとブレアにとって，イラク戦争の終結以降，初めてともいえるよいニュースであった。そして，CPAのP.ブレマー長官の「彼を捕まえたぞ！（We got him!）」という発言が，世界中のテレビで繰り返し放送された。その後，フセインは，イラク国内での裁判を経て，2006年12月に，「人道に対する罪」によって死刑を執行されることになる。

2004年6月には，イラク暫定政府への主権移譲式典が行われた。P.ブレマーCPA長官は，式典後，即日イラクを離れた。そして，イラク暫定政府の発足に伴い，占領軍は，国連安保理決議第1546号に基づく多国籍軍に移行した。米軍を中心とする多国籍軍の駐留が続く中で，フセイン政権時代の国家機構が崩壊したイラクでは，治安の悪化が深刻な問題となった。イラクで人口の約6割を占めるもののフセイン政権下では抑圧されていたシーア派が，フセイン政権崩壊後には政府を主導するようになり，少数派のスンナ派（フセイン政権時代には政治的に優遇されていた）との間で宗派対立が激化した。

2009年1月20日に成立したオバマ政権は，アフガニスタンでは「テロとの戦い」を遂行するために大幅な米軍の増派に踏み切る一方で，イラクからは米軍の撤退を決めた。その結果，米軍と英軍のイラクからの撤退が進み，2011年5月に英軍，12月に米軍がそれぞれ最終的に撤退を完了した。しかし，その後もイラクでのテロや治安の問題は続いた。そして，2003年のイラク戦争以降の米軍のイラクでの死者は4500人を超え，負傷者は3万2000人以上となった。イラクでは，次節で後述するように，過激派組織のISの問題も深刻化したが，多数派のシーア派が主導する政府に対してスンナ派の住民が不満を募らせたことが，スンナ派の組織で，シーア派を激しく敵視するISの活動を支える要因にもなった。

3　オバマ外交と「Gゼロ」の世界？

「アラブの春」とアメリカ外交

2011年には，アラブの長期政権の独裁者たちが次々と姿を消す事態が生じた。中東や北アフリカでの一連の民主化要求運動**「アラブの春」**である。まず，チュニジアでは，2010年12月に起こった露天商の青年の警察の取り締まりを苦にした焼身自殺事件をきっかけに反政府デモが発生し，翌年1月のベン・アリー独裁政権の崩壊につながった。軍人出身で，1987年以降，約23年間の独裁支配を続けたベン・アリー大統領は，平和的な体制変革で失脚し，サウジアラビアに亡命した。チュニジアでの革命は，同国を代表する花にちなみ「ジャスミン革命」と呼ばれ，「アラブの春」の発端となった。

2011年2月には，エジプトで約30年間続いたムバーラク政権が崩壊した。ムバーラクは，治安部隊に反政府デモへの発砲を命じて200人以上を死亡させたとして殺人罪に問われ，裁判にかけられた。これは「ナイルの革命」または大規模な反政府デモ・集会が始まった日から「1月25日革命」と呼ばれる（ただし，2017年3月，エジプトの最高裁判所に相当する破棄院でムバーラクの無罪が確定した）。2011年10月には，同年春以降内戦状態に陥り，NATO軍の空爆による軍事介入が行われていたリビアで，42年間続いた独裁者カッダーフィ大佐の体制が崩壊した。カッダーフィは，10月20日，生まれ故郷のリビア中部の都市シルトで市民によって殺害されるという最期を遂げた。リビアでは，カッダーフィ政権崩壊後，各地で民兵組織やイスラーム系武装組織が群雄割拠し，国家が分裂した事実上の無政府状態が続くことになる。

アメリカのオバマ政権は，これらの「アラブの春」の動きに対して直接的な関与を控える政策をとった。たとえば，2011年のNATO軍のリビア空爆において，オバマ政権は，イギリス，フランス両国に中心的役割を譲る方針をとり，

CHART 図 15.1 中東・北アフリカ諸国

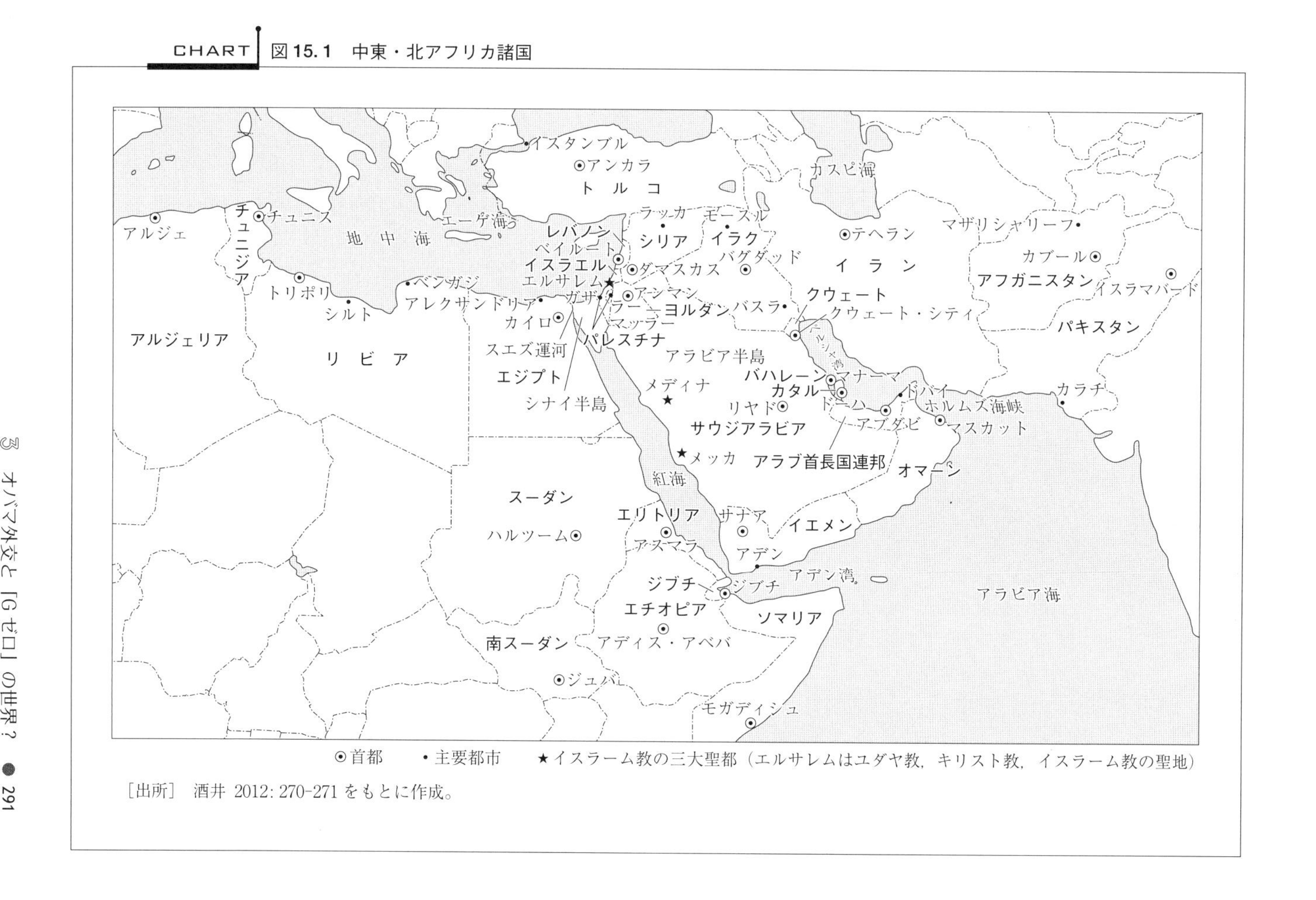

⊙首都　•主要都市　★イスラーム教の三大聖都（エルサレムはユダヤ教，キリスト教，イスラーム教の聖地）

［出所］ 酒井 2012: 270-271 をもとに作成。

それはしばしば，「後方からの指揮（リード・フロム・ビハインド）」と揶揄（やゆ）された。「アラブの春」を経て，中東や北アフリカ各地では，民主化への移行のつまずきや秩序の崩壊という問題が生じた。そうした情勢の不安定化は，国際的なテロリズムの拡大にもつながった。

「アラブの春」に伴う民主化運動のうねりの中で2011年に混乱が始まり，12年から本格化した**シリア内戦**でも，オバマ政権は，バッシャール・アサド大統領の退陣を求め，新政権の樹立をめざして穏健な反体制派を支援しつつも，積極的な軍事介入を行わなかった。そうした中で，シリアでは，ロシアやイランが支援するB. アサド政権の政府軍と欧米諸国やサウジアラビア，トルコが支援する反体制派武装組織との対立に，IS，アル=カーイダ系のヌスラ戦線が加わり，多数の勢力が入り乱れる内戦が激化した。シリア内戦は多くの犠牲者や難民を出し，国連児童基金（ユニセフ）のヨーカ・ブラント事務局次長は，「第二次大戦後，最悪の人道的危機にある」という厳しい現状認識を示した。

2013年のアサド政権による自国民に対するサリンなどの化学兵器の使用疑惑や殺傷力の高い「樽（たる）爆弾」――米軍がベトナム戦争で使用したナパーム弾にもなぞらえられる――の市民への使用疑惑にもかかわらず，オバマ政権はシリア内戦への関与を回避し続けた。シリアの化学兵器問題に対するアメリカの消極的関与について，中東・イスラーム研究者の池内恵は，次のように厳しく指摘する。「シリアをめぐって明らかになったのは，米国の中東へのコミットメントの意思と能力の低下であり，関与を減らそうとする国民的意思を反映した，オバマ大統領の消極性である。投資や技術や教育といった分野も含めれば，米国に取って代わる超大国は現れていないが，同盟国の政権が米国に寄せる信頼の揺らぎや，反米諸国が米国の意向を恐れる度合いの低まりという意味では，米国の覇権が希薄化しているといえよう」（池内 2015：220）。

それに対して，アメリカ外交史研究者の西崎文子は，オバマが2013年9月に「アメリカは世界の警察官ではない」として，シリアへの空爆を行わないと公表したことにふれ，「アメリカの軍事力の限界を明確にしたオバマの発言を合理的なものとみるか，それとも敗北主義的なものとみるか，評価は大きく分かれた」とより慎重に指摘した（西崎 2017：313）。他方，2017年1月20日に発足したトランプ政権は，4月上旬，シリア政府軍が反政府勢力の支配地域で化学兵器を用いたと断定し，化学兵器攻撃の拠点となったとされる空軍基地を巡航ミサイルのトマホークで攻撃した。アサド政権が化学兵器の使用を否定する中で，米軍がアサド政権軍を初めて直接的に攻撃したことで，アサド政権の後ろ盾であるロシアとアメリカとの関係はさらに悪化した。

アラビア半島南部のイエメンでも，2015年3月以降，内戦が激化した。イエメンでは，サウジアラビアが主導してアラブ首長国連邦（UAE）なども参加するアラブ連合軍が，ハーディ暫定政権を支援し，イランの支援を受けるイスラーム教シーア派系の反政府武装組織「フーシ」に対して空爆で介入した。オバマ政権下でアメリカの中東への関与が低下するとともに，どの世界的な大国からも見放され「忘れられた戦争」と呼ばれるイエメン内戦では，地域大国のサウジアラビアを中心とした軍事介入が行われているのである（ただし，2018年1月時点でも深刻な内戦状態が続いており，事態はサウジアラビア側の思惑通りには進んでいない）。なお，イエメンでは，内戦の混乱に乗じて，アル=カーイダ系組織の「アラビア半島のアル=カーイダ（AQAP）」が勢力拡大を図っており，それに対しては，米軍も無人機などを使って掃討作戦を実施している。

「イスラーム国」の台頭

中東では，2011年5月のビン・ラーディン殺害を経て，アル=カーイダの存在感は薄れたが，アル=カーイダ系組織を前身とするイスラーム教スンナ派の過激派組織「**イスラーム国（IS）**」が勢力を伸ばした。ISは，実態としては非国家武装勢力に近いが，2014年6月に一方的に「イスラーム国家」の樹立と「カリフ制」の再興を宣言して注目を浴びた（カリフとは，スンナ派で，預言者ムハンマドの正統な後継者で，イスラーム教徒共同体〈ウンマ〉の合法的な指導者を指す）。ISは，バグダーディを最高指導者とし，イラク，シリアに国境を越えてまたがる「国土」で，イスラーム教の極端な解釈を基に生活のあらゆる側面にわたるイスラーム法（シャリーア）を実施し，恐怖政治を続けた。また，ISはシリア北東部の都市ラッカを一方的に「首都」と称するとともに，イラク北部に位置する同国第2の都市モースル（ISが2014年6月に占拠）を含む支配地域の住民から税を徴収するなど疑似的な「国家」運営を行った。ISは，国連教育科学文化機関（ユネスコ）の世界文化遺産に登録されているシリアのパルミラ遺跡など，古代遺跡の破壊も繰り返した。

ISは，イラク戦争と「アラブの春」を経て，それぞれ国家権力が弱体化したイラク，シリアの権力空白状態を利用して，急速に勢力を拡大した。ISの勢力伸張について，池内恵は，「シリアとイラクで生じたのは，それぞれの国の中央政府の弱体化が辺境地帯に「統治されない空間」を生み出し，それらの空間が連動して混乱を加速し，さらには結合するという事態だったのである」と指摘している（池内 2015：97）。

さらにISは，リビアやアフガニスタンでも勢力を拡大した。エジプトでは，東部のシナイ半島を中心に，ISの分派組織が「イスラーム国シナイ州」と称して活動を活発化させた。ISに加わるために，各国から外国人戦闘員としてシリアやイラクに渡る若者も相次いだ。そして，ISは，イラクとシリアで大規模なテロを繰り返すことに加えて，アフガニスタン，サウジアラビア，エジプト，チュニジア，イエメン，トルコ，イラン，パキスタン，バングラデシュ，インドネシア，フィリピン，フランス，ベルギー，アメリカ，ロシア，ドイツ，イギリス，スペインなどでも，ISやそれに忠誠を誓う組織がテロの犯行声明を出すなど，活動範囲を世界各地に広げた（ただし，こうした声明は勢力誇示のために行われている面があり，すべてのテロがISやそれに忠誠を誓う組織によるものかどうかは定かではない）。

それに対して，2014年8月以降，アメリカが主導する「有志連合」が対IS掃討作戦を実施した。米軍などによる空爆作戦は，ISの拠点に加えて，その支配地域にある石油精製所やパイプラインも主要な攻撃目標とした。なお，2015年9月にはロシアもシリアでの空爆作戦を開始したが，ISだけでなく穏健な反政府勢力も攻撃の対象としたため，欧米諸国やトルコなどとの対立が深刻化した。

IS掃討作戦で，オバマ政権は，基本的に陸上の戦闘部隊の派遣は避け，イラク，シリア，アフガニスタン，パキスタン，リビア，イエメンなどのイスラーム圏諸国で無人機（ドローン）を含む航空機による攻撃を実施した。なお，オバマ政権下の対テロ作戦では，主にアメリカ本土から操縦する無人機による攻撃や暗殺が急増したが，パキスタン政府などからは自国領土への越境攻撃に対する批判がなされ，また，しばしば誤爆などの問題も起こっている。イラクからの米軍撤退を掲げて2008年11月の大統領選挙で勝利したオバマは，2011年末までにイラクからの撤兵を実現しながら，ISの台頭を直接のきっかけとして，イラクとシリアでの空爆作戦に着手することになった。さらに，オバマ政権の任期が終了した2017年1月時点でも，イラクとシリアには，現地の兵員や治安部隊に訓練・支援を施す目的で，それぞれ約5000人と約500人の米軍の駐留が続いている。

2017年7月には，イラク政府が，前年10月から進めていたISからのモースル奪還作戦での勝利を宣言した。2017年10月には，米軍主導の「有志連合」の支援を受けたクルド人主体の民兵組織「シリア民主軍（SDF）」の攻撃により「首都」のラッカも陥落した。そして，2017年末までに，ISは本拠地としていたイラクとシリアで壊滅状態に陥った。ただし，イラクやシリアで支配地を失ったISの戦闘員がシナイ半島やリビアなど北アフリカ方面に流入しているという指摘もあり，依然としてISの脅威は続いている（2018年1月時点）。

パワー・トランジションの中で

今日の世界では，グローバルな**パワー・トランジション**（またはパワー・シフトとも呼ばれる）が起こっている。中国やインドの経済的，軍事的台頭とロシアの脅威増大に加えて，冷戦後いったんは唯一の超大国として君臨したはずのアメリカの国力の低迷が目立っているのである。そうした中で，国際政治学者で政治リスク専門コンサルティング会社社長のイアン・ブレマーなどによって，どの国もグローバルな主導国の地位に立つことのない「Gゼロ」（無極化）ともいえる世界が訪れているという指摘もなされている（ブレマー 2012）。

2007年のサブプライム・ローン問題（アメリカのサブプライム層という低所得層向け住宅ローンの大規模な焦げ付き）と2008年のリーマン・ショック（アメリカの大手投資銀行リーマン・ブラザーズの経営破綻（はたん））を発端とし，アメリカを震源地として世界を巻き込んだ世界金融危機は，アメリカ型金融資本主義が抱える問題を露呈させた。アメリカは，金融危機後，2015年12月まで実質的なゼロ金利政策という異例の経済政策を続けた。アメリカ社会で貧富の格差が広がり，中間層が縮小するとともに，貧困層や若年層の生活が苦しさを増す中で，2011年9月には，「ウォール街を占拠せよ（オキュパイ・ウォール・ストリート）」運動という大規模なデモも起こった。

確かに，オバマ政権は，国際協調や多国間主義（マルチラテラリズム）を重視する外交政策をとった。たとえば，「核兵器のない世界の平和と安全保障を追求するというアメリカの約束」を表明し，核廃絶を呼びかけたプラハ演説（2009年4月）や，「新しい始まり」と題し，イスラーム世界との対話路線を強調したカイロ演説（2009年6

月）は印象的である。前者のイニシアティブは，2009年12月のオバマのノーベル平和賞受賞にもつながった。さらに，2010年4月にはロシアのメドベージェフ大統領との間で，18年までに戦略核兵器の配備数を30％削減することを柱とする新戦略兵器削減条約（新START）にも調印した（2011年2月に発効）。

しかし，プラハ演説で脚光を浴びた核軍縮の呼びかけは，オバマ自身が2013年6月にベルリンでの演説でさらなる核軍縮を提唱したものの，ウクライナ危機やシリア内戦などによる米露関係の悪化に伴い停滞を余儀なくされた。2017年1月に大統領に就任したトランプは，オバマ政権が掲げた「核兵器なき世界」の目標から一転し，核兵器の増強を表明している。同年3月にはオーストリア，メキシコ，ニュージーランドなどの非核保有国を中心に核兵器禁止条約の交渉会議が始まり，7月に核兵器の使用や保有などを法的に禁じる核兵器禁止条約が国連加盟国の6割以上の122カ国の賛成で採択された。しかし，核保有国やその「核の傘」に依存する同盟国の多くは不参加で，ロシア，中国，北朝鮮は核開発を加速させている。とはいえ，2017年10月，核兵器禁止条約の成立に貢献した国際的な非政府組織（NGO）である核兵器廃絶国際キャンペーン（ICAN）のノーベル平和賞受賞が決定するなど，核兵器廃絶に向けた国際的な機運も失われてはいない。

中国が経済的，軍事的に台頭する中で，オバマ政権はアメリカを「太平洋国家（パシフィック・ネイション）」と位置づけ，中東への関与を減らす一方で，経済や安全保障分野でアジア太平洋への関与を強める「ピヴォット（旋回）」または「リバランス（再均衡）」戦略を進めた。米軍は，アジア太平洋地域に戦略の重心を移す「リバランス」政策の一環として，最新鋭のイージス艦や垂直離着陸輸送機MV22オスプレイ，F35Bステルス戦闘機などの在日米軍基地への配備を進めている。それに対して，2012年にアメリカの「リバランス政策」が本格的に動き出すと，「中国の海洋権益の獲得を強化する動きがいっそう活発化し，アジア太平洋地域における米中パワー・ゲームが鮮明になった」（三船 2016：7-8）。さらに，オバマ政権は，2016年7月，北朝鮮の脅威に対する防衛として，在韓米軍に，最新鋭の地上配備型迎撃システムの高高度防衛ミサイル「THAAD（サード）」を配備することを決定したが，THAADのレーダーが中国軍の監視に利用されかねないとする中国の猛反発を招いた。

オバマ政権のアジア太平洋重視の姿勢は，経済面でもみられた。2001年に始まった世界貿易機関（WTO）の新多角的貿易交渉（ドーハ・ラウンド）を通したグローバルな貿易自由化の試みが行き詰まる中で，アジア太平洋地域で，**環太平洋パートナーシップ（TPP）**が推進されたのである。日本，アメリカ，カナダ，オーストラリア，ニュージーランド，マレーシア，シンガポール，ベトナム，ブルネイ，メキシコ，ペルー，チリという環太平洋地域の12カ国による TPP 交渉は，乳製品の関税の取り扱いやバイオ医薬品の開発データの保護期間などをめぐり難航したが，2015年10月にようやく大筋合意に達した。2016年2月には，ニュージーランドのオークランドで TPP 協定の署名式が行われた（ニュージーランドは，シンガポール，チリ，ブルネイとともに，2006年に発効した TPP の原型となる4カ国協定の段階から参加していた）。ところが，関税引き下げによる輸入増加が国内の製造業や雇用に悪影響を及ぼすと主張するトランプ大統領が，就任初日に TPP 協定からの離脱を正式に表明し，3日後には TPP から離脱する大統領令に署名したことで，世界最大の経済規模をもつアメリカを含むかたちでの TPP 発効は難しくなった。それに対して，11月には，アメリカを除く11カ国が先行して新協定（TPP11）を締結する方向で大筋合意し，TPP のルールの一部の実施は凍結したうえで，アメリカが復帰した場合に凍結項目を解除する方針をとることになった。

こうした中で，冷戦終結後にみられたアメリカの一極体制を経て，世界秩序は複数の大国が並び立つ多極化へと向かうのだろうか。それとも，どの国もグローバルな主導国の地位に立つことのない「G ゼロ」の世界が訪れるのだろうか。あるいは，アメリカの国力の低迷は一時的な現象に過ぎず，21世紀もまた，アメリカが唯一の超大国として君臨する「アメリカの世紀」――あるいはパクス・アメリカーナの時代――となるのだろうか。それとも，アメリカと台頭する中国による二極体制が築かれるのだろうか。中でも，とくにオバマ政権第一期に話題となった「G2 論」は，「米中二国が国際社会を主導していくという国際秩序観である」（川島 2016：154）。または，EU もユーロ危機，難民危機，イギリス国民投票での EU 離脱派の勝利という三重の危機を脱して，あらためて一つの極としての存在感を発揮するのだろうか。グローバルなパワー・トランジションの行方は，まだ定かとなっていない。

引用・参考文献　Reference

池内恵 2015『イスラーム国の衝撃』文春新書。

池内恵 2016『サイクス＝ピコ協定 百年の呪縛』（中東大混迷を解く）新潮選書。

梅川正美・阪野智一編 2004『ブレアのイラク戦争――イギリスの世界戦略』朝日新聞社。

小川浩之 2004「ブレア政権の対応外交」櫻田大造・伊藤剛編『比較外交政策――イラク戦争への対応外交』明石書店。

小川浩之 2013「二一世紀の欧米世界――G・W・ブッシュとブレア」益田実・小川浩之編『欧米政治外交史――1871～2012』ミネルヴァ書房。

川島真 2016『21世紀の「中華」――習近平中国と東アジア』中央公論新社。

久保文明・中山俊宏・渡辺将人 2012『オバマ・アメリカ・世界』NTT出版。

ケーガン，ロバート／山岡洋一訳 2003『ネオコンの論理――アメリカ新保守主義の世界戦略』光文社（原著 2003 年）。

酒井啓子 2004『イラク 戦争と占領』岩波新書。

酒井啓子 2010『〈中東〉の考え方』講談社現代新書。

酒井啓子編 2012『中東政治学』有斐閣。

酒井啓子 2018『9.11 後の現代史』講談社現代新書。

西崎文子 2004『アメリカ外交とは何か――歴史の中の自画像』岩波新書。

西崎文子 2017「混迷する世界情勢と転換期のアメリカ――オバマ政権期の外交」佐々木卓也編『戦後アメリカ外交史〔第3版〕』有斐閣。

藤原帰一 2002『デモクラシーの帝国――アメリカ・戦争・現代世界』岩波新書。

古矢旬 2009『ブッシュからオバマへ――アメリカ変革のゆくえ』岩波書店。

ブレマー，イアン／北沢格訳 2012『「Gゼロ」後の世界――主導国なき時代の勝者はだれか』日本経済新聞出版社（原著 2012 年）。

細谷雄一 2009『倫理的な戦争――トニー・ブレアの栄光と挫折』慶應義塾大学出版会。

マン，ジェームズ／渡辺昭夫監訳 2004『ウルカヌスの群像――ブッシュ政権とイラク戦争』共同通信社（原著 2004 年）。

三船恵美 2016『中国外交戦略――その根底にあるもの』講談社選書メチエ。

山内昌之 2012『中東 新秩序の形成――「アラブの春」を超えて』NHKブックス。

吉留公太 2013「「対テロ戦争」と長期化するアフガニスタン戦争――アメリカによる南アジア・中東地域秩序の軍事的再編」伊東孝之監修，広瀬佳一・湯浅剛編『平和構築へのアプローチ――ユーラシア紛争研究の最前線』吉田書店。

Kagan, Robert 2002, "Power and Weakness," *Policy Review*, June & July, pp. 3-28.

Kampfner, John 2004, *Blair's Wars*, Free Press.

Talbott, Strobe 1996, "Democracy and the National Interest," *Foreign Affairs*, 75(6), pp. 47-63.

あとがき

本書を書くきっかけは，2014 年の年末，あるシンポジウムの会場でお会いした有斐閣書籍編集第二部の岩田拓也さんから，国際政治史というテーマで教科書を書くように勧められたことにある。大変ありがたい機会だと思い，2015 年に入ってから，岩田さんに研究室に来ていただいて具体的なことを相談し始めた。岩田さんとはまず，近代国家体系の成立から現代までの数世紀間をカバーする教科書を，3 人程度の研究者の共著として出版することをめざすという方針で一致した。

そこで次に，執筆をお願いする研究者について考え始めたところ，すぐに頭に浮かんだのが，青野利彦さんと板橋拓己さんである。青野さんは，冷戦期のアメリカ外交史研究者として国際的に活躍されており，また国際政治史の教科書を書くにあたって 20 世紀以降の超大国であるアメリカの専門家は欠かせないので，ぜひお願いしたいと考えた。板橋さんも，その時点ですでに単著を 2 冊刊行されており，学会でも活躍中であったことに加えて，ドイツを中心とするヨーロッパ大陸についての研究者である点からも，青野さんとイギリスを中心とするイギリス帝国やコモンウェルス（英連邦）の研究者である私と一緒に書いていただく方として，適任であると考えた。

そして，私からお願いのメールを書かないと，と思っていた矢先，ある研究会後の懇親会のレストランを出たところで，ちょうど板橋さんが近くにおられることに気が付いた。そこで慌てて声を掛け，執筆をお願いしたところ，板橋さんは，突然のことにもかかわらず，快くお引き受けくださった。青野さんは，当時，ロンドン・スクール・オブ・エコノミクス（LSE）で在外研究中であったが，メールでお願いしたところ，ご快諾いただくことができた。

こうした経緯で，3 人の執筆者が決まり，各自が 5 章ずつを担当することになった。当初は，大まかなイメージとして，地域別に分担して執筆することも考えていたが，そうすると分担が複雑になり，また欧米諸国を中心に研究している 3 人による共同執筆でもあるので，思い切って時代ごとに区切り，板橋さん（16 世紀～両大戦間期），青野さん（両大戦間期～冷戦終結），私（冷戦終結～現在）と分担することにした。扱う期間が長く，一番大変なのは板橋さんであったが，大学の授業でお話しされている内容を基礎にしてご執筆いただくということで，お引き受けいただいた。青野さんも，ご専門とされている冷戦期が主な対象とはいえ，限られた字数で，そのグローバルな全体像を明らかにするという大変な部分の執筆をお引き受けくださった。私は，これまでイラク戦争やブレア政権期のイギリス外交，現代のコモンウェルスなどについて少し書いたことがあるくらいで，冷戦後のことは専門ではないのだが，蛮勇をふるって執筆することにした。

その後，まずは全体の大まかな構成を固めたうえで，約半年に一度，各自が1章から2章程度の草稿を書き，それらを全員が事前に読んだうえで，数時間かけて検討するという編集会議を重ねた。2016年夏まで青野さんがロンドンで在外研究中であり，その後，16年秋からは板橋さんがケルン大学での在外研究期間に入ったため，いつも日本にいたのは編集者の岩田さんと私だけであり，板橋さんの一時帰国中の1回を除いて，その他すべての会議は，有斐閣の会議室とイギリスまたはドイツをスカイプでつないで行った。時差があるので，編集会議は，日本時間の夕方（ヨーロッパでは朝）から始めるのが恒例となった。そうして何度もお互いの草稿を読み，質問やコメントを交換することを繰り返したことは，非常に勉強になるとともに，本書の内容を改善するうえで大いに役立ったと考えている。

共著のメリットは，（本書では必ずしもその通りにできたとは思わないが）それぞれの得意分野を活かして分担執筆ができることに加えて，各自の草稿をお互いに読み，一定の関心や枠組みを共有したうえでコメントを交換し合うことで，個々の担当部分についてより適切に修正を施したり，それらの間の関係について理解を深めたりするといった相乗効果が得られることにあるように思う。むろん，数世紀にわたる国際政治史を3人で執筆するのは簡単なことではなく，本書の中に事実の間違いや不適切な説明などが残っているのではないかと危惧している。そうした点については，読者の方々からのご指摘やご批判をいただくことができれば幸いである。

本書の完成までの過程で，もう一つ非常に重要であったのは，多くの研究者に草稿を読んでいただき，真摯なコメントや批評を頂戴することができたことである。君塚直隆先生，三宅康之先生，吉留公太先生には，本書全体の草稿を丁寧に読んでいただいたうえで，2017年5月のある日に，午後いっぱいをかけて行った検討会合で，詳細なご指摘，ご意見をいただいた。また，飯田洋介，池田亮，小野沢透，倉科一希，溜和敏，森靖夫，山本健の先生方は，各執筆者の求めに応じて草稿の一部に目を通し，貴重なコメントをくださった。これらの先生方からのご教示を十分に活かすことができたかどうかは心許ないが，それぞれ第一線でご活躍であり，大変にお忙しい中，本書の内容を改善するために力を貸してくださったことに，心から感謝を申し上げたい。約3年間，共著者3人と一緒に，チームの一員として本書を完成に導いてくださった岩田さんにも，あらためてありがとうといいたい。

序章の最後で説明した通り，本書の始点と終点は，それぞれ16世紀初めの宗教改革と，2017年1月にアメリカでオバマ政権の2期8年間が終わり，トランプ政権が発足した時点に置かれる。

終点である2017年は，核兵器禁止条約が国連加盟国の6割以上の122カ国の賛成で採択され，核廃絶の気運が高まったものの，核保有国は現実の安全保障環境を考慮すべきという立場から強く反対し，実際にも，北朝鮮の核・ミサイル開発がそれまで以上に強硬に推し進められた年であった。また，国連難民高等弁務官事務所（UNHCR）が，前年末の時点で，第二次世界大戦以来，過去最多の推計6560万人にのぼる難民や国内避難民が紛争や迫害で居住地を追われていると発表したのも，2017年である。

さらに，2017年は，1517年にルターが「95カ条の提題」を発表し，ローマ教皇庁を批判してから500年目の年である。つまり，本書の始点から終点までは，単なる偶然とはいえ，ちょうど500年間ということになる。本書におけるこの5世紀間にわたる主権国家体系の歴史的変遷についての考察を通して，現代世界のなりたちと歴史の中でみた現代世界の特徴に関する理解が深まり，そして今後の国際政治のあり方についての展望がいくらかでも開けるならば，執筆者一同にとって望外の喜びである。

2017年12月

執筆者を代表して

小川　浩之

読書案内

◆ 全体にかかわるもの

有賀貞『国際関係史――16世紀から1945年まで』東京大学出版会，2010年。

＊ヨーロッパ人の世界への進出が本格化した16世紀から第二次世界大戦が終結する1945年までの約4世紀半にわたる国際関係史を扱った通史的教科書。著者が専門とするアメリカや近代世界の「中心」であったヨーロッパだけでなく，日本を含む東アジアの国際関係史にも積極的に目配りがなされている。

石井修『国際政治史としての二〇世紀』有信堂高文社，2000年。

＊20世紀の100年間にわたる国際政治史について，ヨーロッパ，アメリカ，アジアにバランスよく目配りしつつ，詳細かつ生き生きと論じた教科書。本文の内容に即した詳しい地図が効果的に挿入されており，本文を理解するうえで大いに助けになる。

岡義武『国際政治史』岩波現代文庫，2009年。

＊絶対王政期から第二次世界大戦後までを対象として，国内政治体制の変化を軸に，国際政治の構造の歴史的変化を描き出す。原著は半世紀以上前に刊行されたものだが，現在でも，国際政治史を学ぶうえで多くの示唆が得られる書物である。

木畑洋一『二〇世紀の歴史』岩波新書，2014年。

＊帝国世界における支配と被支配，差別と被差別の構造を軸に据えて，「長い20世紀」の世界史を著者独自の問題意識から描き出す。帝国主義，2度の世界大戦，冷戦など，戦争や暴力の問題にも鋭く目が向けられている。

佐々木雄太『国際政治史――世界戦争の時代から21世紀へ』名古屋大学出版会，2011年。

＊第一次，第二次世界大戦から冷戦を経て，冷戦後のテロとの戦争にいたる約1世紀間の国際政治史が，イギリス帝国，アメリカ，冷戦期のソ連などの強者の論理や行動に批判的な視点から描かれる。左側のページに本文，右側のページに資料，図表，地図，写真などが配置されており，効果的に本文の理解が深められる。

マイケル・ハワード／奥村房夫・奥村大作訳『ヨーロッパ史における戦争〔改訂版〕』中公文庫，2010年。

＊戦争研究・戦略研究の泰斗が中世から第二次世界大戦までのヨーロッパの戦争史

を概観する。社会・政治・経済・思想などと戦争が互いにどのように影響を与え合い，そしてそれらがどのように変化してきたのかが簡潔に論じられており，国際政治史について理解を深めるうえでも重要な書物。

ヘドリー・ブル／臼杵英一訳『国際社会論――アナーキカル・ソサイエティ』岩波書店，2000 年。

＊英国学派を代表する国際政治学者の主著。主権国家の上位に位置する世界政府が存在しないアナーキー（無政府）な状態でも，国際関係には一定の社会性が存在するという「国際社会論」を展開。なお，本書を通して「新中世主義」または「新しい中世」という概念が広く知られるようになり，その後の多くの研究で参照されている（たとえば，田中明彦『新しい中世――相互依存の世界システム』〈講談社学術文庫，2017 年〉など）。

細谷雄一『国際秩序――18 世紀ヨーロッパから 21 世紀アジアへ』中公新書，2012 年。

＊国際政治史やイギリス外交史を専門とする著者が国際秩序について論じた優れた入門書。まず，国際秩序の基層として，均衡（バランス）の体系，協調（コンサート）の体系，共同体（コミュニティ）の体系という 3 つの体系が提示され，それらが思想史的に明らかにされる。そして，ヨーロッパで勢力均衡が成立した 18 世紀から，「太平洋の世紀」になろうとしている 21 世紀までの国際秩序の変遷が歴史的に論じられる。

◆ 第 1 部にかかわるもの

君塚直隆『近代ヨーロッパ国際政治史』有斐閣コンパクト，2010 年

＊16 世紀から第一次世界大戦勃発までのヨーロッパ国際政治史をカバーした，日本語で最もスタンダードな通史。基本的に人物を主役に据えて叙述が展開し，とても読みやすい。また，前掲の岡義武『国際政治史』と読み比べることで，歴史をみる視点の違いを楽しんでほしい。

高橋進『国際政治史の理論』岩波現代文庫，2008 年。

＊「政治学の理論，とくに政治史学，国際政治学，比較政治学を取り込んで，国内体制間関係を描く学問が国際政治史であるという立場」から編まれた論文集。「権威主義体制」「開発独裁」「国家」「権力政治」「帝国主義」の 5 章からなる。本書の第 1～3 章は，この本の後半 3 つの章に強い影響を受けている。

高澤紀恵『主権国家体制の成立』山川出版社（世界史リブレット29），1997年。

＊15世紀末から三十年戦争終結までのヨーロッパ史を，主権国家体系の成立に焦点を当てて叙述している。本書第1章は，この本にかなり依拠している。なお，山川世界史リブレットは，比較的新しい研究をふまえた，薄くて読みやすい好著が揃っている。本書に限らず，どんどん他の著作（たとえば本書との関連では木谷勤『帝国主義と世界の一体化』〈1997年〉など）を読み進めていってほしい。

高坂正堯『古典外交の成熟と崩壊』中公クラシックス，2012年。

＊戦後日本を代表する国際政治学者の主著であり，歴史について深く柔軟に考えるとはどのようなことかを教えてくれる名著。近代ヨーロッパの勢力均衡原則の背景にあった「多様性への愛」を指摘する第1章，「会議は踊る。されど進まず」と揶揄されたウィーン会議を通して外交（さらには文明）における「遊び」の重要性を説く第3章は，中でも著者の魅力を存分に味わわせてくれる。

クリストファー・クラーク／小原淳訳『夢遊病者たち――第一次世界大戦はいかにして始まったか』1・2，みすず書房，2017年。

＊これまで実に多くの学者が「なぜ」第一次世界大戦が始まったかを問うてきたが，この本は「いかにして」第一次世界大戦が始まったかを克明に描いたもの。意図せずして大戦という破局に関与していく数多（あまた）の登場人物（＝夢遊病者たち）の認識や行動を見事に再現しており，大著だが飽きさせない。

◆ 第2部にかかわるもの

木村靖二『第一次世界大戦』ちくま新書，2014年。

＊2014年は第一次世界大戦勃発から100周年にあたり，多くの著作が日本でも公刊されたが，まず読むべき本はこれ。最新の研究をふまえながら，「前線・戦場」の世界と「銃後」の世界がバランスよく描かれ，大戦の全体像がつかめる。本書の第4章はこの本から多くを得ている。

斉藤孝『戦間期国際政治史』岩波現代文庫，2015年。

＊日本における戦間期ヨーロッパ国際政治史の金字塔（初版刊行は1978年）。著者いわく，「旧来の外交史的な記述を越えて，歴史の推移を権力と民衆との対抗関係においてとらえる運動論的観点を導入した，国際的規模における政治史的手法」を採用している。註の充実した記述も熟読されたい。

篠原初枝『国際連盟――世界平和への夢と挫折』中公新書，2010 年。

＊かつては「失敗」と扱われがちだったが，近年再評価が進む国際連盟。その国際連盟の全体像を把握するには最適の一冊。国際連盟にかかわった人々の思想や行動にも焦点を当てていることが特徴であり，また四大国の一角だった日本および日本人にも記述を十分に割いている。

マーク・マゾワー／中田瑞穂・網谷龍介訳『暗黒の大陸――ヨーロッパの 20 世紀』未來社，2015 年。

＊20 世紀のヨーロッパを，自由民主主義・ファシズム・共産主義という 3 つのイデオロギーの角逐の歴史として描いた傑作。マゾワーはいま最も注目すべき現代史家の一人であり，本書との関連では，彼による国際体制・国際機構史である『国際協調の先駆者たち』（依田卓巳訳，NTT 出版，2015 年）や『国連と帝国』（池田年穂訳，慶應義塾大学出版会，2015 年）も重要である。

ジェイムズ・ジョル／池田清訳『ヨーロッパ 100 年史』1・2，みすず書房，1975・76 年。

＊イギリスの歴史家によるヨーロッパ国際関係史の古典ともいえる本。1871 年のドイツ統一から 1950 年代までのヨーロッパの国際関係や各国の国内情勢の展開，さらには社会状況や文化，思想の変化までもが落ち着いた筆致で描かれている。本書との関係では，とくに，2 つの大戦の起源に関する部分が面白く，少し古いが，依然として多くを学ぶことができる書。

◆ 第 3 部にかかわるもの

佐々木卓也『冷戦――アメリカの民主主義的生活様式を守る戦い』有斐閣，2011 年。

＊アメリカ外交史の視点から冷戦史を描いた，コンパクトで読みやすい入門書。冷戦期アメリカの対外政策を，18 世紀末のアメリカ建国以来の外交的伝統にまでさかのぼって解説し，またアメリカの外交政策を，アメリカ国内の外交政策をめぐる論争や，国内政治の展開と絡めて描写している。

ロバート・マクマン／青野利彦監訳，平井和也訳『冷戦史』勁草書房，近刊。

＊本書第 3 部の参考文献として何度も登場した，Robert J. McMahon, *The Cold War: A Very Short Introduction* の邦訳。原著の副題が示すように，非常に短いが，中身はとても濃く，米ソのみならず，東西双方の同盟国や第三世界の諸国，さらには非国家主体の動きが冷戦の展開に与えた影響にも目配りが成されている。また，冷戦が各国の国内政治や社会に与えた影響に関する章があることも大きな

特徴である。

梅本哲也『核兵器と国際政治——1945-1995』日本国際問題研究所，1996年。

＊核兵器が第二次世界大戦後の国際政治の展開にどのような影響を与えたのかを検討した書物。核兵器と国際政治の関係に関する国際政治理論や，冷戦期に米ソがその同盟国と共に採用した核戦略やその政治的影響，また冷戦期や冷戦後の核軍備管理交渉や核軍縮交渉の展開を知るうえで必読の本。

トニー・ジャット／森本醇訳（上）・浅沼澄訳（下）『ヨーロッパ戦後史』上（1945-1971）・下（1971-2005）みすず書房，2008年。

＊第二次大戦後の東西ヨーロッパの歴史を，外交・政治・経済・社会・文化までを視野に入れて描いた書物。冷戦期の東西ヨーロッパの様子が，百科事典的に詳しく，しかし，生き生きと描かれており，大著ではあるが読みやすい。

O・A・ウェスタッド／佐々木雄太監訳，小川浩之・益田実・三須拓也・三宅康之・山本健訳『グローバル冷戦史——第三世界への介入と現代世界の形成』名古屋大学出版会，2010年。

＊世界的な冷戦史の大家による研究書。アジア，アフリカ，ラテンアメリカ，中東といった地域の人々による脱植民地化への動きと，それに対する米ソ超大国の介入が，どのように互いに影響を与えたのか，また，それがどのように冷戦後の第三世界の状況へとつながったのかを，大きな視点から描いている。

◆ 第4部にかかわるもの

遠藤乾『欧州複合危機——苦悶するEU，揺れる世界』中公新書，2016年。

＊欧州統合研究の第一人者が，複合的な危機に直面する2010年代の欧州連合（EU）を多面的に論じる。ユーロ危機，難民危機，テロ，イギリスのEU離脱などの問題が具体的に論じられた後で，ヨーロッパ統合の歴史を簡潔に振り返りつつ，EUの複合危機の本質が解き明かされる。

月村太郎『民族紛争』岩波新書，2013年。

＊スリランカ，クロアチアとボスニア，ルワンダ，ナゴルノ・カラバフ，キプロス，コソヴォという6つの事例を通して，民族紛争について具体的に考察する。そして，民族紛争の発生，予防，成長（激化と拡大），紛争後という4つの局面に着目し，民族紛争を理解するための視点が提示される。

川島真『21 世紀の「中華」――習近平中国と東アジア』中央公論新社，2016 年。

＊国内外で精力的に活動する中国外交史研究者が，2012 年から 16 年にかけて雑誌や新聞，ウェブサイトなどで発表した評論を集めた書物。日中関係，東シナ海や南シナ海をめぐる問題，アジアインフラ投資銀行（AIIB）の設立などの事例を通して，ますます国力をつけ，強大化する現代中国の外交の様子が臨場感をもって伝わってくる。

ジェームズ・マン／渡辺昭夫監訳『ウルカヌスの群像――ブッシュ政権とイラク戦争』共同通信社，2004 年。

＊第 43 代アメリカ大統領ジョージ・W. ブッシュと彼の外交政策チーム（チェイニー，ラムズフェルド，パウエル，アーミテージ，ウルフォウィッツ，ライス）を軸に，冷戦期から湾岸戦争，9.11，イラク戦争にいたるアメリカの外交・安全保障政策を生き生きと描いた優れたドキュメンタリー。

ヤン＝ヴェルナー・ミュラー／板橋拓己訳『ポピュリズムとは何か』岩波書店，2017 年。

＊ポピュリズムの性質を，反エリート主義のみならず，反多元主義と定義し，民主主義にとっての真の脅威と位置づける。気鋭の政治思想史・政治理論研究者が，切れ味の鋭い刺激的な議論を展開した，現代の政治を理解するために非常に有用な書物。

関連年表

年	事　項
1517	ルター，「95 か条の提題」を発表。
46	6 月，シュマルカルデン戦争（～47 年 5 月）。
55	9 月，アウクスブルクの宗教和議。
1618	5 月，三十年戦争（～48 年 10 月）。
24	フランス，外務省を設置（外務国務卿〈外務大臣〉設置は 1626 年）。
48	10 月，ウェストファリア条約締結。
88	9 月，九年戦争（プファルツ伯継承戦争）（～97 年 9 月）。
94	7 月，イングランド銀行（中央銀行）設立。
1701	9 月，スペイン継承戦争（～14 年 3 月）。
13	ユトレヒト条約締結。
40	12 月，オーストリア継承戦争（～48 年 10 月）。
56	8 月，七年戦争（～63 年 2 月）。
76	7 月 4 日，アメリカ，独立宣言。
82	イギリス，外務省を設置。
89	7 月 14 日，フランス，バスティーユ事件。フランス革命へ。
92	4 月，フランス革命戦争始まる。9 月，フランス，共和制に。
99	11 月 9 日，フランス，ブリュメール 18 日のクーデタ（ナポレオンの政権掌握）。
1800	2 月，フランス，国立銀行設立。／6 月，ナポレオン戦争（～15 年 6 月）。
05	12 月，アウステルリッツの戦い。
06	7 月，ライン同盟結成。／8 月 6 日，神聖ローマ帝国消滅。
12	6 月，ナポレオン，ロシア遠征（～12 月）。
13	10 月，ライプツィヒの戦い。
14	3 月，ショーモン条約締結。／9 月，ウィーン会議（～15 年 6 月）。
15	6 月，ワーテルローの戦い。／9 月，神聖同盟結成。／11 月，四国同盟結成。
18	9 月，エクス・ラ・シャペル（アーヘン）会議（～11 月。四国同盟から五国同盟に）。
30	アルジェリア，フランスの植民地に／7 月，フランス，七月革命。
48	2 月，フランスで二月革命，3 月，プロイセン，オーストリアなどで三月革命（1848 年革命）。
53	10 月，クリミア戦争（～56 年 3 月）。
61	3 月，イタリア王国成立の宣言。／4 月，南北戦争（～65 年 4 月）。
62	9 月，ビスマルクがプロイセン首相に就任。
64	2 月，デンマーク戦争（～10 月）。

66	6月，普墺戦争（～8月）。
67	オーストリア＝ハンガリー二重君主国の成立。
70	7月，独仏戦争（～71年1月）。
71	1月，ドイツ帝国の成立（ドイツ統一）。
73	「大不況」始まる／10月，三帝協定（独墺露）成立。
77	4月，露土戦争（～78年3月）。
78	6月，ベルリン会議（～7月）。
81	4月，フランス，チュニジアに出兵。／9月，エジプトで，アラービーの革命運動が勃発。
82	5月，三国同盟（独墺伊）調印。／8月，イギリス，エジプトに本格的派兵。
83	6月，フランス，チュニジアを保護領化。
84	11月，アフリカ分割に関するベルリン会議（～85年2月）。
90	3月，ドイツ，ビスマルク首相辞任。／7月，独英間でヘリゴランド＝ザンジバル協定締結。
94	1月，露仏同盟成立。／8月，日清戦争勃発（～95年4月）。
96	3月，アドワの戦い，10月，エチオピアとイタリアとの間で和平条約調印。
98	4月，米西戦争勃発。／9月，英仏，ファショダ危機。
99	5月，第1回万国平和会議（～7月）。／10月，南アフリカ戦争（～1902年5月）。
1902	1月，日英同盟（～23年8月）。
04	2月，日露戦争（～05年9月）／4月，英仏協商締結。
05	3月，モロッコ危機（第1次）。
07	6月，第2回万国平和会議開催（～10月）。／8月，英露協商締結（三国協商成立）。
08	7月，青年トルコ党の革命が起こる。／10月，オーストリア＝ハンガリー，ボスニア＝ヘルツェゴヴィナを併合。
10	8月，日本，朝鮮併合。
11	7月，モロッコ危機（第2次）。
12	10月，第1次バルカン戦争（～13年5月）。
13	6月，第2次バルカン戦争（～8月）。
14	6月28日，サライェヴォ事件。7月28日，オーストリア，セルビアへ宣戦布告。第一次世界大戦へ。
15	1月18日，日本，対華21カ条要求を提出。
16	2月，ヴェルダンの戦い（～12月）。／5月16日，英仏間でサイクス・ピコ協定。／7月，ソンムの戦い（～11月）。
17	3月，ロシア，二月革命始まる。／4月6日，アメリカ，対独宣戦布告。／11月，ロシア，十月革命でボリシェビキが政権奪取。
18	1月8日，ウィルソン米大統領，「14カ条」を公表。／3月3日，ロシア，ブレスト＝リトフスク講和条約調印。／9月29日，ブルガリア，休戦協定調印。／10月30日，オスマン帝国，休戦協定調印。／11月3日，オーストリア，休戦協定調印。／11月11日，ドイツ，休戦協定調印。

19	1月18日，パリ講和会議始まる。／3月1日，朝鮮で三・一運動が起こる。／4月28日，パリ講和会議で国際連盟規約が採択。／5月4日，北京で五・四運動が起こる。／6月28日，ヴェルサイユ条約調印。／9月10日，サン＝ジェルマン条約調印。／11月27日，ヌイイー条約調印。
20	1月10日，ヴェルサイユ条約発効，国際連盟発足へ。／3月19日，アメリカ上院，ヴェルサイユ条約批准を最終的に否決。／4月25日，ポーランド＝ソヴィエト戦争勃発。／6月4日，トリアノン条約調印。／8月10日，セーヴル条約調印。
21	5月5日，連合国，ドイツの賠償総額を1320億金マルクに確定。／11月12日，ワシントン軍縮会議開催（～22年2月6日）。／12月13日，太平洋に関する4カ国条約調印。
22	2月6日，海軍軍備制限条約および中国に関する9カ国条約調印。／10月30日，イタリア，ムッソリーニ政権発足。／12月30日，ソヴィエト社会主義共和国連邦（ソ連）の結成。
23	1月11日，フランスとベルギー，ルール地方占領開始。／7月24日，ローザンヌ条約調印。／8月13日，ドイツでシュトレーゼマン内閣成立。／11月，ドイツ，通貨改革によりインフレ収束へ。
24	4月9日，ドーズ案発表（8月に採択）。
25	12月1日，ロカルノ条約調印。
26	9月8日，ドイツ，国際連盟に加入。
28	8月27日，ケロッグ＝ブリアン条約（不戦条約）調印。
29	10月24日，ニューヨーク株式市場での株価大暴落。世界恐慌へ。
30	1月21日，ロンドン海軍軍縮会議開催。
31	9月18日，柳条湖事件（満洲事変）勃発。／21日，イギリス，金本位制から離脱。
32	3月1日，イギリス，保護貿易政策を採用。関東軍，溥儀を擁立し満洲国を建国。
33	1月30日，ヒトラー，首相就任。ナチス政権獲得。／3月27日，日本，国際連盟脱退を通告。／5月31日，塘沽停戦協定締結。／10月14日，ドイツ，国際連盟脱退を通告。
34	12月3日，日本，海軍軍備制限条約の廃棄を決定（29日，アメリカに通告）。
35	日本，華北分離工作を開始。／3月16日，ドイツ，再軍備を宣言。／5月2日，ソ連，フランスと相互援助条約に調印。／8月31日，アメリカ，中立法制定。／10月3日，イタリア，エチオピアに侵攻。
36	3月7日，ヒトラー，ラインラントの非武装地帯に進駐。／7月17日，スペインで内戦が始まる。／11月25日，日独防共協定調印。
37	7月7日，盧溝橋事件が発生し，日中戦争が勃発。
38	3月12日，ドイツ，オーストリア侵攻。／9月29日，ミュンヘン会談開催。／11月3日，近衛文麿首相，「東亜新秩序」の建設を発表。
39	3月15日，ドイツ，チェコスロヴァキア全土を占領。／31日，チェンバレン，ポーランドの安全を軍事的に保証することを発表。／5月12日，ノモンハン事件が起こる。／8月23日，独ソ不可侵条約調印。／9月1日，ドイツ，ポーランドに侵攻。／17日，ソ連もポーランド侵攻し，東部占領。
40	6月14日，ドイツ，パリ占領。／22日，独仏休戦協定調印。／9月23日，日本，北部仏印進駐開始。／7月21～22日，ソ連，エストニア，ラトヴィア，リトアニアのバルト三国を併合。／9月27日，日独伊三国軍事同盟調印。

41	1月6日，F.D.ローズヴェルト米大統領，教書演説。／3月11日，アメリカ，武器貸与法制定。／6月22日，ドイツ，不可侵条約を破り対ソ戦開始。／7月28日，日本，南部仏印進駐開始。／8月14日，F.D.ローズヴェルト米大統領，チャーチル英首相，「大西洋憲章」を共同発表。／12月8日，真珠湾攻撃。／11日，ドイツも対米宣戦布告。
42	1月1日，連合国共同宣言発表。
43	9月8日，イタリア，米英と休戦協定締結。／10月19日，モスクワ外相会議開催（～30日）。モスクワ宣言発表。
44	7月1日，連合国通貨金融会議（ブレトンウッズ会議）開催（～22日）。／8月21日，ダンバートン・オークス会議開催（～10月9日）。国際連合の設立を合意。／10月9日，チャーチル，スターリンにパーセンテージ協定提案。
45	2月4日，ヤルタ会談（～12日）。／4月12日，F.D.ローズヴェルト急死。トルーマンが大統領に就任。／5月7日，ドイツ，降伏文書に署名。／6月26日，サンフランシスコ会議で国連憲章採択。／7月17日，ポツダム会談開催（～8月2日）。26日，ポツダム宣言発表。／8月6日，アメリカ，広島に原爆投下。／8日，ソ連，満洲国へ侵攻。／9日，アメリカ，長崎に原爆投下。／11日～9月初め，米ソ，北緯38度線を境界とする朝鮮半島の分割占領に合意。／15日，日本，終戦の詔書放送（玉音放送）。／20日，スターリン，原爆開発に関する指令を出す。／9月2日，ベトナム民主共和国（北ベトナム），独立宣言。
46	3月5日，チャーチル英首相，ミズーリ州フルトンで，「鉄のカーテンが下ろされた」と演説。／6月3日，国民政府軍，中国共産党の中原解放区を攻撃（国民党（蔣介石）と中国共産党（毛沢東）の間で内戦勃発）。／12月19日，第1次インドシナ戦争勃発（～54年7月）。
47	3月12日，トルーマン・ドクトリン演説。／6月5日，マーシャル米国務長官，マーシャル・プランを発表。／8月15日，インド，イギリスから独立。／9月22日，コミンフォルム設立（10月5日，公表）。
48	2月25日，チェコスロヴァキアでクーデタ発生。共産党の一党支配が確立。／3月17日，英仏，ベネルクス三国とブリュッセル条約締結。／5月14日，イスラエル，独立宣言。／6月20日，西側占領地区内での通貨改革実施をきっかけに，ベルリン封鎖危機勃発。／8月15日，大韓民国（韓国）成立。／9月9日，朝鮮民主主義人民共和国（北朝鮮）成立。
49	1月25日，経済相互援助会議（コメコン）設置。／3月8日，フランス，ベトナム国（南ベトナム）のフランス連合内での独立を認める。／4月4日，北大西洋条約調印。北大西洋条約機構（NATO）設立。／9月7日，ドイツ連邦共和国（西ドイツ）成立。／23日，トルーマン米大統領，ソ連の原爆実験を公表。／10月1日，中華人民共和国の建国宣言。／7日，ドイツ民主共和国（東ドイツ）成立。
50	1月18日，中国が北ベトナムを承認。／31日，トルーマン，水爆の開発を指令。／2月14日，スターリンとの会談のためソ連を訪問していた毛沢東が，中ソ友好同盟相互援助条約に調印。／4月，アメリカ，NSC68完成。／6月25日，朝鮮戦争勃発。
51	4月18日，欧州石炭鉄鋼共同体（ECSC）設立条約調印（52年7月23日，発効）。／9月8日，サンフランシスコ平和条約，日米安全保障条約調印（52年4月25日発効）。
52	5月27日，欧州防衛共同体（EDC）設立条約調印。／11月1日，アメリカが水爆実験に成功。
53	3月5日，スターリン死去。／7月27日，朝鮮戦争の停戦合意が成立。／8月12日，ソ連が水爆実験に成功。／10月1日，米韓相互防衛条約締結。

54	8月30日，フランス，EDC設立条約の批准を拒否。／9月3日，中国，金門，馬祖を砲撃（第1次台湾海峡危機）。／8日，東南アジア条約機構（SEATO）設立条約締結。
55	2月24日，バグダッド条約締結。／4月18日，第1回アジア・アフリカ会議（バンドン会議）開催。／5月9日，西ドイツ，NATOに加盟。／6月1日，メッシーナ会議（～3日）。ECSC6カ国外相によるメッシーナ決議を採択。／7月18日，東西首脳会談（ジュネーブ）。
56	2月14日，ソ連共産党第20回党大会（～25日）。フルシチョフが「スターリン批判」を行う。／6月28日，ポズナニ（ポーランド）で大暴動発生。／7月26日，ナーセル，スエズ運河会社の国有化を宣言（スエズ危機の始まり）。／10月29日，イスラエル，エジプトを攻撃（スエズ戦争勃発）。／10月31日，ソ連がハンガリーに軍事介入。
57	3月25日，ローマ条約調印。／10月15日，中ソ，国防新技術協定調印（1959年に破棄）。
58	1月1日，欧州経済共同体（EEC），欧州原子力共同体（EURATOM）発足。／7月14日，イラク革命が起こる。／8月23日，中国，金門，馬祖への砲撃を再開（第2次台湾海峡危機）。／11月10日，ベルリン危機勃発。
59	9月15日，フルシチョフ訪米。
60	5月1日，アメリカのU2偵察機がソ連領内で撃墜される。パリ東西首脳会談が流会。
61	4月17日，ピッグズ湾事件発生。／6月3日，米ソ首脳会談（ケネディとフルシチョフの初会談，ウィーン）。／9月1日，ベオグラード会議開催。
62	10月16日，キューバ・ミサイル危機勃発。
63	1月22日，独仏友好条約（エリゼ条約）調印。／6月20日，米ソ，ホットライン協定締結。／8月5日，米英ソ，部分的核実験禁止条約調印。
64	8月2日，トンキン湾事件発生。／10月16日，中国，核実験を行う。
65	2月7日，アメリカ，北ベトナムへの空爆（北爆）開始。／7月，アメリカ，北ベトナムへの地上軍の大規模派遣を開始。
66	2月21日，ド・ゴール仏大統領，フランス軍をNATO軍の指揮下から離脱させることを宣言。
67	6月5日，第3次中東戦争勃発。／7月1日，EC発足。／12月13～14日，NATO，「アルメル報告書」採択。
68	1月31日，北ベトナム軍と南ベトナム民族解放戦線，南ベトナム各地を一斉攻撃（テト攻勢）開始。／3月31日，ジョンソン米大統領，北爆の停止と和平交渉を呼びかけ。／7月1日，核兵器不拡散条約（NPT）調印。／8月20日，ワルシャワ条約機構軍，プラハ占領。
69	3月2日，中ソ武力衝突（ダマンスキー島〈珍宝島〉）。8月にも2度目の衝突。／12月1日，欧州経済共同体（EC）首脳会議（～2日。ハーグ）。
70	8月12日，西ドイツとソ連間でモスクワ条約締結。
71	8月15日，ニクソン米大統領，新経済政策（金・ドル兌換停止）を発表。／12月18日　10カ国蔵相会議，スミソニアン協定締結（スミソニアン体制の成立）。
72	2月21日，ニクソン訪中。／5月22日，ニクソン訪ソ。戦略兵器制限条約（SALT），ABM条約，米ソ関係基本原則，経済交流協定などを締結。

73	1月1日，イギリス，アイルランド，デンマーク，欧州共同体（EC）加盟。／27日，米・北ベトナム間でパリ和平協定締結。／6月18日，ブレジネフ訪米。核戦争防止協定締結。／7月3日，全欧安保協力会議（CSCE）開催。
74	5月18日，インド，初の核実験（「微笑む仏陀（スマイリング・ブッダ）」作戦）。／11月23日，米ソ，ウラジオストック会談。第2次戦略兵器制限条約（SALT II）大枠合意。
75	3月10日，第1回欧州理事会開催（～11日。ダブリン）。／4月30日，ベトナム戦争終結。
76	ソ連，新型INF配備開始。／6月24日，ベトナム，統一国会開幕（～7月3日）。ベトナム社会主義共和国成立。／9月9日，毛沢東死去。鄧小平が台頭。
77	5月5日，ソマリア，エチオピア領オガデンに侵攻し，オガデン戦争勃発（～78年）。
78	9月5日，キャンプ・デーヴィッド合意。／12月24日，ベトナム，カンボジアへ侵攻。／12月18日，第11期3中全会（～22日）。「対内改革，対外開放」を打ち出す。
79	1月1日，米中国交回復。／2月11日，イラン，二月革命。／17日，中国，ベトナムへ侵攻。／3月14日，欧州通貨制度（EMS）発足。／4月1日，イラン・イスラーム共和国の成立が宣言。／7月16日，フセイン，大統領就任。／17日，ニカラグアでサンディニスタ民族解放戦線による革命発生。／12月5日，日本，中国への政府資金供与を約束（対中ODAの開始）。／12日，NATO，「二重決定」を採択。／25日，ソ連，アフガニスタン侵攻。
80	9月17日，イラク，イランに侵攻。イラン＝イラク戦争勃発。
81	1月1日，ギリシャ，EC加盟。／12月13日，ポーランドの共産党政権，労働組合「連帯」による民主化運動の弾圧のため，戒厳令を実施。
83	3月23日，アメリカ，戦略防衛（SDI）構想を発表。／9月1日，大韓航空機撃墜事件。／10月25日，アメリカ，グレナダに直接介入。／11月7～11日，NATO軍事演習の際，ソ連が西側の攻撃が間近だと誤解。／23日，アメリカ，中距離核戦力（INF）の西欧配備を受けて，ソ連，INF交渉を退席。
84	1月16日，レーガン米大統領，演説で米ソ対話の必要性を訴える。
85	3月11日，ゴルバチョフ，ソ連共産党書記長に就任。
86	1月1日，スペイン，ポルトガル，EC加盟。／4月26日，チェルノブイリ原発事故発生。／10月11日，米ソ首脳会談（レイキャヴィク）。
87	7月1日，単一欧州議定書発効。／12月8日，ワシントン会談。米ソ，東西ヨーロッパのINF全廃にする条約に調印。
88	4月14日，ソ連とアフガニスタンの戦争に関するジュネーブ和平協定。／8月20日，イラン＝イラク戦争，停戦合意。／12月7日，ソ連，地上軍の50万人削減を発表。
89	2月15日，ソ連，アフガニスタンから撤退完了。／6月4日，中国で天安門事件が起こる。ポーランドで初の自由選挙実施。「連帯」が大勝利。／9月10日，ハンガリー，オーストリアとの国境を東ドイツ難民に開放。／11月9日，東ドイツ，国境の開放を宣言。ベルリンの壁崩壊。／12月2日，米ソ首脳会談（マルタ）。冷戦の終結を宣言。
90	7月6日，NATO，ロンドン宣言を採択。／8月2日，湾岸危機勃発。国連安保理決議第660号で，イラクのクウェート侵攻を非難。即時無条件撤退を要求。／9月12日，ドイツ統一条約調印。／10月3日，ドイツ再統一。／11月29日，国連安保理決議第678号採択。イラクのクウェート撤退期限を1991年1月15日に設定。撤退しない場合に，国連加盟国に武力行使の権限を付与。

91	1月17日，湾岸戦争勃発。／2月24日，「砂漠の剣作戦」開始。／2月27日，G.ブッシュ米大統領，イラクに対する勝利宣言。／3月3日，エストニア，ラトヴィアでの住民投票で，独立派が多数を占める。／6日，G.ブッシュ米大統領，演説で「新世界秩序」の可能性に言及。／4月3日，国連安保理決議第687号で，イラクの大量破壊兵器（WMD）保有を禁止。／4月，イラク北部と南部の少数民族居住地域を，「飛行禁止区域」に設定。／6月25日，スロヴェニアとクロアチア，ユーゴスラヴィアからの離脱と独立を一方的に宣言。／7月1日，プラハの首脳会談で，7カ国の代表がワルシャワ条約機構の解体議定書に署名。／24日，インド，経済自由化・新産業政策を発表。／8月19日，ソ連，8月のクーデタが起こる。／12月25日，ゴルバチョフ，大統領辞任。ソ連消滅。
92	1月15日，EC，スロヴェニア，クロアチアの独立を承認。／18日，鄧小平，南方談話（南巡講話）（～2月21日）。／2月7日，マーストリヒト条約調印。／3月3日，ボスニア・ヘルツェゴヴィナ，独立宣言。／4月，アフガニスタン人民民主党（PDPA）政府崩壊。／4月6～7日，ボスニア・ヘルツェゴヴィナ独立，ECとアメリカが承認。／4月6日，ボスニア紛争始まる。／5月22日，スロヴェニア，クロアチア国連加盟。／6月2日，デンマークの国民投票で，マーストリヒト条約の批准否決。／9月20日，フランスの国民投票で，僅差でマーストリヒト条約の批准可決。／10月12日，中国共産党，第14回党大会開催（～18日）「社会主義市場経済体制」の確立を提起。
93	3月12日，北朝鮮，NPTからの脱退を表明。／5月18日，デンマークで2度目の国民投票。マーストリヒト条約批准。／8月2日，イギリス，マーストリヒト条約批准。／10月3日，モガディシュで，米軍ヘリコプターが撃墜。米兵18名死亡。／11月1日，マーストリヒト条約発効。欧州連合（EU）発足。
94	ターリバーン，パキスタンのアフガニスタン難民キャンプで結成。／4月6日，ハビャリマナ・ルワンダ大統領，暗殺される。／7日，ルワンダで大虐殺が起こる（～7月18日）。大量の難民が流出。／5月5日，ナゴルノ・カラバフ紛争，ロシアの調停で停戦合意。／6月15日，カーター元米大統領，金日成との会談のため北朝鮮訪問。／10月21日，「米朝枠組み合意」調印。／12月11日，ロシア，チェチェン侵攻（第1次チェチェン紛争）。
95	1月1日，オーストリア，スウェーデン，フィンランド，EU加盟。／3月26日，シェンゲン協定発効。／4月17日，国連，NPT条約延長・再検討会議開催。／5月5日，NPT無期限延長確定。／7月12日，スレブレニツァで虐殺事件が始まる。／8月30日，NATO，ボスニア紛争へ軍事介入（～9月14日）。大規模な空爆開始。／12月14日，ボスニア紛争のデイトン和平合意が正式調印。／15日，マドリード欧州理事会（～16日）。「ユーロ」採用。
96	3月，第3次台湾海峡危機。／4月17日，日米安保共同宣言。／9月10日，国連総会，包括的核実験禁止条約（CTBT）採択。／27日，ターリバーン政権樹立。
97	7月1日，香港，イギリスから中国に返還。／10月2日，アムステルダム条約調印。
98	5月11日，13日，インド，核実験を行う。／5月28日，30日，パキスタン，核実験を行う。／6月，ミロシェヴィッチ，コソヴォのアルバニア系住民への大規模な攻勢開始。／8月17日，ロシア，ルーブル切り下げ。
99	1月1日，EMUの第3段階として，ECBが単一通貨政策を担う。11カ国間で，帳簿上の取引でユーロの使用開始。／16日，コソヴォのラチャク村での虐殺発覚。／3月12日，ポーランド，チェコ，ハンガリー，NATO加盟。／19日，コソヴォ和平協議決裂。／24日，NATO軍，ユーゴスラヴィアへの空爆開始（「同盟の力作戦」）。／6月10日，コソヴォ紛争停戦。国連安保理決議第1244号採択。それに基づき，国連コソヴォ暫定行政ミッション（UNMIK），現地展開。／8月26日，第2次チェチェン紛争勃発。／12月20日，マカオ，ポルトガルから中国に返還。

2000	6月13日，金大中韓国大統領，金正日北朝鮮総書記との会談のため北朝鮮訪問。
01	1月1日，ギリシャ，ユーロに参加。／2月26日，ニース条約調印。／6月15日，上海協力機構（SCO）設立。／9月11日，アメリカで同時多発テロ事件発生。／10月7日，米英，ターリバーンへの空爆開始（「不朽の自由作戦」）。／11月12日，ターリバーン，カブールを明け渡し逃走。／13日，北部同盟軍，カブールを制圧。ターリバーン政権崩壊。／11月30日，アメリカの大手金融会社ゴールドマン・サックス，BRICsという略語を紹介。／12月7日，G.W.ブッシュ米大統領，ターリバーンへの勝利宣言。／11日，中国，世界貿易機関（WTO）に加盟。／13日，アメリカ，弾道弾迎撃ミサイル（ABM）制限条約からの一方的離脱をロシアに通告。／20日，国連安保理決議第1386号採択。それに基づき，NATO主体の国際治安支援部隊（ISAF），アフガニスタンへ部隊を展開。
02	1月1日，12カ国間で，ユーロの現金（紙幣・硬貨）の流通開始。／29日，G.W.ブッシュ米大統領，一般教書演説で，北朝鮮，イラン，イラクを「悪の枢軸」と非難。／6月13日，アメリカ，ABM制限条約から正式に脱退。／11月8日，イラクのWMD問題をめぐり，国連安保理決議第1441号採択。
03	1月10日，北朝鮮，NPTからの離脱を再表明。／3月20日，アメリカ，イラク攻撃開始。／4月15日，米英，イラク全土を制圧。／5月1日，G.W.ブッシュ米大統領，イラクでの「主要な戦闘の終了」を宣言。
04	4月2日，スロヴァキア，スロヴェニア，ルーマニア，ブルガリア，エストニア，ラトヴィア，リトアニア，NATO加盟。／5月1日，中東欧と地中海の10カ国，EU加盟。／10月29日，欧州憲法条約調印。
05	5月29日，フランス，国民投票で欧州憲法条約の批准否決。／6月1日，オランダ，国民投票で欧州憲法条約の批准否決。
06	10月9日，北朝鮮，1回目の核実験成功。／12月30日，フセイン，「人道に対する罪」で死刑執行。
07	サブプライム・ローン問題発生。／1月1日，ルーマニア，ブルガリア，EU加盟。／12月13日，リスボン条約調印。
08	2月17日，コソヴォ自治州議会，「コソヴォ共和国」の独立を一方的に宣言。／3月10日，チベット騒乱発生。／8月7日，ジョージア紛争勃発。／9月15日，世界金融危機の引き金となる「リーマン・ショック」。
09	4月1日，クロアチア，アルバニア，NATO加盟。／5日，オバマ米大統領，プラハ演説。／5月25日，北朝鮮，2回目の核実験実施。／6月4日，オバマ米大統領，カイロ演説。／7月5日，ウルムチ騒乱発生。／10月，ギリシャ債務危機発生。／12月1日，リスボン条約発効。
10	中国，国内総生産（GDP）で日本を抜き，世界2位の経済大国へ。／4月8日，新戦略兵器削減条約（新START）調印（2011年2月5日，発効）。
11	1月14日，チュニジアで，ベン・アリー独裁政権崩壊（ジャスミン革命）。／2月11日，エジプトで，ムバーラク政権崩壊（ナイルの革命）。／5月2日，ビン・ラーディン殺害。／22日，イギリス，イラクから撤退完了。／9月17日，「ウォール街を占拠せよ（オキュパイ・ウォール・ストリート）」運動が始まる。／10月20日，リビア，カッダーフィ殺害。／12月18日，アメリカ，イラクから撤退完了。
12	3月2日，EU，「財政条約」調印。／10月8日，欧州安定メカニズム（ESM）創設。／12月10日，EU，ノーベル平和賞受賞。

13	2月12日，北朝鮮，3回目の核実験実施。／7月1日，クロアチア，EU加盟。／11月21日，ウクライナ，EUとの連合協定交渉を打ち切り。／23日，中国，尖閣諸島を含む東シナ海上空に，一方的に防空識別圏（ADIZ）の設定を宣言。
14	2月21日，ウクライナで政変。ヤヌコーヴィチ，ロシアへ亡命。／27日，ロシア，クリミア半島の占拠開始。／3月18日，ロシア，クリミア半島の併合を宣言。／4月，ウクライナ危機勃発。／6月4日，ブリュッセルでG7首脳会議（～5日）。このときロシアがサミットから追放されて，G8がG7に。／6月29日，IS，「イスラーム国家」の樹立と「カリフ制」の再興を宣言。／8月8日，アメリカ主導の有志連合，IS掃討作戦を実施。／11月4日，ユーロ圏の銀行監督をECBに一元化。
15	1月25日，ギリシャ総選挙。急進左派連合（シリザ）勝利。／7月14日，イラン，核開発を制限する「包括的共同行動計画」で米英仏露中独と妥結。／9月30日，ロシア，シリアで空爆開始。
16	1月1日，ユーロ圏の銀行破綻処理の一元化。／6日，北朝鮮，4回目の核実験実施。初の水爆実験に成功と発表。／17日，核開発に関連する欧米諸国のイランへの制裁解除。／2月4日，環太平洋パートナーシップ（TPP）協定の署名式。／6月23日，イギリスの国民投票で，EU離脱派が僅差で勝利。／7月12日，ハーグの常設仲裁裁判所，中国の南シナ海での主権や管轄権を全面的に否定する判決を出す。／9月9日，北朝鮮，5回目の核実験実施。核弾頭の爆発実験に成功と発表。
17	1月23日，トランプ米大統領，TPPから離脱する大統領令に署名。／6月9日，インド，パキスタン，SCOへ正式加盟。／7月7日，核兵器禁止条約が122カ国間で採択。／9月3日，北朝鮮，6回目の核実験実施。ICBM装着用の水爆実験に成功と発表。／9月24日，ドイツ連邦議会選挙で，「ドイツのための選択肢（AfD）」が第3党となり国政初進出。／10月17日，ISが「首都」と称していたラッカが陥落。

事項索引

＊太字（ゴシック体）の数字書体は，本文中で重要語として表示されている語句の掲載ページを示す。

◆ カ　行

◆サ　行

◆ タ　行

◆ ナ　行

◆ ハ　行

◆マ　行

◆ヤ　行

◆ラ　行

◆ワ　行

人名索引

◆サ　行

◆ タ　行

◆ ナ　行

◆ ハ　行

◆マ　行

◆ヤ　行

◆ラ　行

◆ワ・ン

国際政治史——主権国家体系のあゆみ

An Introduction to International History

2018年4月10日　初版第1刷発行

著　者　小川浩之
　　　　板橋拓己
　　　　青野利彦

発行者　江草貞治
発行所　株式会社 有斐閣
郵便番号 101-0051
東京都千代田区神田神保町2-17
電話(03)3264-1315〔編集〕
(03)3265-6811〔営業〕
http://www.yuhikaku.co.jp/

印刷・大日本法令印刷株式会社／製本・牧製本印刷株式会社

ISBN 978-4-641-15052-2